中国林业学术论坛·第9辑

绿色经济与林业发展论

——第六届中国林业技术经济理论与实践论坛

陈建成　田明华　肖忠优　主编

中国林業出版社

图书在版编目（CIP）数据

绿色经济与林业发展论：第六届中国林业技术经济理论与实践论坛/陈建成，田明华，肖忠优主编．—北京：中国林业出版社，2013.1

（中国林业学术论坛）

ISBN 978-7-5038-7038-5

Ⅰ.①绿…　Ⅱ.①陈…②田…③肖…　Ⅲ.①林业经济－绿色经济－农业技术经济学－研究－中国　Ⅳ.①F326.2

中国版本图书馆 CIP 数据核字（2013）第 092211 号

出　版　中国林业出版社（100009　北京西城区刘海胡同 7 号）

网　址：http://lycb.forestry.gov.cn

E-mail　forestbook@163.com　电话　010－83228427

发　行：中国林业出版社

印　刷：北京北林印刷厂

版　次：2013 年 1 月第 1 版

印　次：2013 年 1 月第 1 次

开　本：787×1092　1/16

印　张：20.75

字　数：524 千字

印　数：1～1000 册

定　价：60.00 元

编 者 名 单

主　　编： 陈建成　田明华　肖忠优

参编人员：（以拼音为序）

安　文	包庆丰	曹超学	陈建成	陈培磊	陈　钦
陈秋华	陈绍志	陈　苏	陈　伟	陈文汇	程宝栋
崔　宁	戴广翠	邓　晶	董　雪	范少君	方少勇
冯娜娜	奉钦亮	高德建	郭　轲	郭　亮	胡明形
黄红兰	黄雷曹	黄名广	暕陈娆	姜丽娜	焦　隆
金志农	柯水发	孔凡斌	雷　瑶	李　媛	李　真
李华晶	李小勇	李永慧	李有绪	李铮媚	廖　冰
廖文梅	刘　诚	刘　珉	麻双双	马文学	米　锋
穆志明	潘　丹	潘焕学	秦　涛	邱小芙	沈月琴
宋维明	孙长霞	孙艳琦	覃凡丁	田明华	田治威
王　冲	王　会	王加其	王　见	王　平	王　奇
王斯一	王文锋	王小兵	王小玲	温德华	文　冰
吴成亮	吴红梅	吴骏莹	吴雄平	武来成	肖忠优
谢　屹	徐晋涛	徐小英	杨辉鹏	叶超飞	尹少华
曾　程	张　升	张彩虹	张卫民	张晓静	张雨帆
张　元	赵广龙	赵伟伟	赵　萱	赵玉荣	郑苗苗
郑小敏	支　玲	钟美玉	周利君	朱路华	朱　臻

前　言

进入新世纪以来，“绿色经济”“循环经济”“低碳经济”等概念纷纷提出并付诸实践。2009 年 8 月，第十一届全国人民代表大会常务委员会通过了《关于积极应对气候变化的决议》，表明了中国将进一步把应对气候变化纳入经济社会发展规划，并继续采取强有力的措施，发展绿色经济、低碳经济、循环经济，努力推动经济社会向低碳转型。2009 年 9 月 22 日，国家主席胡锦涛在联合国气候变化峰会开幕式上发表《携手应对气候变化挑战》演讲中明确提出中国要大力增加森林碳汇，争取到 2020 年森林面积比 2005 年增加 4000 万 hm^2，森林蓄积量比 2005 年增加 13 亿 m^3。2009 年 11 月 26 日中国正式对外宣布减排目标，到 2020 年单位国内生产总值二氧化碳排放比 2005 年下降 40% ~45%，作为约束性指标纳入“十二五”规划，并在哥本哈根会议上做出了正式承诺。2012 年 11 月 8 日，胡锦涛总书记代表党中央在中国共产党第十八次全国代表大会上作的《坚定不移沿着中国特色社会主义道路前进 为全面建成小康社会而奋斗》报告首次单篇论述“生态文明”，提出“推进绿色发展、循环发展、低碳发展”“建设美丽中国”。低碳经济和绿色发展已经成为未来相当一段历史时期中国发展的主旋律。

森林在应对气候变化、发展低碳经济中具有特殊和重要作用，是实现节能减排的重要途径。林业更是生态文明建设的主力军，建设美丽中国的主战场。党的十八大报告在“大力推进生态文明建设”专章提出的“优化国土空间开发格局”“全面促进资源节约”“加大自然生态系统和环境保护力度”“加强生态文明制度建设”等内容均与林业密切相关。在低碳经济和绿色发展的大背景下，如何使林业健康、快速发展，充分发挥林业的作用是摆在我们面前的一项重要课题。

中国林业经济学会技术经济专业委员会始终以关注学科前沿为己任，面对全球低碳经济、绿色发展的新形势，不断推动低碳经济、绿色发展与森林、林业发展方面的研究，促进林业经济学术研究的繁荣，继 2009 年 9 月 6 日与北京林业大学经济管理学院在北京联合主办“前沿问题论坛：森林与低碳经济研讨会”，2009 年 11 月 28 日 ~29 日与中国技术经济研究会林业技术经济专业委员会、国家林业局经济发展研究中心在江西南昌联合主办主题为“低碳经济与林业发展”的第四届中国林业技术经济理论与实践论坛，2010 年 11 月 20 日 ~21 日与中国技术经济研究会林业技术经济专业委员会、北京林业大学中国低碳经济研究中心在广西北海主办主题为“低碳经济与林业技术和管理创新”的第五届中国林业技术经济理论与实践论坛之后，新一届中国林业经济学会技术经济专业委员会暨中国技术经济学会林业技术经济专业委员会于 2011 年 10 月 15 日成立并合署办公，并确定了第六届中国林业技术经济理论与实践论坛的主题“低碳经济与绿色发展”。

2012 年 11 月 17 日 ~18 日，第六届中国林业技术经济理论与实践论坛于江西省赣州市顺利召开。本次会议由中国林业经济学会技术经济专业委员会暨中国技术经济学会林业技术经济专业委员会主办，江西环境工程职业学院和江西省森林资产评估培训中心承办，南方林业产权交易中心和北京中林资产评估有限公司协办。共有来自于国家林业局经济发展研究中心、中国林业经济学会，北京林业大学、西南林业大学、浙江农林大学、福建农林大学、东北林业大学、内蒙古农业大学、北京农学院、江西财经大学、江西农业大学、江西环境工程职业学院、广西桂林师范高等专科学校、中国林业科学研究院林业科技信息研究所等 10 多个高校和科研院所，以及中国林业出版社、中国农业出版社、《林业经济》杂志社等出版单位和江西省林业厅、北京中林资产评估有限公司的 60 多名代表参加。会议开幕式由江西环境工程职业学院校长武来成教授主持，江西环境工程职业学院党委书记肖忠优教授、中国林业经济学会技术经济专业委员会暨中国技术经济学会林业技术经济专业委员会主任和北京林业大学经济管理学院院长陈建成教授、江西省林业厅肖河巡视员分别致辞。江西省林业厅肖河巡视员、北京中林资产评估有限公司生态景观价值评估中心景谦平博士和国家林业局经济发展研究中心刘珉博士分别做了《江西林业发展及其存在的问题》《低碳经济条件下的生态价值评估的前景》和《现代林业与绿色经济》的主题报告。北京林业大学经济管理学院副院长暨委员会副主任、秘书长田明华教授主持了“低碳经济与绿色发展”交流座谈会，8 位学者围绕“低碳经济与绿色发展”主题进行了论文交流，2 位专家做了精彩点评。江西环境工程职业学院校长助理董新春教授还主持了“森林资产评估人才现状与需求”座谈会，与会人员就森林资产评估人才培养建言献策，进行了热烈的讨论。大会能够得以顺利召开并取得圆满成功，我们不仅要感谢上级学会中国林业经济学会和中国技术经济学会的大力支持，更要感谢为本会服务的江西环境工程职业学院的各位同仁们和来自全国各地的专家学者。希望大家能够继续支持本会工作。

本次大会成果卓著，大会共收到高质量论文 40 多篇，涉猎低碳经济、低碳旅游、低碳园区、森林碳汇、碳足迹，绿色经济、绿色消费、绿色能源、绿色政府采购、绿色创业，森林资源价值核算、生态公益林管护、生态补偿、生态安全，以及林权改革、林业信贷、林区贫困等诸多领域。纵观本次大会收集的论文，围绕低碳经济与绿色发展前沿问题，有理论，有方法，有调查，有模型，观点新，水平高。为进一步推进相关研究，促进我国林业适应低碳经济与绿色发展的需要，持续、稳定、快速发展，特汇集本会关于低碳经济与绿色发展的研究成果，编辑成册付梓出版。该书是全面了解低碳经济与绿色发展背景下林业发展诸领域最新研究的重要读本。

本书由中国林业经济学会技术经济专业委员会暨中国技术经济学会林业技术经济专业委员会、北京林业大学中国低碳经济研究中心组织编写和支持出版。

中国林业经济学会技术经济专业委员会主任

 教授

中国技术经济学会林业技术经济专业委员会主任

2012 年 12 月 5 日

目 录

绿色经济与林业发展

戴广翠　张　升

（国家林业局经济发展研究中心，北京，100714）

摘要：文章阐述了绿色经济概念的由来，介绍了世界主要国家推动绿色经济的行动，探讨了林业在绿色经济发展中的地位和作用。认为，21 世纪将成为绿色经济发展时代。林业与绿色经济发展联系紧密，是国际社会公认的，对绿色经济发展具有战略支撑作用的产业。在绿色经济发展引领下，林业发展面临难得的历史机遇，也将面对艰巨的挑战。

关键词：林业；绿色经济；历史机遇；挑战

Green Economy and Forestry Development

DAI Guang-cui，ZHANG Sheng

（China National Forestry Economics and Development research Center（FEDRC），

State Forestry Administration（SFA），Beijing，100714）

Abstract：The paper explains the concept and process of green economy，the major countries in the world of action to promote a green economy and to explore the role of forestry in the development of green economy. It holds that the 21st century will be the era of green economy development. Forestry is closely related to green economy，and is considered world widely a strategic supporting industry for green economy. With the development of green economy，forestry will face rare historical opportunities and formidable challenges.

Key words：forestry；green economy；historical opportunity；challenge

2012 年召开的联合国可持续发展大会（里约 +20 峰会）围绕可持续发展和消除贫困背景下的绿色经济和促进可持续发展的体制框架两大主题，评估全球可持续发展取得的进展和存在的差距，积极应对新问题、新挑战，做出新的政治承诺。绿色经济已成为当前国际和国内社会关注的热点问题。国际社会认为，绿色经济是实现可持续发展的必由之路，是通向新机遇的途径。森林与林业在发展绿色经济和实现绿色增长中具有重要的地位和作用。

一、绿色经济概念的由来及发展

“绿色经济”的早期思想萌芽来自于20 世纪 60 ~ 70 年代针对全球粮食安全的“绿色革命”。“绿色经济”一词最早出自英国环境经济学家皮尔斯于 1989 年出版的《绿色经济蓝皮书》。之后，国际社会围绕绿色生产、绿色消费、绿色分配、绿色技术、绿色就业等开展了

作者简介：

第一作者：戴广翠（1961 ~），女，江苏南京人，博士，国家林业局经济发展研究中心，副主任，研究方向：森林资源与环境经济策。

第二作者：张升（1974 ~），男，陕西西安人，硕士，国家林业局经济发展研究中心调研二室，处长，研究方向：林业经济与政策。

理论分析及实践探索。近年来，随着气候变化和能源问题受到的全球普遍关注，绿色经济逐步成为一个时髦的词语和热门话题。

1992年，联合国环境与发展大会（地球峰会）通过了《21世纪议程》《关于森林问题的原则声明》《联合国防治荒漠化公约》《生物多样性公约》《气候变化框架公约》等重要文件，在全球范围推动可持续发展理念。此后，国际社会开始重新认识和定位对林业在推动可持续发展中的地位和作用。

2008年年底，在全球金融危机背景下，美国、欧盟等纷纷将发展绿色经济作为促进经济复苏的一项重要举措。随后，联合国环境规划署倡议在全球开展“绿色经济”和“绿色新政”，以此复苏世界经济，创造就业；减少碳排放，缓解生态系统退化和水资源匮乏；实现消除全球极端贫困的千年发展目标。同时提出，促进包括林业在内的行业发展，促进经济增长，推动世界产业革命。

2011年2月，联合国森林论坛第九次大会在探讨“森林造福人民、改善民生、消除贫困”时提出，林业在应对气候变化，保护生态环境，创造绿色就业等方面，对构建绿色经济潜力巨大。要发展绿色经济，必须将林业置于优先发展的领域。

2011年2月，联合国环境规划署（UNEP）在理事会暨全球部长级环境论坛的开幕式上发布了《迈向绿色经济——通向可持续发展和消除贫困之路》报告，这份报告由联合国环境规划署联合世界各地的经济学家和部门专家共同撰写，其目的之一是要实现联合国千年发展目标并使之得以持续；另一个主要目标是在2050年前将温室气体排放量降到更为安全的450ppm（百万分率）。

UNEP报告将绿色经济定义为“可改善人类福祉和社会公平，同时显著降低环境风险与生态稀缺的经济”。报告提出，促进绿色经济的必要条件是使市场和私营部门的直接投资投入绿色经济转型，关键在于创新公共政策，包括：完善的监管框架，政府开支和采购优先关注能促进绿色经济部门发展的领域，并限制投入那些会消耗自然资本的领域；能影响消费者支出和推动绿色创新的税收和有效的市场机制；对能力建设和培训进行公共投资，同时增强国际治理。

报告中确定对绿化全球经济至关重要的10个经济部门包括：农业、建筑业、能源供给、渔业、林业、工业（含能源效率）、旅游业、交通运输业、废弃物管理和水资源。报告对政策结果进行了模拟，提出从现在起至2050年，在绿色经济政策的引导下，如果各国国内和国际层面每年将约1.3万亿美元（大约相当于全球生产总值的2%）作为绿色投资投向包括林业在内的10个关键经济部门，便可推动全球向绿色经济转型。按部门分配的投资额如表1所示。

2011年9月，联合国可持续发展峰会北京高级别研讨会也对绿色经济问题展开讨论。会议提出，应努力减少发达国家和发展中国家之间的技术和资金障碍。发展中国家需要加大对绿色经济的投入，要建立绿色基础设施及绿色产业。必须重视绿色经济涉及的社会问题，如随着化石能源使用减少而减少的就业机会，如何推动相关职业技能的转换和升级问题。

2011年10月，在德国波恩召开的联合国森林论坛“森林对绿色经济的贡献”国家倡议会议认为，林业在实现绿色转型中发挥着关键作用，将对实现可持续发展和千年发展目标做出重要贡献：森林在改善社会福利和减轻贫困中发挥着重要作用；林业产业对全球经济增长做出了重要贡献；森林为人类提供了丰富的产品和服务，减少了环境风险和生态的脆弱性；

对林业的绿色投资可以带来长期、安全的投资回报，有助于应对当前金融风险。

中国政府高度重视发展绿色经济问题。2010 年 5 月 8 日，李克强副总理在中国国际经济交流中心主办的“绿色经济与应对气候变化国际合作会议”开幕式上讲话中提到，当今世界，发展绿色经济已经成为一个重要的趋势，许多国家把发展绿色产业作为推动经济结构调整的重要举措。发展绿色经济不仅可以节能减排，而且能够更加有效地利用资源，扩大市场需求，培育新的经济增长点，这是保护环境和促进发展的重要结合点。同时提出，要加快转变经济发展方式，积极推动绿色发展；牢固树立生态文明的理念，大力倡导绿色消费；完善经济全球化机制，形成有利于绿色经济发展的环境。

2011 年 9 月，胡锦涛主席在首届亚太经合组织林业部长级会议讲话中提出，森林是重要而独特的战略资源，具有可再生性、多样性、多功能性，承载着潜力巨大的生态产业、可循环的林产工业、内容丰富的生物产业。森林在推动绿色增长中具有重要功能。要合理利用森林资源，充分发挥森林的多种效益，发展林业产业，壮大绿色经济，扩大就业，消除贫困。

二、关于绿色经济

（一）绿色经济的概念

到目前为止，国际社会对绿色经济的内涵、外延以及特征等方面尚未达成统一的认识，相关理论也一直于不断探索和完善之中。

绿色经济最初是从社会、生态可承受的角度来定义的。皮尔斯（1989）认为，必须将经济发展控制在自然环境和人类自身可以承受范围内，不应出现因盲目追求经济增长而造成社会分裂、生态危机和自然资源耗竭，从而使经济无法持续发展，主张从社会及其生态条件出发，以求建立一种“社会生态可承受的经济”。Jacobs 与 Postel 等人提出，绿色经济就是将传统经济三种生产基本要素（劳动、土地和人造资本）进行拓展修正，并加入一项社会组织资本（SOC），以此提高人类福祉。

国内学者包括张叶、张春霞、夏光等提出，绿色经济就是不损害环境与人的健康并且是能盈利的经济活动，或者是那些同时产生环境效益和经济效益的人类活动，是一种环境合理性和经济效率性在本质上相统一的市场经济形态。相比较而言，熊望高、王志山、许宪春等人对绿色经济的认识更为宽泛和深刻。他们从资源节约、环境友好、社会公平的角度来认识绿色经济对促进社会可持续发展的作用，认为绿色经济是资源、环境、经济、社会的协调发展，是经济效益、生态效益和社会效益兼得的一种发展模式，是经济活动过程和结果的绿色化、生态化。还有学者提出，绿色经济是以生态农业、循环工业和持续服务业为基本内容的经济结构、增长方式和社会形态。“绿色经济”既是指具体的一个微观经济单位，又是指一个国家的国民经济，甚至是全球范围的经济，是全新的三位一体思想理论和发展体系，等等。

相比较而言，联合国规划署对绿色经济的定义受到相对广泛的认同。联合国环境规划署在《迈向绿色经济——通向可持续发展和消除贫困之路》报告中提出，绿色经济是有助于改善人类福祉和促进社会公平，同时显著降低环境风险和生态稀缺性的经济发展模式。绿色经济是基于可持续发展和生态经济学的一种全新发展路径。与此前的发展路径相比，绿色经济的独特性在于，它可以在保护自然资本的同时直接将自然资本转化为经济价值，并开展总成本核算。因此，自然资本可以纳入社会体系，要求生态系统服务的用户为所获得的惠益和所导致的损失付费。

从这一认识来看：一是绿色经济把生态环境资源化，并通过经济运行增加了环境风险约束，降低生态稀缺性，解决生态资源的有效配置问题。二是绿色经济发展的目标是要促进社会的可持续发展。这实际上是在传统经济发展目标基础上，增加了“社会公平”的目标要求，并进一步将这些目标归纳为改善人类福祉。三是绿色经济将自然资源资本化、内部化，将自然资本纳入社会体系，这就突出了“自然资本”对经济增长的价值。

因此，绿色经济依然是研究稀缺资源的有效配置，以实现人类社会福利最大化的问题。其基本运行规则就是突出自然资本对经济增长的贡献及其约束作用，从而改善人类福祉，即促进社会公平、降低环境风险，降低生态稀缺性，最终促进社会可持续发展。

（二）世界主要国家推动绿色经济的行动

进入新世纪，特别是在这次经济危机发生以来，许多国家认识到，发展绿色经济在节能减排、有效利用资源、扩大市场需求等方面的巨大潜力，并开始把发展绿色经济作为推动经济结构调整，培育新的经济增长点的重要举措，并纷纷将发展绿色经济确定为基本国策，推动绿色经济发展。

（1）美国以“绿色新政”为基本理念导向推动本国绿色经济发展。美国计划在未来两年将 GDP 的 0.7% 的资金用于绿色经济建设；建立 1500 亿美元的“清洁能源研发基金”，实施可再生能源技术开发，在整个经济领域实施限额与贸易机制来控制温室气体排放，创造 500 万个绿色就业机会，使社会经济加快向低碳经济转型，带动整体经济增长。

（2）欧盟以绿色经济振兴地区经济。欧盟认为发展绿色经济符合欧盟可持续增长、创造就业和提高竞争力的目标。特别是在当前金融危机形势下，投资绿色经济将有助于振兴欧洲经济，创造长期的就业机会，履行欧盟对应对气候变化的承诺。欧盟计划在 2013 年之前投资 1050 亿欧元支持“绿色经济”，促进就业和经济增长，保持其在“绿色技术”领域的世界领先地位。

（3）日本计划成为全球第一个“绿色低碳国家”。日本以绿色经济发展为契机，提出要引领世界低碳经济革命，把日本打造成全球第一个绿色低碳国家。2009 年，日本公布的《绿色经济与社会变革（草案）》的中长期目标是建设低碳、自然和谐共生的社会，计划通过重点支持环境、能源措施刺激本国经济，通过削减温室气体排放等措施强化绿色经济。日本提出要扩大绿色经济市场，对环境友好型企业实行零利率的贷款政策，创造 100 万个新的绿色就业机会。当前，日本发展绿色经济总体呈现由点到面的逐步递进过程，措施主要有两个方面：一是全社会参与和科技强有力支撑，实现经济与环保协调发展；二是强有力的法律保障，大力推进资源循环利用，构建循环型社会。

三、林业与绿色经济

林业与绿色经济联系紧密。林业符合绿色经济构成要素特征和发展要求，是国际社会公认的对支撑绿色经济发展具有战略作用的基础产业，加快林业发展将直接推进绿色经济发展模式实现。

（一）林业在绿色经济发展中的地位和作用

（1）林业构筑了绿色经济发展的生态基础。联合国环境规划署提出，生态系统管理在绿色经济发展中发挥着至关重要的作用。林业是生态系统管理的基础和前提，是地球的“生态基础设施”。森林是陆地生态系统中的主体、维护生态平衡的核心。森林是一半以上陆地生物的家园，并通过碳储存调节全球气候，保护流域。

（2）林业是绿色经济发展重要的物质基础。林业资源种类丰富，与其他行业有广泛的联系，为其他行业发展提供基本的物质原材料。森林是重要的“绿色资源库”，可以生产出一万多种可再生、可降解林产品和原材料。森林也是重要的“绿色能源库”，是仅次于煤炭、石油、天然气的第四大能源资源，是生产生物质能源的“绿色油田”“绿色电厂”。全球超过 20 亿人口依靠薪柴能源做饭、取暖、保存食物。

（3）林业是绿色经济发展的基本构成部门。林业是一个最大的自然循环经济体，是国际社会公认的对支撑绿色经济发展具有战略作用的基础产业。林业产品具有重要价值，尤其是其具有可再生、可回收、可降解的特点。林业生产过程实现了“资源—产品—再生资源”的过程，达到了低消耗、高利用、低排放的物质和能量循环利用过程，对生态和环境的影响最小，既为人类提供了绿色经济发展必需的生物质材料和能源。

（4）林业在改善社会福利和减轻贫困中发挥着重要作用。目前，全球超过 16 亿人依赖森林所提供的产品和服务为生。木材、木制品和非木质林产品的生产、加工和贸易，提供了大量的就业机会，改善农民生计，促进了农村经济发展。

（二）林业在发展绿色经济中面临的机遇

发展绿色经济，有利于进一步提升林业在国民经济中的地位和作用，促进林业产业发展，扩大公共财政对林业的投资力度，强化森林可持续经营，加大林业执法力度，提高森林经营的质量和水平，加大对森林、湿地和荒漠生态系统及生物多样性的保护力度，等等。

（1）有利于进一步提升林业在国民经济中的地位和作用，扩大公共财政对林业的投资力度。林业是绿色经济的重要部门这已得到广泛共识。2011 年 9 月国家主席胡锦涛在 APEC 会议上的讲话中已明确指出，森林在推动绿色增长中具有重要功能。这不仅缘于森林不可替代的生态功能和清洁可再生的资源能源，同时，对于改善生计、减轻贫困和增加就业等这些实现绿色经济和可持续发展的关键因素，林业可以发挥重要的作用。

（2）有利于加大森林资源保护和培育力度，增加森林资源资产。森林是重要而独特的战略资源和能源，具有可再生性、多样性、多功能性，是发展绿色经济十分重要的自然资产。因此，发展绿色经济，有利于促进森林可持续经营，加大林业执法力度，提高森林经营的质量和水平，增加木材资产储备。

（3）有利于促进林业产业结构调整和产业升级，提高林业产业的国际竞争力。绿色经济的本质是以生态、经济协调发展为核心的可持续发展经济，是一种以维护人类生存环境、合理保护资源与能源的经济发展方式。绿色经济更加支持鼓励培育木材、发展林下经济，提倡森林旅游等利用森林景观等的林业产业，同时，绿色经济支持发展林业生物质能源。因此，发展绿色经济将有力地推动林业发展方式转变，促进林业产业结构调整。

（4）有利于充分发挥林业在应对气候变化中的重要作用。绿色经济倡导低碳的发展，而林业的增汇减排作用已经得到广泛共识。发展绿色经济将更加注重保护和增加森林资源、减少毁林和可持续管理森林，以减少森林碳排放和增加碳汇。

（5）有利于进一步发挥林业在减轻贫困、改善生计方面的特殊作用。绿色经济的一个重要特点在于它寻求提供多种多样的发展和减少贫困的机会，而不耗竭或侵蚀自然资产。发展林下经济、森林旅游等绿色产业，可以给农户带来多元化的收入和就业，有效地帮助他们抵御市场风险。绿色经济积极倡导通过生态补偿机制推动林业生态建设、保护，支付给贫困农户的生态补偿资金可以发挥重要的减轻贫困作用。

（三）林业在发展绿色经济中面临的挑战

然而，在发展绿色经济的过程中，中国林业也面临着诸多挑战，如国民经济发展和人民生活水平提高对林业日益增长的需求与森林资源总量不足、质量不高之间存在矛盾；工业化、城镇化和农业现代化进程中存在土地利用冲突问题；人口增长和农村贫困对保护森林资源和巩固林业生态建设成果带来了压力；现行国民经济核算体系不能全面地反映林业对国民经济的贡献；森林经营管理体制改革滞后，林业信息化建设不能满足森林可持续经营的技术要求等；林业产业发展资金和技术创新不足等。

（1）毁林和森林退化的压力并不会消除。绿色经济发展并没有改变级差地租的经济规律，因土地利用的竞争引起的毁林和森林退化压力并不会得到根本缓解。联合国环境规划署认为，工业化、城镇化和农业现代化进程中，土地利用冲突对林地保护造成巨大压力。在农业补贴刺激下，在保障粮食安全的战略下，农业是影响森林面积的最重要因素，农耕成为毁林的最大驱动力。

（2）林业被边缘化的压力并不会消除。绿色经济有“深绿”和“浅绿”之分。从“浅绿经济”向“深绿经济”发展过程中，“绿色技术”进步与“绿色新政”完善不可能一蹴而就。林业生态效益的价值化、内部化还不能完全实现。在“绿色技术”尚未成熟前，林业的生态效益还不能完全做到可计量、可核算、可交易；在“绿色制度”尚未完全建立前，符合市场经济要求的林业生态服务市场、林业投融资市场就不能完全建立；林产品和服务的价值贡献就会被低估，林业发展就不会真正引起决策者的重视，林业的弱势地位就不会根本改变。

（3）林业面临过度消费的压力并不会消除。联合国规划署估计，目前，全球超过16亿人依赖森林所提供的产品和服务为生。全世界约一半的木材被砍伐用于能源。超过20亿人口依靠薪柴能源做饭、取暖、保存食物。随着世界人口增长和消费方式的变化，社会经济发展对林产品和服务、粮食以及原材料的需求日益增加。这些都将在未来10年加剧对林产品以及森林生态服务的需求压力。

（四）林业产业在发展绿色经济中的前景展望

绿色经济为林业提供了非常广阔的发展前景。

（1）林业在可持续发展中的作用将更加强大。绿色经济是可持续发展的具体实现形式。发展绿色经济过程中，生态基础设施建设将使林业所具有的减污、减排、消纳废弃物的能力得到充分发挥；绿色融资机制将更多、更好地挖掘林业在保障生态安全方面的潜力；林业产业提供的绿色产品、生态产品、绿色就业在促进地区发展、改善民生、减轻贫困等方面发挥更大的作用。

（2）林业在国民经济中的地位将更加突出。在发展绿色经济过程中，通过森林价值核算，森林产品和服务价值将得到全面反映，森林对非正式部门（没有纳入统计范围的，主要体现为农民生计）的贡献将得以充分体现；生态系统管理、绿色融资机制建立和绿色产业发展，将使林业在国民经济发展中的作用得到充分释放和“倍数”放大；林业的生态、经济、社会效益将得到全社会的普遍认可，在社会经济发展中的地位将更加突出。

（3）林业发展资金将更加充裕，资金来源渠道更加多样化。发展绿色经济中，为降低生态稀缺性，公共财政对生态基础设施的投资力度将进一步加大。同时，森林将成为一种新的有较高收益的经济资产，社会融资能力将明显提高。关于生态系统和生物多样性（TEEB）的成本和收益研究显示，澳大利亚对桉树林和干旱林进行主动恢复的收益成本比超过13∶1，巴西对大西洋海岸森林的投资收益成本比超过30∶1。

（五）林业在发展绿色经济中应采取的主要对策

（1）加快转变林业发展方式，提高促进绿色经济发展能力。加强以森林抚育补贴、低产低效林改造等为主要内容的森林经营工作，建立以“提质增量”为主要目标的林业发展机制，提高林业碳汇能力、应对气候变化能力、减贫增富能力。

（2）加快产权制度改革，建立有利于绿色经济发展的产权基础。深化集体林权制度改革，保护林农权益，使广大林农从森林经营和保护中获益。提高农民在政策、法律制定和实施过程中的参与权和受益权，使林区居民，特别是贫困地区和原住民从森林中获益。

（3）拓宽融资渠道，加大对林业的绿色投资力度。根据联合国环境规划署的倡议，结合我国林业发展实际情况，建立林业财政投入稳定增长机制，加大森林生态补偿力度。推动金融体制改革，广泛调动社会资金投入林业。增加公共财政对生态脆弱地区、贫困地区林业的支持力度，让林业绿色发展更多地惠及林业生产经营者。

（4）提高林业信息化水平，完善并大力推进绿色核算。完善林业信息系统，准确计量计算森林生态系统服务的规模、价值和质量，科学评估森林生态系统服务相关的经济、社会和环境效益及其受益群体，科学地反映林业对经济、民生和社会发展的贡献。建立科学合理的核算体系，将林业的市场价值、环境服务以及支持农户生计的价值核算出来，并逐步纳入国民经济统计核算体系之中，确立林业在国民经济中的应有地位，增加投资林业的吸引力，提高国家决策对林业绿色发展的支持力度。

（5）弘扬生态文化，促进有利于绿色经济发展的生态文明理念。与教育部门合作，尝试将生态文化或生态文明建设纳入中小学知识教育体系，培养新青年的生态文明知识、意识和价值观念。与宣传部门合作，通过树立人与自然和谐相处的价值观念，把节约文化、环境道德纳入社会运行的公序良俗，普及绿色知识、倡导绿色理念，引导社会公众自觉选择节约、环保、低碳排放的消费模式。

低碳经济时代下我国的林业发展

吴骏莹

（福建农林大学经济与管理学院，福州，35002）

摘要：低碳经济即倡导以低能耗、低污染、低排放为主要特征的经济发展模式。在发展低碳经济、应对气候变化过程中，林业应当成为不可忽视的重要选择。本文阐述了低碳经济的概念，探讨了我国发展低碳经济的客观必要性和重要作用，同时通过分析我国低碳林业的发展现状和存在的问题，有针对性地提出在低碳经济下林业发展策略。

关键词：低碳经济；林业发展；森林

The development of forestry in our country against the background of Low-Carbon EconomyEra

WU Jun-ying

（College of economics and management，Fujian Agriculture And Forestry University，Fuzhou，35002）

Abstract：Low-Carbon Economy advocates economic development mode that features low energy consumption，low pollution and low emission. Developing low carbon economy is an objective demand to respond to the climate change in the present and future days. The paper explains the notion of low-carbon economy and discusses bout the necessity and importance of developing low-carbon economy in our country，meanwhile by analyzing the state of development and existing problems in low-carbon forestry，the paper sets forth some specific development strategies for forestry against the background of low-carbon era.

Key words：Low-Carbon Economy；forestry development；forest

低碳经济及相关概念的提出起因于气候变暖这一全球性环境问题日益受到国际社会的广泛关注。林业在发展低碳经济中具有固碳、改善人居环境、发展旅游经济、促进低碳工业发展等方面的优势，因而林业是发展低碳经济的必然选择。林业作为生态环境建设的主要承担者，在参与和应对低碳经济时代具有不可替代的作用，发展“低碳经济”已成为世界各国的共识，低碳经济时代已经来临。

一、我国发展低碳经济的背景

（一）我国是一个以重化工产业为主导的工业化国家

作为一个崛起的发展中国家，多年来我国经济发展过分依赖化石能源的消耗，导致能源日益紧缺、碳排放总量不断增加、环境污染日益加重等问题，而这些问题已严重影响到社会

作者简介：

吴骏莹（1990～），女，福建省漳州市人，福建农林大学经济与管理学院（旅游学院）林业经济管理专业硕士研究生，主要研究方向：林业经济管理。

的可持续发展。正是考虑到目前我国正处于快速工业化阶段，深深地依赖于廉价的煤炭、石油等化石燃料，所以发展低碳经济已经成为中国当前的必然选择。

（二）我国是世界上人口最多的国家

众所周知，我国的人口数量居世界第一。由于人口基数庞大，使得人口增长速度惊人，而持续增长的人口，使我国在工业化过程中消耗的化石能源远比其他国家更多。电力、钢铁、机械设备、汽车、造船、化工、电子、建材等工业是我国国民经济增长的主要动力，要实现工业化，就不可避免地要大量消耗资源以及能源。当前，我国的温室气体排放总量居世界第二位，预计到2025年左右，将与美国并驾齐驱[1]。从来另一方面来说，越是巨大的排放量，就为我国低碳经济的发展提供了越广大的空间，这也就决定了我国要坚定地走“低碳经济”的发展道路。

（三）我国林业发展取得的成就

林业在促进经济发展、改善生态环境、固碳等方面具有不可替代的作用，我国的林地面积广，近20年来，我国林业发展取得了较大成绩。第六次全国森林资源清查（1999～2003）结果表明[4]：全国森林面积达到了1.75亿hm^2，森林覆盖率达到了18.21%，活立木总蓄积达到了136.18亿m^3。其中，人工造林保存面积达到了5364.99万hm^2，居世界首位。此外，我国森林恢复成果也受到了国际社会的充分肯定。联合国粮农组织发布的2005年全球森林资源评估报告中指出：在全球森林资源继续减少的趋势下，亚太地区森林面积出现了净增长，其中中国森林资源增长在很大程度上抵消了其他地区的森林高采伐率。2006年年底中国、芬兰、英国及美国等6位不同学科的国际著名专家，共同对中国森林吸收二氧化碳的能力进行了评估，一致认为在1999～2005年期间，中国是世界上森林资源增长最快的国家，不仅吸收了大量二氧化碳，极好地发挥了森林的固碳作用，而且为中国乃至全球经济社会的可持续发展做出了不可小视的贡献。

二、森林在发展低碳经济中的重要性

（一）森林是碳汇的主力军

作为陆地生态系统的主体，森林是陆地生态系统中最大的碳库，并被公认为最为有效的生物固碳方式。森林的碳汇功能是指森林在生长过程中，通过光合作用将排放到大气中的吸收后以生物量的形式固定下来，从而减缓全球气候变暖的功能[1]。森林是地球上最大的陆地生态系统，可通过光合作用吸收大气中的CO_2，从而制造出生命所需的碳氢化合物。此外，与其他植物相比，森林具有更显著的光合作用优势，能够比其他陆地生态系统更有效地消耗、吸收、固定和储存CO_2。

（二）森林是利用太阳能的重要载体

森林不仅为人类提供了生产生活及衣食住行所需的氧气和各种物质材料如木材资源，还能够吸收二氧化碳并制造氧气。此外，森林系统在全年中对太阳能的利用率，要远大于农田和生态系统。这是因为森林中的植物群体具有分层结构。所以，利用森林来收集并存储太阳能，是一个非常经济且实用的途径。

（三）森林是庞大的氧气制造厂

森林植物在其生长过程中通过光合作用，吸收大气中的二氧化碳，将其固定在森林生物量中，并制造出氧气。人类、动物和微生物的生存都需要吸收氧气，且释放出二氧化碳，除了生物活动，人类的生产活动如工业燃烧等，更是大量消耗氧气，并排放二氧化碳。倘若大气中的氧气不足，二氧化碳的浓度过高，不仅仅威胁到人类及世界上所有生物的生存，而且会引起全球气候变暖，两级冰川加速融化，从而导致海平面上升，陆地被淹没等严重后果。为了维持生态系统的平衡及稳定，就要依靠植物通过光合作用，吸收大气中的二氧化碳并释放出大量的氧气，才能保证大气中氧气和二氧化碳的含量保持平衡。而森林正是地球生物圈中大气成分平衡的主要调节者。

（四）森林是调节气候变化的主体

森林对气候变化调节最有效，因为发展林业对气候变化的缓解具有显著作用。在缓解气候变化方面，森林的作用主要有几个方面：一是吸碳固碳的能力，即通过吸收大气温室气体来缓解全球气候变暖；二是森林能与气候进行交互影响，即森林通过碳、水、辐射的交换，改变区域水文条件、热力平衡及大气水汽含量，从而调节区域的气候。此外森林还具有涵养水源、保持水土、改善农业生产条件等适应气候变化的功能。

（五）发展林业是实现低碳可持续发展的重要途径

发展低碳经济，既要重视节能减排，也要重视碳汇。保护好森林生态系统，就是保护好人类生存的家园，才能实现人类的可持续发展。作为陆地生态系统的主体，森林通过碳汇功能，在地球陆地生态系统中贮存了巨量的碳，是陆地生态系统中最大的碳库。此外，森林在吸收二氧化碳方面投入少、成本低、经济实用，所以林业在减少二氧化碳排放和增加二氧化碳吸收两个方面都能以较低成本做出重大贡献。由此可见，林业措施是促进我国可持续发展、维护我国生态安全、保证全人类福祉的“低碳”选择。

三、目前我国低碳林业发展的现状

随着低碳经济时代到来，中央林业工作会议上对林业作出了“四个体会”的定位，提出了新时期林业的“四大使命”。即实现科学发展观必须把发展林业作为重大举措，建设生态文明必须把发展林业作为首要任务，应对气候变化必须把发展林业作为战略选择，解决“三农”问题必须把发展林业作为重要途径。

（一）我国对缓解气候变化做出的努力

2007 年，胡锦涛主席在第 15 次 APEC 会议上提出了“建立亚太森林恢复和可持续管理网络”的重要倡议并承诺到 2010 年中国森林覆盖率要达到 20%，被誉为应对气候变化的森林方案，得到了国际社会的高度评价。从第七次全国森林资源清查结果看，目前我国森林覆盖率已达到 20.36%，提前实现了胡锦涛主席的承诺。

近年来，中国政府一直高度重视应对气候变暖工作，积极响应国际号召，并采取相应实际行动。1992 年 6 月，中国同其他 152 个国家和区域一体化组织在联合国环境与发展大会上正式签署了《联合国气候变化框架公约》。1998 年 5 月 29 日中国政府又签署了举世瞩目的《京都议定书》，并支持议定书中对某些国家和地区规定的减排义务。作为最大的发展中国家，中国在助推 2007 年 12 月“巴厘岛路线图”进程中的贡献，得到了国际社会的认可。中国在此次大会上提出的三项建议，包括最晚于 2009 年年底前谈判确定发达国家 2012 年后的减排指标，切实将《联合国气候变化框架公约》《京都议定书》中向发展中国家提供资金和技术转让的规定落到实处等，得到了与会各方的认可，并最终被采纳到该路线图之中。

此外，中国也为减缓全球气候变暖做出了实质性贡献。自 1980 年至今，中国不断投入大量资金用于全面加强林业生态建设、实施林业重点工程、扩大森林资源总量、增加森林碳汇功能。2007 年中国制定并公布了《中国应对气候变化国家方案》，并强调，植树造林、保护森林、最大限度地发挥森林的碳汇功能等是应对气候变暖的重要措施。

（二）我国集体林权制度改革对低碳林业带来的影响

近年来，党中央、国务院决定在全国开展集体林权制度改革，极大地调动了亿万农民造林育林护林的积极性，极大地解放了农村生产力，极大地促进了生态文明建设。随着我国集体林权制度改革的深入和现代林业建设的推进，森林面积和森林质量大幅度提高，中国林权交易所的成立将带动林权和碳汇交易的启动，木材价格、林产品价格也将提升，加上国家对林业的一系列扶持政策，为碳汇林业和林业低碳经济发展带来更大的空间。

（三）我国 CDM 项目的开展

清洁发展机制（CDM）项目，是指发达国家间和发展中国家开展减少源的排放和增强汇的清除项目，产生的减排单位可以出让和买卖。简单来说就是发达国家从中国的清洁能源类项目中购买二氧化碳减排量，抵冲发达国家的减排义务。在清洁发展机制的促进下，中国积极促进碳汇项目的发展。目前中国“碳汇”项目操作办法是在 CDM 项目审核理事会审批下买卖双方签订协议，在约定的期限内，出售方负责对新造林地进行管理和培育，购入方则以支付现金等方式购买“碳汇”。开展 CDM 项目将为我国绿化造林和生态建设引进资金，增加新的资金来源，并通过这一机制引进国外先进技术，加快我国生态建设步伐，从而为实现环境、经济与社会的可持续发展创造条件。

来自清华大学清洁发展机制项目研究的资料和国家发改委国家气候变化对策协调小组的备选项目清单显示，仅仅从 2002 ~2005 年来看，就将约有 77. 348 亿元人民币（约 9. 319 亿美元）的资金被投入到中国四个 CDM 项目发展中，而 2010 年将达到 39. 442 亿元人民币。权威专家认为，如果完全开放 CDM 市场，在第一承诺期，中国就有获得出让 3300 万 t 碳的可能，相当于 70 万 ~110 万 hm^2 的造林面积。按世界银行生物碳基金的碳汇价格计算（每 t 二氧化碳约 3 ~4 美元，折合每吨碳约 11 ~14. 7 美元)，相当于 3. 63 亿 ~4. 84 亿美元。

（四）中国绿色碳基金的成立

中国绿化基金会中国绿色碳基金在 2007 年 7 月 20 日成立。中国绿色碳基金是设在中国绿化基金下的专项基金，由国家林业局、中国绿化基金会、中国石油天然气集团公司等共同发起，属于全国性公募基金。这个基金的设立，吸收了大量环境组织、企业、个人等自愿投资造林或进行森林保护和管理的资金，为企业、团体和个人志愿参加植树造林、森林经营保护等活动以及应对气候变化搭建了一个平台。目前通过中国绿色碳基金所进行的造林活动已经取得较大成效。

（五）我国森林旅游业的蓬勃发展

中国是世界上旅游资源最丰富的国家，而且我国生态旅游业历史悠久。我国的森林公园建设，是一项新兴产业。我国一向具有开展森林生态旅游的得天独厚的条件。从 1982 年我国在湖南诞生了第一个正式命名的国家森林公园几张家界森林公园以来，至 1997 年年底，我国建立了 926 个自然保护区，其中包括鼎湖山，长白山，扎龙，神农架，西双版纳，武夷山和天目山等名山，还有列入《国际湿地公约》重要湿地名录的黑龙江扎龙，吉林向海，青海鸟岛，江西鄱阳湖和湖南洞庭湖等湿地。尤其值得一提的是，我国还以国有林场为依托建立了一批国家森林公园，吸引了大批国内外游客，使得生态效益，社会效益和经济效益齐发展。

四、目前我国低碳林业发展存在的问题

（一）我国碳排放量庞大，国际社会难以接受

根据美国能源情报署的统计，我国在2006年就超过了美国，成为全球第一大二氧化碳排放国家，总排放量达60.18亿t，占世界总排放量的21%，美国总排放量为59.03亿t，占总量的20%。中美两国加起来，占了世界的4成以上。德国和日本加起来是我国的2倍左右，但两国二氧化碳排放量加起来，仅为我国排放量的35%。我国的能源效率不但低于发达国家，还低于印度和俄罗斯。无论我国是否承诺排放限额，发达国家对企业和行业的低碳要求都不会减少，经济发展会受到几乎相同的影响而如果我国不承诺排放限额，会面临很大的国际道德压力，并且将失去制定低碳经济相关的各种标准和协议的话语权，从长远来看，对经济的长期发展也产生严重的影响。

（二）发展旅游与保护环境之间存在着相互矛盾的关系

首先是旅游资源的粗放式开发和盲目利用，特别是新旅游区的开发。开发者急功近利，在缺少必要论证与总体规划的条件下，便盲目地进行探索时，粗放式的开发。这种粗暴和不科学的开发，造成许多不可再生的贵重旅游资源的破坏。此外，对野生动物这类极其珍贵的旅游资源也造成了不可挽回的损害。许多地方在开发旅游资源时，管理不善，执法不力，不少野生动物遭到乱捕乱杀，有的饭店甚至以野生动物作为美食招揽游客，使不少珍惜品种濒临灭绝；其次是风景区生态环境系统失调。近10多年来，景区的人工化、商业化、城市化使我国风景名胜区，包括已列入“世界遗产名录”的一些自然风景区，已越来越受到建设性的破坏；另外，风景名胜区环境污染严重也是不可避免的问题。据旅游风景区提供的监测资料显示，这里的水土、大气都有程度不同的污染，噪音、烟尘都超过了规定的标准，大气中含有的有害物质及酸雨等情况比较普遍。

（三）森林生态效益补偿机制不完善对低碳林业带来负面影响

（1）补偿的范围过窄。我国目前的森林生态效益补偿范围只限于生态区位极为重要或生态状况极为脆弱的重点防护林和特种用途林。这样的话，大部分非重点公益林则不能得到国家的补偿，而这些区域的公益林又都发挥着碳汇的功能。此外，天然林保护工程区内的重点公益林也均未列入补偿范围。这些补偿范围之外的公益林得不到应有的补偿，进而会影响森林碳汇的功能。

（2）补偿资金来源渠道单一。我国的森林生态效益补偿资金以中央财政补偿基金为主要来源，同时辅助以地方财政补偿。从我国目前的林业发展状况来看，维护公益林生态效益的成本相对较高，单靠国家财政有限的投入是远远不够的。

（3）补偿标准偏低。中央财政补偿标准为每年每亩10元，用于重点公益林的营造、抚育、保护和管理。与其他的减排方式相比较而言，通过森林碳汇的减排是成本最低的方式之一，但就现在的每年每亩补偿10元的标准还远远达不到森林碳汇的成本，补偿标准偏低严重影响了公益林经营者的积极性。

（4）补偿标准未实行分类。公益林由于地域、区位、种类和质量的不同，其生态价值、经营投入和管护成本是不相同的。从森林碳汇的角度来说，不同树种的碳吸收能力也是有差异的，即使在同一气候区，不同树种的碳吸收水平也有不同。而相同树种在同一气候区的不同地带、甚至不同地貌类型的碳吸收水平也存在差异。此外，对同一树种采取不同的管护经

营措施，其碳汇的能力也不尽相同。因此对于不同的碳汇林而言，“一刀切”的补偿标准是不科学的而且有失公平。

五、低碳经济时代下林业发展策略

（一）优化林业产业结构，建立低碳林业产业体系

调整优化林业产业结构，促进林业产业的发展，是实现林业可持续发展的物质保证。在第一产业，要以市场需求为导向，大力推进短周期工业原料林和其他原料林建设；在第二产业，加大新产品研发，促进以低层次原料加工向高层次综合精深加工转变；在第三产业，要加大森林旅游业、花卉业的发展。另外，要加快推进林业产业结构调整，发展低碳林业产业，建立以低碳森林培育业、低碳林产加工业、低碳森林旅游业为核心的新型低碳林业产业体系[10]。

（二）积极开发林业生物质能源

在当前资源日益紧迫的大背景下，生物质能源利用技术已经得到越来越多的关注。生物质既是可再生能源，也能生产出上千种的化工产品，且因其主成分为碳水化合物，在生产过程中对环境无害，逐渐成为整个能源系统的新亮点。如今在欧美、东南亚等一些国家中已得到普遍重视，这些国家以大豆、菜籽油、棕榈油等为原料生产生物柴油，以玉米，甘蔗等粮食为原料生产乙醇。而我国由于人口众多，经济发展地区不平衡等，导致食用油短缺和粮食紧张，这个国情决定了我国不可能像欧美国家一样用食用油和粮食来大量生产生物质能源。所以，转而开发林业这种生物质能源，在我国具有可行性及必要性。首先，林木生物质能源也同样具有绿色环保、清洁生产、可再生等特点，大力发展林木生物质能源替代石化能源，不仅可以优化能源结构，降低环境污染，而且还有利于森林资源的增加。其次，我国有林地面积广，具有发展林木生物质能源良好的前提条件。所以，加快发展林木生物质能源是有效补充我国能源，改善我国生态环境的重大战略举措之一，对维护我国能源安全，改善能源结构将发挥不可小视的作用。

（三）普及植树造林活动，大力实施荒山造林工程

只有进一步加大植树造林力度，扩大我国森林面积，才能更有效地增加碳吸收量。我国现在仍有5700万hm^2无林地和近3亿hm^2的沙地荒地，增加森林面积仍具有很大空间。按照《全国生态建设规划》，到2050年，我国森林覆盖率将达到26%以上，届时我国森林年净吸收CO_2的能力将比1990年增加1190.4%，从而进一步提高我国森林碳汇能力[4]。此外，由于植树造林具有公众参与程度高的特点，可以通过广泛的宣传，充分调动民众植树的热情，并且不断深入开展形式多样的植树活动，从而动员广大群众参与到植树造林的活动中来。同时不忘对荒山实行封、造、管并举：对适宜人工造林的荒山，积极实施植苗造林与直播造林相结合，不断加快绿化进程；而对人工造林条件欠缺的荒山，则全面落实封育措施，逐步恢复地面植被。

（四）开展森林碳汇交易

利用碳交易市场机制，是发展低碳经济的必由之路。要充分利用《京都议定书》形成的经济机制，完善“谁排放，谁负担”、“谁减排，谁受益”的制度，建立国内碳汇交易机制。这就需要做到以下几点：

（1）建立全国统一碳市场相关的法律法规体系。碳交易在本质上是金融活动，它不仅

与重构国际金融秩序、建构世界碳交易市场紧密联系，而且与“重构国际经济政治格局”等问题息息相关。《京都议定书》提出的清洁发展机制（CDM）项目必须要履行国内、国际两套程序，经过多个机构审批，而且在交易过程中的核算标准需要参考《京都议定书》中有关碳交易的核算标准。因此，中国需尽快建立一整套与发展全国统一碳市场相关的法律法规体系，建立一整套适用于国内的科学且标准化的核算体系，推演出具体的核算数据对照表；同时，为了使交易过程中的各种成本最低，还需要整套统一的法律法规体系来规范市场的交易程序，并成立相关部门执行监督管理的职能。

（2）积极构建低碳交易平台。我国应建立统一的碳交易平台，为买卖双方提供充分的供求信息，降低交易成本，实现公平合理定价，也为低碳技术的研发、推广、应用提供了一个有力的平台。2008 年中国成立了三家环境交易所，北京环境交易所、上海环境能源交易所和天津排放权交易所，这几家环境交易所的成立为“低碳技术”产权的转让和推广应用提供了一个市场化的平台。我国应该鼓励这种低碳平台的建立，并出台进一步的具体政策，成立相关管理部门，来规范这些市场中介交易机构的运作，促成这些交易机构形成一个全国范围的，甚至是全球范围的市场中介机构交易网，鼓励它们发挥出最佳作用，以利于低碳技术的研发、推广和应用。

（3）进一步规范中国参与碳交易的企业。清洁发展机制（CDM）往往是双边项目，买卖双方竞争激烈，市场化程度高，透明度高。因此，买卖双方的信用基础是保障交易和市场秩序的关键，因此有必要对参与碳交易的企业进行环保、技术、信用等方面的规范，预防可能给碳交易市场带来风险以至金融风险。

（4）积极参与国际低碳经济相关的合作。国际碳市场的兴起，使得通过市场实现森林生态效益价值成为可能。应建立碳源者购买森林碳汇机制。森林碳汇是公益事业，必须引起全社会的关注和支持。要以森林碳汇为调节杆杠，按照“多排碳源，多买碳汇，受益者付费、损害者赔偿”的原则，促使碳源者在履行碳汇职责的同时，千方百计推进节能减排工作。在完善政府财政转移支付制度的同时，逐步完善生态环境产权，交易、价格机制，发挥市场机制对生态环境资源供求的引导作用，建立生态利益共享及相关责任分担机制，将碳源者对森林碳汇行为由自愿行为转为制度约束下的自觉行为。

（五）建立森林碳汇补偿机制

由于碳汇林不能采伐或者要推迟采伐，造林者遭受经济损失，所以，对造林者经济损失要进行经济补偿。

（1）补偿的范围应适当放宽。森林生态效益补偿不应限于重点公益林，天然林保护工程区内的重点公益林也应该列入补偿范围。从理论上说，能够形成森林碳汇的都属于公益林，都会起到减缓气候变化的作用。部分公益林会以森林碳汇交易的方式实现部分或全部补偿，而没有形成交易的公益林（事实上这部分公益林在我国所占比重很大）所提供的森林碳汇则必须由国家予以补偿。如果只对国家划定的重点公益林进行补偿，势必会造成其他公益林管护激励机制的缺失，丧失部分森林碳汇功能。

（2）提高补偿的标准，实行分类补偿标准。我国森林生态补偿标准偏低已成为社会各界的共识，尤其是在当今全球减排的大环境下，碳交易的价格大有逐步升高之趋势，如果通过生态补偿所提供的激励不足，势必不利于森林碳汇的增加。我国在补偿标准的确定上，应当提高现有的标准，适当考虑碳交易的市场价格，并根据公益林的投入成本及生态价值的差异，对不同地域、不同种类、不同质量、不同气候区的森林碳汇实行分类补偿。

（3）拓宽补偿资金的来源渠道。维护公益林生态效益的成本相对较高，仅仅依靠中央财政转移支付，既会增加国家财政的负担，也不能形成良性的激励机制。国家应当建立起财政转移支付、征收碳税、森林资源使用费、设立专项森林碳汇基金等多种来源渠道的资金机制。除此之外，国家还可以通过一些森林碳汇的政策补偿激励森林碳汇的经营者，如生态建设和保护投资政策、税收优惠政策、扶贫和发展援助政策、经济合作政策等。为了弥补中央财政森林生态效益补偿基金的不足，应该建立地方森林生态效益补偿制度。如广东、浙江两省在中央财政森林生态效益补偿基金标准每年每亩补偿 5 元的基础上，再增加 3 元，达到每年每亩补偿 8 元；北京市山区公益林补偿，平均每亩每年达到 21 元[22]。还可以通过市场补偿的方式为森林应对气候变化筹集所需要的资金，目前国际碳市场已经形成，在国际碳市场的交易中，我国已经开始通过采取各种手段进行减排，国内碳市场的形成将是大势所趋。森林碳汇的市场补偿主要是通过碳汇交易来实现的。碳汇交易必须依据一整套的市场规则，就我国而言，必须通过立法的形式确定二氧化碳排放企业的减排配额，并明确其可以通过森林碳汇交易的进行减排的配额，这样在森林碳汇市场中就有了法定的购买主体，基于森林碳汇交易的市场补偿就可以实现。从我国的具体国情出发，仅仅依靠政府补偿难以满足我国森林碳汇的发展。而运行方式灵活，管理成本较低适用范围广泛的市场补偿机制就具有极大的前景和可行性。所以应当积极引入市场机制，依托市场法则来规范市场行为，通过市场的参与来弥补国家补偿管理成本高、效率低的弊端。最后不得不提的还有社会补偿。森林碳汇的社会补偿主要指社会主体出于自愿减排或进行森林保护，通过直接向森林碳汇经营者进行捐助，或者通过基金募集对森林碳汇进行的补偿。这种补偿机制虽不是森林生态效益补偿中的主要形式，但其资金来源广，易筹集。既可以通过直接捐助，包括接受国际组织、外国政府、单位、个人的捐助；也可以通过设立某种形式的社会基金。如我国大连、北京，温州等地设立了绿色碳基金专项，由财政安排专项资金和发动企业，组织、团体、个人捐资进行筹措从而推进我国的森林碳汇发展。

（六）加强宣传，引导全社会参与低碳林业发展

在全球高度关注气候变化的背景下，林业已经被提到了事关人类生存与发展、前途与命运的战略高度。森林在维护气候安全、生态安全、能源安全、粮食安全、物种安全等方面具有特殊作用，因此，应广泛宣传林业在发展低碳经济中的优势及作用，从而充分调动起企业、公众参与植树造林、保护森林等活动的积极性，并通过林业措施，逐步实现低碳生产和低碳生活。

参考文献：

［1］蒋丽霞，卢宏业．低碳经济背景下林业发展策略浅析［J］．黑龙江生态工程职业学院学报，2012，05（3）：57~58.

［2］方大春，张敏新．低碳经济的理论基础及其经济学价值［J］．中国人口·资源与环境，2011（7）：91~95.

［3］胡安玲．低碳经济下的林业发展策略研究［J］．林业科技情报，2012（1）：42~43.

［4］王春峰．低碳经济下的林业选择［J］．世界环境，2008，02（2）：37~39.

［5］冯云山，李峰，孙伟．低碳经济下黑龙江省林业发展措施［J］．现代农业科技．2011（3）：368~371.

[6] 沈逢源．低碳经济下林业的作用及应对策略研究［J］．大观周刊，2011，3（10）：59.

[7] 邢喜云．低碳经济与林业发展［J］．内蒙古林业调查设计，2010，8（4）：

[8] 吴满船．关于林业低碳经济发展的若干问题探析［J］．商场现代化，2011，1（636）：236.

[9] 徐亚军．基于低碳经济背景下四平林业经济发展初探［J］．吉林农业，2011（07）：203.

[10] 张秋根，曹建华，郭晓敏．林业低碳经济探讨［J］．气候变化与低碳经济，2010（3）：36~38.

[11] 张晓静，方宜亮，王佳，胡庆淑，乔依杨．林业是低碳经济时代的重要选择［J］．林业经济，2010（5）：93~96.

[12] 毛松梁．林业在低碳经济中的地位、作用及建议［J］．农林科技，2011（01）：212.

[13] 张黎莉．林业在低碳经济中的地位与作用［J］．科技创新导报，2011（11）：132.

[14] 李怒云，陈叙图，章升东．林业在发展低碳经济中的地位与作用［J］．林业经济，2010（2）：73.

[15] 田明华，陈建成，高秋杰，贺佳佳．浅谈低碳经济发展对林业的影响［J］．林业经济．2010（2）：76~78.

[16] 刘伟．浅谈林业对发展低碳经济的重要作用［J］．科技创新导报，2011（9）：234.

[17] 刘文利，刘海松，刘恩琦，浅谈林业与低碳经济和低碳生活［J］．生态建设与环境保护，2012，03（2）：1~2.

[18] 于 雷．碳汇林业与低碳经济二者关系的浅析［J］．防护林科技，2011，05（3）：60.

[19] 廖洪标，廖学林．提升林业在低碳经济中的作用［J］．现代园艺，2012（13）：82.

[20] 廖建江，邓海斌．挖掘林业在低碳经济中的潜力［J］．林业科技情报，2010（4）：8~9.

[21] 张光星，方振华．林业在发展低碳经济中的地位作用及建议［J］．现代农业科技，2010（7）：253~255.

[22] 颜士鹏．基于森林碳汇的生态补偿法律机制之构建［J］．环境资源与能源法，2010（4）：57~61.

林业在绿色经济中大有作为

刘　珉　张晓静

（国家林业局经济发展研究中心，北京，100714）

摘要：绿色经济已成为当前国际社会发展的潮流和方向，林业在绿色经济中具有重要的作用和地位，绿色经济背景下林业发展机遇大于挑战。发展现代林业推动绿色经济需要科学规划和政策支持，应当围绕林业“双增”目标，加强森林经营，保护生态系统；发展林业绿色产业；提高林业科技和信息化水平；建立生态优先的政绩观；深化集体林权制度改革，加大对林业的绿色投资力度。

关键词：林业；现代林业；绿色经济

An Important Role in Forestry to Green Economy

LIU Min　ZHANG Xiao-jing

（China National Forestry Economics and Development Research Center，SFA，Beijing ，100714）

Abstract：Green economy has been become more and more popular nowadays. Forestry will play an important role in green economy，and opportunities are much more than challenges under the green economy. The development of modern forestry in these new circumstances should be planned scientifically and supported in policies，strengthen sustainable forest management and protect eco-system around the goal of increase of forest area and forest stock volume，develop green forestry industry，improve the level of forestry science and technology and informatization，set up the achievements view for government of ecological priority，deepen collective forest tenure reform，increase green investment for forest.

Key Words：forestry；modern forestry；green economy

近些年，绿色经济逐步兴起，大有方兴未艾之势。绿色经济强调经济的增长要与社会发展和生态环境相协调，绿色经济是对可持续发展理念的补充和完善，是实现可持续发展的重要途径和渠道。就社会发展而言，林业肩负着占国土面积的 69%，占全国总人口的 56% 的山区人民脱贫致富的重任；就生态环境而言，林业维护着地球上森林、湿地、荒漠化三个系统和生物多样性的生态良性循环，是陆地生态系统的主体，是生态建设的首要任务。因此，林业是绿色经济的基础和关键，是可持续发展的重要组成部分。发展现代林业、促进绿色增长，推动经济、社会和环境协调发展符合中国国情，是科学发展之路，是创新发展之路。

一、绿色经济已成为当前国际社会发展的潮流和方向

长期以来，以经济增长为主导的黑色工业文明，在带来人类繁荣与富足的同时，也对全

作者简介：

第一作者：刘珉（1971 ~），男，河南郑州人，博士，国家林业局经济发展研究中心副研究员，研究方向：农林经济及可持续发展。

第二作者：张晓静（1963 ~），女，北京人，博士，国家林业局经济发展研究中心研究员，研究方向：林业经济理论与政策。

球可持续发展带来了极大的挑战，气候变暖、水资源短缺、污染问题日趋严峻，严重威胁着全人类的生存与发展。转变发展方式，倡导绿色经济是当前国际社会发展的潮流和方向。

世界自然基金会（WWF）全球项目部主任 Georg Schwede 指出，当前人类消耗可再生资源的速度超出了地球可再生资源的恢复能力，人类一年所消耗的自然资源需要地球用 1.5 年的时间来再生，如果维持现状，人均消费将不断增长，到 2050 年将需要 2.9 个地球来维持人类的生活。这种发展方式是不可持续的，因此，倡导和发展绿色经济是非常必要的。

联合国环境发展署的 Nikals Johan Hagelberg 指出，绿色经济是可促成提高人类福祉和社会公平，同时显著降低环境风险与生态稀缺的经济。发展绿色经济就是要使我们的经济活动长期的与生态系统相协调，增加人们的福祉和社会公平，进一步减少社会、生态与环境风险。

国家发改委吴晓松副司长指出，中国对生态和环境建设高度重视，已逐步将绿色经济理念纳入经济与社会发展的重要方面。党的十六届三中全会确定了科学发展观的战略思想，十六届五中全会提出了建设资源节约型、环境友好型社会的战略任务，十七大将建设生态文明作为建设小康社会奋斗目标的新要求。中国现在处于城镇化时期，人口资源矛盾日益尖锐，生态与绿色发展面临着严峻的形势与挑战。加强生态保护与建设，促进绿色发展，提高生态承载力，是加快转变经济发展方式，实现科学发展的重要保障，是保护美好家园的根本要求，发展绿色经济已经成为中国的必然选择。

清华大学国情研究院胡鞍钢教授指出，中国现在正在从世界最大的“黑猫”转变为最大的“绿猫”，国家“十二五”规划可以看做是首部国家绿色发展规划。怎样通过绿色创新，包括理念的创新、发展规划的创新、地方的创新和企业的创新，加快实现向绿色发展的转变是关键所在。绿色发展就是科学发展，是经济、社会、生态三大系统三位一体的新型发展道路，以绿色创新为基本途径，以增加绿色财富和人类福利为根本目标，是前人种树，后人乘凉。

北京工商大学季铸教授指出，寻求绿色经济发展，成为人类也包括中国人民的一个普遍共识。绿色经济是一个完整的思想理论体系，是一个社会的新的文明体系，绿色经济是效率、和谐、持续三位一体的体系，这也是人类发展的基本坐标。农业经济是人类从自然到自为，工业经济是人类由自为到自主，服务经济是人类从自主到自由，绿色经济是人类从自由到自美。生态农业、循环工业、持续服务产业构成三位一体内容体系，这种经济结构解决了中国经济发展的主要问题，如果这种经济结构又是绿色的、集约的，就解决了经济结构的转变问题，在这个基础上，绿色经济、绿色新政、绿色社会，构成三位一体的绿色文明体系。

国家林业局经济发展研究中心副主任戴广翠研究员对绿色经济的概念及发展进行了梳理。指出绿色经济的实质就是把自然资源资本化、内部化，将自然资本纳入社会体系，突出自然资本在经济增长中的价值。

二、林业在绿色经济中具有重要的作用和地位

林业是绿色经济的基础。森林及林业为绿色经济提供了生态基础，在应对气候变化、保护生物多样性、涵养水源、保持水土等方面有着重要作用；林业提供木材等木质原材料、产品和能源产品，具有清洁安全、可再生、可降解等优点；森林还可以提供果实、油料、香料、中草药等非木质林产品，对于维持逾全球 10 亿人的生计有重要作用；林业在增加就业

和消除贫困、维护粮油安全、能源安全和资源安全方面也发挥着重要作用。

Georg Schwede 认为，林业是绿色经济的基石，增加森林资源资产，保持森林的活力，通过森林的可持续经营增进林区人民的福祉就是一种很好的绿色发展理念。林业绿色增长不仅能够保障和促进国家的绿色增长，而且还能促进新兴产业的发展，实际上，林业的发展本身就是绿色增长的一个主要内容。

中国林科院侯元兆研究员认为，在绿色发展模式下，森林应该有新的定位，森林是绿色发展的基础，森林是国民财富的基础、国民福利的基础和国民安全的基础。

三、绿色经济背景下林业发展机遇大于挑战

绿色经济背景下林业发展的机遇和挑战并存，机遇大于挑战。机遇方面：首先，由于林业不仅具有经济功能，还具有明显的社会功能和生态功能，为应对国际金融危机，很多国家推出了刺激经济的绿色发展规划和战略决策，将林业作为发展绿色经济的核心；其次，由于全球气候变暖问题已经成为国际社会的头号政治问题，森林对于降低大气中温室气体浓度、调节气候、维护生态平衡起着十分重要的作用。林业在应对气候变化中具有特殊地位；再者，全球生态危机和自然灾害问题日趋严重，加强林业生态建设、保护和恢复生态系统的呼声越来越高，森林生态系统、湿地生态系统和荒漠生态系统承担着重要的生态产品和生态服务，逐渐成为各国绿色经济投资的热点。挑战方面：从全球范围看，土地竞争引起的毁林和森林退化的压力并不会消除。同时，由于林业生态效益的价值化、内部化还不能完全实现，林业被边缘化的可能仍然存在。

Nikals Johan Hagelberg 指出，毁林开荒所带来的经济价值其实远远不能弥补它的服务价值的损失，毁林的综合损失是所获经济价值的 2.8 倍（以肯尼亚 2000 ~ 2010 年的数据分析）。如果每年将全球 GDP 的 0.34% 投入林业，到 2050 年，全球森林面积会增加 140%，将创造 500 万个新的就业机会。

世界银行驻华代表处农业、环境、林业主任 Carter Brandon 指出，想要跨越社会达到中等收入带来的陷阱，追求可持续发展，发挥绿色经济尤为重要，包括减少环境污染、退化、保护生物多样性。中国“十二五”规划提出，在 5 年内把环境因素负外部性影响比值由 5% 降低到 3%，解决污染问题和应对气候变化，实现措施包括森林恢复和生态补偿等手段。

四、发展现代林业推动绿色经济需要科学规划和政策支持

向绿色经济的转型，需要将森林生态价值以适当的方式纳入到传统的 GDP 核算范围之中，需要考虑一些新的以奖励制度为基础的方法，比如生态补偿和生态付费、REDD + 机制，尽量地削减不利于森林发展的补贴。

Nikals Johan Hagelberg 认为，需要加强林业与其他的经济部门之间的联系研究，解决政策执行不力和执行滞后问题。Carter Brandon 认为，发挥林业在绿色经济的作用，要鼓励更多的投资、更大的灵活性，更为清晰的奖励政策，更为有效的市场工具以更好地保护生态系统。

戴广翠认为，林业部门应该采取有效措施大力推动绿色经济发展，一是加快林业发展方式转变，提高林业促进绿色经济发展的能力。二是深化产权制度改革，建立有利于绿色经济发展的产权基础。三是拓宽融资渠道，加大对林业的绿色投入力度。四是提高林业信息化水

平，大力推进绿色核算，五是弘扬生态文明，倡导绿色消费。

中国林科院副院长陈幸良认为，林业绿色增长的关键着力点包括大力提高林业第一产业的发展质量，推动林业第二产业的转型，提高林业第三产业的比重。侯元兆认为，绿色发展下的森林发展不再只是一个部门的问题，而是中国这个经济体的一个基础问题，中国的绿色林业发展需要变革，包括更新理念，提升机构，拓宽投入渠道和政策跟进等一些基本条件。

五、提高林业在绿色经济中的作用的几点建议

中国作为一个发展中大国，正在加快推进工业化、城镇化步伐，在大力发展经济的同时，高度重视生态建设和环境保护。中国政府明确要求树立绿色发展理念，国家“十二五”规划对绿色发展作出了具体部署。这表明，中国政府高度重视林业建设、积极应对全球生态危机，为中国乃至世界促进绿色增长、推动可持续发展作出了积极的贡献。

发展林业，推动绿色经济，这是在科学发展观基础上确立的人与自然和谐相处、服务国家发展大局的绿色发展理念，是以生态建设为主，经济效益、社会效益和生态效益密切结合的林业发展战略。加强林业建设，推动绿色经济，既要注重文化层面的宣传、意识形态的引导，还要注重制度建设和重点领域的投资。具体建议如下：

一是紧紧围绕林业“双增”目标，继续加强林业重点生态工程建设，加强森林经营，提高森林质量，保护和建设好森林生态系统、荒漠生态系统、湿地生态系统和生物多样性，努力构建功能完备的林业生态体系，提高经济社会发展的生态承载力，巩固绿色经济的发展基础。

二是重点发展林业绿色产业，着力打造林业生态产业、碳汇产业、循环产业和生物产业。要充分发挥林地资源、物种资源的优势，加快发展林下经济、森林旅游、木本粮油、林业生物质能源、林业生物制药等新兴产业，努力构建循环、低碳的林业产业体系，实现生态与产业协调，创新绿色经济的发展方式。

三是提高林业科技和信息化水平，要把林业科技进步和科技创新作为林业绿色经济发展的动力，加大对绿色新兴产业的科技攻关力度，促进科技成果转化，激活绿色经济的发展动力。

四是切实转变政府职能，建立生态优先的政绩观，统筹协调各部门、各区域关系，健全生态文明制度，大力推进绿色核算，增强绿色经济的发展活力。

五是深化林业改革，要继续深化集体林权制度改革，促进生产要素向林业生产聚集。继续探索国有林场改革和国有林区改革试点，破解国有林区改革的制度性障碍和深层次矛盾，消除绿色经济的发展障碍。

六是加大对林业的绿色投入力度，充分调动中央和地方两个积极性，发挥政府和市场两种机制，抓住生态建设的关键领域，加大生态建设投资，保障绿色经济的发展资本。

绿色创业：可持续发展背景下企业管理创新

李华晶　李永慧

（北京林业大学经济管理学院，北京，100083）

摘要：企业可持续发展遵循的是环境友好、社会平等和经济繁荣的“三维底线”。绿色创业融合了可持续发展和商业创业的概念内涵，反映了环境与组织的互动过程，最终目标是通过机会的识别和利用创造更多的社会财富和价值。基于服从型和超前型可持续发展、生存推动型和机会拉动型创业的分类，绿色创业可以划分为循规型、突围型、顺势型和先导型四种类型。在具体实施中，绿色创业面临两个主要冲突，对绿色创业理论与实践问题的探讨意义重大。

关键词：可持续发展；绿色创业；三维底线；机会；冲突

Analysis on Green Entrepreneurship from Sustainable Development Perspective

LI Hua-jing　LI Yong-hui

（School of Economics and Management，Beijing Forestry University，Beijing，100083）

Abstract：Based on the sustainable development following triple bottom line including environmental integrity, social equity and economic prosperity，the concept of green entrepreneurship integrate sustainability and business venture，which represent the process of interaction between environment and organization in order for wealth creation. There are four forms of green entrepreneurship because of the existence of following-the-rule and proactive sustainability and necessity-push and opportunity-pull entrepreneurship. Although there are some conflict in the practice of green entrepreneurship，research on this new issue is important on the background of China.

Key words：sustainable development；green entrepreneurship；triple bottom line；conflict

一、企业的可持续发展诉求

当前，谋求经济社会可持续发展已经成为一国发展战略的基点，亦即“在满足当代人需要的同时，不损害后代人满足其需要能力的发展”[1]。在此背景下，作为经济社会发展重要微观主体的企业，应当在可持续发展方面承担相应的责任并做出力所能及的贡献。具体到企业战略层面，如何通过经营活动，实现自身可持续发展并以此促进经济社会可持续发展，成为企业战略选择中的一个重要主题[2]。在实践中，企业有两种途径实现这一目标：一种

作者简介：

第一作者：李华晶（1976～），女，江苏沛县人，博士，北京林业大学经济管理学院副教授，硕士生导师，工商管理系副主任，主要研究方向：绿色管理、创业与创新管理、林业产业等。

第二作者：李永慧（1990～），女，山东泰安人，北京林业大学经济管理学院研究生，主要研究方向：绿色管理、创业与创新管理、林业产业等。

是被动地遵从那些可持续发展导向的官方标准和政策；另一种是主动地把可持续发展作为战略选择考量要素，采取高于外部环境预期的投入，如加强环保生产技术的开发、积极投身社会公益事业等，并努力获取超出投入的回报。实践演进中形成的普遍共识是，企业过去所采取的那种“循规蹈矩”的做法已经不再符合社会的需要，当今社会迫切需要企业采取更为积极主动的“超前行动”方式来服务于可持续发展[3]。事实上，从需求角度看我们也不难发现，消费者总是对那些在保护生态环境和履行社会责任方面采取“超前行动”的企业给予更多的关注和支持，企业也在努力通过改进产品或生产工艺、投身社会公益事业等多种方式，来引导和满足不断变化着的消费需求[4]。

从理论研究上看，最近几年，有关企业可持续发展的讨论已从传统意义上的环境主题延伸到了环境、社会和经济“三位一体”领域，涵盖了“三维底线”（triple bottom line），即企业可持续发展需要兼顾三个基础原则：环境友好（environmental integrity）、社会平等（social equity）、经济繁荣（economic prosperity）[5]。其中，“环境友好”是指企业采取防控污染等技术措施减少对环境的破坏。从环境视角看，小到办公场所的照明，大到生产过程的浪费和排放，每一家企业都会不同程度地影响到环境，理所应当在生产过程中充分考虑对环境的影响，尽量使用可替代清洁能源，减少生产排放；“社会平等”则与企业社会责任概念密切相关[6]，要求企业同时关注内外部利益相关者，既要遵循“不雇用童工、不生产违背公序良俗的产品、不与道德失范成员进行合作”等标准，还要保障员工健康、营造舒心环境、杜绝种族歧视等[7]；“经济繁荣”反映了价值创造的原则，强调企业在利润和效率导向下，要把创造的利润在包括消费者、股东和员工在内的利益相关者之间进行分配。从更广义的层面看，这个原则也要求企业生产满足消费者意愿的“有价值产品”的生产[8]。可见，环境、社会等非经济性要素已经成为影响企业战略选择的重要指标，企业必须遵循“三维底线”原则，才能确保可持续发展目标的实现[9]。

二、绿色创业的兴起

在上述背景下，20 世纪 90 年代中期以来，企业环境管理研究的重点转向更微观的层面，着重分析和揭示企业绿色战略的选择和影响因素，以及如何利用绿色战略提高企业竞争力等问题[10]，在这一研究进程中，绿色创业（green entrepreneurship）概念应运而生。作为一个新兴的研究主题，绿色创业迄今尚未形成统一的定义，甚至连名称也不统一（如 environmental entrepreneurship、sustainable entrepreneurship 和 ecopreneurship 等）。例如，有研究者提出，绿色创业就是“识别、评价和利用经济机会的过程，这些机会出现于市场失灵状态下，有利于企业保持可持续发展，而且与环境具有密切联系”[11]；也有研究者认为，绿色创业关注的是那些把“未来”产品和服务带到现实当中的机会，绿色创业就是对这种机会的识别、创造和利用的过程，同时还包括由谁完成以及将会产生什么经济、心理、社会和环境结果等问题[12]。总的来看，既有研究对绿色创业的理解基本一致，即整合商业创业和可持续发展两个概念分析企业创业活动，强调对机会的识别与利用，目的是实现环境、社会和经济的共同发展。商业创业的核心是机会的识别与利用、目的是价值创造[13]，而可持续发展是综合环境、社会和经济“三位一体”实现企业成长。

本文认为，绿色创业的内涵有狭义和广义之分。狭义的绿色创业是指既有企业出于追求在成本、创新或者营销方面的优势而实现绿色化，或是创立一个提供环保类产品和服务的创新性企业，这种绿色创业是短期的、局部的；而广义的绿色创业则是建立在环境创新基础上的一种创新性、市场导向、个体推动的价值创造形式，或是出于绿色化目的而创建新企业，并且这类企业是以“可持续”为目标[14]，这种绿色创业长期的、全面的。绿色创业的实施个体被称为“绿色创业者”（green entrepreneur），他们通过创建那些在设计、工艺等每一环节都“绿色化”的企业，寻求如何实现事业可持续发展的途径[15]。对绿色创业者而言，追求个人伦理价值观推动了环保主义理念和创业动机的整合。环保主义体现了关怀自然、保护生态的“可持续”价值观，而创业活动则是创业者个人环境价值观推动的结果。环境价值观引起的创业动力是第一位的，其次才是识别某些机会领域[16]，创业是唯一一种可以直接把个人价值观融合进来的商业模式，因而比其他强制性变革更有可能推动环境保护。同时，环境保护的伦理属性还可以强化创业[17]。

由此可见，可持续发展背景下绿色创业概念的提出基于组织作为开放系统的属性，反映了组织与环境互动的关系，而创业环境在本质的意义上是一种制度环境[18]。新制度学派认为，组织领域是指由主要的供应商、资源与产品的消费者、规制机构以及其他生产类似产品或提供类似服务的组织集合在一起而构成的为人们所公认的一种制度生活领域[19]，环境需要组织遵从“合法性”（legitimacy），也就是某一组织向相同层次或更高层次体系正当化其存在权利的过程，代表了已有规范、信念、价值观等社会构建体系对某一组织或活动的存在所提供的解释程度，并为组织获取其生存和成长所需要的其他资源提供了可能[20]。在现实中，我们经常发现一些创业企业尽管拥有着创新性很强的产品、服务或创意，尽管在技术上优势显著，却往往由于某些非技术性或非效率性的因素而难以得到消费者和市场的认可，而最终在市场化的过程中失败。这就反映出将创业“非社会化”的实践实际上极大地忽略了创新价值的社会决定因素，即在多大程度上既存的制度安排以及在特定制度背景下业已制度化的价值观、规范和认知能够理解或接受一种创新或创业活动，并在此基础上做出何种反应，也就构成了创业活动所谓合法性问题[21]。

从更广义层面看，绿色创业概念的提出也源于近年来在全球范围内兴起的一种全新创业理念——社会创业。社会创业旨在实施追求社会价值和商业价值并重的创业活动，不仅涵盖了非营利性机构的创业活动和营利性机构践行社会责任的活动，而且还强调个人和组织必须运用商业知识来为社会创造更多的价值[22]。尽管目前尚未对社会创业做出明确的界定，但其内涵正逐渐变得清晰，即强调企业主要追求社会目的，盈利主要投资于企业本身或社会，而不是为了替股东或企业所有人谋取最大的利益，既包括营利组织为充分利用资源解决社会问题而开展的创业活动，也包括非营利组织支持个体创立自己的小企业[23]，根本目的就是创造社会价值，这与绿色创业概念的本质是相同的。

三、绿色创业的基本类型

如上所述，绿色创业整合了“绿色”和“创业”两个概念内涵，反映了当今社会环境背景下商业创业与可持续发展问题的融合，是创业组织与环境互动的过程。因此，可以基于这两个重要概念来确定划分绿色创业的基本维度。

（一）维度的选择

1. 生存型与机会型创业

创业是突破资源约束、识别和利用机会的过程[24]。熊彼特主义认为，创业能够以新的方式打破既有经济社会活动的均衡状态，在很大程度上提出了对既有经济活动范式的挑战，从而促成了新经济活动的产生，成为推动技术、经济和社会变革的重要力量[25]。因此，创业不仅仅意味着个人或团队白手起家新建企业“0→1”的过程，还从更广义范围内包括各种规模组织所从事的与个体创业具有类似的创新、风险承担、成长等基本特征的“1→∞”过程。在这一过程中，创业动机决定了创业的行为模式，并且间接地决定了创业的成功与否，因此，对于创业动机的充分洞察，将会有助于更好地理解创业的行为模式和这些模式的绩效结果[26]。

依据创业动机的不同，全球创业观察（Global Entrepreneurship Monitor，简称 GEM）把创业活动分为生存推动型创业（necessity-push entrepreneurship）和机会拉动型创业（opportunity-pull entrepreneurship）两种。生存型创业是指创业者出于生存目的把创业作为其不得不做出的选择，因为所有的其他选择不是没有就是不满意，创业者必须依靠创业为自己的生存与发展谋求出路，如出于“养家糊口”或“找不到合适工作”等动机而创业的个体。而机会拉动型创业则强调了机会在创业过程中的核心驱动作用，一般是指创业者通过发现或创造新的机会为追求更大发展而选择创业的形态，如有的个体创业者把创业作为其职业生涯中的一种主动选择，创业动机往往出于“抓住机遇”或“做自己喜欢做的事情”等目的。

2. 循规型与先行型可持续发展

可持续发展理念的提出表明，企业不仅要争夺资源，还必须争取“合法性”，在这个竞争过程中，企业既要适应制度环境的要求，同时还可以尝试改变和控制制度环境，因此，在不同的条件下，面对制度环境的要求，组织可以采取多种应对方式。一般而言，当制度环境的要求能获得强制手段或规范性制度的支持或与组织目标高度一致时，企业就容易采取被动战略；而当制度环境相关者（即对组织施加制度合法性压力的行为主体）的多样性需求导致制度环境产生内部分歧时，组织就有可能采取相对主动的战略[27]。

如前文所述，企业可持续发展一般有两条途径可以选择，而这也代表了两种“绿色”类型，即服从型（following the rules）和超前型（proactive）可持续创业。前者意味着企业可持续发展的驱动力量来自于那些要求他们服务于可持续发展的相关标准或官方政策，而后者则是指企业主动地把可持续发展作为战略选择的条件，采取高于外部环境预期的投入，并努力获取这些超出部分投入的回报，这种投入一般是指对有利于环境的生产技术的开发、积极投身社会公义事业或者其他一些多样的途径。因此，服从型可持续创业趋于被动性，而超前型趋于主动性。

（二）分析框架与基本类型

依据以上关于绿色创业概念两个重要维度的选择，本文构建了分析框架模型（见图 2），并将绿色创业分为四种基本类型。需要说明的是，这四种类型的绿色创业并不是相互孤立的，彼此之间既存在着转化的可能，而且还可能在同一组织环境内同时存在。

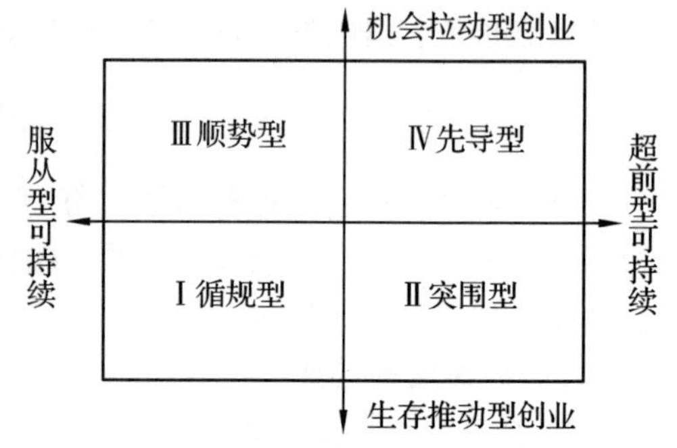

图 2　绿色创业四种基本类型

1. 循规型绿色创业

循规型绿色创业是指个体或组织在生存推动型创业过程中采取顺从型可持续的发展战略。从

GEM 近年的统计数据中可以发现，虽然中国的平均创业活动率较高，但多数是生存型创业。面对日趋严格的政府环境管制，创业企业已经改变了以往忽视甚至抵制环境法规的态度，开始采取承诺遵守环境法规、设立相应管理部门或人员、与环境管理机构建立更广泛联系等措施，并把环境问题纳入企业创业决策中予以考虑。但是，这类绿色创业只是把“可持续”作为不得不遵守的环境规则，将实现可持续的投入视为增加成本的行为。循规型绿色创业总体上是受制于“规则”的，当规则允许，这类创业才具有基本的生存条件；当规则禁止，这类创业将必然面临生存的危机。例如随着“限塑令”在 2008 年的正式实施，许多最初以家庭作坊形式为养家糊口而创立的中小企业面临停产或倒闭的被动局面，即使是“合规”的塑料厂也有不少因为不得不把塑料袋重量增大至国家要求的标准而面临成本增加、设备更新的重压。可见，看似安全易行的循规绿色创业也可能危机四伏，因为“循规”既能让创业获取初期生存的制度合法性，但也会使创业因新规出现而丧失合法性。

2. 突围型绿色创业

突围型绿色创业是指通过超前型可持续实现生存推动型创业。与循规型绿色创业不同，这类创业虽然也是生存推动，但其在可持续发展问题上却采取了超前行动的态势。自 20 世纪 90 年代开始，全球范围的环境监管措施和标准日趋深入具体，企业经营活动受到来自各方面环境利益相关者的压力，许多个人或企业开始采取措施减少资源浪费和污染，积极寻求能够为自身创造生存机会以及竞争优势的主动型环境管理方法，他们通过创建一个提供环境产品和服务的创新性企业在绿色市场领域中进行生存型创业。同样以“限塑令”为例，就在不少塑料袋生产企业处于停产状态的同时，无纺布产业却获得了意外发展。无纺布不仅生产快速、成本低，而且能够自然分解，燃烧时无毒、无味，且无任何遗留物质，不污染环境，所以众多为了实现生存发展目的的个体创业者或企业开始白手起家从事生产无纺布袋或是转型生产环保购物袋。当然，绿色创业也有突围不成功的例子，例如虽然国家多年前就明确规定彻底淘汰一次性发泡塑料餐具，但许多人不但没有从生产微利的绿色环保餐盒的创业中获益，反而生存不下去只好关闭、停产。总之，突围型绿色创业试图通过“绿色”超前行动寻求发展空间，但在创业导向上还是“不得已而为之”的生存推动型创业。

3. 顺势型绿色创业

顺势型绿色创业在创业导向是受机会拉动的，而在可持续发展问题上则维持适应和缓和的顺从态势。这类创业遵守和追寻有形或无形的公认规范与规则要求，同时也在安抚、满足和平衡不同参与群体的期望，但在创业活动上则是受机会拉动力量的驱动采取主动出击的方式，简言之，这类绿色创业是为迎合环境市场机会而创造新产品、服务和组织。20 世纪 80 年代中后期，一些大公司认识到废弃物减量能节约资金，开始在取得环境绩效的同时，通过污染预防使生态效率得以提高，此外差异化绿色产品的开发也使企业获得了竞争优势，不少企业在环境问题上与供应商和客户建立了新型关系，尤其集中在石油化工等污染密集型行业以及汽车、钢铁、造纸和水泥等基础制造业。例如，丰田公司在通过在英国德贝郡（Derbyshire）建厂来实现企业扩张，同时也不得不尽自己最大可能去解决和满足利益相关者强烈的反对意见和意识形态上的需求。丰田公司在英国工厂周围种了大约 35 万棵树，并开发了大片有地表水的区域以保护湿地来满足田凫、天鹅等动物的需要。工厂的建造将噪音最小化；油料车间的挥发标准要远远高于官方水平。几乎所有的零部件包装都被再利用；废水再循环；排放出的废气被用来预热其他生产过程。

4. 先导型绿色创业

先导型绿色创业在创业和可持续发展问题上都主动选择了更具风险创新属性的行为方式，创业过程受机会拉动并超前实施可持续发展战略。自20世纪末开始，许多既有企业利用外部环境的机会，积极挖掘公司内部的资源优势，通过以创新和变革为导向的公司创业战略使公司拥有更大的发展空间。在这一机会拉动的组织层面创业过程中，不少企业采取措施减少资源浪费和污染，积极寻求能够为企业创造竞争优势的主动型环境管理方法—如产品生命周期分析、为环境设计、环境会计、清洁技术等。而研究对象也不再局限于工业化国家的环境敏感性企业，跨国公司在东道国（尤其是发展中东道国）的环境战略和非制造性企业的环境管理均成为环境管理研究的新领域[10]。例如，生产包装材料的利乐公司，在企业实施技术创新和研发、推出趣味化产品的公司创业过程中，始终在中国推行环保的4R原则，即可再生、减化量、可循环和负责任，不仅以供应商的影响力推动可持续经营，同时大力提倡森林的保护。再如中国民营企业远大空调在自主创新的直燃机技术基础上开发出的系列产品，在获得良好市场经济效益的同时，也为客户实现了健康、节能的目的，更为社会创造了气候保护、资源节省的社会财富。

四、现实冲突与研究启示

绿色创业融合了可持续发展与变革创新两大基本命题，但在我国企业实践过程中，仍面临着诸多矛盾和冲突，主要表现是：

一是绿色创业与企业所提供的产品或服务的相关度通常较低。虽然当今企业都意识到“创业”与“绿色”在组织成长过程中的重要作用，但是在具体实施过程中，看似两项工作双管齐下，实际上却是分而治之、缺乏联系。据《2005中国最佳企业公民行为评选白皮书》调查显示，企业在对待普遍意义的受众和特定人群时表现迥异。即使从入选企业看，消费者权益保护和员工权益保护是企业公民行为评价范畴中企业表现最薄弱的部分。企业热衷于美化企业形象、取得公众好感的社会公益活动，而对于员工和消费者两种可以决定企业未来人群的利益维护，平均打分较低。这一点虽然说有些意外，但却是企业真实状况的反映。这种绿色创业与企业所提供的产品或服务的相关度较低甚至不相关，容易破坏由环境、经济和社会三大要素共同支撑的可持续发展“三维底线”的平衡，这种失衡往往会导致创业乃至整个企业无法持续下去。

二是绿色创业对企业规模或经济发展水平的要求通常较高。目前，企业应当承担社会责任、讲究管理伦理等观点已成为理论和实践领域的共识，但是，不同发展规模或不同成长阶段的企业往往对这个问题采取的态度和应对的方式却存在差异。因此，绿色创业在不同企业实施过程中的表现也是不同的。例如一些规模较小或创立之初的企业所遵循的原则往往停留在“不损人利己”，主导需求还是本企业的经济利益最大化；而只有处于成熟阶段或具有一定规模的企业才能实现“三维底线”的融合和共生，将其融为一体。例如，近三年中国最佳企业公民行为评选中，获奖企业绝大多数都是具有相当经济实力的国际领先企业，在公众眼中似乎可持续的创业是大企业才有能力实施的“善举”。事实上，绿色创业是机会和创新导向的，意味着创业者抓住可加以识别和利用的环境机会，并在同时实现取得经济收益的目的。

上述两个问题也反映了未来绿色创业研究的趋势，即在冲突中寻找综合平衡的解决途径。作为一个新兴的创业主题，绿色创业研究还处于待规范整合的阶段，有必要把相关问题（例如生态创业、环境创业、可持续创业等）概括为一个系统的架构，而目前现有的研究还存在一定的缺陷和不足。例如，绿色创业的理论框架体系还需要充实完善，与其他创业问题的关系还需要进一步探讨，尤其是实证研究还需要细化和深入。目前，在中国企业的实践领域已经出现了一些积极的探索和尝试，例如，2008 年上海通用汽车公司与中华环境保护基金会合力举办的全国首个“绿色创业”大赛——“绿动未来”2008 绿色创投方案评选活动，内容涉及新能源、新材料的开发与利用、发展绿色经济、环境保护和生态治理新技术等多个方面，和以往各类创业大赛不同的是，此次活动将环保作为核心评价标准，一等奖项目“矿物/高分子高吸水保水复合材料系列产品的研制与产业化”为解决我国土地沙化、造林成活率低、旱作农业生产困难、水土流失严重等问题具有积极的贡献。对于更多的学生而言，参与这种创投活动其实是学习从经济的角度，用商业思维，呈现出自己环保理想的过程。由此可见，加强对国外绿色创业理论的引进与本土化消化吸收，并结合我国实际进行修正与补充，形成适合中国国情的绿色创业理论体系，对促进环境友好、社会平等、经济繁荣具有重要意义。

参考文献

［1］WCED. Our Common Future［M］. Oxford：Oxford University Press，1987.

［2］Bansal P. Evolving sustainability：A longitudinal study of corporate sustainable development［J］. Strategic Management Journal，2005，26：197～218.

［3］Aragon～Correa J A. Strategic proactivity and firm approach to the natural environment. Academy of Management Journal［J］. 1998，41（5）：556～567.

［4］Shrivastava P. Environmental technologies and competitive advantage［J］. Strategic Management Journal，1995，16：183～200.

［5］Elkington J. Cannibals with Forks：The Triple Bottom Line of 21st Century Business［M］. Capstone：Oxford，1999.

［6］Marrewijk，M. Concepts and definitions of CSR and corporate sustainability：Between agency and communion［J］. Journal of Business Ethics，2003，44（2/3）：95～105.

［7］Salzmann O，Ionescu～Somers A，Steger U. The business case for corporate sustainability：Literature review and research options［J］. European Management Journal，2005，23（1）：27～36.

［8］Banerjee S B. Organizational strategies for sustainable development：Developing a research agenda for the new millennium［J］. Australian Journal of Management，2002，27：105～118.

［9］Drumwright M. Socially responsible organizational bying：Environmental concern as a noneconomic bying criterion［J］. Journal of Marketing，1994，58：1～19.

［10］胡美琴，李元旭．西方企业绿色管理研究述评及启示［J］．管理评论，2007，12：41～48.

［11］Dean T，McMullen J. Towards a Theory of Sustainable Entrepreneurship：Reducing Environmental Degradation through Entrepreneurial Action［J］. Journal of Business Venturing，2007，22：50～76.

［12］Cohen B，Winn M. Market Imperfections，Opportunity and Sustainable Entrepreneurship［J］. Journal of Business Venturing，2007，22：29～49.

［13］Shane S，Venkataraman S. The Promise of Entrepreneurship as a Field of Research［J］. Academy of Management Review，2000，25（1）：217～226.

［14］Schaltegger. A framework for ecopreneurship［J］. Greener Management International，2002，38（summer): 45 ~ 58.

[15] Isaak. The making of ecopreneur [J]. Greener Management International, 2002, 38 (summer): 81 ~ 91.

[16] 胡军. 生态创业：内涵、特征与驱动因素 [J], 天津商学院学报, 2006, 3: 15 ~ 19.

[17] Anderson A. Cultivating the Garden of Eden: environmental entrepreneuring [J]. Journal of Organizational Change Management, 1998, 11 (2): 135 ~ 144.

[18] Desai M, Gompers P, Lerner J. Institutions, capital constraints and entrepreneurial firm dynamics: evidence from Europe [R]. Negotiation, Organizations and Markets Research Papers, Harvard NOM Research Paper, 2005.

[19] 费显政. 新制度学派组织与环境关系观述评 [J]. 外国经济与管理, 2006, 8: 10 ~ 18.

[20] Zimmerman M A., Zeitz G J. Beyond Survival: Achieving New Venture Growth by Building Legitimacy [J]. Academy of Management Review, 2002, 27 (3): 414 ~ 431.

[21] 张玉利, 杜国臣. 创业的合法性悖论 [J]. 中国软科学, 2007, 10: 47 ~ 58.

[22] 邬爱其, 焦豪. 国外社会创业研究及其对构建和谐社会的启示 [J]. 外国经济与管理, 2008, 1: 17 ~ 21.

[23] Peredo M, etc. Social entrepreneurshjp: A critical review of the concept. Journal of World Business, 2006, 41: 56 ~ 61.

[24] Stevenson H H, etc. New Business Ventures and the entrepreneur [M]. The McGraw ~ Hill Companies, 1999.

[25] Schumpeter J. Capitalism, Socialism, and Democracy [M]. New York: Harper & Row, 1934.

[26] Robichaud Y., etc. Toward the development of a measuring instrument for entrepreneurial motivation [J]. Journal of Developmental entrepreneurship, 2001, 6: 189 ~ 201.

[27] Oliver C. Strategic responses to institutional processes [J]. Academy of Management Review, 1991, 16: 145 ~ 179.

我国实施林产品绿色政府采购政策的成本效益分析

李小勇
（北京林业大学经济管理学院，北京，100083）

摘要：成本效益分析是公共政策决策的重要分析方法。实施林产品绿色采购政策，对于国家、采购单位、供应商三个主要利益主体，成本和收益的产生极不平衡。从近期来看，政策制定、供应商合格产品提供、采购商产品采购成本都远大于效益；从远期来看，效益会有所上升，但主要表现为一些社会效益和环境效益。

关键词：林产品绿色政府采购；政策实施；成本效益分析；森林认证

Cost-Benefit Analysis on the Implementation of Green Government Procurement Policies for Forestry Products in China

LI Xiao-yong
（School of Economics and Management，Beijing Forestry University，Beijing，100083）

Abstract：Cost-benefit analysis was an important public policy decision-making analysis method. Cost and benefit caused by the implementation of forest products green procurement policy were extremely uneven for the main stakeholders such as the national，procurement units and suppliers. The cost of policy-making，suppliers qualified products supplying，Buyer product procurement was much greater than the benefit in a short time. From a long-term point of view，the benefits would be increased for its social and environmental benefits.

Key words：green government procurement on forestry products；implementation of policy；cost-benefit analysis；forest certification

近几十年来，全球森林大面积衰退，生态环境日益恶化，人类赖以生存的空间受到严重威胁。世界环发大会后，有关森林可持续经营思想的发展极为迅速，并为许多国家所接受，以指导林业实践活动。近年来，一些欧盟成员国已经开始运用政府公共采购政策，要求政府部门在林产品采购时，优先采购那些合法的、可持续的木材，即实施所谓的“林产品绿色政府采购”[1]，木材产品来源的“合法性”和“可持续性”是林产品绿色政府采购政策实施的两大基本标准，判断“合法性”和“可持续性”的标准主要为是否通过了相关认证[2]。国内一些机构和组织提出，在中国实施类似政策，以引导国内森林可经营的发展。林产品绿色政府采购是个新生事物，国情不同，在中国实施这一政策需要慎重考虑，全面分析这种政策实施可能带来的成本和效益。

作者简介：

李小勇（1976～），男，江西省宁都县人，管理学博士，北京林业大学经济管理学院副教授，主要研究方向：绿色消费，森林资源公共管理。

一、方法和数据

（一）成本－效益分析法

成本－效益分析是经济学的重要内容之一，任何复杂高深的经济学问题均可归结到成本与效益分析这一基础上来。政策作为一种稀缺性资源，同样存在如何配置最优的问题，以成本－效益分析作为基础，将成本与效益分析纳入政策的研究是可行的。

在进行成本—效益分析之前，必须首先明确成本和效益这两个基本概念。所谓成本，就是为了有效实现目标而必须付出的代价。而效益则是代价付出后所换来的有益成果，即对目标的实现程度。成本—效益分析就是建立在对效益与成本的比较之上。

一般来说，对成本和效益进行比较可以采取两种办法：一种是净折现值，另一种则是成本效益比率。用公式可以将二者表示为：$NPV = B - C$，$BCR = B/C$。

但是，这种直接经济效益的评估方法在分析中国采纳林产品绿色政策采购政策时却遇到了较大的困难，政策采纳和实施的成本可以通过一定途径和方法进行分类计量和估量测算，但无法统计该项目实施的直接效益，这一点和国外的研究是一致的。可以肯定，采纳这种方法后的计算结果只有一种，那就是，评估结果出现直接的净收益为负值或0的情况，即 $B - C \leq 0$，产出投入比率 $B/C \leq 1$。那么判断公共政策是否有效率，就必须综合经济效益、社会效益和环境效益来考察其整体效益。

社会效益大小的分析在整个公共政策投入—产出收益研究中是一个不可或缺的部分，社会效益指标的确定和衡量要建立一组指标体系。有些指标可以近似地转化为经济效益，用货币价值衡量，有些不能转化的指标也要给出一个评估价值。环境效益是经济和社会效益的延伸，可以理解为经济社会可持续发展的效益，涉及人民群众长期生存发展的效益。

（二）研究思路和数据

对于中国实施林产品绿色政府采购政策的成本和效益，主要设计为三个层面的成本和效益，即国家层面、采购单位、供应商企业。在具体分析各层面的成本和效益以后，结合调研结果，对该政策的各项效益和成本潜在可能性进行评估，最后得出结论。

为了更加明确了解中国实施林产品绿色政府采购的具体成本和效益类别，由于可借鉴的二手资料较少，本研究进行了广泛的调研。所采纳的调研方式主要有如下几种：一是问卷调研，主要有四类：专家、林产品供应商、采购商、消费者。二是专家访谈。

二、我国实施林产品绿色政府采购政策的效益分析

政府采购制度建立之初是为了达到有效使用资金的目标，随着制度的进一步发展，其承担着越来越多的政策功能。面对着日益严峻的全球环境问题和森林资源危机，保护环境和节约资源的绿色目标也成为众多政府采购政策目标中的一员。就我国实施绿色政府采购政策的效益，不同层面主体，产生不同效益。

（一）政府层面效益分析

在我国如果实施林产品绿色政策采购政策，除具备一般政府采购意义，如规范财政支出管理、提高财政资金使用效益、提高政府宏观调控职能、树立政府廉洁奉公的良好形象外，对于中国林业发展还具有以下几个方面特定的效益。

（1）有利于稳定中国的木材供给市场。国内木材产量调减，而消费需求却与年俱增。

国内经济的快速增长，更拉动对木材需求的增长。我国的木材生产已经从以天然林为主转变到以人工林为主，木材的自给率约60%，即国内的木材消费量有2/5依赖进口。我国木材依赖进口的局面，短期内恐怕难以根本转变。林产品绿色采购政策将有利于促进林产品供应国的合法采伐和森林良好经营，有利于促进世界森林的可持续经营，稳定国内的木材供给市场，确保木材的长远供给、持续供给。

（2）有利于发挥政府政策的导向作用和示范效应。通过政府大规模的、公开的引导和示范行为，使公众对森林可持续经营、非法木材采伐及贸易带来的危害有更加深刻的认识。绿色林产品比普通产品成本高，价格高，可供选择余地小，普通采购人担心绿色林产品不成熟，增大了采购成本，难以满足采购人的工作需要，自然采购普通产品。如果实行林产品绿色政府采购，明确采购资金，规定采购认证产品，列明相关标志产品为实施政府优先采购的范围，在政府采购招标文件中载明对产品的要求、合格供应商和产品的条件，以强化采购人环境意识，改变消费观念，提高全社会对森林资源的认识，自觉厉行节约。

（3）有利于中国更主动地介入林产品国际贸易体系。建立政府采购制度是我国走向世界的必然要求。随着贸易自由化和世界经济一体化进程的不断推进，政府采购也开始出现国际化的发展趋势，所有WTO缔约方都将相互给予同等机会的市场准入，建立公开竞争和非歧视性的政府采购制度，这为我国的产品也可进入其他国家的政府采购领域，为我国企业走向世界提供条件。通过制订林产品政府采购政策，中国可以积极介入世界林产品贸易体系，制订相关贸易规则。

（二）采购单位效益分析

对于采购单位来说，林产品绿色政府采购政策的实施给他们带来的效益主要表现为两方面：一是提高单位形象，增加公众认可度；二是由于绿色林产品的高价格，采购单位可能获得额外的政府补贴。

（三）供应商效益分析

对于供应企业来说，林产品政府采购政府的实施似乎给他们带来就是成本的上升，而不是所谓的效益。从国外实践来看，企业进行“合法性”、“可持续性”认证，并没有带来多少“溢价”，企业进行认证的意愿也比较低，如英国、荷兰只有1%～2%的企业愿意进行相关认证，绝对多少企业对进行认证后所带来的“溢价”并不看好，甚至在一些地区出现了一些意想不到的情况。如在非洲，欧洲木材企业的认证产品在当地销售时和非认证产品价格是一样的。

但并不能就此断言，进行“合法性”、“可持续性”认证不能给企业带来效益，虽然认证的经济效益不是显而易见，也难以进行有效测量，但是还是能给企业带来其他效益，主要表现在以下几个方面。

（1）有利于提高企业管理效率。森林认证是对森林可持续经营情况或产品加工企业的经营管理进行绩效评价的过程，这一过程是在森林认证体系的支撑下完成的。森林认证体系是物质主体与相适应的管理、运行机制及保障体系的统一体，是自然、经济和社会的统一体，有着严格的申请、控制、检验过程。企业经历这一过程，能够引进先进的管理理念，提高职工素质，改善绩效标准，提高资源管理水平，改善管理体系（包括内部计划、监管、评估和报告体系），进而缩短供应链，节约经营成本，获得更高的产出。

（2）有利于提高企业声誉。森林认证证书和认证标志向消费者传达一个信息，即通过认证的产品，其原料是来自经营良好或可持续经营的森林，该产品的生产、加工、运输，以及销售等环节，不会造成森林资源的破坏，不会导致生物多样性的减少，对环境有益、对社会良好，并且经济上是可行的。这有利于提高企业声誉，获得消费者认可，并有可能获得政府的嘉奖。

（3）有利于企业选择可靠的合作伙伴。过去，由于市场环境的不确定性和市场信息的不对称性，处于下游的企业与处于上游的供应商之间历来都是竞争性的对立关系。对企业而言，为了有效降低产品成本，以降低市场价格，提高企业及其产品的市场竞争能力，它们总是通过各种方式压低原材料和零部件的进货成本，采购双方是一种“零和”博弈。在绿色采购的情况下，建立“一荣俱荣、一损俱损”的供应链同盟关系，使双方达成合作同盟，拥有共同的利益，则可以减少信息不对称带来的负面作用。

（4）有利于获得政府采购优先权。进行森林认证或提供同等效力的证明文件是林产品绿色政府采购的一个基本要求，未经认证的产品或不同提供相关文件的将被排除在政府采购市场之外。因此企业进行森林认证或提供同等效力的证明文件意味着获得了市场准入，成为进入庞大林产品政府采购市场的敲门砖。在对环境较为敏感的欧美市场，一些没有森林认证标志的木材产品不能获得市场准入，森林认证成为这些产品进入市场所必备的“绿卡”。

（5）获得财政补贴。企业为响应政府号召，达到绿色政府采购要求而进行的工作，有望获得政府财政补贴，或一些国际组织的财政和技术支持。

三、我国实施林产品绿色政府采购政策的成本分析

我国实施林产品绿色政府采购，不同的行为主体成本也不一样。对于国家来讲主要表现为政策制订及实施成本；对于采购单位来讲表现为采购支出的增加；对于供应商来讲则主要表现为额外认证成本的支出。

（一）政府层面成本分析

政府要为林产品的政府绿色采购创造良好的条件，需要制定相应的政策、进行广泛的宣传、成立相应的政府机构并进行专业采购人员的培训，这些都会增加林产品政府绿色采购的成本。

（1）协调各部门关系、成立专属管理机构的成本。科学设置政府采购专属机构，建立健全规范的管理体系是从源头上提高政府采购运作效果的关键。目前，我国财政部为政府采购事务主管部门，绿色采购由国家环境保护部推动，林产品绿色政府采购事务似乎并不需要额外设立专属主管机构。但是林产品绿色采购和一般强调“节能、环保”的绿色产品相比，源于应对全球木材非法采伐及贸易、保护全球森林的需要，而且在实际工作中涉及多个部门，因此需要协调各部门立场，成立专属机构，共同应对非法采伐问题，对林产品绿色政府采购问题进行研究和探索。

（2）进行大规模政策调研和论证的成本。政府采购制度绿化，主要是将环境保护要求融入现行政府采购制度之中来实现。由于我国政府采购制度还不完善，应当通过立法为政府绿色采购提供切实的法律依据。但是，法律的制定并非一蹴而就，建立绿色政府采购制度，需要进行大规模政策调研和论证。“林产品绿色政府采购”政策是一个综合体，影响面非常广，涉及众多利益相关者，前期论证和调研非常重要，所产生的成本由国家承担。

（3）营造国内林产品绿色消费氛围的成本。实践证明，良好的氛围是政策有效实施的

保障。林产品绿色政府采购的本质是从控制需求市场入手，将非法、不可持续的产品拒之门外，因此不仅要求政府和公众都具有较强的环境保护、生态多样性保护意识，自觉抵制那些不良行为。绿色政府采购在我国还是一个新鲜话题，政府倡导绿色消费氛围、人们林产品绿色消费观念的培养和树立都是个长时期过程。

（4）完善政府采购法规的成本。通过专门立法或政府令的形式鼓励或强制推行绿色采购是国际上的一贯作法，并且这种方法的成效最为显著。我国《政府采购法》实施细则还有待完善，而且2006年颁布的《环境标志产品政府采购清单》虽然表明了我国政府推行绿色采购的明确态度，而涉及的林产品有限，补充完善现有的法规任务艰巨。

（5）制定政府采购标准的成本。绿色采购标准的制定是实施政府绿色采购的核心。许多国家在没有国际统一标准衡量绿色林产品时，往往通过政府制定本国标准来进行鉴别和认定。由于全球不同的气候和地理条件下的森林类型差异很大，各国的政治经济体制也不同，所以各国对绿色林产品评判的标准不尽相同。我国应当根据实际情况，选用适当的标准。

（二）采购单位成本分析

一般而言，对林产品实施政府采购的单位所支付成本，包括采购标的物的价格成本和采购的管理成本等。绿色产品与传统产品相比成本较高，这主要是由于传统产品生命周期内的总成本，尤其是社会、环境成本未被计入，被视为比较廉价。

（1）采购绿色林产品的价格成本。昂贵的合法性证明、森林认证费用大大增加了木材生产和加工企业成本预算，同时也增加了采购单位的采购费用。显然对于供应商来讲，仅提供“合法性”证明的成本要低于提供“合法性”及“可持续性”证明的成本。可见采购不同标准的林产品，采购单位因此付出的采购成本也会有所区别。

（2）采购管理成本。采购的管理成本主要是采购单位人员成本和采购活动的管理成本。林产品绿色政府采购是把森林保护与产品采购融为一体的活动，合理设置组织机构和人员对采购成本和采购效果至关重要。林产品绿色采购中的环境标准具有专业性，要求采购队伍必须有环境管理的相关知识和采购管理的丰富经验，所以，人员成本会相对比较高。

（三）供应商成本分析

如果供应商提供“合法”林产品，供应商除了支付生产一般产品所要支付的各种成本之外，还要支付证明产品合法来源的成本。如果提供“合法的、可持续的”林产品，除了材料的绿色化和生产符合绿色标准的一般成本外，还要体现供应商额外支付的森林认证成本。严格来讲，森林认证包括了森林经营认证和产销监管链认证。

森林经营认证成本包括直接成本和间接成本。直接成本是认证本身的费用，包括审核准备、森林经营审核，审核员工资和差旅费，以及年度监督审核等费用，这部分费用基本是固定的。对于发展中国家而言，这些直接成本往往很高，主要是因为大部分认证机构在欧洲和北美，审核员的国际旅费很高。据统计，直接成本一般占认证总费用的8%～41%。间接成本是要达到认证标准所需的额外费用，其费用的高低取决于申请认证的森林经营单位的管理水平，经营水平越低，内部管理越不规范，其间接成本费用越高。

产销监管链认证成本也包括直接费用和间接费用。直接费用是指与审核过程有关的费用，主要包括：审核员审核费用、审核报告撰写费用、商标使用费等。据统计，一个工厂的直接认证成本为4万～7万元。间接费用通常是指生产者为达到认证标准要求改进管理水平而产生的成本，这些成本与生产者认证前的绩效水平直接相关，绩效好这部分成本将会较低。年审费用一般为每年 1 万 ~ 3 万元。吉林白河五个工厂认证总费用为 61.7 万元，平均每个工厂 12.34 万元[3]。

四、结论和讨论

中国政府实施林产品绿色政府采购，对政府来讲，既有现实的成本，又有潜在的效益。由于林产品绿色采购政策的制订涉及多个部门，机构及人员能力需要极大改善，政策实施成本高。长远来看，主要表现为社会和环境效益。对于独立核算的采购单位来说，经济目标是其考虑首要因素，实施林产品绿色政府采购政策所带来的支付成本潜在强度都要远大于所获得的收益。对于供应商企业来说，由于目前认证产品没有明显的“溢价”，提高企业管理效率、提高企业声誉、企业选择可靠的合作伙伴、获得可能的财政支持等效益，对于以经济利益最大化为目标的企业来说，吸引力并不特别强；长远的许多效益也难以确定。总体来看，在我国实施林产品绿色政府采购政策在近期成本巨大，从远期来看，效益会有所上升，但这些效益主要表现为一些社会效益和环境效益，难以测量。

但是由于森林特殊功能，无论是发达国家，还是发展中国家，都把森林可持续经营作为本国林业建设的重要战略任务，以促进社会、经济、环境全面协调可持续发展，“绿色革命”已经成为人类社会可持续发展的必然要求。各国为保护生态环境而制定的法律法规越来越详细，越来越严格，公众对企业的期望也与企业的环境保护行动紧密挂钩。因此，我国实施林产品绿色政策采购政策预期是明显的。

参考文献

［1］李小勇，侯方淼，温亚利，陈晓倩．发达国家林产品绿色政府采购政策兴起及发展趋势分析［J］．林业经济，2008（8）：78 ~ 80.

［2］李小勇，陈晓倩，侯方淼，曾晓晔．林产品绿色政府采购内涵及衡量标准分析［J］．资源开发与市场，2010（6）：539 ~ 543.

［3］于玲．森林认证综述．林业资源管理，2005（6）：16 ~ 22.

绿色家具消费意愿及其影响因素分析
——以北京市为例

李 真 谢 屹 李 媛
（北京林业大学经济管理学院，北京，100083）

摘要：随着对生态经济和谐发展重视程度的提高，绿色经济成为新型经济发展模式，绿色家具的重要性也将与日俱增。本文基于对北京市 190 名消费者问卷调研获取的一手数据，运用利用二元 Logit 回归模型分析了消费者绿色家具消费意愿的主要影响因素。研究结果表明，消费者年龄、受教育程度、职业家庭成员结构等因素对购买意愿具有影响。本文最后提出加强绿色家具相关知识的宣传普及，引导消费者深入关注绿色家具以及完善绿色家具环境认证监督体系等的政策建议。

关键词：绿色家具；消费意愿；北京；影响因素

Consumption Willingness of Green Furniture and its Affecting Factors：Make Beijing as an Example

LI Zhen　XIE Yi　LI Yuan
（School of Economics and Management，Beijing Forestry University，Beijing，100083）

Abstract：Along with increasing attention on ecological economy and harmonious development，green economy become a new economic developmental mode，and importance of green furniture will become more obvious as well. This paper collects one-hand data from investigation on 190 consumers in Beijing，and applies a Logit regression model to confirm factors having impacts on consumers' consumption willingness on green furniture. Research results show that age of consumer，educational level，profession type，and demographic structure of family have significant influence. Finally，some policy suggestions are put forward，such as，strength population of relevant knowledge of green furniture，inspire consumers become interested in green furniture，perfect environmental certification and quality monitoring system of green furniture，and so on.

Keywords：green furniture；cosumption willingness；beijing；affecing factors

一、引 言

随着经济社会的快速发展和生活水平的日益提高，绿色经济成为广被关注的新型经济发展模式，也是经济社会发展的新增长点。广大消费者绿色生态环境意识得以不断增强，绿色

作者简介：

第一作者：李真（1985～），女，河南省桐柏县人，北京林业大学经济管理学院农业推广硕士，研究方向：绿色经济与绿色消费。

通讯作者：谢屹（1977～），男，江西人，博士，副教授，研究方向：林业经济理论与政策。

第三作者：李媛（1989～），女，宁夏回族自治区银川市人，北京林业大学经济管理学院在读硕士研究生，研究方向：资源与环境经济。

消费习惯逐渐形成并正成为一种时尚，对于绿色产品的追求成为现代生活发展方向。

家具产品是一种与人们日常生活息息相关的耐用消费品。在居室环境中，家具无处不在，有时占据过半的居室面积，环保性能直接影响着人们的身体健康。关于家具危害人体健康的案例和事件报告层出不穷。2010 年 5 ~6 月份，国家安监总局组织检测机构先后对全国 85 家木质家具制造企业进行检测，发现木制家具企业作业场所的职业危害非常严重。检测结果显示，每家企业都不同程度上存在化学毒物超标的现象，少者 15 种，多者高达 30 余种，其中甲醛、苯、苯胺和二异氰酸甲苯酯等 4 种高毒物质超标尤为严重，最高超标依次达 116 倍、121. 5 倍、130. 1 倍和 3. 1 倍。家具产品存在的问题不仅严重影响广大消费者的切身利益，也制约了绿色经济的全面发展。

就理论研究而言，“绿色家具” 不像 “绿色农业”、“绿色食品”、“绿色蔬菜” 等概念，没有得到广泛的认可，也鲜有学者专门针对 “绿色家具” 开展过系统研究。为促进绿色家具消费，遏制有毒、有害家具危害人们的身体健康，我国政府近年来采取了积极措施推动绿色家具产业发展。2001 年 8 月，中国环境科学研究院等单位联合制定了关于家具的非强制性 “绿色标准”；另据某中国环境标志产品认证专业服务机构的统计，截至 2008 年 3 月 31 日，中国家具行业已有 78 家企业获得 “十环” 标志绿色环保产品认证，其中北京企业 23 家。为进一步提高家具企业的环保意识和产品的环保性能，我国还于 2008 年以强制性标准规定了家具产品中的甲醛释放量应小于或等于 1. 5mg/L，借此对家具原材料中可能出现的对环境不利的化学成分加以限制。

综上所述，在绿色经济发展的大背景下，为消除家具产业发展中存在的诸多问题，推动绿色家具产业发展具有重要的现实意义。鉴于绿色家具的系统研究缺乏，以及消费者在绿色家具产业发展中扮演着至关重要的角色，本研究以北京市作为研究区域，以消费者作为研究对象，对消费者绿色家具消费意愿和影响因素进行系统研究，为推动绿色家具产业的发展提供对策建议。

二、绿色家具消费意愿及影响因素的理论分析

(一) 绿色家具概念的界定

自 2000 年以来，以绿色家具为主题词查询可得 51 篇学术论文，其中期 48 篇发表在学术期刊，另有 3 篇硕士论文。在现有研究中，绿色家具概念可大致分为以下三类：第一，李世群（2008）从便于废弃处置的角度强调家具的可拆卸性，将绿色家具理解为以环境和环境保护为核心概念而设计生产的可以拆卸分解的家具，其零部件经过处理后可以重新使用[1]。第二，尤媛媛[2]（2004）和吴智慧[3]（2006）对绿色家具的定义强调了技术体系的绿色化。前者认为绿色家具是 “绿色设计、绿色材料、绿色生产、绿色包装、绿色营销 (green marketing)”，即 “五绿” 技术的综合体现。后者将绿色家具定义为采用绿色材料，通过绿色设计、绿色制造与绿色包装等过程而进行生产的一种实用、舒适、安全、节能、降耗、减污的环境友好型家具产品。第三，张克伟（2010）将绿色家具理解为那些立足于生态产业的基础之上，合理开发、利用自然材料生产出来的能够满足使用者特定需求，有益于使用者健康，并且具有极高文化底蕴和科技含量的家具，从而首次增加了绿色家具的文化内涵[4]。尽管上述对于绿色家具的概念表述不尽相同，但对绿色家具涵义却大同小异。然而，就消费者层面而言，以上概念均显 “宽泛”，难以得到消费者的关注与认同。为此，本研究

将“绿色家具”界定为以保护消费者健康为主旨，符合人的健康和环境保护标准的各类家具产品的统称。其包含有两层含义：其一，绿色家具是不含任何有毒物质或有毒物质严格控制在相关标准之内的由天然材料制成的家具产品；其二，绿色家具的使用和回收处理都要符合环境保护的要求，对环境和人类健康无害或危害最小。

（二）绿色家具购买意愿的界定

消费意愿是理论界广泛关注的一个研究命题，相关研究已较为系统深入。Fishbein（1975）认为，意愿是个人从事特定行为的主观机率，经由相同的概念延伸，购物意愿即消费者愿意采用特定购买行为的机率高低[5]；朱智贤（1985）提出购买意愿是消费者买到适合自己某种需要的商品的心理顾问，是消费心理的表现，是购买行为的前奏[6]；许士军（1985）将购买意愿定义为消费者对整体产品评价后所产生的某种交易作为，是对动态标的事物采取某种行为之感性反应[7]；谢文雀（1996）认为消费者的购买意愿会随着购买方式的不同而变化[8]；韩睿、田志龙（2005）将购买意愿定义为消费者购买某产品的可能性[9]。本研究基于 Fishbein 对消费意愿的定义，绿色消费意愿为消费者愿意采取绿色消费行为的主观机率高低，绿色家具消费意愿则可界定为消费者主观提出的购买绿色家具的概率。

（三）影响因素的理论分析

关于绿色消费意愿的影响因素，学术界已有较系统的研究。Leon Holm Pedersen（2000）则研究了绿色消费的动力学原理[10]。Robert R. Hearne（2002）在对哥斯达黎加的消费者进行调查中得知消费者愿意为绿色产品支付的价格溢价为 19% ~39%[11]。Larouche 和 Barbaro（2001）以美国北部消费者为例，研究了价值观与消费者溢价绿色消费意愿之间的关系，发现只有集体主义和安全感两个价值观对溢价绿色消费意愿有显著影响[12]。张小霞和于冷（2006）在对影响绿色大米认知和购买得因素分析中发现消费者的年龄、受教育程度、收入以及对绿色食品的认知等会对绿色大米的认知和购买产生较显著的影响[13]。王建明和李颖灏（2006）在对武汉市居民的生态消费行为进行实证分析后指出，城市居民对生态消费行为的认同度总体较高，不同的居民在生态消费行为倾向上并非完全一致；性别、婚否、年龄、家庭结构、就业状况、职业等人口统计特征会影响居民的生态消费行为[14]。

基于上述研究成果，本文综合考虑了消费者个体特征、家庭其他人口特征、传统家具消费行为特征、环保认知程度、其他因素等五方面的影响因素。其中，在消费者个体特征中，考虑消费者的性别和年龄、年龄、经济状况、教育程度等因素；在家庭其他人口特征，主要考虑了家庭成员的身体健康状况、是否有老人或未成年儿童等因素；在传统家具消费行为特征方面，主要考虑了消费者对家具环保性能、价格、风格、款式、材质和品牌等方面来的关注程度；在环保认知程度方面，考虑的是消费者是否知道环保相关规定；在其他因素方面，主要考虑了社会政治、经济、文化、法律等方面的因素。

三、影响因素的实证分析模型与变量解释

（一）实证分析模型构建

在消费者行为影响因素研究领域，应用较广泛的是二元 Logistic 回归模型。本研究以北京市消费者绿色环保家具购买意愿与否作为二元 Logistic 回归模型分析的因变量，将消费者的人口统计学特征，即性别、年龄、受教育程度、工作的行业岗位、家庭年均收入、健康状况和家庭结构，以及消费者是否重视家具污染、对家具属性的关注程度、对绿色环保家具的

认知程度等得影响作为自变量。同时令 Y 为因变量，其中 $Y=1$ 表示消费者愿意购买绿色家具，$Y=0$ 表示消费者不愿意购买绿色环保家具，则消费者对绿色环保家具的消费意愿的二元 Logit 回归模型可以表示为：

$$\text{Logit}(P) = \alpha + \sum \beta_i X_i + \mu$$

在方程中，P 为因变量 $Y = 1$ 发生的概率，即消费者愿意购买绿色家具的概率，X_i 表示第 i 个影响因素，β_i 表示第 i 个影响因素的回归系数，α 为回归方程常数项，μ 为随机误差，服从 Logistic 分布。

（二）变量解释

基于上述理论分析，本研究选择是否愿意购买代表消费意愿，选择性别、年龄、受教育程度、所从事的行业与家具或环保的关系、家庭年均收入、健康状况、家庭结构、是否重视家具污染、对绿色环保家具内外属性的关注程度、是否知道绿色家具与一般家具的区别等来代表意愿的影响因素。具体变量描述详见表 1。

表 1 变量符号与赋值说明

Tab. 5-1 The definition of each variable in the model

变量名称与解释	符号	赋值说明
年龄 2	X_1	1 =20 ~29 岁，其他为 0
年龄 3	X_2	1 =30 ~39 岁，其他为 0
年龄 4	X_3	1 =40 ~49 岁，其他为 0
年龄 5	X_4	1 =50 ~59 岁，其他为 0
年龄 6	X_5	1 =60 岁及以上，其他为 0
受教育程度	X_6	1 = 初中及以下，2 = 高中（中专），3 = 本科（大专），4 = 研究生及以上
所从事行业是否与家具或环保有关家庭年均收入	X_7	1 = 是，0 = 否
健康状况	X_8	1 =6 万及以下，2 =6 万 ~10 万，3 =10 万 ~18 万，4 = 18 万 ~30 万，5 =30 万 ~50 万，6 =50 万 ~100 万，7 = 100 万及以上 1 = 良好，2 = 一般，3 = 有慢性疾病
是否与未成年儿童同住	X_9	1 = 是，0 = 否
是否与老人同住	X_{10}	1 = 是，0 = 否
对环保性能的重视程度	X_{11}	1 ~5，从不重要到非常重要
对品牌的重视程度	X_{12}	1 ~5，从不重要到非常重要
对材质和耐久性的重视程度	X_{13}	1 ~5，从不重要到非常重要
对价格的重视程度	X_{14}	1 ~5，从不重要到非常重要
是否知道绿色环保家具和一般家具的区别	X_{15} X_{16}	1 = 有区别且知道如何区分，2 = 有区别但不知道如何区分，3 = 不清楚
是否愿意购买	Y	1 = 是，0 = 否

四、实证分析结果

运用以上构建的 Logistic 模型，以及调研所获取的北京市消费者问卷统计数据，采用 SPSS17.0 统计软件进行回归处理，采用对数似然比来检验模型的整体拟合效果。通常，回归系数的统计分析设定在 10% 的显著性水平以下。为尽可能多的分析和解释不同因素的影响，本研究设定了 20% 的显著性水平，即回归结果保留的解释变量对数似然比检验的显著性 P 指标值小于 20%。本检验用回归分析中的向后：LR 方法，即首先让所有的变量都进入回归方程中，然后根据极大似然估计的统计量的概率值大小，删除对因变量影响不显著的自变量，逐步筛选，判断概率设为 20%，从而使模型的拟合度达到最优。模型共进行 13 步筛选，最终获得筛选结果见表 2，共有 7 个变量的 Wald 检验值在 0.2 水平上显著，分别为：受教育程度、所从事行业是否与家具或环保有关、是否与 60 岁及以上老人同住、对环保性能的重视程度、对品牌的重视程度、对价格的重视程度以及能否区别绿色家具。

表 2 基于二元 Logit 回归模型的消费意愿影响因素回归结果表

	B	S. E.	Wald	Sig.	Exp (B)
X_6	0.359	0.310	1.343	0.147	1.432
X_7	0.306	0.687	0.198	0.156	0.736
X_{11}	0.967 **	0.476	4.132	0.042	2.631
X_{12}	2.006 ***	0.510	15.446	0.000	7.431
X_{13}	-0.663 ***	0.180	13.617	0.000	0.515
X_{15}	-0.684 ***	0.230	8.837	0.003	0.504
X_{16}	-0.135 *	0.496	0.074	0.086	1.144
常量	3.717	1.241	8.967	0.003	41.154

注：其中“*”，“**”和“***”分别代表 10%，5% 和 1% 的显著水平。

实证分析结果表明：第一，对家具环保性能的重视程度（X_{12}）对消费者绿色家具消费意愿有正的显著影响，家具环保性能的重视程度与消费者绿色家具购买意愿成正相关，越重视家具环保性能的消费者越倾向于购买绿色环保家具。第二，对家具品牌的重视程度（X_{13}）具有负的显著影响。通常，品牌代表着卖家的产品特征、利益和服务一贯性的承诺，有助于消费者避免购买风险，正确识别和有效地进行商品选购。然而该项系数为负，一种可能解释是，由于对市场监管不力导致家具市场上鱼目混珠的现象过于严重，消费者在家具产品选购方面对于品牌持有保留态度。第三，对价格的重视程度（X_{15}）的回归系数为负，表明对价格越不在意的消费者，越倾向于购买绿色环保家具。第四，是否与 60 岁及以上老人同住（X_{11}）的系数为正，说明和老年人同住的消费者为了家人的健康和安全，更关注环保健康。第五，是否知道绿色家具和一般家具的区别（X_{16}）具有负的显著影响，说明能否准确区分绿色家具和一般家具对消费者绿色家具购买意愿有较显著的影响。

此外，在利用 SPSS 软件对数据进行优化检验和逐步筛选的过程中，其他变量对是否有意愿购买绿色环保家具也产生了不同程度的影响：首先是年龄 3，即年龄在 30 ~ 39 岁之间的消费者相比其他年龄段的消费者更倾向于购买绿色环保家具。表明这一年龄段的消费者更有经济实力，更关注自身健康和环保问题。其次是健康状况，该项系数为负，说明健康状况越差的消费者越关注自身健康和绿色环保，购买绿色环保家具的意愿越强烈。第三，未成年儿童的健康成长是促使很多消费者选购绿色家具的直接动力。近年来，关于室内空气污染和家具污染导致儿童中毒、感染疾病甚至死亡的案例层出不穷，为了给未成年儿童的健康成长提供安全环保的生活空间，广大消费者越来越倾向于购买绿色环保家具。第四，对因变量也有较大影响效果的是家庭平均年收入。此项系数为正，说明家庭年均年收入越高的消费者，其购买绿色环保家具的意愿越强烈。

五、结论与政策建议

本文基于二元 Logit 回归模型，采用 Stepwise（逐步回归，设置显著性水平 20%），得出以下结果：消对价格的重视程度和对品牌的重视程度以及能否正确区分绿色家具和一般家具等三个变量对因变量是负相关，而对家具环保性能的重视程度、是否与老年人同住、消费者的受教育程度和所从事行业等变量对因变量均显示为正相关。为推动绿色家具产业的发展，首先须加强对环保知识和绿色家具相关知识的宣传和普及，就不同的年龄段、不同的受教育程度、不同的行业从业人员以及不同的家庭结构等，通过电视、网络、报刊杂志等媒体形式，提高消费者对绿色家具的认知水平。其次，家具厂商须转变销售观念，在遵守品牌效应的同时，理应积极主动地向消费者提供家具产品的相关真实信息。尤其是绿色家具经销商，应最大限度地增加"绿色家具"的使用频率，通过多种方式积极宣传绿色家具，引导广大消费者关注绿色家具的本质特征，使"绿色家具"深入人心，进而从深层次提升消费者对绿色家具的认知和购买意愿。第三，管理部门应遵循绿色产品的相关法律法规和标准要求，进一步完善绿色家具环境认证监管体系，保证产品认证工作的严肃性，加强管理的科学性和系统性以及加强监督的经常性和可操作性，竭力维护消费者的合法利益，推动中国绿色家具产业和绿色经济的平稳健康发展。

参考文献：

[1] 李世群．绿色家具研发的项目管理研究［D］．厦门：厦门大学，2008.

[2] 尤媛媛．现在绿色家具的技术体系研究［D］．南京：南京林业大学，2004.

[3] 吴智慧．绿色家具技术［M］．北京：中国林业出版社，2006.

[4] 张克伟．如何选择绿色家具．http：//wenku. baidu. com/view/0e73570303d8ce2f006623fe. html，2010-12-25.

[5] Ajzen I，M Fishbein. Understanding Attitudes and Predicting Social Behavior. Englewood Cliffs NJ：Prentice Hall，1975.

[6] 朱智贤．现代认知心理学评述［J］．北京师范大学（社会科学版），1985（1）．

[7] 许士军．从比较观点探讨中国式管理理论的发展［J］．经济社会体制比较，1985（3）．

[8] 谢文雀．营销瞄准消费者的心［J］．科技智囊，1996（6）．

[9] 韩睿，田志龙．促销类型对消费者感知及行为意向影响的研究［J］．管理科学，2005，18（2）：85～91.

[10] Leon Holm Pederson，The dynamics of green consumption：a matter of visibility?［J］，Journal of Environmental Policy and Planning，2000，2（3）：193～210.

[11] Robert R Hearne. The Use of Choice Experiments to Analyze Consumer Preference for Organic Production［J］. Costa Rica，2002 AAEA Annual Meetings Long beach，Ca July 30，2002：1～13.

[12] Larouche M J Bergeron，G Barbaro-For lea. Targeting consumers who are willing to pay more for environmentally friendly products［J］. Journal of Consumer Marketing，2001，18（6）：503～520.

[13] 张小霞，于冷．绿色食品的消费者行为研究—基于上海市消费者的实证分析［J］．农业技术经济，2006（6）：30～35.

[14] 王建明，李颖灏．城市居民生态消费行为实证分析［J］．商业时代，2006（23）：40.

"绿色湖南"建设的对策探讨

尹少华　周利君

（中南林业科技大学商学院，长沙，410004）

摘要：建设"绿色湖南"是湖南认真贯彻落实科学发展观，加快发展和转变发展方式的重大战略选择，奠定了湖南科学发展、富民强省的基本路径。目前湖南发展面临单位产值资源消耗量偏大、工业污染有加重趋势、城镇环保压力较大、环保投资比例较低、经济结构有待优化、发展绿色度不高等问题，在以"生态为本"、"绿色发展"理念的指导下建设绿色自然、发展绿色经济、弘扬绿色人文、推进绿色管理，加快实现湖南绿色崛起。

关键词：绿色经济；绿色发展；绿色湖南；生态

The Countermeasures Research of Green Hunan Construction

YIN Shao-hua　ZHOU Li-jun

（Business School，Central South University of Forestry & Technology，Changsha，410004，）

Abstract：Construction of green Hunan is important strategic choice that Hunan carry out seriously implement scientific progress concept and accelerate the development and changing patterns of development，also laid the basic path for the Hunan scientific development and the prosperous common people strong province. Currently the Hunan development is faced with some questions that are large resource consumption for unit output value，increasing trend of industrial pollution，great pressure for urban environmental protection，low proportion of environmental investment，optimum economic structure and low green degree of development etc. Under the guidance of the concept of the eco-oriented and green development Hunan should construct natural green ，develop green economy，develop the green humanity，push forward the green management and speed up the development of Hunan green.

Keywords：green economy；green development；green Hunan；ecological

党的十七届五中全会通过的《关于制定国民经济和社会发展第十二个五年规划的建议》强调，要坚持把建设资源节约型、环境友好型社会作为加快转变经济发展方式的重要着力点，加大生态和环境保护力度，积极应对全球气候变化，提高生态文明水平，增强可持续发展能力。2010 年《中共湖南省委、省政府关于加快经济发展方式转变推进"两型社会"建设的决定》提出"加强生态建设。在全社会培育弘扬生态文明理念，发展绿色产业，倡导绿色消费，推动绿色发展，建设绿色湖南"[1]。这是湖南认真贯彻落实科学发展观，加快发

作者简介：

第一作者：尹少华（1963～），男，湖南澧县人，博士，中南林业科技大学商学院教授、博士生导师，院长，研究方向：林业经济管理，生态经济管理。

第二作者：周利君（1987～），男，湖南石门人，硕士，中国农业银行湖南石门县支行干部，研究方向：林业经济管理。

展和转变发展方式的重大战略选择，奠定了湖南科学发展、富民强省的基本路径，描绘出一幅人与自然和谐发展、良性互动的生态湖南蓝图。

一、“绿色湖南”的内涵

湖南省地处国土中部、长江中游腹地，北承长江经济带，南接珠三角开发带，区位优势明显。一方面要抓住国家新一轮宏观开发机遇、发达地区产业转移趋势，通过调结构促转型加快经济发展；另一方面又要保证湖南的绿水青山，坚守生态底线，实现社会良性发展。21世纪是生态文明的时代，生态良好是我们最大的资本，湖南正处于工业化加速发展时期，省委省政府本着以人为本、和谐发展的理念，以科学发展观为指导，以两型社会建设为契机，以“四化两型”为目标，以建设“四个湖南”为手段，大力调整经济结构转变发展方式，在全省范围内实施绿色发展战略，着力推进湖南经济社会可持续发展。

绿色湖南，是第一张“两型名片”，具有最生动的吸引力[2]。“绿色湖南”有广义和狭义之分，狭义上的“绿色湖南”是指拥有青山、绿水、蓝天的湖南，核心是保持湖南良好的自然生态环境；广义的“绿色湖南”则是具有鲜明湖湘特色、充满生机与活力、民富省强的生态湖南的高度概括与形象表达。“绿色湖南”归根到底是一种新的发展战略选择，是以发展绿色经济为载体，强调生态环境保护，妥善处理好环境与经济发展的矛盾。这是一条区别于传统“先污染、后治理”或“边污染、边治理”的发展道路，是绿色发展战略的生动实践。绿色发展是在传统发展基础上的一种模式创新，是建立在生态环境容量和资源承载力的约束条件下，将环境保护作为实现可持续发展重要支柱的一种新型发展模式。[3]湖南探索绿色发展是深刻把握了时代形势，具有全球性的战略眼光。当今社会环境问题、资源危机严重制约了经济发展，湖南要想在中部崛起中抢占先机，必须以“绿色湖南”、“生态湖南”为本，大力发展绿色经济和循环经济。

二、“绿色湖南”建设的条件与挑战

湖南位于国土地区中部，属长江流域腹地，区内地理位置优越、气候优良，交通便利，是连南接北的重要区域产业转移带、国土重点开发带。近年来无论是经济社会发展，还是生态保护都取得了巨大成就。

（一）“绿色湖南”建设的条件

1. 良好的自然生态基础

湖南省国土面积为21.18万km^2，其中山地丘陵面积占国土面积比重为66.4%，是典型的内陆山地丘陵省份。湖南省属亚热带季风气候，光照充足，年平均降水量超过1000mm；区域内有湘资沅澧四大水系，汇入中国第二大淡水湖——洞庭湖，整个湖水流域面积占全省面积一半以上，水利资源丰富，较好的支撑了经济社会发展。环洞庭湖平原是全国重要的粮棉生产基地，素有鱼米之乡的美誉。2009年全省森林覆盖率为56.43%，在中部地区仅次于江西，生态优势明显。目前全省共有自然保护区95个，总面积112.1万hm^2，占全省面积5.3%。良好的自然生态条件为建设“绿色湖南”打下了坚实基础。

2. 经济实力明显提升

湖南省十一五期间加快转变经济增长方式，实施富民强省战略。国内生产总值由2005年的6596.1亿元增加到2009年的13059.69亿元，年均经济增长速度保持在13.5%，高于全国同期经济增长水平。人均 GDP 由 2005 年的 10336 元增加到 2009 年的 20387 元，增长幅度达到 97.2%。在经济总量得到明显增长的同时，质量也在提高，经济结构也得到进一步优化。国家十一五规划设定了节能降耗约束性指标，湖南省在 2010 年上半年就提前实现；全省单位 GDP 能耗由 2005 年 1.472 吨标准煤/万元降到 2009 年的 1.202 吨标准煤/万元，降幅达到 18%。三次产业结构由 2005 年的 19.4∶40.2∶40.4 调整为 2009 年的 15.1∶43.5∶41.4，工业和服务业产值增加，农业比重进一步降低，为湖南省由农业大省转变为工业强省奠定了基础；其中服务业产值中旅游业呈现大发展，由 2005 年的 421.2 亿元增加到 2009 年的 1053.52 亿元，增长约 1.5 倍，成为名副其实的旅游大省。

3. 环境保护取得明显成效

湖南省以长江中下游生态防护林工程建设为契机，加大林业生态建设投入，争取国家支持，大力开展人工造林、退耕还林、封山育林工程，森林覆盖率由 2005 年的 55% 增加到 2009 年的 56.43%。同时也进一步加强生态保护区建设，国家级生态示范区的数量由 2005 年的 24 个增加到 2009 年的 33 个，成为国家中部地区重要的国土生态屏障。湖南省在加强农村林业生态建设和保护区建设的同时，又注重城市环境综合治理。城市污水处理率由 2005 年的 40.4% 增加到 2009 年的 59.2%，提高了约 18 个百分点。城市生活垃圾无害化处理率由 2005 年的 39.6% 增加到 2009 年的 66.6%，增幅明显。2009 年有 12 个市（州）城市空气质量达到二级标准，地表水监测断面合格率在 85% 以上，全省人居环境质量得到明显改善。十一五期间湘江重金属治理列入国家专项治理规划，省委省政府提出把湘江打造成东方莱茵河的环境治理目标，这一切为建设绿色湖南提供生态支撑。

（二）建设"绿色湖南"面临的挑战

虽然湖南近几年的发展取得了很大成就，经济数量和质量都得到明显提高，但"绿色湖南"更加强调生态保护、自然资源的高效利用，更加注重经济增长低碳化、注重质量的提高，更加关注生态文明建设。就湖南实际来说，处于工业化加速发展、城市化稳步推进阶段，受传统政绩观念影响，地方建设仍以数量为重，建设"绿色湖南"面临一些压力。

1. 湖南单位产值资源消耗量偏大

与沿海发达省市比较，湖南经济总量偏小，但单位产值消耗量高于山东、江苏、上海、浙江等省市，在中部六省中也高于江西、安徽、河南，排名第四。

（1）能源资源消耗。2007 年湖南万元生产总值能源消耗量为 1.359 吨标准煤，在全国处于中间位置（图 1 所示），但与北京、上海、山东、浙江、广东等发达地区相比还有较大差距。[4] 江西 2007 年能源消耗量为 0.898 吨标准煤/万元，湖南单位产值能耗与之相比相差 0.46 吨标准煤。湖南目前一次能源消耗仍以煤炭、石油为主，在产业结构进一步深化调整，大力发展新能源的背景下，湖南节能降耗的压力进一步凸显。

（2）水资源消耗量。2007 年，湖南万元工业增加值用水量为 289.22 m^3，同期全国平均用水量约为 119.87 m^3，高出近 1.4 倍（图 2 所示）。虽然湖南人均水资源量在全国排名第 10，处于较高水平，但近年来受全球气候变暖、极端灾害天气影响，降水偏少，加之三峡大坝蓄水影响，长江来水减少严重，湖南发展面临水资源危机。

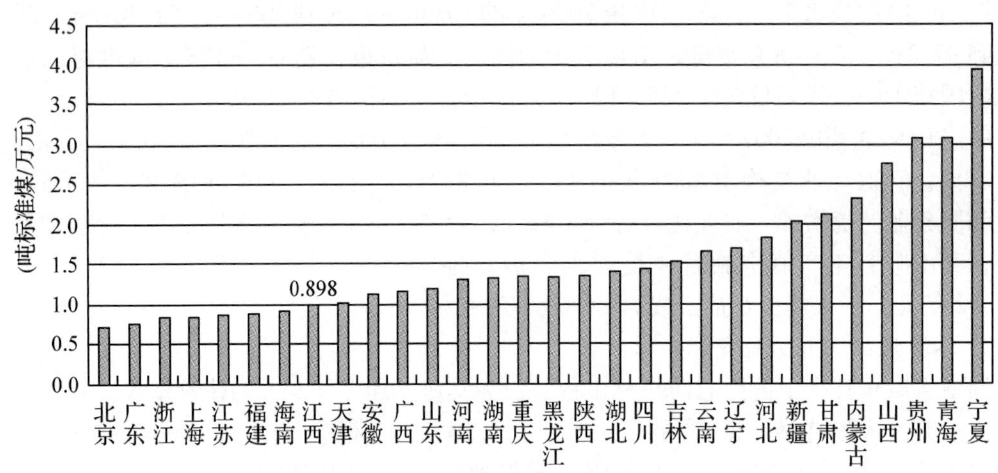

图 1 2007 年湖南单位地区生产总值能耗与全国比较（吨标准煤/万元）

数据来源：《中国环境统计年鉴 2008》

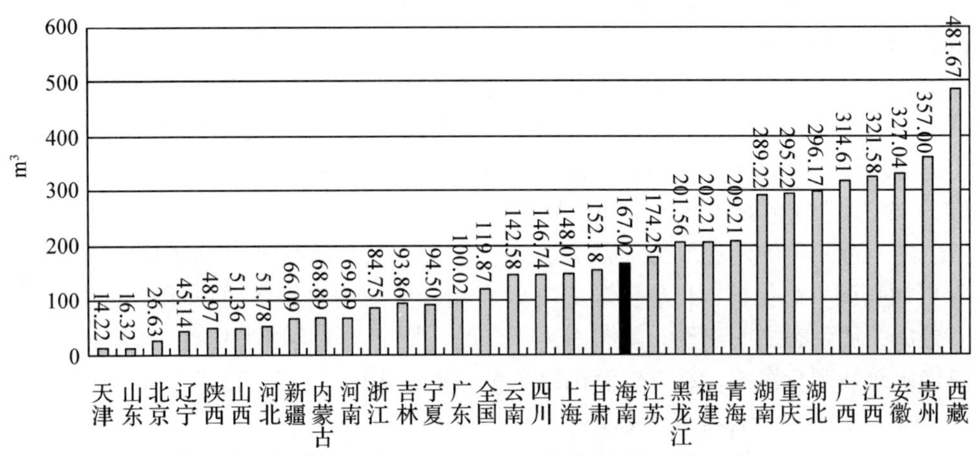

图 2 2007 年湖南万元工业增加值用水量与全国比较（m^3/万元）

数据来源：《中国环境统计年鉴 2008》

2. 工业污染有加重趋势

（1）二氧化硫排放总量虽然逐年下降，但占全国的比重却呈上升势头。2004 ~ 2009 年，湖南二氧化硫排放量由 2006 年最高的 93. 4 万 t 降低到 2009 年 81. 2 万 t，但占全国的比重却由 2005 年的 3. 6% 上升为 2009 年的 3. 67%，如图 3 所示。

（2）化学需氧量（COD）排放量占全国的比例也呈上升趋势。2004 ~ 2009 年期间，COD 排放量由 2006 年最高的 92. 3 万 t 降到 2009 年 84. 8 万 t，净降 7. 5 万 t。但占全国的比重由 6. 33% 上升到 6. 64%，增加 0. 31 个百分点，如图 4 所示。2007 年湖南省每万元工业增加值 COD 排放量为 9. 01kg，是北京的 11 倍，湖北的 1. 8 倍，江西的 1. 4 倍，列全国倒数第 5 位。

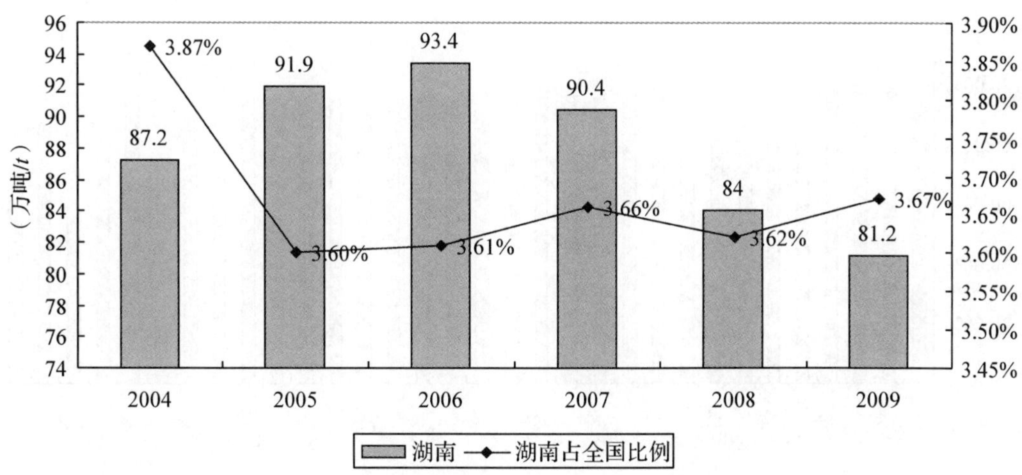

图3　2004～2009年湖南二氧化硫排放量占全国的比例

数据来源：《中国统计年鉴2010》

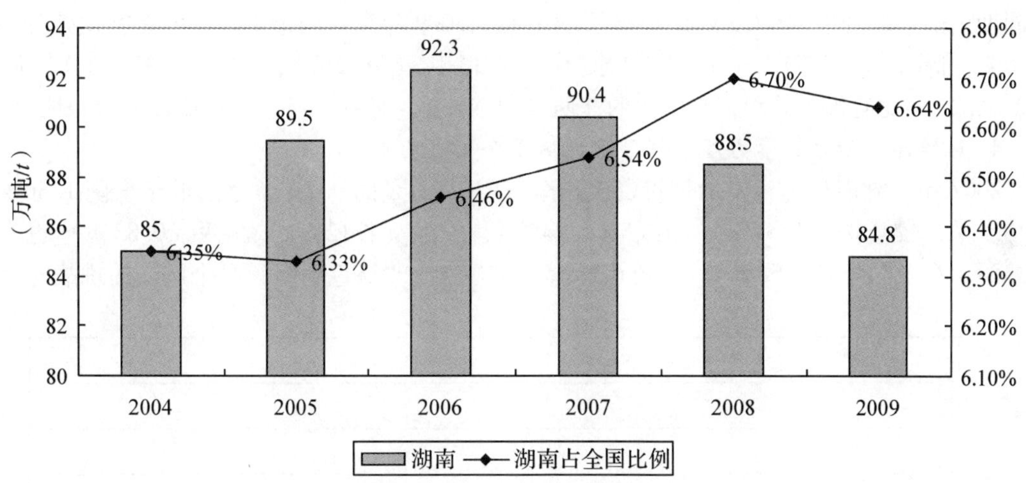

图4　2004～2009年湖南COD排放量占全国的比例

数据来源：《中国统计年鉴2010》

（3）工业废水排放达标率低于全国平均水平。2009年湖南工业废水排放达标率为91.4%，同期全国平均水平为94.2%，低了2.8个百分点。在中部六省中低于安徽（96.2%）、河南（96.1%）、湖北（95.9%）、江西（93.8%），排名第五，仅高于山西（82.3%），工业废水治理压力较大（见图5）。

（4）工业固体废弃物综合利用率。2009年湖南工业废弃物综合利用率为78.7%，高于全国平均水平（67.8%）；但低于天津（98.9%）、上海（96.3%）、广东（91.2%），与发达地区相比还有较大差距；与中部地区安徽（85.3%）相比差了6.6个百分点。

3. 城镇环境保护压力较大

2009年中部六省份生活污水总排放量占全国排放量的22.1%，而湖南生活污水排放量占中部地区总量的20.9%、全国的4.6%。2009年湖南城市生活污水处理率约为59.2%，

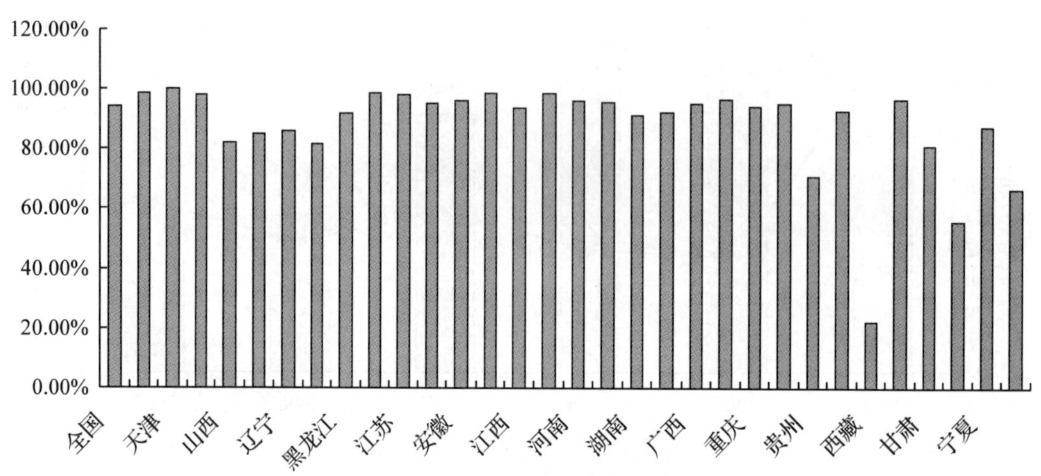

图 5　2009 年湖南工业废水排放达标率与全国各地区的比较

数据来源：《中国统计年鉴 2010》

比同期全国平均处理率 72.3% 低了 13 个百分点。2009 年湖南城市生活垃圾无害化处理率为 66.6%，低于全国 71.4% 的平均水平；与北京（98.2%）、重庆（95.9%）、福建（92.5%）相比有很大差距，与中部的江西（84.4%）、河南（75.3%）比较，差距明显。

4. 环境污染治理投资力度不够，明显低于全国平均水平

2007 年，湖南环境污染治理投资仅占全省 GDP 总量的 0.7%，远远低于全国 1.36% 的平均水平，较重庆（1.55%）、山东（1.24%）、安徽（1.12%）、江西（0.83%）也有很大差距，在全国排名倒数第 4，如图 6 所示，这对建设“绿色湖南”是个严峻的挑战。

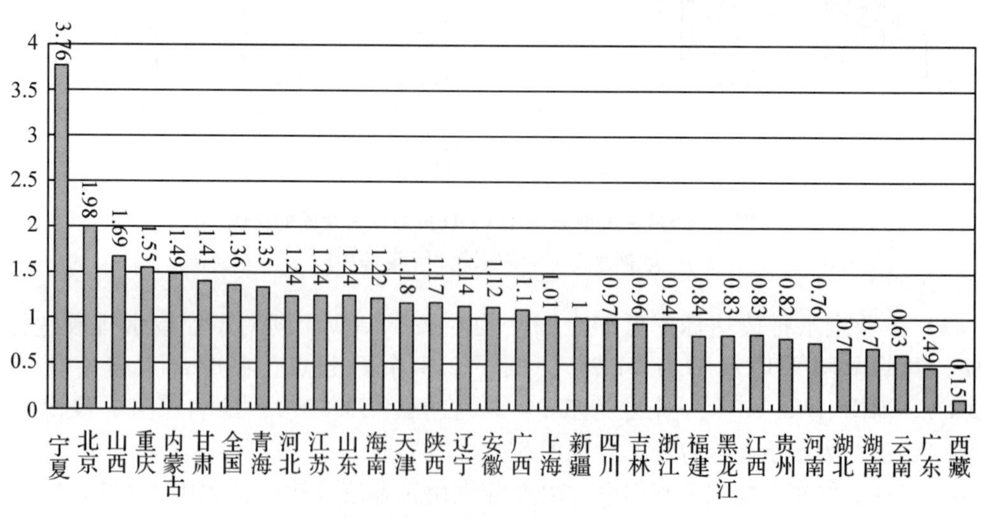

图 6　环境污染治理投资占 GDP 的比重（%）

数据来源：《中国环境统计年鉴 2008》

5. 经济结构有待优化、增长质量不高，经济发展绿色度有待提高

2009 年湖南产业结构为 15.1∶43.5∶41.4，同期全国平均水平为 10.3∶46.3∶43.4，如图 7、图 8 所示。湖南第一产业产值比例偏高有待进一步调整，而第三产业产值也低于全国

43.4%的平均水平，在建设"绿色湖南"背景下，经济增长是根本，要大力转变经济增长方式，调整产业结构，实现湖南绿色崛起。

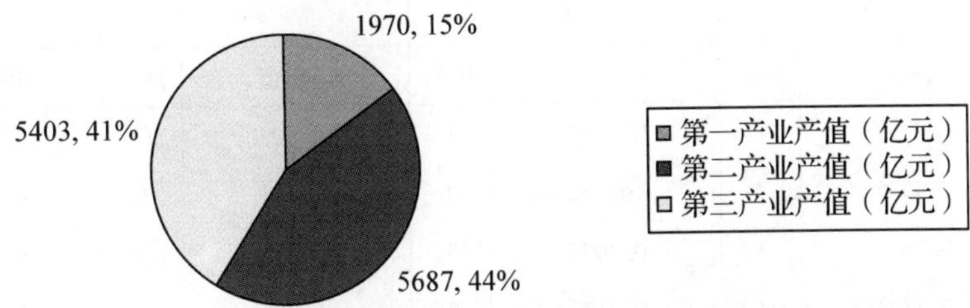

图7　2009年湖南省三次产业结构比例图

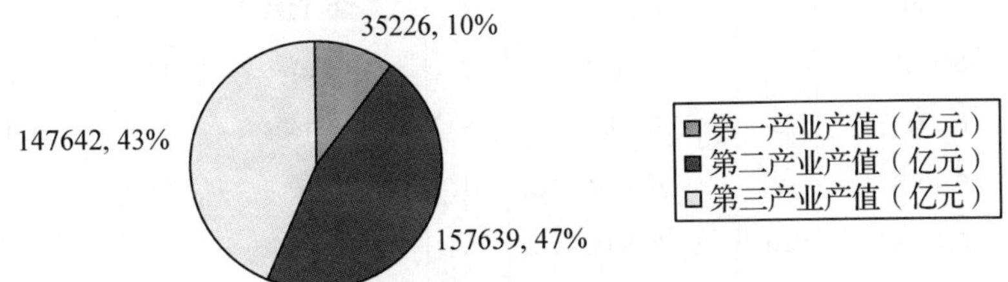

图8　2009全国三次产业结构比例图

数据来源：《中国统计年鉴2010》

2009年湖南人均GDP达到20387元，但低于全国25511元的平均水平，在中部六省中排名第4，仅高于江西、安徽，如图9所示。人均GDP是衡量居民福利的重要指标，建设绿色湖南是民生之举，一定要把提高居民福利作为根本战略。据《2010中国绿色指数发展报告》显示，2008年湖南绿色发展综合指数得分为-0.2364，在全国排名27；其中经济增长绿化度得分为-0.0970，全国排名21；资源环境承载潜力得分-0.0542，全国排名17；政府政策支持度得分-0.0851，全国排名27（如表1所示）；无论是经济增长健康度、资源潜力还是政策支持，湖南都存在较大问题，发展面临严峻形势。最新发布的《中国科学发展报告2011》从发展度、协调度、持续度等三个维度对全国各省、直辖市、自治区GDP发展质量进行了科学测度，湖南排名第23位，虽然近年来湖南GDP总量增长较快，但发展质量不高，严重损害了社会福利，对建设绿色湖南是一个巨大的挑战。

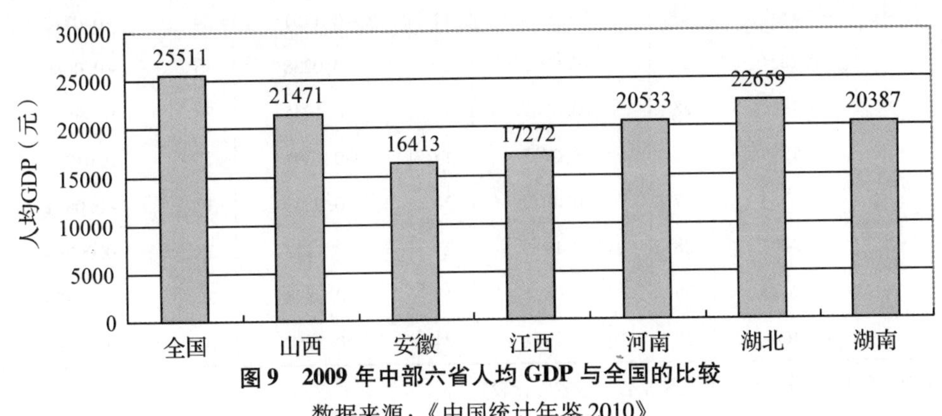

图9　2009年中部六省人均GDP与全国的比较

数据来源：《中国统计年鉴2010》

表1 2008年中国各地区绿色发展指数及排名

指标	绿色发展指数		经济增长绿化度		资源环境承载潜力		政府政策支持度	
权重（%）	100		30		45		25	
地区	指数值	排名	指数值	排名	指数值	排名	指数值	排名
北京	0.7917	1	0.5637	1	-0.0030	12	0.2310	1
青海	0.4505	2	-0.2523	30	0.6641	1	0.0387	8
浙江	0.2833	3	0.2027	5	-0.0780	18	0.1585	2
上海	0.2799	4	0.4172	2	-0.2039	29	0.0667	7
海南	0.2057	5	0.0811	9	0.1836	4	-0.0590	23
天津	0.1602	6	0.3246	3	-0.1527	26	-0.0118	16
福建	0.1582	7	0.1674	7	-0.0146	13	0.0054	13
江苏	0.1311	8	0.1965	6	-0.1603	27	0.0949	3
广东	0.1048	9	0.2234	4	-0.1068	22	-0.0118	17
山东	0.0915	10	0.1006	8	-0.0934	21	0.0843	5
内蒙古	0.0895	11	-0.0489	13	0.1343	7	0.0041	14
云南	0.0592	12	-0.1807	26	0.2437	2	-0.0038	15
黑龙江	-0.0249	13	-0.0520	14	0.1161	9	-0.0890	29
新疆	-0.0473	14	-0.1583	25	0.1509	6	-0.0399	19
陕西	-0.0480	15	-0.0710	16	-0.0011	11	0.0241	9
贵州	-0.0491	16	-0.2201	29	0.1926	3	-0.0216	18
四川	-0.0625	17	-0.1048	22	0.1283	8	-0.0860	28
安徽	-0.0711	18	-0.0644	15	-0.0293	16	0.0226	10
甘肃	-0.0910	19	-0.1979	28	0.1532	5	-0.0463	21
江西	-0.1319	20	-0.1102	23	0.0232	10	-0.0449	20
吉林	-0.1677	21	0.0050	10	-0.0147	14	-0.1579	30
湖北	-0.1739	22	-0.0370	12	-0.0880	19	-0.0488	22
辽宁	-0.1817	23	0.0047	11	-0.1151	24	-0.0712	25
广西	-0.1831	24	-0.0913	20	-0.0238	15	-0.0680	24
重庆	-0.1896	25	-0.0902	19	-0.1935	28	0.0941	4
河北	-0.1955	26	-0.0755	17	-0.1391	25	0.0191	11
湖南	-0.2364	27	-0.0970	21	-0.0542	17	-0.0851	27
宁夏	-0.2407	28	-0.1975	27	-0.1128	23	0.0696	6
河南	-0.2475	29	-0.0826	18	-0.0898	20	-0.0750	26
山西	-0.4636	30	-0.1551	24	-0.3157	30	0.0072	12

数据来源：《2010中国绿色指数发展报告——省际比较》。

三、推进"绿色湖南"建设的基本对策

湖南省委、省政府提出打造四个湖南的战略目标推进两型社会建设。绿色湖南是发展目标，在全社会培育弘扬生态文明理念，发展绿色产业，倡导绿色消费，推动绿色发展。创新湖南是发展的动力保障，只有以改革创新精神才能持续推动湖南绿色发展。数字湖南是发展方向，湖南要大力调整产业结构、发展高、精、尖技术产业，以信息化建设为龙头，构筑生态产业体系。法治湖南是发展的制度保障，以制度建设为抓手，完善相关法律体系，为建设"绿色湖南"营造出公平、公正的发展环境。四个湖南的根本立足点在于通过绿色发展，以两型社会建设为支撑，以改善民生为着力点，在中部地区率先实现绿色崛起。

（一）防治补偿"两手抓"，永葆湖南绿色自然

湖南有良好的生态环境，这是加快建设"绿色湖南"的天然优势。建设"绿色湖南"需要保住湖南已有绿色自然优势，需要花大力气治理环境污染，也需要搞好生态补偿。

1. 保护治理并重，营造绿色"硬环境"

青山绿水是湖南最大的优势，最大的竞争力，也是最大的吸引力。保护湖南的青山绿水、蓝天，不仅要激发和培养公民爱护自然的自觉行为和尊重自然的德性，还要采取积极的措施以降低生态环境被破坏的可能性。第一，树立环保理念，减少污染物排放。全社会要培育生态环保的理念，政府、企业、公众自觉参与节能减排、低碳消费，选择绿色生活方式。第二，加大环境污染治理力度。要加强江河湖的治理，由点及面、循序渐进，由洞庭湖治理到湘江治理，再到全省水域全面治理；十二五期间要继续做好湘江重金属污染治理工程建设，真正把湘江建设成为东方的莱茵河；要加强城市环境综合治理，提倡垃圾分类，处理好城市生活垃圾，治理城市废气、固体废弃物和噪声污染现象等；要加强农村环境治理，统筹城乡环保工作，环保主战场向农村延伸，环保体系向农村覆盖。第三，加大城市、农村绿化力度。从发展低碳经济、保护生态环境的高度，推进城市和农村的绿化工程建设；继续实施封山育林、植树造林工程，做好森林可持续经营，以增强林地的碳汇能力，降低碳污染。

2. 补偿与开发并举，健全生态补偿机制

生态补偿是对损害资源环境的行为进行收费和对保护资源环境的行为进行补偿。应按照"谁污染、谁治理"、"谁破坏、谁恢复"和"谁保护、谁受益"、"谁受益、谁补偿"的补偿原则，首先加强立法，完善资源、环境的开发制度和补偿标准。其次，扩展生态补偿主体和补偿对象范围。环境保护所产生的生态效益的受益主体都应该成为环境保护的生态补偿主体，而凡是参与环境保护的个人、机构或组织都应得到相应的补偿。再次，积极发展多渠道的市场化生态补偿模式，培育资源市场，开放生产要素市场，使资源资本化、生态资本化，逐步建立以政府引导、市场推进和社会参与的生态补偿机制。目前全省有生态公益林面积 406.56 万 hm^2，占全省森林面积的一半左右，要继续争取国家配套支持，扩大生态公益林补偿面积、提高补偿标准；流域下游要做好对上游生态补偿，完善利益共享机制。

（二）调整结构"促绿化"，全力发展绿色经济

绿色经济是一种新的经济形态。发展绿色经济需要不断增强环境与经济的协调性，关键在于加快推动经济社会发展方式的"历史性转变"，即实现湖南传统产业绿色化、企业绿色化和工业园区绿色化。

1. 积极调整产业结构，实现传统产业绿色化

首先加快推进新型工业化。结合湖南省产业特点，重点培育发展装备制造、新材料、文化创意、生物、新能源、信息、节能环保等七大战略性新型产业。第二是转变传统农业生产方式，大力发展高效生态农业。湖南素有鱼米之乡的美誉，农业生产条件较为优越，发展生态农业有良好的基础。种养结合、林果结合，创新生态农业发展模式；建立完善绿色农产品认证体系，大力扶持大型专业化龙头企业发展，提高农产品附加值；政府加强对生态农业的技术指导，完善农业补贴政策，保证农民利益。第三，开发利用绿色能源，推动能源结构绿色化。湖南必须提高石化能源的利用效率，一方面是要淘汰高耗能的产业和生产工艺；另一方面通过技术改进，提高能源资源利用率。同时，湖南还必须加强研究开发新能源，如沼气、生物燃料油、木质煤发电、风电、水电、太阳能等能源产业，建立新能源的产业体系。第四，加快发展现代服务业。建立完善绿色金融体系，改革投融资体制，发展绿色信贷，支撑湖南绿色发展；做好精品旅游线路的规划、设计、宣传工作，特色旅游产品的开发，大力发展文化旅游、休闲旅游、近自然旅游等多种形式的生态旅游；大力培育本土化的商品零售集团，以铁路、公路、水路运输为支撑，发展绿色物流业。

2. 合理升级产业规模，推进工业园区绿色化

湖南的“绿色崛起”必须加快推进自主创新，用先进适用技术改造提升传统产业，着力培养大企业、大品牌、大产业、大集群、大园区，推进境内产业高端化、集群化和品牌化。在工业园区建设中，应大力构筑循环经济模式，推广新技术，依靠科技进步和提高劳动者素质，减少污染排放，改善生态环境，逐步建立和完善园区可持续发展的决策机制和协调管理机制，避免出现“工业集中、人口集中、污染集中”等问题。通过产业结构调整和技术升级使所有的企业得到整合，形成产业关联度高、资源高效利用、废弃物少量排放、绿化覆盖率高的生态工业园。以工业园区为载体，推进生态工业向集群化方向发展。

3. 充分发挥资源优势，大力支持企业绿色化

企业的绿色化可分为两种。第一是结合湖南绿色资源优势，发展壮大新型绿色企业。经监测，湖南森林生态效益总价值达8492亿元。建设“绿色湖南”必须发挥这种绿色资源优势，推进绿色产业结构调整升级，大力发展速生丰产林、竹材产业，深化加工，发展壮大人造板、竹木家具、竹木浆造纸及木制品加工等产业企业；大力发展特种经济作物产业企业；大力发展苗木和花卉产业企业；大力发展森林和湿地生态旅游产业企业。第二是通过技术改造升级，实现原有企业的绿色转型。这涉及原有企业，特别是排污较多的企业，要在经营理念、产品设计、市场营销、管理制度和污染排放上全面绿化，成为节能减排的排头兵。

（三）生态民生“两不误”，弘扬湖湘绿色人文

在现代工业文明向生态文明转型的过程中，谁抓住了“绿色”、“生态”的主动权，谁就将占住先机，谁就会率先进入绿色文明时代。因此，建设“绿色湖南”还必须在文化上，通过培养绿色人文来实现“绿色湖南”的软着陆。

1. 弘扬绿色湖湘精神，培养绿色专业人才

湖湘文化源远流长，底蕴深厚。在建设“绿色湖南”的过程中，我们可以将湖湘文化中的优秀精神与建设“绿色湖南”完美结合。要发扬湖南忧国忧民的爱国主义精神，把绿色情怀、绿色意识与湖南爱国主义精神相结合；要发扬湖南实事求是、经世致用的务实精神；要发扬湖南敢为天下先的改革精神和“扎硬寨、打死战”的奋斗精神；要发扬湖南博

采众长、兼收并蓄的开放包容精神，借鉴、引进先进技术和生态理念。同时，改革人才培养模式，在积极对外引进专门绿色人才的同时，加快推进内生型的人才获得机制，即产学研合作自主培养人才的机制建设。湖南应鼓励构建校内产学研联合体——校办企业，实现教学与科研、教学与产业的结合；还可加强高校、科研院所与企业的合作，把绿色科研、绿色技术与绿色产业、绿色生产与人才培养合为一体。

2. 全力打造宜居湖南，提升绿色人文素质

"绿色湖南"是以人为本的湖南。"绿色湖南"建设首先就要使人民得到实惠。湖南决不能搞"绿色的牛市、民生的熊市"。我们必须始终将保障和改善民生与"绿色湖南"建设结合起来，以避免出现建设"绿色湖南"与提高、改善民生脱离的为绿色而绿色的现象出现，通过广泛开展"宜居城市"、"宜居城镇"、"宜居村庄"的创建活动，真正让全省人民从温饱步入小康，喝上干净的水、呼吸清新空气、吃到放心食品、生活在优美环境。除此，"绿色湖南"建设还要努力提升民众的绿色人文素质，充分利用媒体，加大绿色宣传，逐步强化公众的绿色意识；推行绿色理念，开展绿色教育，透过幼儿园、小学、中学、大学及职业教育传播生态知识，为"绿色湖南"建设培养成千上万的生态公民。

3. 倡导健康绿色消费，鼓励绿色生活方式

产业的发展很大程度上依赖于消费需求，绿色消费必将带动传统产业的绿色转向。同样，许多环境污染也是由于不健康的消费造成，绿色消费也必将给我省环境治理带来新转机。建设"绿色湖南"必须大力提倡绿色消费，培养绿色生活的优良社会风尚。我们必须充分发挥政府、企业、消费者三大消费主体的作用，形成政府引导绿色消费、企业主导绿色消费、消费者崇尚绿色消费的局面。政府的作用主要体现在绿色消费立法、绿色消费的制度建设、绿色采购工程等方面；企业的作用主要体现在实现"清洁生产"、加强绿色科技研发、促进绿色产品生产等方面；消费者的作用则主要体现在建立合理的绿色消费结构、多样化的绿色消费方式等方面。

（四）全民共建"三体系"，推进民主绿色管理

建设"绿色湖南"的绿色管理是一种中观管理。它要求省域内的政府、企业、非营利组织和公民个人分工合作、协同一致，共同为湖南生态环境的保护、经济社会的可持续发展而努力。

1. 以政府为主导，健全绿色管理制度体系

政府是建设"绿色湖南"的掌舵人，必须为"绿色湖南"提供健全、完善的制度体系。首先，政府必须科学决策，搞好绿色规划。建设"绿色湖南"，绿色规划先行，绿色规划是建设"绿色湖南"的前提。其次，政府还必须完善绿色制度，建立健全绿色标准。要建立健全绿色制度环境，包括绿色资源制度、绿色产权制度、绿色市场制度、绿色企业制度、绿色产业制度、绿色技术制度等；健全绿色规范制度，包括绿色生产制度、绿色消费制度、绿色流通制度、绿色营销制度等；健全绿色激励制度，包括绿色财政制度、绿色金融制度、绿色税收制度等；健全绿色考核制度，包括绿色会计制度、绿色审计制度、绿色国民经济核算制度等。做到有绿色制度可依，依绿色制度建设"绿色湖南"。

2. 以企业为主体，创建绿色市场管理体系

企业是市场的主体，也是工业社会造成产业性污染的主体，当然也是建设"绿色湖南"过程中绿色管理的主体。企业要营造绿色企业文化，将之贯穿于企业生产、经营的每个方

面，使企业变被动为主动，变过去对环保问题消极回避为积极合作，使节约资源、保护环境成为企业的自觉行为；要实施绿色经营战略，不仅仅采取一些节约资源和减少污染排放的具体措施，而需要长期、持续地去改善企业与自然、社会关系的行为；要运用绿色生产经营方式，在产品开发、产品设计、产品生产、产品销售的整个生产经营过程都按照企业与自然、社会和谐发展的原则从事生产经营。企业通过营造绿色企业文化、实施绿色经营战略、运用绿色生产经营方式，实现向绿色企业的转变，从绿色市场主体的角度培育绿色市场体系。

3. 鼓励民间参与，完善绿色监督考核体系

“绿色湖南”建设和“两型社会”建设一样，是一个复杂的系统工程，需要全社会的广泛参与和积极支持。首先，进一步扩展企业、非营利组织与社会公众的环境权益，鼓励市场主体和社会公众参与绿色政策的制定与监督。其次，提高公众的绿色意识，引导民众的绿色生活、工作方式，从日常生活的衣、食、住、行、用等细微方面入手，从点滴做起，将“绿色”贯穿于公众生活、工作的每一环节。再次，鼓励支持民间绿色组织参与绿色管理。民间绿色组织不仅能及时收集绿色需求信息、宣传绿色政策、协调与处理绿色纠纷等，也能使各级政府从繁杂的绿色管理事务中解脱出来，专门处理全局性的、宏观的环境问题。

“绿色湖南”是一种全新的发展理念，是科学发展观、可持续发展战略在省域层面的具体实践。湖南最大的特色是生态，最大的优势也是生态，要以“生态优先、绿色发展”的理念为指导，发挥政府主导作用，构筑生态产业体系，依靠市场机制调节，健全监督考核机制，鼓励全民参与，加快实现湖南绿色崛起。

参考文献：

[1] 中共湖南省委、省人民政府．关于加快经济发展方式转变推进“两型社会”建设的决定［N］．湖南日报，2010-8-23.

[2] 周强．建设“四个湖南”，叫响“两型名片”［J］．新湘评论，2010（18）：1.

[3] 郭新明．实施绿色发展战略，推动发展方式转变［J］．学习月刊，2011（3）：59～60.

[4] 夏宁，夏锋．低碳经济与绿色发展战略——对海南率先建立全国第一个环保特区的思考［J］．中国软科学，2009（10）：13～22.

休闲农业低碳园区模型及其评价体系构建探讨

李有绪　陈秋华

（福建农林大学经济与管理学院，福州，35002）

摘要：本文首先应用驱动力—压力—状态—影响—响应（Driving—Pressure—State—Impact—Response，DPSIR）模型，构建了休闲农业低碳园区模型。其次，参照低碳经济的概念辨识及休闲农业特性选取“休闲农业低碳园区经济、环境、经营、技术、管理等为关键指标变量”构建休闲农业低碳园区五维综合评价指标体系的理论框架。最后，运用层次分析（AHP）与数据包络分析（DEA）相结合方法，尝试确定休闲农业低碳园区发展水平等级标准。以期为定量评估休闲农业低碳园区发展等级提供参考依据，也为未来休闲农业低碳园区指标核查、减排项目合作、建立排放补偿系统提供理论指导和技术支持。

关键字：休闲农业；低碳园区模型；评价体系

Construction of the model and its evaluation system of leisure agriculture in low-carbon Park

LI You-xu　CHEN Qiu-hua

（College of economics and management，Fujian Agriculture And Forestry University，Fuzhou，35002）

Abstract：This article first application of the driving force -Pressure -State -Impact -Response（Driving-Pressure-State-Impact-Response，the DPSIR）model，to build a low carbon park model recreational agriculture. Second，the reference to the concept of a low-carbon economy recognition and casual agricultural characteristics，select the " low carbon park leisure agriculture economy，environment，business，technology，management and other key indicator variables to build the theoretical framework of the five-dimensional comprehensive evaluation index system of leisure agriculture in low-carbon Park . Finally，the use of the Analytic Hierarchy Process（AHP） and data envelopment analysis（DEA） is a combination of methods to try to determine the level of development of leisure agriculture in low-carbon Park grading standards. In order to provide a reference for the quantitative assessment of the level of leisure agriculture in low-carbon development of the park，and also for leisure agriculture in low-carbon future park indicators verification，the abatement project cooperation，the establishment of emissions compensation system to provide theoretical guidance and technical support.

Key words：leisure agriculture；low carbon park model；evaluation system

前　言

在全球气候环境日益恶化的背景下，2009 年 12 月，联合国气候大会在哥本哈根召开。与会各国对控制温室气体排放达成了共识，积极倡导实施“低能耗、低污染、低排放和高

作者简介：

第一作者：李有绪（1982 ~），男，安徽六安人，福建农林大学经济与管理学院博士研究生，主要研究方向：休闲农业。

第二作者：陈秋华（1964 ~），男，福建漳平人，福建农林大学经济与管理学院教授，党委书记，硕士生导师，从事森林旅游、旅游经济、乡村旅游研究。

效能、高效率、高效益”的低碳经济发展模式。随后，低碳经济发展模式也开始成为全球226个国家和地区经济发展模式的主要选择。传统经济向低碳经济转型已经成为世界经济发展旋律的主要趋势。

为了实现传统农业向现代农业转型，以及打破我国“二元经济结构”，增强农民收入与农民就业，缩小城乡差距。全国各地涌现出大量形式各异的休闲农业园区。这极大满足了城市居民对农村生活方式的向往，增强了城市居民与农村居民交往，提高了农业经济效益，增加了农民收入，但随着游客的增加，许多休闲农业园区在游客“吃、住、行、游、购、娱”各环节都不同程度地存在着“高碳”现象。作为对“低碳经济”的响应以及实现休闲农业可持续发展，建立休闲农业低碳园区对休闲农业发展具有重要的理论与实际意义。

一、相关理论研究概述

（一）低碳经济概述

1. 概念提出

“低碳经济”（low carbon economy）概念首次出现于2003年英国政府能源白皮书——《我们能源的未来：创建低碳经济》。随后，国内外学者对“低碳经济”概念提出各种各样的诠释。其中比较权威的解释是在2009年中国环境与发展国际合作委员会颁布的《中国发展低碳经济途径研究》一书中，“低碳经济”被解释为“一个新的经济、技术和社会体系，与传统竞技体系相比在生产和消费中能够省能源，减少温室气体排放，同时还能保持经济和社会发展的势头”；冯之浚，周荣等人认为“低碳经济”是以低能耗、低污染，低排放为特征的低碳发展、低碳产业、低碳技术、低碳生活等一类经济形态的总称。

本文认为：“低碳经济”表面上要求经济发展遵循“低能耗、低污染、低排放”的标准。但实质上，低碳经济是经济发展方式、能源消费方式、人类生活与思维方式的彻底变革，它将全面改变现代的文明建立的能源基础（即化石燃料），使现代文明向生态文明转换。低碳经济的核心是能源技术和减排技术创新、产业结构和制度创新以及人类生存发展观念的根本性转变，目标是减缓气候变化和促进人类的可持续发展，即依靠技术创新和政策措施，实施一场能源革命，建立一种较少排放温室气体的经济发展模式[1]。

2. 低碳经济核心内容

其包括低碳减排技术、低碳能源与产品和低碳产业与制度等。

（1）低碳技术。低碳技术的发展与应用是低碳经济实现的基础环节。低碳技术的发展主要依赖技术创新，其为低碳减排技术发展提供了源泉与动力。根据用途进行划分，其主要包括以下几个方面：①能效转换技术：在现有的能耗基础上，实现更多的利用率。如用led灯代替传统灯泡；②碳汇技术：主要利用植物光合作用吸收二氧化碳，减少大气中的碳含量；③碳捕捉与碳封存技术：通过富氧燃烧捕捉空气中的二氧化碳，采用地质封存或海洋封存等技术将其储存到与大气隔绝的地方并进行资源再利用。

（2）低碳能源与产品。低碳能源主要是指对环境没有危害的清洁能源，如风力发电、潮汐能、太阳能、沼气能等；低碳产品主要是指在实际使用中碳排放接近或者达到零排放的产品。如太阳能热水器、沼气灯、电动车以及各种农业产品等。

（3）低碳产业与制度。低碳产业主要以低能耗低污染为基础的产业。如绿色农业、节能建筑业；低碳制度是指确确保经济发展遵循低碳经济要求的各种政策与法规总称。其是低碳经济得以实现的政策保障。如低碳认证制度、各行业的低碳排放标准等。

（二）休闲农业概述

1. 休闲农业概念

是指利用“三农”资源，即农村文化与物质资源、农业的生产与物种资源、农民的生活方式与耕作方式资源，通过科学的规划并结合旅游业的运营方式，提供给城市居民休闲、养生与体验农业相关活动的场所，以促进城乡互动与增加农民收入为目的的新型农业经营方式。

2. 休闲农业特性

①休闲农业的资源主要来源于“三农”资源，即农村文化与物质资源、农业的生产与物种资源、农民的生活方式与耕作方式资源；②休闲农业的产品属性具有农业商品属性及服务业属性；③从产业形态层面来看，休闲农业涵盖的范围非常广，涵盖了第一、二、三产业形态，但本质上任然是第一产业，只是对第一产业的产业链进行拓展；④休闲农业的目的是一方面增加农民收入、优化农村资源、缩小城乡差距，另一方面是增加城市人口的休闲空间，体验农村文化与生活等；⑤休闲农业是把农业、农村、农民三者有机结合的新型农业经营方式。

3. 休闲农业发展模式与经营类型

目前，我国休闲农业发业发展主要有5模式15种类型，见表1。

表1　休闲农业低碳园区综合评价指标体系

序号	模式	类型	说　明
1	观光农园参与型	观光果园	结合本地水果和引进新品种，打造集观光、休闲、采摘、品尝为一体的观光果园。
2		四季花园	以花园观赏为主，大力引进适宜本地的花卉品种，打造四季观光花园。
3		私家菜园	游客参与菜园劳作，亲身体验农业劳动，欣赏田园风光，品尝绿色蔬菜。
4		乡野牧场	饲养鸡、鸭、猪、牛等禽畜和特种动物，开展捡鸡蛋、抓土鸭、喂猪、挤牛奶等体验活动。
5		古树观赏园	充分挖掘、整合古树资源，重点保护和开发，完善配套设施，形成旅游吸引力。
6	乡村风情体验型	乡村民俗文化园	游客参与特色民俗及节庆活动，感受乡村文化的自然本味和地域风貌特色，满足民俗文化体验的需求。
7		古村落风情园	以乡村民居建筑为核心，结合街道、店铺和农村生活方式、习俗等，开发古村落旅游。
8	农业科普教育型	精细农业博览园	打造农村休闲和农业精品，形成集农业生产、科技示范、科研教育为一体的精细农业博览园。
9		农业生态科普园	以生态农园、环境教育活动等为依托，形成以自然生态保护为目的兼具教育功能的休闲农业生态教育园。
10	农村生态康体养生型	农村康体养生园	以农业生态景观为依托，开展森林探险、攀岩等康体活动，满足游客健身运动需求。
11		农村生态养生园	可依托周边优越的生态环境条件，开发森林浴、避暑等休闲活动，并提供绿色食品、药膳食品等养身产品。
12		森林人家	以森林景观为依托，为游客提供餐饮、住宿、体验生活等服务，满足游客休闲度假的需求。

（续）

序号	模式	类型	说　明
13	乡村休闲度假型	休闲农庄	利用景观塑造，挖掘闽南文化，为游客提供乡土特色餐饮、住宿和休闲娱乐活动，让游客体验农村生活。
14		水乡渔村	利用水体资源条件，把渔业资源和休闲、旅游、观光及海洋知识的传授有机地结合起来，加强游客参与。
15		休闲茶园	引进全国名优茶品种，打造休闲生态百茶园，供游客观光、度假、品茶、购物、养生。

资料来源于：对《我国休闲农业发展现状与对策研究》进行整理。

二、休闲农业低碳园区模型

（一）DPSIR 模型演变

驱动力—压力—状态—影响—响应（driving—pressure—state—impact—response，DPSIR）模型是欧洲环境局（EEA）把综合压力—状态—响应（PSR）模型和驱动力—状态—响应（DSR）模型两者优点结合起来而建立的解决生态环境问题的管理模型（图 1）。其中“驱动力”（driving）被解释为导致环境变化的原因；“压力”（pressure）被解释为人类活动导致的环境恶化，例全球变暖问题等；“状态”（state）是指环境在“驱动力”和“压力”下所处的状态，如大气中温室气体的含量等；“影响”（impact）是指环境状态对人类经济活动造成的影响；“响应”（response）是指对环境变化造成的影响，人类采取积极政策与对策。如发展低碳技术、减少碳排放等措施。已有的研究表明，DPSIR 模型强调经济运作及其对环境影响之间的联系，具有综合性、系统性、整体性、灵活性等特点，能揭示环境与人类活动的因果关系并有效整合资源、发展、环境与人类健康[2]。

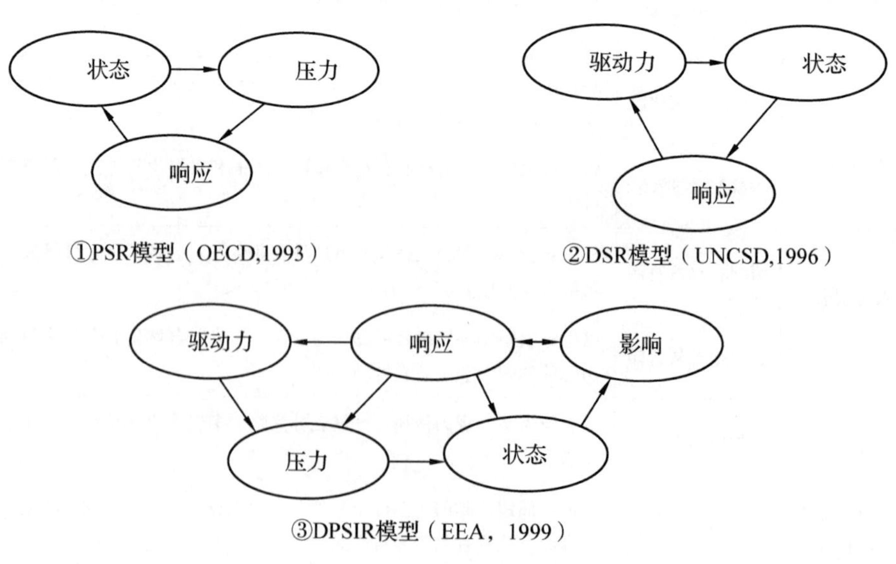

图 1　DPSIR 模型的演变

（二）休闲农业低碳园区模型

参照驱动力—压力—状态—影响—响应（driving—pressure—state—impact—response，DPSIR）模型[3,4]，结合休闲农业特性，构建休闲农业低碳园区模型（图2）。休闲农业低碳园区模型可以概括为：休闲农业园区发展到一定阶段，园区内部与外部的环境构成驱动力，由于高排放、环境恶化的压力影响到园区现有状态，园区通过信息反馈给有关管理部门并积极采取行动，有关部门制定政策与法规做出响应，响应之后的园区变化又通过状态表现出来，这样一直持续下去。休闲农业园区低碳化水平会持续上升，最终完成休闲农业低碳园区模型螺旋式上升循环。

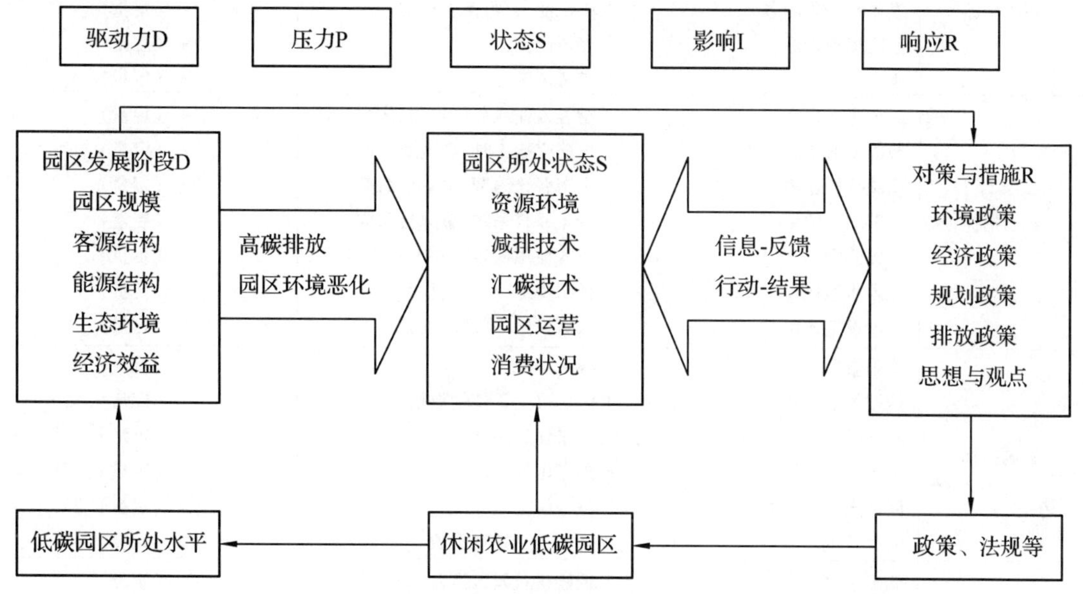

图2　休闲农业低碳园区模型

从休闲农业低碳园区模型构成来角度来看至少包括以下5个要素：①低碳园区的驱动力：园区发展到一定规模，园区内逐渐形成一个高能耗、高排放的综合系统，在低碳经济发展模式的要求下，园区逐渐产生驱动力；②低碳园区的压力：园区驱动力通过现实的高污染、高能耗、高排放形成压力；③低园区的状态：某一时期园区所处的低碳化综合水平，可以用环境、消费、经营等指标进行衡量；④低碳园区的影响：园区对响应与压力做出的反映行为方式；⑤低碳园区的响应：促进园区低碳发展所采取的各种政策与法规，如征收碳税和排污税等。可以看出，休闲农业低碳园区建设是一个多层面的问题，不能简单理解为节能减排，而应用系统的视角，把园区看成一个综合系统，在这个系统中通过各要素的相互作用，达到园区低碳化水平支持性提高。

三、休闲农业低碳园区综合评价指标体系

（一）遵循原则

选择指标原则：①指标选择的有代表性、较强相关性；②指标选择的可度量性；③指标选择的可操作性；④指标体系与国际碳排放标准相联系；⑤指标选择上坚持可持续发展原则；⑥指标获取的简洁性，指标更新的快捷性原则。

（二）研究框架

参照低碳经济的概念辨识及评价指标体系构建[5]，结合休闲农业特性及休闲农业低碳园区 DPSIR 模型构成要素，选取休闲农业低碳园区环境、经营、资源、技术、管理指标，构建环境—资源—消费—技术—经营五维综合评价指标体系（表2）。

表2　休闲农业低碳园区综合评价指标体系

准则层权重（P）	因子层权重（R）	计算说明	指标性质
环境指标	园区碳排放能力	碳排放量/经营收入	+（定量）
	空气质量等级	参考国标	+（定量）
	农作物净化能力	碳汇能力/每亩农作物	+（定量）
	园区噪音指标	参考国标	+（定量）
	水资源等级	参考国标	+（定量）
经营指标	绿色住宿比率	游客入住绿色住宿/总住宿	+（定量）
	节能交通工具比率	节能交通工具/总交通估计	+（定量）
	低碳餐饮比率	生态餐饮消费/总餐饮消费	+（定量）
	低碳原料使用率	低碳原料采购/总原料采购	+（定量）
	低碳购物	游客使用低碳购物工具比率	+（定量）
	低碳步道比率	低碳步道/总游线长度	+（定量）
	低碳设施比率	低碳设施/园区总设施	+（定量）
资源指标	降雨量	参考国标	+（定量）
	植被的多样性	园区可生长植物数量	+（定量）
	日照时长	年平均日照时长	+（定量）
	水文等级指标	参考国标	+（定量）
	园区土地资源类型	参考国标	+（定量）
	人文景观	园区人文景观个数	+（定量）
技术指标	低碳建筑	低碳建筑园区覆盖率	+（定量）
	环境容量智能监控	有或者无	+（定量）
	游客碳排放测量	园区年碳排放量/游客总量	+（定量）
	节水设施比率	园区节水设施/园区总用水设施	+（定量）
	能耗监测设备	有或者无	+（定量）
	植物覆盖比率	绿色植物面积/园区总面积	+（定量）
	园区净化能力检测设施	有或者无	+（定量）
管理指标	低碳园区专项规划	有或者无	+（定性）
	低碳人员考评	有或者无	+（定性）
	低碳成本效益分析	有或者无	+（定性）
	低碳管理小组	有或者无	+（定性）
	低碳监管体系	有或者无	+（定性）
	低碳项目执行率	执行程度	+（定性）

在“五维”评价指标体系中，休闲农业低碳园区环境指标是园区低碳化发展的外部潜力，休闲农业低碳园区经营指标是园区低碳化转型的效益目标，也是园区低碳化现实基础，休闲农业低碳园区资源指标是整个低碳园区的低碳化载体，休闲农业低碳园区技术指标是园区实现低碳化的主要力量，也是实现低碳化的核心环节，休闲农业低碳园区管理指标是整个园区低碳化得以实现的政策保障。

（1）休闲农业低碳园区环境指标。环境指标是构成休闲农业低碳园区的重要组成因素，其包括园区碳排放能力、空气质量等级、农作物净化能力、园区噪音指标、水资源等级等；环境指标的评价标准主要根据国家的环境质量标准进行评估。

（2）休闲农业低碳园区经营指标。经营指标是休闲农业园区实现低碳化的现实基础，为低碳园区打造提供资金来源，其包括绿色住宿比率、节能交通工具比率、低碳餐饮比率、低碳原料使用率、低碳购物、低碳步道比率、低碳设施比率等。对这些因子的评价方法主要是定量分析。

（3）休闲农业低碳园区资源指标。资源指标是整个低碳园区的低碳化载体，各种低碳技术实施都必须以园区的现有资源为媒介。其包括降雨量、植被的多样性、日照时长、水文等级指标、园区土地资源类型、人文景观等。这些因子决定了低碳园区的技术选择，其测量方法主要参照国际的标准。

（4）休闲农业低碳园区技术指标。休闲农业低碳园区技术指标是园区实现低碳化的主要力量，也是实现低碳化的核心环节。园区能否实现的低碳化的核心环节就是结合园区的资源特性开发与选择适合园区的低碳技术。其包括低碳建筑、环境容量智能监控、游客碳排放测量、节水设施比率、能耗监测设备、植物覆盖比率等。测量方法主要通过各种公式进行运算处理。

（5）休闲农业低碳园区管理指标。休闲农业低碳园区管理指标是整个园区低碳化得以实现的有力保障。实现低碳园区需把各种内部与外部的资源进行有效的整合，而整合资源需要管理。只有通过有效的管理，园区内各种低碳措施才能发挥作用。因此，管理指标是休闲农业低碳园区实现的有力保障。其包括低碳园区专项规划、低碳人员考评、低碳成本效益分析、低碳管理小组、低碳监管体系、低碳项目执行等。对这些因子的评价方法主要是定性分析。

（三）评价方法

1. 指标正向化和无量纲化处理

在上述“五维”休闲农业低碳园区评价体系中，为了进行数据的有效处理，对于方向不同的指标数值，分别采取指标的正向化和无量纲化处理，而逆向指标采用倒数变换法进行正向化处理，详见公式（1）。其中，X^* 代表指标正向化指标值，X' 代表逆向指标原始值，通过公式（1）处理后，指标的数值越大，其休闲农业园区低碳化水平越高。而指标的无量纲化处理，主要采用归一化方法，详见公式（2）。其中，X 表示为归一化后的指标数值，X^* 表示为所有正向化处理后的指标数值，X^*_{min} 表示为该指标区域各评价个体的最小值，X^*_{max} 表示为该指标区域各评价个体的最大值。

$$X^* = 1 / X' \tag{1}$$

$$X = (X^* - X^*_{min}) / (X^* - X^*_{max}) \tag{2}$$

对于“五维”休闲农业低碳园区评价体系中的定性评价指标按专家评分法来确定[6]。评估专家组（五人以上组成）根据评价指标的考核内容，进行逐项打分。评分值的计算采用公式（3）进行处理，其中 U 表示每位评估专家确定的等级评估系数，N 表示评估专家组成员个数。

$$\text{定性指标分值 } Y = \sum_{i=1}^{n} U/N \tag{3}$$

2. 指标权重的确定

在指标权重的确定上，本文把层次分析法（AHP）与数据包括分析法（DEA）两者结合起来，以使权重的选择更加科学、合理、恰当。其依据是层次分析法（AHP）受到每位评估专家的主观偏好影响较大，其客观受到的影响；数据包络分析法（DEA）由于完全凭借客观数据，不能反映每位评估专家的有效偏好[7]。因此两者结合，将能够把专家的主观偏好与客观数据进行科学、合理的处理。在公式（4）中，D_i表示为第 i 项指标总权重，D_{iAHP}表示用 AHP 方法处理后，确定的第 i 项指标权重，D_{iDEA}表示用 DEA 方法处理后，确定的第 i 项指标权重，λ 为主观偏好系数，$(1-\lambda)$ 为客观偏好系数，其中 λ 取［0，1］，其值由决策者根据偏好给出。

$$D_i = \lambda D_i^{AHP} + (1-\lambda) D_i^{DEA} \text{为} \tag{4}$$

3. 休闲农业低碳园区水平等级划分

在公式（5）中，L 代表总得分值（即上述综合评价总值），x_j表示某单项指标的具体得分值（得分方法同上），R_j为表示某单项指标在该层次下的具体权重值，P_i为准则层的权重，见（表 2），m 表示准则层层数在表 2 中，$m=5$。n 表示因子层因子的个数在表 2 中，$n=31$。

$$L = \sum_{i=1}^{m} \left(\sum_{j=1}^{m} x_j R_j \right) . P_i \text{为} \tag{5}$$

参照国内外可持续发展、循环经济、低碳经济等级划分级次[8]，根据 L 得分可将休闲农业低碳园区发展划分为 4 个阶段（表 3），依据这 4 个阶段的划分，有助于检测休闲农业低碳园区的所处的阶段，也有助相关低碳政策的有的放矢执行。

表 3　休闲农业低碳园区水平等级标准

综合评价总值（L）	0 < 50	50 ~ 60	60 ~ 80	> 80
低碳园区水平	低级低碳园区阶段	初基低碳园区阶段	中级低碳园区阶段	高级低碳园区阶段

四、结论与存在的问题

当前，在国内还没有严格意义的休闲农业低碳园区，更没有完善的休闲农业低碳园区等级评价标准。本文在回顾低碳经济与休闲农业理论的基础上，参照 DPSIR 模型，结合休闲农业特性，构建休闲农业低碳园区模型并建立“五维”休闲农业低碳园区综合评价体系。在理论层面上，这是对我国休闲农业的低碳化发展方式的一种尝试，也是一种创新。但休闲农业低碳园区是一个复杂的系统工程，存在许多难以量化的因子，如何对这些因子进行量无疑是休闲农业低碳园区建设的又一个难点问题。同时，本文缺乏对案例的实证研究，希望接下来通过案例的深入研究来丰富休闲农业低碳园区的理论建设。

参考文献：

［1］张明．基于经济学视角下的低碳旅游概念体系研究［J］．中国人口·资源与环境，2010，20（8）：28 ~ 33

［2］王金涛．基于 DPSIR 模型的土地利用规划环境影响评价研究——以安徽省池州市贵池区为例［D］．武汉：华中师范大学，2011

［3］王良健．旅游可持续发展评价指标体系及评价方法研究［J］．旅游学刊，2001，16（1）：67 ~ 70

［4］张志强、程国栋、徐中民．可持续发展评估指标、方法及应用研究［J］．冰川冻土，2002，24（4）：344～350

［5］付加锋、庄贵阳、高庆先．低碳经济的概念辨识及评价指标体系构建［J］．中国人口·资源与环境，2010，20（8）：38～43

［6］谭锦、程乾．论低碳旅游景区评价体系构建——以四川燕子沟为例［J］．经济研究导刊，2010，（11）：117～118

［7］陈涛．基于AHP与DEA的组合方法确定指标权重［J］．科学技术与工程，2007，7（23）：6143～6145

［8］宋松、张建新、温丽娟，等．等于“5R”理念的旅游循环经济评价指标体系初探——以中山陵为例［J］．经济地理，2009，29（6）：1024～1028

低碳旅游示范区关键技术应用探讨

郑小敏[1]　陈培磊[2]

（1 福建农林大学金山学院，福州，350002；

2 福建农林大学经济与管理学院，福州，350002）

摘要：本研究通过对首批低碳旅游示范区关键技术利用的总结，提出旅游景区发展低碳旅游选择关键技术应遵循规划指导制定技术战略、根据景区性质选择侧重范畴、借鉴已有经验利用主要技术及争取相关支持促进合作共赢的建议。

关键词：低碳旅游；示范区；技术

Discussion on the Key Technologies Application of Low-carbon tourism Demonstration Area

ZHENG Xiao-min[1]　CHEN Pei-lei[2]

（1Jinshan College of Fujian Agriculture and Forestry University，Fuzhou，350002；

College of economics and management，Fujian Agriculture and Forestry University，Fuzhou 35002）

Abstract：In the study，it puts forward the suggestions of selecting key technologies of the tourism attractions to develop low-carbon tourism through the summary of the key technologies application of the first batch of low-carbon tourism demonstration area. The suggestions consist of following the guidance of the planning and developing technology strategy，choosing the marcato scope according to the scenic nature，learning the existing experience and using key technologies，seeking relevant support and promoting win-win cooperation.

Key words：low-carbon tourism；demonstration area；technology

2012 年 9 月 16 日，安徽黄山、陕西华山、江苏周庄等 19 家景区被评为首批全国低碳旅游示范区。作为“战略性支柱产业”的旅游业对全球温室气体排放负有 5% 的责任，2009 年国务院《关于加快发展旅游业的意见 》中明确提出推进节能环保，积极利用新能源新材料，广泛运用节能节水减排技术，实行合同能源管理，实施高效照明改造，减少温室气体排放，积极发展循环经济，五年内将星级饭店、A 级景区用水用电量降低 20%；合理确定景区游客容量，严格执行旅游项目环境影响评价制度，加强水资源保护和水土保持；倡导低碳旅游方式。2010 年，国家旅游局出台了《关于进一步推进旅游行业节能减排工作的指导意见》，向旅游企业积极推行《饭店节能减排 100 条》、《A 级景区节能减排 30 条》。发展低碳旅游是践行低碳经济的重要方式。低碳旅游的直接目的即减少旅游过程中的碳排放，高效利用资源，低碳技术是发展低碳旅游的重要支撑，是落实节能减排的有效途径。而目前学术界对于低碳技术在旅游方面的研究滞后于实际的发展情况，本研究通过对首批低碳旅游示范区

作者简介：

第一作者：郑小敏（1986 ~），女，福建省古田县人，硕士研究生，福建农林大学金山学院，助教。主要研究方向：生态旅游与管理。

第二作者：陈培磊（1994 ~），男，福建省福州市人，福建农林大学经济与管理学院本科生。

中技术利用经验的总结，提出低碳旅游发展中相关技术利用的建议，希望为低碳景区的发展提供一定的参考。

一、首批全国低碳旅游示范区关键技术应用分析

（一）首批全国低碳旅游示范区概况

目前中国低碳旅游发展已经取得一定的成果，主要体现在低碳旅游景区方面，特别是首批19家全国低碳旅游示范区（表1）。黄山景区位居榜首，不仅是中国发展低碳旅游的典范，更被世界旅游业理事会作为“全球旅游业应对环境与气候变化”的典型案例，宣传推广《低碳旅游与生态黄山》。中国目前低碳旅游发展应用的相关技术主要体现在这些示范区中。

表1 首批全国低碳旅游示范区

序号	地方	景区
1	安徽	黄山风景区
2	陕西	华山风景区
3	陕西	大雁塔·大唐芙蓉园
4	江苏	水乡·周庄景区
5	江苏南京	夫子庙秦淮风光带
6	江苏	古淮河文化生态景区
7	江苏常州	春秋淹城景区
8	江苏无锡	太湖鼋头渚风景区
9	上海	野生动物园
10	四川	青城山·都江堰风景区
11	四川	九寨沟风景区
12	四川	峨眉山·乐山大佛风景区
13	山西	平遥古城
14	山东威海	刘公岛风景区
15	广东深圳	观澜湖度假村
16	河南	港中旅嵩山少林寺风景区
17	吉林	通榆向海景区
18	黑龙江伊春	梅花河山庄度假村
19	宁夏	沙湖旅游区

（二）关键技术利用经验介绍

由于学术研究的滞后性，目前，关于这19个景区具体采取了哪些低碳举措还没有直接的资料，本研究通过对中国环保联合会网站、华山、周庄景区网站、网易新闻网、中国旅游报及中国知网等对首批低碳示范区的相关资料进行搜集，根据资料搜集的结构，最后选择黄山、峨眉山－乐山大佛风景名胜区、华山景、九寨沟、周庄、夫子庙－秦淮风光带等6个景区作为主要案例进行研究，总结其在发展低碳旅游的过程中所采取的技术措施，具体见表2所示。

表 2　低碳旅游示范区采取的关键技术

景区	关键技术利用举措
黄山	1 科学测算景区每日最佳接待容量以及最大接待容量并且严格执行； 2 建设了黄山石门水电站，积极推广使用太阳能； 3 建设了“黄山旅游客运中心”，统一更换了环保客运大巴； 4 建设了中国山岳景区第一座与全国大中城市联网的大气自动监测系统； 5 每月一次的国际电话会议与电子文件交换“绿色”“低碳”的最新成果； 6 与安徽师范大学合作开展《旅游生态足迹模型及黄山实证分析》课题研究； 7 通过门户网站，传播“绿色生活、低碳发展”理念，建立和完善在线支付、网络营销等标准体系，细化《游览容量管理》等具体指标。
峨眉山 - 乐山大佛风景名胜区	1 采用低碳排放的绿色环保观光车； 2 投巨资推广清洁能源，在景区宾馆和农民旅游饭店中明确规定要使用天然气以及节能减排等一系列硬性措施，驻山单位、寺庙、个体经营户停止了燃煤，改用电或液化气； 3 在建筑中，使用隔热、保温材料； 4 采用节能标准建设供水设施配备，在宾馆、饭店、公厕推广使用感应水龙头，提高节水率； 5 采用 LED 满天星、流星雨、声控照明等技术减少电消耗，同时对制冷和照明系统进行完善； 6 在景区合理布设了 11 个监测点，对空气、水质、噪声进行定期监测，建立健全了景区环境监测数据传输处理系统，使景区环境监测软硬件设施达到国内先进水平； 7 新建了五显岗、万年寺、雷洞坪等 10 个污水处理站和报国景区日处理 1 万 t 的污水处理厂，景区污水深度处理率达 100%； 8 景区制作有宣传环境治理的专题片，网站开辟低碳教育专栏，博物馆作为科普教育及生态环保知识教育的阵地，向广大游客传播低碳生态教育。
华山景区	1 采用电瓶车、太阳能热水器等清洁能源设施、设备； 2 强制使用以电为主的清洁能源，积极推广使用太阳能； 3 云台山庄、五云峰饭店、东峰饭店、气象招待所安装污水处理设备，使宾馆饭店的污水排放达到国家规定标准； 4 华山景区厕所全部为水冲式或生态环保厕所，主景区均为蓝洁士智能环保厕所和生态发泡环保厕所； 5 使用高效、低毒的杀灭病虫害的药剂，或采用生物防治相结合的综合防治技术。
九寨沟	1 使用以天然气为燃料的观光巴士，减少景区内环境污染和二氧化碳排放量； 2 景区内的路灯、厕所照明以及环境监测仪器设备等除了使用普通的水电以外，辅以太阳能和风能； 3 拆除了景区内所有的公共卫生间，并引入了智能型全自动免水冲环保型厕所，实现了公厕排放的减量化、无害化和资源化。
周庄	1 设置环保旅游观光车、电瓶车； 2 成功实施污水处理工程； 3 建设环保型厕所，采用节水型卫生洁具和节水工业； 4 推广绿色照明技术、产品，部分景点照明采用红外线自动监测控制系统； 5 通过物联网和移动互联网等新技术的应用建设“智慧景区”。
夫子庙 - 秦淮风光带	1 景区内燃煤锅炉已全部改造完毕，景区企业全部实现使用清洁能源； 2 通过设备改造，油烟排放达标率 85% 以上； 3 污水通过隔油、隔渣，全部达标排放，污水管网进行改造，使污水不再进入内秦淮河，并在白鹭洲公园水街安装了 4 台纳米气泡净化设备，有效提高了河道水质； 4 灯具采用 LED 等节能照明材料； 5 建设全国首个景区内电动汽车充换电站。

（三）关键技术利用情况分析

通过对这6个景区主要技术利用情况的分析，得出清洁生产技术使首批低碳旅游示范区主要采取的技术有清洁生产、节能和信息技术，其中清洁生产技术是这6大景区都利用的技术，节能技术的使用率高达83%，信息技术的利用率达50%。具体情况如如图1至图3所示。

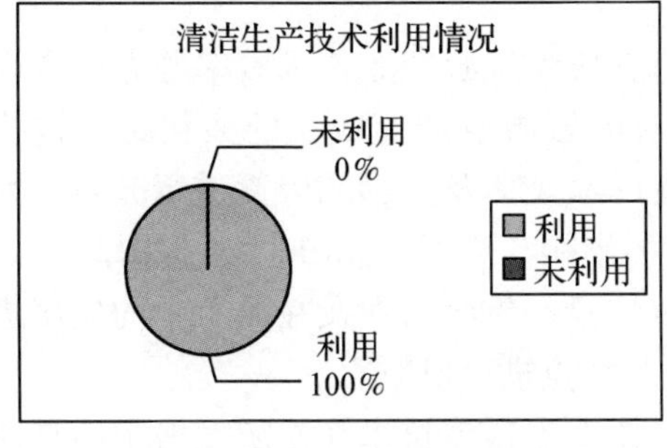

图1 清洁生产技术利用情况

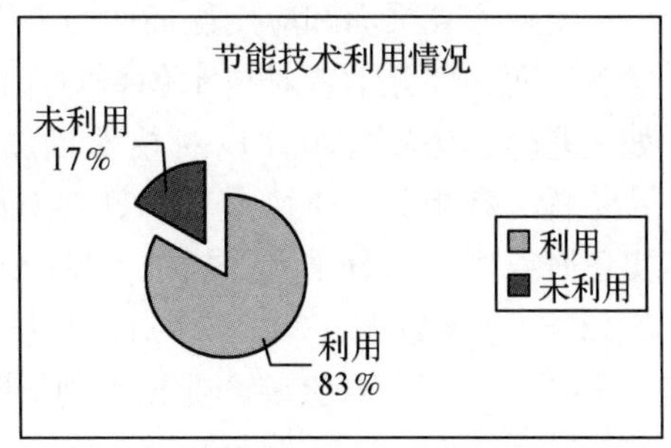

图2 节能技术利用情况

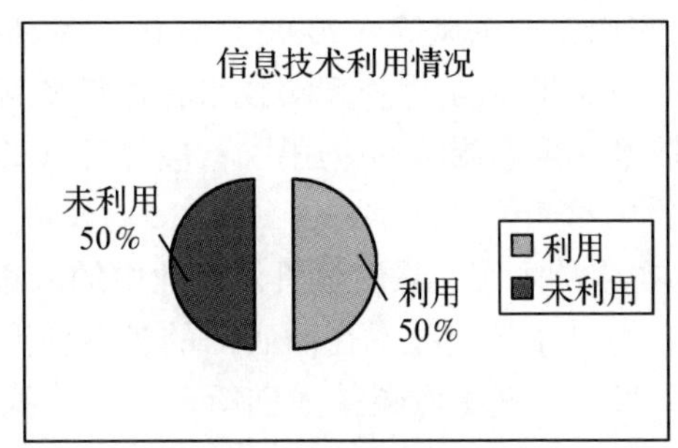

图3 信息技术利用情况

通过对清洁生产、节能和信息技术的进一步分析，得出清洁能源的使用是首批低碳旅游示范区普遍采取的措施，利用率最大；环保观光车、污水处理和低碳照明是示范区采取的仅次于清洁能源的使用的重要举措；互联网技术在示范区中的利用率达50%；同时采取的还有大气监测技术和建设电动汽车充换电站，具体见表3所示。

表3 低碳技术利用的主要措施

技术分类	具体措施	选择的景区数量（个）	百分比（%）
清洁生产	清洁能源使用：太阳能、天然气、风能	6	100.00
	环保观光车	5	83.33
	污水处理	5	83.33
	电动汽车充换电站	1	16.67
节能	低碳照明：采用LED满天星、流星雨、声控照明等节能灯	5	83.33
	节水技术	2	33.33
	低碳建筑材料	1	16.77
信息	互联网技术	3	50.00
	大气监测技术	2	33.33

二、旅游业技术利用研究现状

截至2012年10月在知网中以“旅游技术”为篇名，模糊匹配，检索到期刊569条，其中核心期刊126条；博硕士论文57篇，会议论文49篇，以中国旅游报为主的报刊71条；以“低碳旅游技术”为篇名，模糊匹配，检索到期刊2条，其中核心期刊1条。在研究内容上，主要从宏观层面和应用层面两个方面展开。

宏观层面，部分学者对技术创新对旅游产业的成长和旅游产业技术效率等方面进行研究，如王兆峰、杨琴（2011）对技术创新与进步对区域旅游产业成长的演化路径进行分析[1]；王栋、曹艳英、李凤霞（2011）对旅游产业技术效率及其影响因素进行分析，并进行了实证研究[2]。部分学者分析了信息技术对旅游的影响与应用。如刁志波（2012）[3]、罗浩（2012）[4]、黎巎等（2012）[5]对信息技术对旅游体验、旅游产业及在旅游中的应用进行研究。宋娜（2012）对旅游产业技术创新网络模式与特点进行研究[6]。

具体应用层面，部分学者针对GIS技术、信息技术等具体技术在旅游发展中的具体应用进行研究，刘德辉（2008）[7]、方雪娇等（2008）[8]、高峻等[9]研究了GIS技术在旅游资源开发、旅游景区规划中的应用；刘思凤等（2008）分析了Web的虚拟旅游环境的开发及其关键技术[10]；邱峰等（2010）探索了虚拟现实技术在旅游资源开发与保护中的应用[11]。陈俊林（2009）研究了3S技术在生态旅游的应用[12]；应月芳（2010）探讨了区域旅游规划综合集成技术设计与应用[13]。

还有部分学者针对技术在旅游酒店、景区等具体企业中的应用进行研究，周丹、徐红罡（2010）以惠州的酒店为例，总结了环境技术在酒店内的扩散情况，并对扩散的影响因素进行研究[14]。李沐纯、魏卫（2012）基于低碳技术创新，阐述了我国酒店业转型升级的战略思想、战略目标和战略阶段，并对转型升级机制进行研究[15]。焦瑞、陈秋宇（2011）通过总结九寨沟在低碳旅游发展方面的经验，提出我国全面推行低碳旅游发展的建议[16]。石坚韧、周刚（2012）以生态旅游和绿色建筑的理念为基础，通过对秦皇岛生态节能示范区节能优势的分析，对关键性节能技术进行总结[17]。曹世武、邹永广、郑向敏（2012）分析了低碳旅游景区建设其服务所需的技术，并阐述技术嵌入原则和路径，最后对低碳旅游景区建设服务内容的技术嵌入实现进行论述，对低碳旅游景区采用相应的技术具有重要的指导意义[18]。

总体上，关于旅游发展中技术利用的研究还比较少，没用一个系统的体系，针对低碳旅游和旅游发展中低碳技术方面的研究更少，这与技术在低碳旅游发展中的地位和实际应用情况不符，特别是在目前大力倡导低碳旅游的背景下，加强低碳旅游技术利用的理论研究势在必行。

三、首批低碳旅游示范区推行低碳旅游的技术建议

（一）遵循规划指导制定技术战略

规划先行仍然是低碳旅游发展的要领，低碳技术要在低碳旅游发展规划的指导下进行选择与实行。黄山在低碳旅游发展中全面推进“资源节约型”、“环境友好型”景区建设，嵩山景区制定了发展低碳旅游的总体规划，九寨沟编制了《智慧九寨专项规划》，并打算在此基础上编制出中国首个《低碳旅游发展专项规划》来指引九寨沟低碳旅游的发展。低碳旅

游景区的发展应首先制定低碳旅游总体规划，在规划的指引制定低碳旅游技术管理战略，实现对低碳旅游景区技术利用的管理。

（二）根据景区性质选择侧重范畴

通过对低碳旅游示范区技术利用的分析，低碳旅游景区在选择技术时首先应根据各自景区的性质侧重选择相应的技术，如自然风光景区应侧重于环保观光车、大气监测等技术的选择，黄山和九寨沟通过环保观光车的使用，禁止机动车进入景区，在减少二氧化碳的排放方面具有重要的贡献；人文文化景区应侧重于低碳照明、污水处理、信息等技术的选择，周庄、秦淮风光带等文化景区突出餐饮、夜景等特色，选择节能灯具、低碳餐饮技术，完善污水处理是这类型景区的重点，同时，古淮河文化生态景区与春秋淹城景区等主题公园型景区侧重于信息技术在低碳产品开发中的利用。

（三）借鉴已有经验利用主要技术

借鉴低碳旅游示范区已有经验，可采取的技术包括清洁生产技术，注重太阳能、天然气等清洁能源的使用，选择景区观光环保车，完善景区的污水处理系统；注重节能技术的利用，选择在低碳旅游示范区中使用的LED、声控等低碳照明技术，选择感应水龙头、引入智能型全自动免水冲环保型厕所，在建筑上选择低碳建筑材料；再次，加大对信息技术的开发与利用力度，促进宣传低碳环保理念的宣传与推广，实现低碳景区内外网的自动操作，实现景区的合作营销，促进低碳景区工作资源的节约，效率的提高和竞争力的提升；同时利用信息技术发展“智慧旅游”，实现经济效益与环境效益的共赢。

（四）争取相关支持促进合作共赢

低碳技术目前正处于发展阶段，具有开发利用成本高的特点，低碳旅游景区对相应技术的利用需要政府提供相关支持，如给予旅游景区相应的节能减排专项资金的支持；同时企业自身可通过与高校、环保机构等相关机构的合作，促进相关低碳技术知识的获得，进而指引旅游景区的低碳发展；如黄山，2004 年开始，与安徽师范大学合作开展《旅游生态足迹模型及黄山实证分析》课题研究；每月通过一次的国际电话会议与电子文件交换“绿色”“低碳”的最新成果；这些措施都使黄山走在低碳旅游实践的前沿，对其他景区低碳旅游的发展具有重要的借鉴意义。

参考文献：

[1] 王兆峰，杨琴．技术创新与进步对区域旅游产业成长的演化路径分析［J］．科技管理研究，2011，(6)：132～136.

[2] 王栋，曹艳英，李凤霞．旅游产业技术效率及其影响因素实证分析［J］．财务与金融，2011 (2)：90～95.

[3] 刁志波．基于信息技术的旅游体验问题研究［J］．商业研究，2012（01)：158～162.

[4] 罗浩．旅游产业与信息技术进步［J］．旅游学刊，2012（7)：8～9.

[5] 黎巎，张凌云，刘宇．信息技术的旅游应用［J］．社会科学家，2012（2)：84～87.

[6] 宋娜．旅游产业技术创新网络模式与特点［J］．旅游经济，2012，(06)：156～159.

[7] 刘德辉．GIS 技术在旅游业中的应用——兼谈旅游地理信息系统及其研究进展与展望［J］．测绘与空间地理信息，2008，3（1)：90～95.

[8] 方雪娇，宫辉力．GIS 技术在溶洞景区旅游规划中的应用［J］．首都师范大学学报：自然科学版，2008，29（5)：76～80.

[9] 高峻，裘亦书．基于 GIS 技术的旅游景区度假村选址评价研究——以广东南昆山七仙湖为例［J］．人文地理，2009（6）：82～85.

［10］刘思凤，贾金原．基于 Web 的虚拟旅游环境的开发及其关键技术［J］．计算机应用研究，2008，25（9）：2596～2600.

［11］邱峰，刘洪利．虚拟现实技术在旅游资源开发与保护中的应用［J］．商业经济，2010（1）：108～110.

［12］陈俊林．基于 3S 技术的生态旅游研究与应用［J］．河北农业科学，2009，13（4）：159～161.

［13］应月芳．区域旅游规划综合集成技术设计与应用［J］．商业时代，2010（28）：124，133.

［14］周丹，徐红罡．环境技术在惠州酒店的扩散及影响因子的研究［J］．北京第二外国语学院学报，2010：56～62.

［15］李沐纯，魏卫．基于低碳技术创新的我国酒店业转型升级发展战略与运营机制研究［J］．生态经济 2012（4）：154～158.

［16］焦瑞，陈秋宇．九寨沟对我国全面推行低碳旅游发展的启示［J］．中国商贸，2011（06）：142～143.

［17］石坚韧，周刚．生态节能旅游景区设计的若干关键性技术探索［J］．生态经济 2012（6）：130～136.

［18］曹世武，邹永广，郑向敏．技术嵌入视野下的低碳旅游景区建设研究［J］．科技管理研究，2012（6）：10～15.

中国东北地区绿色能源产品竞争力分析
——以木质煤为例

黄 雷　曹 暕　陈 娆
（北京农学院经济管理学院，北京，102206）

摘要：本文以讨论林木质固体燃料在中国东北地区能源消费市场中的竞争力为核心。首先通过对中国东北地区四种不同类型区域的划分以及对各种类型区域选取的实地调研地区的调查，确定林木质固体燃料竞争力表达式的基本形式。其次，结合中国东北地区四种不同类型地区的资源禀赋状况，建立针对不同资源禀赋类型地区的林木质固体燃料竞争力的表达式。最后，利用实地调研地区的数据，计算竞争力指标。并以此为基础，结合同一资源禀赋类型地区能源消费市场的相似性，提出中国东北地区不同资源禀赋类型地区发展林木质固体燃料的优先等级顺序。

关键词：林木质固体燃料；绿色能源产品；竞争力

Analysis of the Competitiveness of Green Energy Products in Northeast China: Taking Woody Coal as an Example

HUANG Lei , CAO Jian, CHEN Rao
(College of Economics and Management, Beijing University of Agriculture, Beijing, 102206)

Abstract: This paper discusses the competitiveness of Wood-Biomass Pellets in Northeast China energy consumption market. According to the four different types of areas and the on-the-spot investigation of selected areas, the basic form of competitiveness of Wood-Biomass Pellets is determined. The formula of competitiveness of Wood-Biomass Pellets for various resource endowment areas is worked out by analyzing the resource endowments in four different areas. The competitiveness index is calculated on the basis of data of the surveyed areas. Therefore, based on the above analysis and combined with the similarities of energy consumption market in the same resource endowment areas, the priority ranking for the development of Wood-Biomass Pellets for different resource endowment areas in Northeast China is put forward.

Key words: wood-biomass pellets; green energy products ; competitiveness

引 言

林木生物质固体燃料（简称木质煤）是林木质能源产业的产品之一，属生物质能源的范畴，是一种绿色能源产品。所谓木质煤就是一种利用生物质常温或高温固化成型技术把农

作者简介：

第一作者：黄雷（1982～），男，辽宁省丹东人，博士，北京农学院经济管理学院讲师。研究方向：低碳经济、环境经济。

通讯作者：曹暕（1977～），女，辽宁省沈阳人，博士，北京农学院经济管理学院副教授。研究方向：资源经济、畜牧经济。

第三作者：陈娆（1969～），女，河北省保定人，博士，北京农学院经济管理学院副教授。研究方向：都市农业发展。

作物秸秆、薪材、林业采伐和加工剩余物、能源植物等农林生物质材料在常温下压缩成热值达2850~5000大卡的高密度成型燃料（燃料棒或颗粒等），它比传统的农林生物质材料燃烧（直接燃烧）效率高4倍，成为燃烧方式、热值均接近煤炭却几乎无污染物排放的清洁能源。显而易见，木质煤是能源消费产品中煤炭的替代物，在能源消费市场中将不可避免地与煤炭展开竞争，所以对林木质固体燃料市场竞争力的研究是必要的。

一、以资源禀赋为基础的区域类型划分

中国东北地区的煤炭资源较为丰富，已探明的煤炭储量高达160亿t。但是随着中国政府制定“振兴东北老工业基地”的决策下，煤炭供需矛盾加剧，供需缺口量由2001年的2500万t扩大到2007年约4000万t。此外，东北地区是中国森林资源最丰富的林区之一，林地面积5245.47万hm^2，其中有林地面积3811.27万hm^2，无林地面积1103.46万hm^2，还有需要改造的疏林地86.67 hm^2，发展能源林具有良好的自然条件，在刨除“禁伐区”生物质资源数量的基础上，中国东北地区现阶段可用于发展木质煤的资源量依然丰富，见表1。

表1 东北各省林木生物质资源可用量表

	辽宁	吉林	黑龙江
林木生物质资源可利用量（万t）	3393.81	34098.12	46758.13

资料来源：“中国林木生物质能源发展研究”资源组的报告。

虽然中国东北地区的煤炭资源和林木生物质资源都较为丰富，但是它们的在该地区的分布却是极不均匀的，所以组成中国东北地区的各子区域是否可以成为木质煤的优先发展区域是与各子区域的煤炭消费与林木资源禀赋有直接关系的。本文以此为基础把中国东北地区的各子区域分为四种类型：

表2 区域划分表

林木质资源煤炭消费	富裕	缺乏
富裕	1	2
缺乏	3	4

由表2可以看出：中国东北地区中的各子区域可以划分为煤炭林木双富裕型区域、煤炭富裕与林木缺乏型区域、林木富裕与煤炭缺乏型区域和煤炭林木双缺乏区域。所谓煤炭林木双富裕型区域是指本地区煤炭的生产量完全能满足该地区的消费量，甚至还有所剩余；而且如果在本地区开发木质煤，该地区林木质能源完全能满足生产木质煤所需的原料供应。所谓煤炭林木双缺乏型区域是指本地区煤炭的生产量完全能满足该地区的消费量，为了满足本地区对煤炭的消费不得不从本地区以外的区域通过运输调入煤炭；而且如果在本地区开发木质煤，该地区林木质能源不能完全满足生产木质煤所需的原料供应，为了保持木质煤生产的持续性需要从本地区以外的区域通过运输调入林木质原料。至于煤炭富裕与林木缺乏型区域和林木富裕与煤炭缺乏型区域是介于以上两种类型之间。

显然，四种类型的区域由于资源禀赋的差异从而带来在这四种类型的区域中开发木质煤的难度以及其面临的市场竞争是不同的。从开发木质煤的角度上说，在林木质资源丰富的地区难度相对较小，反之难度相对较大。因为林木生物质资源丰富的地区，原材料成本相对较低，那么木质煤的生产成本也相对较低，木质煤产品的竞争力相对增强；且在这些地区林木

生物质原料供给的连续性和规模性可以得到很大程度上的保证。因此，一个区域林业资源的禀赋直接限制了木质煤产品的生产规模和产品的市场竞争力，直接决定了该产品当前的市场范围。从能源消费市场竞争的角度上说，在煤炭资源缺乏的区域（即当地煤炭资源供给量小于需求量），存在一定的市场需求空间，木质煤所面临的竞争是来自于从其他地区外调到本地区的煤炭产品。而在煤炭资源富裕的地区，木质煤将不得不面对本地区煤炭产品的竞争。考虑到从其它地区外调煤炭而产生的运输成本以及林木质能源产业尚处于幼稚产业的发展现状，可以粗略地认为在煤炭缺乏型地区木质煤所遇到的竞争力相对较小，木质煤更容易进入该地区的能源消费市场。综上所述，最有可能成为木质煤优先发展区域的是林木富裕与煤炭缺乏型区域（即表2中的区域3）；当然，这里仅仅是“有可能”，而不是“必然”。因为以上只是进行了粗线条的定性分析，林木富裕与煤炭缺乏型地区最终是否能成为木质煤优先发展区域，以及其它三种类型的地区是否能发展木质煤。要回答这些问题，木质煤在四种类型地区的竞争力强弱是关键，因此需要对木质煤的市场竞争力展开定量分析。

二、不同类型区域的市场竞争力理论模型

由前文对各调研地区的潜在目标消费者的分析发现：无论是农村用能散户还是用煤企业都是十分在意未来木质煤和煤炭的价格比较。因此，本文在充分考虑潜在目标消费群属性的基础上，结合四种不同资源禀赋类型的地区，建立木质煤市场竞争力的理论模型如下：

$$B_1=\frac{P^c}{P^f}=\frac{C^c\ (1+r^c)}{(C^f+C^m)\ (1+r^f)} \tag{1}$$

$$B_2=\frac{P^{co}}{P^f}=\frac{(C^a+C^b)\ (1+r^c)}{(C^f+C^m)\ (1+r^f)} \tag{2}$$

$$B_3=\frac{P^{co}}{P^{fo}}=\frac{(C^a+C^b)\ (1+r^c)}{(C^d+C^e+C^m)\ (1+r^f)} \tag{3}$$

$$B_4=\frac{P^c}{P^{fo}}=\frac{C^c\ (1+r^c)}{(C^d+C^e+C^m)\ (1+r^f)} \tag{4}$$

以上是木质煤竞争力理论模型的四个表达式，在这个模型中假设没有任何政策性因素的干预（包括税收政策）；假设煤炭企业无论销售本地煤炭还是外来煤炭都保持利润率相等；假设木质煤生产企业无论原料是否为外调，均保持相等的利润率；假设消费市场中煤炭的替代品只有木质煤，固体燃料的能源消费者不会选择其他形式的燃料（液体、气体等）；假设木质煤的原料利用率为100%，东北地区不同区域的林木质原料收购价格相同 。四个表达式的意义如下：式（1）表示本地的煤炭产品和木质煤在能源消费市场上的竞争力对比。其中 B_1 表示竞争力指标，P^c 表示每吨煤炭的价格，P^f 表示每吨木质煤的参考定价，C^c 表示每吨煤炭产品的生产成本，r^c 表示煤炭行业的平均利润率，C^f 表示每吨木质煤的收购成本，C^m 为每吨木质煤的加工成本。r^f 表示木质煤企业的利润率。式（2）表示从其它地区调入的煤炭产品与由本地林木质原料生产的木质煤的竞争力对比。其中 B_2 表示竞争力指标，P^{co} 表示由其他地区调入的煤炭产品的价格，C^a 表示煤炭企业收购每吨其他地区煤炭的收购价，C^b 表示每吨煤炭从外地运输到本地的运输成本。式（3）表示从其它地区调入的煤炭产品与由其他地区林木质原料生产的木质煤的竞争力对比。P^{fo} 表示由其他地区林木质原料生产的木质煤的价格，C^d 表示木质煤企业收购在其他地区每吨原材料的收购价（根据假设，$C^f=$

C^d），C^e 表示每吨原材料从外地运输到本地的运输成本。式（4）表示本地的煤炭产品与由其他地区林木质原料生产的木质煤的竞争力对比。表示竞争力的四个指标从实质上说是一致的，只是表示不同供应地的煤炭和不同原料来源的木质煤的竞争力对比，当其值大于 1 时，表示木质煤的市场竞争力较强；当其值大于 1 时，反之。如果其值接近于 1，表明二者市场竞争力不相上下。

式（1）至式（4）是木质煤市场竞争力理论模型的简化形式，其中表示成本的部分需要进一步展开如下：

$$C^f = (C_1 + C_2 + C_3) \times (1 + r^{fp}) \tag{5}$$

$$C^b = 9.6 + 0.11 \times L_c + E_c \times L_c \tag{6}$$

$$C^e = 0.6 \times L_f \tag{7}$$

式（5）中，C_1、C_2、C_3 分别表示造林成本、能源林抚育成本、原料收集成本，r^{fp} 表示出售林木质原材料企业的利润率。式（6）表示煤炭运输成本与运输距离之间的关系，L_c 表示煤炭产地与煤炭消费地区的距离，E_c 表示煤炭运输的其他杂费费率。式（7）表示林木质原料运输成本与运输距离之间的关系，L_f 表示林木质原料生产地与原料消费地之间的距离。

此外，由于中国的木质煤生产尚处于起步阶段，木质煤产品尚未大范围进入市场，所以严格地讲，木质煤产品价格 P^f 是未知的。因此，本文拟采用下式，对木质煤产品的参考价格进行估计。

$$\frac{p^c}{p^f} = \frac{w^c}{w^f} \tag{8}$$

W^c 表示单位质量的煤炭所产生的热值，W^f 表示单位质量的木质煤所产生的热值，即煤炭与木质煤的价格之比等于二者所产生的热值之比；换句话说，无论哪种能源产品，能源消费者消费任何一种能源产品产生单位热量所付出的货币量是相等的。由此，就可以得出木质煤产品在某区域能源消费市场的参考定价 P^f。

由式（5）至式（7）代入式（1）至式（4）中，得式（9）至式（12）

$$B_1 = \frac{P^c}{P^f} = \frac{C^c\ (1 + r^c)}{(1 + r^f)\ (\ (C_1 + C_2 + C_3)\ \times\ (1 + r^{fp})\ + C^m)} \tag{9}$$

$$B_2 = \frac{P^{co}}{P^f} = \frac{(C^a + 9.6 + 0.11 \times L_c + E_c \times L_c)\ (1 + r^c)}{(\ (C_1 + C_2 + C_3)\ \times\ (1 + r^{fp)} + C^m)\ (1 + r^f)} \tag{10}$$

$$B_3 = \frac{P^{co}}{P^{fo}} = \frac{(C^a + 9.6 + 0.11 \times L_c + E_C \times L_c)\ (1 + r^c)}{(C^d + 0.6 \times L_f + + C^m)\ (1 + r^f)} \tag{11}$$

$$B_4 = \frac{P^c}{P^{fo}} = \frac{C^c\ (1 + r^c)}{(C^d + 0.6 \times L_f + C^m)\ (1 + r^f)} \tag{12}$$

四种资源禀赋不同类型的地区可以通过式（8）至式（12）中的全部或部分表达式联立表示出来。煤炭林木双富裕型地区，由于不涉及从其他地区调入煤炭和林木质原料的问题，所以，用式（8）和式（9）联立就可以计算木质煤的市场竞争力指标 B_1。而煤炭林木双缺乏型地区，由于都要从其他地区输入一定数量的其他地区，因此这种区域竞争力表达式较为复杂，由式（8）至式（12）联立组成，分别计算不同煤炭和木质煤组合下的竞争力指标 B_1、B_2、B_3、B_4。煤炭富裕与林木缺乏型地区和林木富裕与煤炭缺乏型地区介于二者之间，分别由式（8）、式（9）、式（12）以及式（8）至式（10）联立表示。

三、不同类型区域的竞争力对比与分析

本文以表达形式最为复杂的煤炭林木双缺乏型的代表地区——白城地区为例，计算各竞争力指标。计算各竞争力指标所使用的白城地区的基础数据见表3。

表3　相关基础数据表

	造林成本与抚育成本（元/hm²）	林木质原材料产量（t/ hm²）	煤炭的热值（千卡/kg）	木质煤热值（千卡/kg）	本地煤炭生产成本（元/t）	外地煤炭收购价（元/t）	运输杂费的费率（元/t）	煤炭平均运输距离（km）	林木质原料平均运输距离（km）
基础数据数值	1250	11.5	3500	4720	250	280	0.09	100	40

将以上数据代入式（8）至式（12）中，得到煤炭林木双缺乏型地区—白城地区不同煤炭和木质煤组合下的竞争力指标 B_1、B_2、B_3、B_4。同样的道理，将实地调研的其他三个资源禀赋类型地区的基础数据带入相应的公式中计算各调研地区的木质煤竞争力指标见表4。

表4　计算结果表

实地调研地区	资源禀赋类型	竞争力指标计算结果			
		B_1	B_2	B_3	B_4
伊春	煤炭林木双富裕型	0.70	–	–	–
阜新	煤炭富裕而林木缺乏型	0.72	–	–	0.56
通辽	林木富裕而煤炭缺乏型	0.74	0.92	–	–
白城	煤炭林木双缺乏型	0.73	0.86	0.82	0.66

横向比较四个竞争力指标的数值可以发现：竞争力指标 B_1 和 B_4 的数值较低，木质煤的竞争力较差。B_1 的数值介于0.70～0.74之间，这说明在没有外来调入煤炭和林木质原料的基础上，由于木质煤产业尚处于幼稚产业阶段，还没有形成规模效应和产业化经营，所以现阶段木质煤的市场竞争力只相当于煤炭的70%左右。B_4 的数值最低，这说明由于本地林木质原料缺乏，木质煤企业不得不从其他地区购入原料 ，导致单位产品成本增加，木质煤企业为了不使自身亏损，不得不提高产品价格来抵消由于运输成本引起的成本增加。在这种情况下，木质煤与本地煤炭竞争无疑是雪上加霜，此时木质煤的市场竞争力最差。B_2 和 B_3 的数值相对较高，它们的共同点是煤炭企业在从其他地区调入煤炭的过程中，由于单位产品成本增加，煤炭企业通过提高产品的销售价格来维持之前的利润水平，这相当于变相降低了煤炭产品的市场竞争力。虽然在指标 B_3 中，林木质原料也需要从外地调入，但是木质煤企业的利润率远小于煤炭企业的利润率，所以当各自为了保持利润率而提高产品价格时，煤炭产品的价格上涨幅度肯定大于木质煤的价格上涨幅度。因此，此时木质煤的市场竞争力指标值变大，当只有煤炭需要从其他地区调入时，竞争力指标值达到相对最大，即 B_2。

纵向比较不同资源禀赋类型地区的木质煤的市场竞争力指标可以发现：煤炭林木双富裕型地区和煤炭富裕而林木缺乏型地区的市场竞争力指标最大值较低，分别仅为0.70和0.72；而林木富裕而煤炭缺乏型地区和煤炭林木双缺乏型地区的市场竞争力指标最大值较高，分别为0.92和0.86，导致这种结果的根本原因是四种地区资源禀赋状况的不同。当然在现实的能源消费市场中，无论哪种类型的地区最终木质煤相对于煤炭的市场竞争力指标只

有一个，但这个竞争力指标肯定在每个地区计算出的竞争力指标范围之内。本文为了方便各种类型的地区的比较，取各地区竞争力指标的算术平均值加以比较，见表5。

表5　加权后的各地区竞争力指标计算结果

	煤炭林木双富裕型地区（伊春）	煤炭富裕而林木缺乏型（阜新）	林木富裕而煤炭缺乏型（通辽）	煤炭林木双缺乏型（白城）
竞争力指标的平均值	0.70	0.64	0.83	0.76

目前，中国包括木质煤在内的绿色能源产品刚刚兴起，在一般情况下现阶段木质煤市场竞争力将会弱于煤炭，因此就要尽量选择二者市场竞争力接近以及木质煤市场竞争力相对较强的区域作为木质煤的优先发展区域。而从前文的分析可知：一个地区的木质煤市场竞争力的强弱又与该地区资源禀赋有着直接的关系，所以木质煤的优先发展区域选择的基础是由一个地区的资源禀赋状况决定的。由于在中国东北地区处于同一类型的区域具有较强的相似性，因此现阶段应该选择木质煤市场的优先顺序是：林木富裕而煤炭缺乏型地区＞煤炭林木双缺乏型地区＞煤炭林木双富裕型地区＞煤炭富裕而林木缺乏型地区。

四、结　论

作为能源消费市场中的新产品——林木质固体燃料，进入能源消费市场无非有两种途径：①与本地煤炭展开竞争，把煤炭逐步挤出能源消费市场；②填补煤炭短缺地区的需求缺口。本文在结合上述两种途径以及四种不同类型区域的基础上，通过四种不同类型区域中林木质固体燃料和煤炭的不同组合的竞争力指标的计算和比较，得出以下结论：

（1）无论哪种类型的区的哪种产品竞争组合，在不考虑任何由政府利用经济杠杆产生影响的前提下，现阶段的林木质固体燃料在与煤炭在中国东北地区能源消费市场的竞争中处于劣势。因此，现阶段能源消费市场对林木质固体燃料的需求只是一种潜在需求。

（2）东北地区四种不同类型区域之间竞争力指标的数值差异较大，林木富裕而煤炭缺乏型地区的竞争力指标值最大，林木富裕而煤炭缺乏型最小。也就是说，在林木富裕而煤炭缺乏型地区中林木质固体燃料与煤炭的竞争力最为接近。根据竞争力指标大小的比较，可以粗略地得出中国东北地区林木质固体燃料发展区域优先等级顺序：林木富裕而煤炭缺乏型地区优先，煤炭林木双缺乏型地区次之，煤炭林木双富裕型地区再次之，煤炭富裕而林木缺乏型最后。

参考文献

［1］姜书，宋维明，李怒云．关于林木生物质能源产业化问题的思考［J］．林业经济，2007（1）：16～17，22.

［2］吕文，俞国胜，袁湘月，李涛．初探开发林木生物质成型燃料的潜力［J］．中国林业产业，2006（10）：31～32

［3］张彩虹，张大红，徐剑琦，等．林木生物质能源的经济分析和可行性研究报告［J］．中国林业产业，2006（1）：22～34.

［4］张彩虹．林业投资新方向：中国林木质生物能源产业发展［J］．北京林业大学学报（社会科学版），2007（12）：24～28.

［5］黄雷，张彩虹．木质煤产业发展中补贴政策的数量分析［J］．林业经济，2009（3）33～36

低碳经济与森林碳汇

赵伟伟[1]　安　文[1]　赵广龙[2]

（1. 河海大学低碳经济与技术研究所，南京，210098；
2. 扬州大学商学院，扬州，225009）

摘要：本文介绍了低碳经济与森林碳汇的定义，并在此基础上阐述了森林碳汇在低碳经济中的作用，以及发展过程中遇到的一些障碍。指出在低碳经济发展过程中森林碳汇的重要性，并对二者的协调发展提出概括性的建议。

关键词：低碳经济；森林碳汇；二氧化碳

Low-carbon Economy and Forest Carbon Sink

ZHAO Wei-wei[1], AN Wen[1], ZHAO Guang-long[2]

(1. Hohai University Institute of Low-carbon Economy and Technology, Changzhou, 213022;
2. Business College of Yangzhou University, Yangzhou, 225009)

Abstract: This paper describes the definition of low-carbon economy and forest carbon sink, and the role of forest carbon sink in the low-carbon economy, as well as some obstacles encounted in the development process. Then this paper talks about the importance of forest carbon sink in the low-carbon economic development process and gives some broad recommendations during the coordinated development.

Key words: low-carbon economy; forest carbon sink; CO_2

自20世纪80年代末以来，工业企业对于石油、煤炭、天然气等化石燃料的过度使用，使得生产过程中产生的大量二氧化碳等气体排放到大气中，从而全球变暖现象越来越显著，也引起了更多人的关注。在各国利益趋同化的目标驱动下，各国都为此积极商讨对策。为缓解全球变暖趋势，1997年12月，149个国家不同地区的代表在日本京都审议通过了《京都议定书》，2005年2月16日正式生效[1]。其中规定所有发达国家在2008～2012年必须将二氧化碳排放量比1990年削减5.2%。我国在2009年11月26日，正式对外宣布碳减排目标：至2020年，单位国内生产总值二氧化碳排放比2005年下降40%～45%。在2009年哥本哈根会议上，全球聚焦全球气候变暖问题，共同商讨应对之策。在这样的大背景之下，低碳经济作为应对策略之一就营运而生了。

一、两个概念

低碳经济，是指在可持续发展理念指导下，通过技术创新、制度创新、产业转型、新能

作者简介：

第一作者：赵伟伟（1989～），女，江苏盐城人，硕士在读，河海大学低碳经济与技术研究所成员。主要研究方向：可持续发展。

第二作者：安文（1953～），男，山东滕州人，教授，河海大学低碳经济与技术研究所所长。

第三作者：赵广龙（1990～），男，江苏盐城人，本科在读，扬州大学商学院。

源开发等多种手段，尽可能地减少煤炭、石油、等高碳能源消耗、减少温室气体排放，达到经济社会发展与生态环境保护双赢的一种经济发展形态[2]。低碳经济源于2003年英国政府的能源白皮书《我们能源的未来：创建低碳经济》，它是一种以低能耗、低污染、低排放为基础的经济模式。它是依靠技术创新和能源措施而实施的一场能源革命。我国对于低碳经济一直处于积极的态度，在亚太经合组织第15次领导人会议上，胡锦涛主席明确主张"发展低碳经济"，温家宝总理也曾在国务院常务会议上提出"培育以低碳排放为特征的新的经济增长点"。低碳经济的发展模式被誉为是一场涉及生产方式、生活方式和价值观念的全球性革命[3]。

森林碳汇是指森林植物吸收大气中的二氧化碳并将其固定在植被或土壤中，从而减少二氧化碳在大气中的浓度的过程。森林是地球上陆地生态系统的主体，它储存着大量的碳。森林生物量约为陆地植被总生物量的90%，而森林植物中的碳含量约占生物量干重的50%[4]。在发展低碳经济过程中，除了需要掌握节能减排技术、使用无碳低碳能源、二氧化碳的捕捉与封存技术，更只要的是掌握生物固碳技术，也称为碳汇功能。它可以利用植物自身的光合作用以吸收并贮存大量的碳素，这才是减少二氧化碳排放最直接有效的技术。

二、森林碳汇在低碳经济中的作用

（一）森林是全球陆地上最大的储碳库

森林是陆地生态系统中最大的碳库。据IPCC估算，全球陆地生态系统中储存了2.48万亿t碳，其中1.15万亿t碳储存在森林生态系统中。在生长季节，1 hm^2的阔叶林每天可以吸收1t二氧化碳；森林每生长1 m^3木材，就能吸收1.83 t二氧化碳，同时会释放1.62 t氧气[3]。足以证明，森林在低碳减排中的作用无可比拟。森林是一种仅次于煤炭、石油、天然气的第四大战略性能源资源，林业生态系统的特殊功能决定了森林在低碳经济战略发展中的决定性和不可替代性作用。

（二）森林是最经济的吸碳器

森林碳汇的成本只有直接减排的1/30左右，更主要的是这种方法不会对现有的经济发展模式、发展速度造成太大的负面影响[5]。联合国政府间气候变化专门委员会（IPCC）曾于2007年发布《气候变化减缓对策》报告，提出了二氧化碳的削减成本和减排量的测算值。并且为能源供应、交通运输、建筑、工业、农业、林业和废弃物处理等7个部门提出了有效的对策，评价指出了林业在减排和增加吸收源两方面面均以较低的成本做出很大的贡献。因此，森林碳汇投资少、成本低、效益高的特点决定了它更具有现实选择性和经济可行性。

（三）森林碳汇的固碳作用

固碳亦有直接固碳与间接固碳两种。森林直接固碳是指植物通过光合作用，将空气中的二氧化碳吸收后变为有机碳，固定在植物内各个部分；森林间接固碳是森林产品固碳作用的延伸以及森林产品代替其他材料进而带来其他材料生产过程中能源节约、二氧化碳排放的减少的两方面作用。树木被砍伐后，便不再吸收二氧化碳，但树木却以木材等各种形式继续被人们长期利用，从而形成了对二氧化碳的连续固定作用。资料显示，建筑材一般可以储碳30~50年，甚至更长时间。同时，固碳作用还体现在木材可以代替其他材料，以减少生产过程中二氧化碳排放量，木材也可以代替其他石化能源减少二氧化碳的排放。

森林碳汇功能持久稳定。森林只要没有腐烂和被燃烧，其固碳功能就会长久地持续下去。这种现象也适用于木材及木制品，固碳时间可达几十年，甚至几百年。北京故宫和全国许多庙宇楼台等古建筑所用木材的固碳时间长达几百年。新疆的胡杨、华北的柏树更有千年不朽的特点，其固碳的时间更长[6]。

三、森林碳汇发展的障碍

首先，对于森林碳汇的宣传力度不够。虽然现阶段国内学者已对森林碳汇积极开展了研究，但是我国民众对于碳汇，特别是森林碳汇的概念和积极意义不够了解[1]，媒体对森林碳汇的宣传也是极为有限。低碳经济是一个全球性的任务，需要各国政府及民众的支持。只有让民众认识到森林碳汇的意义及作用，进而加大植树造林，严格控制砍伐树木，才能确保森林碳汇的有效实施。

其次，森林碳汇在实施过程中，产生了诸如资产问题、产权问题、价值问题及核算问题等一系列问题。为了实现森林碳汇的可持续发展，就必须在生产领域提高生产效率，在消费领域改变消费方式，改变人们自身的生产消费模式，改变他们对于经济的约束，才能更加有效地利用森林碳汇，而上述问题的存在则是不可避免的。森林碳汇作为一种无形的资源资产，其产权应当与森林资源一致。与各种资源都是稀缺的一样，森林碳汇资源也是稀缺的，由于人们对森林碳汇的了解匮乏，一些错误的行为导致了森林碳汇资源越来越稀缺。核算问题则有助于了解森林碳汇实施的效果，

再次，森林碳汇交易成本过高。森林属于一种公共资源，而若为这公共资源的使用收费，可以预见是很难实施的。森林碳汇交易市场是人们为了有效配置大气平流层，人为运用价格和交易机制，它是一个具有巨大潜力的环境资源市场，也是一个特殊的服务市场。因此，必须对它运行的制度和规范严格制定，而这些政策的制定又需要消耗大量的人力物力，这就大大增加了交易成本。

最后，森林碳汇的碳储量监测困难。进行森林碳储量的估算是森林碳汇交易的前提，目前国内外普遍运用的碳储量监测主要有六类方法：生物量法、蓄积量法、生物量清单法、涡旋相关法、涡度协方差法和驰豫涡旋累积法[7]。而这些方法的使用要么会产生较大误差，要么需要非常精密的仪器，成本过高。因此，森林碳汇的碳储量监测仍然很困难。在《京都议定书》和清洁发展机制的促动下，我们需要一种更为直接、精确的计算森林碳汇的方法。

四、对森林碳汇发展的建议

针对如上的森林碳汇发展的障碍，本文认为必须加强对碳汇相关知识的宣传，各媒体应该采取相应的宣传措施。另外，由于森林碳汇专业性较强，相关技术人员更应努力掌握科学技术，加强碳汇管理，积极探索能够经济有效地测量碳储量的方法。而政府作为宏观调控者，应当鼓励各企业或民众植树造林，并给予其他方面的优惠。

综上，森林碳汇在低碳经济发展进程中起着举足轻重的作用。全球变暖问题已不容忽视，而其根源在于排放了大量的二氧化碳，森林以其独特性，低廉有效地吸收二氧化碳，这是一种积极有效、实实在在地减排。因此，发展低碳经济，必须注重森林碳汇。

参考文献：

［1］李华，陈飞平，曹建华．森林碳汇发展对策研究［J］．工业安全与环保，2011，37（3）：8～9

［2］郭亨孝．低碳经济与森林碳汇［J］．四川林业科技，2010，31（5）：1～7

［3］谢本山，李峰，王涛．森林碳汇在低碳经济中的作用［J］．现代农业科技，2010（23）：205～206

［4］刘玉清．增加森林碳汇是应对气候变化的重要途径［J］．中国林业，2010（15）

［5］周隽，王志强，朱臻．全球气候变化与森林碳汇研究概述［J］．陕西林业科技，2011（2）：47～52

［6］杨玉坡．全球气候变化与森林碳汇作用［J］．四川林业科技，2010，31（1）：14～17

［7］赵林，殷鸣放，陈晓非，王大奇．森林碳汇研究的计量方法及研究现状综述［J］．西北林学院学报，2008，23（1）：59～63

公众购买碳汇基金意愿的影响因素分析
——基于浙江省调查

郭　轲　沈月琴　朱　臻

（浙江农林大学经济管理学院，临安，311300）

摘要：本文基于浙江省温州市的4个县（市、区）实地公众调研数据，进行公众对环境变化、家庭减排及支付意愿、中国绿色碳汇基金会专项基金等认知度统计描述分析以及公众购买碳汇基金意愿的影响因素Probit分析。结果表明：公众对于气候变化认知度较高，减排意识较强。但是对于中国绿色碳汇基金专项认知度较低，会直接影响公众购买碳会基金意愿。除此之外，公众的年龄、居住地、工作单位性质都会影响公众的购买意愿。

关键词：碳汇基金；公众；购买意愿；Probit（概率单位模型）

Analysis of the Public to Purchase Carbon Fund Will Influence Factors: Based on the Survey of Zhejiang Province

GUO Ke，SHEN Yue-qin，ZHU Zhen

（College of economics and management，Zhejiang Agriculture and Forestry University，Lin'an，　311300）

Abstract: Take use of Zhejiang Wenzhou four county (city) public field investigation data, conduct the public environment change, the family reduction and willingness to pay (WTP), China green carbon fund special funds awareness statistical description analysis and the public to purchase carbon fund intend to factors influencing the Probit analysis. The results show that the public awareness higher to climate change, and a fairly strong consciousness of emission reduction. But for the China green carbon fund special awareness is relatively low, it will directly affect the public to purchase carbon fund intend to. In addition, the public's age, residence, work unit properties will affect the public purchase intention.

Key words: carbon fund; the public; willingness to pay; probit regression model

气候变暖是人类面临的十大生态问题之首，国际社会上都在为应对气候变化而努力。我国将森林碳汇作为应对气候变化的重要选择，并提出了相应的行动方案与发展目标[1]。2007年7月成立了中国绿色碳基金，2010年7月中国绿色碳汇基金会成立，筹集资金发展森林

基金项目：

国家自然科学基金（71073148）；浙江省科技计划项目（2010C25069）；浙江省哲学社会科学规划课题（12JCJJ15YB）。

作者简介：

第一作者：郭轲（1987～），男，河北张家口人，浙江农林大学经济管理学院硕士研究生，研究方向：林业经济理论与政策。

通讯作者：沈月琴（1964～），女，浙江湖州人，博士，浙江农林大学教授，博士生导师，院长，研究方向：林业经济理论与政策、气候变化与森林碳汇。

第三作者：朱臻（1981～），男，浙江嘉兴人，硕士，浙江农林大学经济管理学院讲师，研究方向：林业经济理论与政策。

碳汇应对气候变化。基金会的设立为企业和公众搭建了一个通过林业措施储存碳信用、展示捐资方社会责任形象的平台。这个平台既能帮助企业志愿减排，树立良好的社会形象，也为企业自身的长远发展做出贡献。2008 年以来，中国陆续建立了中国绿色碳基金专项基金的北京专项、山西专项、温州专项、大连专项、鄞州专项、北仑专项、黑龙江专项、黑河专项、海南省陵水专项[2]。浙江省在森林碳汇方面也在积极行动，2008 年 4 月 3 日，中国绿色碳基金我国首个毛竹林碳汇项目在浙江临安正式启动[3]。2008 年 11 月 28 日，中国绿色碳基金温州专项成立（现为中国绿色碳汇基金会温州专项）。2010 年 6 月 27 日，中国绿色碳基金鄞州专项成立，是全国首个县级碳汇专项基金。2010 年 10 月，浙江省成立了我国第一个中国绿色碳汇基金会省级碳汇专项基金。2010 年 10 月 27 日中国绿色碳汇基金会向临安市的 10 户试点农户颁发了我国首批“林业碳汇证”。2011 年 4 月，中国绿色碳汇基金会北仑专项成立。中国首个林业碳汇交易试点于 2011 年 11 月 1 日在浙江义乌启动，阿里巴巴、歌山建设等 10 家企业完成了首批 14. 8 万 t 林业碳汇认购。

专项实施以来公众减排意识有何变化；公众的支付意愿如何；公众对于环境气候变化的认知度以及哪些因素可能会影响公众的购买意愿，影响程度有多大？这些都是需要研究的问题。本研究选择浙江省温州市的市区、苍南、瑞安、永嘉等 4 个县（市），对中国绿色碳汇基金会温州专项及相关情况进行了公众调查。

一、数据来源及样本特征分析

（一）调查方法与样本分布

为了解碳汇专项周边地区公众认知度及碳汇购买意愿情况，本调查在温州市区、永嘉、瑞安、苍南 4 个县（市）随机进行问卷调查。采用描述性统计方法及计量方法对所获得的数据进行分析。收回有效问卷 225 份，其中温州市 23 份，占总体比例 10. 22%、永嘉县 14 份占总体比例 6. 22%、瑞安市 60 份占总体比例 26. 67%、苍南县 128 份占总体比例 56. 89%（因为温州实施碳汇项目最早的地区为苍南县，为了准确反映实际情况，因此在样本分布选择上，苍南所占比例较大）。

（二）样本特征分析

1. 受访者工作地点与居住地情况

表 1 显示了被调查者的工作地点和居住地情况。在研究点温州工作的有 170 人，占总样本量的 75. 56%，温州以外工作的有 55 人，占总数的 24. 44%。根据居住地划分，居住在农村、乡镇、县城、城市的人数分别为 40 人、67 人、84 人、34 人，所占的比例为 17. 78%、29. 78%、37. 33%、15. 11%。从工作地点来讲，选择温州地区和温州以外地区来讲具有可对比性。从居住地来讲，覆盖了所有情况，因此样本分布具有一定的代表性。

表 1 工作地点与居住地统计

统计量						
	工作地点		居住地			
	温州地区	温州以外	农村	乡镇	县城	城市
频数	170	55	40	67	84	34
比例	75. 56%	24. 44%	17. 78%	29. 78%	37. 33%	15. 11%

数据来源：问卷调查。

2. 受访者个体基本特征方面

根据统计，被访者年龄多分布在45周岁以下，占总样本量的213人，比例为94.67%。18周岁以下的有20人，占总体的比例为8.89%，55周岁以上的只有1人。按性别划分，女性受访者有125人，占总体的比例为55.56%，男性受访者所占比例为44.44%，女性略多于男性。由于在不同时期各地义务教育阶段年限不同，所以在实地调查的时候为实际受教育年限，数据处理时按照现阶段义务教育年限重新划分，如表2所示。被访者当中平均受教育年限13年，基本上为高中水平，最低受教育年限为5年，为小学水平，最高受教育年限为20年，即为研究生水平以上。高中（按12年计）以上的有126人，比例为56%。总体来讲，受访者受教育程度较高。

根据被调查的月收入水平划分为5个层次，多分布于5000元以下，10000元以上的受访者仅有2人，整体呈现近似正态分布，在研究上具有统计学意义。

表2 样本个体特征统计

<table>
<tr><th>统计量</th><th colspan="5">分布情况</th></tr>
<tr><td rowspan="3">年龄</td><td>18及以下</td><td>19~35岁</td><td>36~45岁</td><td>46~55岁</td><td>55岁以上</td></tr>
<tr><td>20</td><td>156</td><td>37</td><td>11</td><td>1</td></tr>
<tr><td>8.89%</td><td>69.33%</td><td>16.44%</td><td>4.89%</td><td>0.44%</td></tr>
<tr><td rowspan="3">性别</td><td colspan="2">男</td><td colspan="3">女</td></tr>
<tr><td colspan="2">100</td><td colspan="3">125</td></tr>
<tr><td colspan="2">44.44%</td><td colspan="3">55.56%</td></tr>
<tr><td rowspan="3">受教育年限</td><td>6年以下</td><td>6~12年</td><td>12年以上</td><td>最大值</td><td>20</td></tr>
<tr><td>3</td><td>96</td><td>126</td><td>最小值</td><td>5</td></tr>
<tr><td>1.33%</td><td>42.67%</td><td>56%</td><td>平均值</td><td>13</td></tr>
<tr><td rowspan="3">月收入</td><td>1500以下</td><td>1500~3000</td><td>3001~5000</td><td>5001~10000</td><td>1万元以上</td></tr>
<tr><td>48</td><td>117</td><td>48</td><td>10</td><td>2</td></tr>
<tr><td>21.33%</td><td>52%</td><td>21.33%</td><td>4.44%</td><td>0.90%</td></tr>
</table>

数据来源：问卷调查。

综上所述，不论是从受教育程度、性别、年龄还是月收入的角度分析所选样本，都涉及各个层次，呈现近似正态分布，在研究上具有统计学意义。

3. 受访者就业及出行方式方面

从受访者的工作单位来看，各个层面分布均衡。比例最高的为企业，占总体27.11%，其他选项中有学生、待业等，具体未在本表中体现。共计有70人选择在政府部门或者是事业单位工作，其中有49人选择与环境水利相关方面工作，占比70%，这可能与一部分问卷选择在林业局、政府办公楼等地有关。家庭使用燃料统计中，使用最广泛的为燃气与电，占比分别为49.78%、35.56%，共占总体的比例为85.34%，可见居民在能源使用上已经从传统化石能源逐渐转向天然气等新型能源。

在出行方式选择上，将自行车、电动车、走路划分为一起统计，坐公交、打的统一称为公共交通，私家车则另外统计。共计有三种方式，其比例分别为 47.56%、32%、20.445，有更多的人选择了第一类和第二类出行方式，相对第三种方式来讲，前两种是现代生活中逐渐倡导的清洁方式，是一种“低碳出行方式”。

表 3 样本工作单位性质与家庭燃料使用情况

<table>
<tr><td>统计量</td><td colspan="6">名称</td></tr>
<tr><td rowspan="2">工作单位性质</td><td>政府机关
17
7.56%</td><td>事业单位
53
23.56%</td><td colspan="2">企业
61
27.11%</td><td>个体户
49
21.78</td><td>其他
45
20.00%</td></tr>
<tr><td colspan="2">其中，与环境水利是否相关</td><td colspan="2">是
49（70.00%）</td><td colspan="2">否
21（30.00%）</td></tr>
<tr><td>做饭主要使用燃料</td><td>煤
22
9.78%</td><td>电
80
35.56%</td><td colspan="2">燃气
112
49.785</td><td>柴
7
3.11%</td><td>其他
4
1.78%</td></tr>
<tr><td>出行方式</td><td colspan="2">自行车、电动车或走路
107
47.56%</td><td colspan="2">公共交通
72
32%</td><td colspan="2">开车
46
20.44%</td></tr>
</table>

数据来源：问卷调查。

二、公众认知统计描述

公众对于环境变化的认知情况、家庭排碳及支付意愿、专项基金的认知情况都会影响其碳汇基金购买意愿[4]。因此，把公众对于环境变化的认知、家庭排碳情况及支付意愿、专项基金的认知情况进行统计描述有助于进一步进行公众购买碳汇专项基金意愿影响因素分析。

（一）公众对环境变化的认知

根据调查显示，共计有 170 位被访者认为环境有变化，其中认为变好的有 57 人，变差的有 113 人，55 人表示不知道或者是认为没有变化。可以看出，近一半的受访者认为近几年的环境变差了，占总数的 50.22%。对于气候变化来讲，217 位受访者认为近几年的气候有变化，主要体现在自然灾害增多、越来越热、季节不明显等，认为气候有变化但是不知道体现在哪些方面的有 5 人。总体来讲，公众对于气候变化意见基本一致，即近几年气候有变化。

（二）家庭排碳及支付意愿

1. 从家庭碳排放角度来看

家庭日常生活消耗能源，因此也会带来一定的碳排放。有 91.11% 的受访者认为个人有减排必要，途径主要有节约能源使用、使用可再生能源、选择排放量少的交通方式来减少碳排放，在方式上选择最多的是节约能源使用。可以看出，公众认为减排是有必要的，但是在方式上主要依赖节约，在源头上通过减少能源消耗来达到减排目的。（见表 4）

表4　受访者环境变化等认知情况统计

统计量	名称					
环境与以前相比变化		变好了	变差了	差不多	不知道	
	频数	57	113	47	8	
	比例	25. 33%	50. 22%	20. 89%	3. 56%	
气候与以前相比有无变化	有变化	自然灾害越来越多	越来越热	季节不明显	其他	不太清楚
		14（62. 67%）	87（38. 67%）	61（27. 11%）	7（3. 11%）	5（2. 22%）
		共计：有变化 217	占比为 96. 44%	无变化　8	占比为 3. 565	
个人减排有无必要	有必要 205 占比 91. 11%	节约使用能源	使用可再生能源	选择排碳量少的交通方式	其他	
		173（76. 89%）	122（54. 22%）	111（49. 33%）	6（2. 67%）	
			没有必要 20	占比 8. 89%		

注：其中节约能源统计栏包括“节约使用能源”和“使用节能产品”，数据来源于问卷调查。

2. 从支付意愿角度来看

从支付意愿角度来看，有 22 位受访者认为应该由企业为缓解气候变化买单，企业在创造利润的生产过程中也会带来碳排放导致气候变化，因此企业应该为此而买单。28. 44%（64 位受访者）的受访者认为应该由政府为此买单，纳税人在日常生活中已经支付了税金给政府，认为纳税已经包含了其对于环境变化的支付。因此，政府应该拿出一部分税收作为缓解气候变化的资金。同时，政府应该发挥行政职能在气候变化方面有所作为。这说明公众对于政府在应对气候变化方面有很大期望，希望通过相关税收、法律等途径缓解气候变化。而还有一部分人认为应该由环保组织为此而买单（5 位受访者），有 27 位受访者认为应该由个人为气候变化买单，占总比的 12%。有 120 人表示愿意为家庭排放而付费，占样本量的 53. 33%，相对于认为“个人减排有必要”的 91. 11% 差别较大。由此可见，居民认为减排有必要但自己并不愿意为此而直接付费，会通过节约能源使用或者是使用清洁能源的方式来减少碳排放。为此付费的主要方式是种树（占比 66. 67%），可以看出公众认可森林在缓解气候变化，吸收二氧化碳的功能，在节能减排的同时还会选择种树来缓解气候变化。同时，有 221 位受访者认可森林对环境的改善作用，而选择最多的为“吸收二氧化碳净化空气”，可以看出公众对于森林有助于减少二氧化碳的作用即森林碳汇功能的认可。

综上，有 91. 11% 的人认可减排是应对气候变化降低碳排放的一种有效途径，而大部分人认为缓解气候变化的责任应该由企业和政府来承担，企业应该树立形象、减少碳排放并为其排放而买单，同时政府也应该发挥其行政职能出台一些措施引导鼓励企业减排。

（三）公众对专项基金的认知

1. 公众对于专项基金的认知方面

根据调查数据，有 28% 的受访者（63 人）表示知道中国绿色碳汇基金会温州专项或其他专项，主要途径有网络、会议、政府、传统媒体等形式，比例分别为 41. 27%、25. 40%、20. 63%、44. 44%，而且了解的途径多样。由此可见，公众了解此类信息的关键途径是互联网这种新型媒体形式。在中国绿色碳汇基金会专项的主要目标选择上，大部分公众选择是森林经营增汇、造林增汇和抵消碳排放，还有 5 位受访者表示并不知道专项的用途。造林增汇和森林经营增汇是目前森林碳汇项目所常用的两种方式，通过增汇的形式应对气候变化。

2. 公众专项基金购买方面

受访者当中只有1位受访者表示购买过绿色碳基金，在总体所占比例非常低。目前来讲，购买碳基金的方式主要有两种，网上支付购买和银行专窗。温州市为了方便公众购买碳汇，与银行合作专门开通了碳汇购买专窗，大大降低了公众的购买成本。另外，还通过一些活动现场捐资的形式。根据相关部门提供的数据可知，中国绿色碳汇基金温州专项的主要捐资方是企业，公众所占比例很低。

没有购买者当中，有46人表示打算购买，占比20.44%，表示购买的主要目的是为了抵消碳排放和为国家环保事业做贡献。没有购买打算的179人当中，有32人选择环保事业与减排事业应该由政府来做，相对应的有29人选择应该由企业应对气候变化并为此而买单，这与前面所统计的应该由企业和政府为应对气候变化买单相一致。由此可见，公众对于购买碳汇认知度不高，认为主要应该由政府和企业承担起减排义务。哪些因素会影响公众购买碳汇基金意愿，主要因素是哪些？以下将进行进一步分析。

三、影响公众购买碳汇意愿的主要因素分析

（一）模型的选择

在进行影响因素分析中，普遍为学者所采纳的是Logistic或Probit等选择模型[5]。本研究中的变量主要是离散变量，选用Probit（概率单位模型）来定量分析影响公众碳汇基金购买意愿更为合适。模型可表示为[6]：

$$Y_i^* = X_i\beta_i + \mu_i; \quad Y_i = 1 \ (Y_i^* > 0) \tag{1}$$

式中：Y是实际观测到的二值选择变量，是未观测到的潜变量，X_i为第i个样本选择行为的诸多因素；β_i为相应系数；随机误差项μ_i服从标准正态分布。“$Y_i = 1$ $(Y_i^* > 0)$”表示当$Y_i^* > 0$时$Y_i = 1$，否则$Y_i = 0$。

由此可以推出“$Y_i = 1$”的概率表达式为

$$P\ (Y_i = 1 \mid X_i) = \Phi\ (X_i\beta_i) \tag{2}$$

式中：$\Phi\ (X_i\beta_i)$为标准正态分布的累计概率函数。在随机样本中各项观测值相互独立，

Probit（概率单位模型）的对数似然估计函数为：

$$LL = l_n(L(\beta_i)) = \sum [Y_i l_n P + (1 - Y_i) l_n (1 - P)] = \sum [Y_i l_n \Phi(X_i\beta_i) + (1 - Y_i) l_n (1 - \Phi(X_i\beta_i))] \tag{3}$$

利用极大似然法，可得到未知参β_i的估计值．根据理论分析，结合表5中有关变量定义，建立如下Probit模型：

$$Y = \beta_0 + \beta_1 X_1 + \beta_2 X_2 + \beta_3 X_3 + \beta_4 X_4 + \beta_5 X_5 + \beta_6 X_6 + \beta_7 X_7 + \beta_8 X_8 + \beta_9 X_9 \tag{4}$$

模型采用的因变量Y是有意愿公众选择购买碳基金的情况，其结果有“是”和“否”两种结果情况，对选择愿意的赋值为1，否则为0。自变量X表示各种影响因素，主要包括公众基本特征、行为特征、环境变化认知以及对于专项的认知情况，具体变量情况见表5：

表 5　Probit 模型变量选择与变量说明

变量类型		变量名	变量说明
被解释变量	有无打算购买专项基金	buy	1 = 有　0 = 无
被访者基本特征	性别	gender	男 =1 女 - =0
	年龄	age	1 =18 岁及以下　2 =19 -35 岁　3 =36 -45 岁　4 = 46 -55 岁　5 =55 岁以上
	受教育年限	eduyear	连续变量
	工作单位性质	workture	1 = 政府机关或事业单位　0 = 其他
行为方式	居住地	holdplace	1 = 县城、城市　0 = 农村、乡镇
	出行方式	transport	1 = 步行、自行车、电动车　2 = 公交车、打的　3 = 开车
环境变化认知	环境变化	environ	1 = 变好了　2 = 变差了　3 = 没变化　4 = 不知道
	个人减排是否有必要	emission	1 = 有　0 = 无
专项认知度	知不知道专项	known	1 = 知道　0 = 不知道

(二) 模型结果分析

借助 stata12 对调查数据进行 Probit（概率单位模型）回归分析。从表 6 可以看出，总体上模型拟合的较好。具体分析可以得出如下结论：

表 6　Probit 模型模拟结果

变量名	回归系数	标准误	Z 值	显著性水平
性别	0. 1258991	0. 218936	0. 58	0. 565
年龄	0. 3508341	0. 1866381	1. 88	0. 060 *
受教育年限	0. 0529478	0. 0430175	1. 23	0. 218
工作单位性质	-0. 7056274	0. 281263	-2. 51	0. 012 **
居住地	0. 3998982	0. 2205329	1. 81	0. 070 *
出行方式	-0. 057928	0. 1464611	-0. 40	0. 692
环境变化认知	0. 1252807	0. 1335887	0. 94	0. 348
家庭减排必要性	1. 049239	0. 5901622	1. 78	0. 075 *
专项认知	0. 7469572	0. 2214997	3. 37	0. 001 ***
常数项	-3. 918869	1. 005793	-3. 90	0. 000
LR 统计量 = 27. 31	Prob > chi2 = 0. 001	Pseudo R2 = 0. 1200		

注：“ * ”“ ** ”“ *** ” 分别表示在 0. 1、0. 05、0. 01 水平上影响显著；数据来源于公众调查。

1. 从受访者基本特征来看

从受访者基本特征来看，在 10% 的水平上有正的显著性影响。在一定的范围内，年龄越大的人更愿意购买碳基金。根据调查数据，受访者主要分布在 19 ~45 岁之间（占总数的 85. 77%），这个年龄段的人基本上具备了一定的经济能力，有能力且更愿意出资购买碳汇基金。且总体来讲，随着年龄的增长公众购买碳基金的意愿在增强。工作单位性质对于公众购买碳汇基金意愿在 5% 的水平上有负的显著性影响，由此可见不同工作单位的人对于购买碳汇基金持不同态度。从回归系数为负来看，在政府或事业单位的公众较其他如企业、个体经商户等更不愿意为碳基金出资。分析原因可能是在政府（或事业单位）的人更会在理性选择上认为排放企业应该为气候变化买单。同时，正如上文分析的那样，公众认为减排的途径主要有节约能源使用、使用可再生能源、选择排放量少的交通方式来减少碳排放，其中选择最多的是节约使用能源，可以看出公众减少排放的选择上主要是依靠节约，通过少消耗能源来达到减排的目的，而不是通过购买碳基金。而性别、受教育年限在1%、5%、10%的水平上对于公众购买碳汇基金意愿都不具显著性影响，说明性别、年龄在影响公众碳汇基金购买意愿上没有显著贡献。

2. 从行为方式角度来看

在10%的水平上，居住地对于公众购买碳汇基金意愿有显著正影响。居住在城市、县城的公众较住在乡镇、农村的公众更愿意购买碳基金。分析原因可能是住在县城、城市的公众对于气候变化的认知度更高，更愿意为此而付费。住在乡镇、农村的公众对于气候变化的认知度会低一些，造成了在购买碳基金意愿上的差异性。另外的原因可能是住在县城、城市的公众经济条件较住在乡镇、农村的公众优越，有能力且更愿意承担购买碳基金费用。而出行方式在1%、5%、10%的水平上对于公众购买碳汇基金意愿都不具显著性影响。

3. 从环境、气候变化的认知度来看

认为家庭减排有比必要在10%的水平上对于公众购买碳汇基金会意愿有正显著性影响，即认为家庭减排有必要的公众更愿意为购买碳基金。通过前面的分析可以看出，认为家庭减排有必要的有205人，占总体的比例为91.11%，认为家庭或者是个人减排有必要的公众更愿意购买碳基金。因此，可以发现公众对于家庭减排的认知度会影响公众购买碳金的意愿。对于认为家庭减排没有必要的公众而言，从理性认识的角度，更不愿意为此而付费。而环境变化方面认知对于购买碳汇基金在1%、5%、10%的水平上都不具显著性影响。分析可能的原因可能是公众认为环境变化可能是一种暂时性、影响范围较小的变化。

4. 从绿色碳汇基金的认知方面来看

对于中国绿色碳汇基金会温州专项或者是其他专项的认知度对于公众购买碳基金在1%的水平上有显著正影响。根据统计数据，有28%的受访者（63人）表示知道中国绿色碳汇基金会温州专项或其他专项。中国绿色碳汇基金会专项的主要目标选择上，大部分公众选择是森林经营增汇、造林增汇和抵消碳排放，还有5位受访者表示不知道专项的用途。公众对于绿色碳汇基金会的认知度直接影响公众购买碳汇基金的意愿。造林增汇和森林经营增汇是目前碳汇项目所常用的两种方式，通过增汇的形式应对气候变化。分析可知，公众购买碳汇基金非常重要的一个前提是知道绿色碳汇基金会的用途，因此公众购买碳汇基金的意愿必定会在很大程度上受到对于绿色碳汇基金会的认知度的影响。

四、主要结论与建议

（一）主要结论

本文基于浙江省公众调查数据，采用描述性统计和计量方法，分析了碳汇专项周边地区公众相关认知度及碳汇基金购买意愿情况，分析了影响公众碳汇基金购买意愿的主要因素。通过以上的统计描述和计量分析可以看出，公众对于气候变化、专项等具有一定的认知度，公众的年龄、工作单位性质、居住地，对于家庭减排、碳汇基金会的认知度对碳汇基金购买意愿有显著影响。具体结论如下：

1. 公众气候变化等认知度较高，减排意识较强

对于气候变化来讲，217 位受访者认为近几年的气候有变化，主要体现在自然灾害增多、越来越热、季节不明显等。而对于森林碳汇在缓解气候变化等方面的功能给予认可。进一步根据模型结果分析可知，公众对于气候变化的认知以及对于家庭减排的认知情况对于购买碳汇基金意愿有正的影响，公众认可减排是应对气候变化的一种有效途径。有 91.11% 的人认可减排是应对气候变化降低碳排放的一种有效途径，而大部分人认为缓解气候变化的责任应该由企业和政府来承担。企业也应该树立形象、减少碳排放并为其排放而买单，政府发挥其行政职能出台一些措施鼓励企业减排。由此可见，加强减排应对气候变化宣传对于引导公众购买碳基金具有积意义。

2. 公众基本特征及行为方式对碳汇基金购买意愿有影响

公众的年龄、工作单位性质、居住地会影响碳汇基金购买意愿。由于公众年龄的不同，对于减排及碳汇的认可接纳程度也有多不同。此外，工作环境的不同、居住地的不同，导致对于环境气候变化、节能减排等的认知度也会存在差异。因此，为了有效引导公众参与碳汇基金，在宣传的时候应该分类区别对待。针对不同年龄、工作单位性质、居住地应该设立不同的宣传方案，有针对性宣传，提高宣传有效性。根据公众特征对于购买碳汇基金的影响程度的不同，制定有针对性的宣传方案，不仅可以提高宣传效率还可以节省资源，减少宣传成本。

3. 碳汇基金专项认知度直接影响公众购买碳汇基金意愿

根据分析可知，公众对于中国绿色碳汇基金的认知情况对于碳汇基金购买意愿有非常显著的影响。公众在了解专项基金的用途以及运作情况对于公众购买碳汇基金有重要影响。作为公众购买碳汇基金的非常重要的前提，对于碳汇基金的认知度将直接影响公众的购买意愿。因此，在引导公众购买绿色碳会基金的时候应该着重考虑，加强这方面的宣传，提高公众的认知度对于公众购买碳汇基金有积极影响。

（二）政策建议

为增强公众认知度，提高低碳意识，笔者认为应该从以下几个方面入手：

1. 针对性宣传，提高宣传效率

政府应该积极与媒体合作进行“低碳意识、低碳经济”宣传。可以与相关高校以及社会团体合作举办“低碳”主题活动，加强宣传，提高公众对于碳基金以及碳汇专项的认知度[7]。从气候变化入手，倡导低碳经济。有针对性地制定宣传策略，当前情况下公众了解碳汇基金的主要途径是互联网，因此可以继续加大互联网宣传，与其他途径相互配合，从总体上完善宣传途径，增强宣传力度。通过加强与相关高校、社会团体的合作，不仅可以构建政府部门与相关团体的联动机制，还可以发动社会力量，引导民间资金参与碳汇造林。同时还应该分类对待，有针对性结合公众的年龄分布、居住地以及工作单位性质与不同宣传途径相结合进行宣传。

2. 完善保障措施，鼓励公众捐资

从以上分析可知，一部分受访者认为在政府税收中可以拿出一部分资金用于减排应对气候变化。政府应该在个人税收操作方面构建一种专门税种用于减排。另外，在税收上面给予捐资者以一定的优惠，通过税收减免或者奖励的形式鼓励公众捐资参与碳汇造林项目。同时，还可以考虑捐资碳汇项目、购买碳汇基金抵消一部分税收。因此，急需建立完善的激励

机制，为碳汇项目发展提供保障。再者，还应该继续完善碳汇基金购买平台以及开拓新的购买渠道，减少公众购买成本。同时，还应该通过完善相关法律法规为公众购买碳汇基金提供相关保障，积极引导鼓励公众购买碳汇基金。

参考文献：

[1] 李怒云．中国林业碳汇［M］．北京：中国林业出版社，2007.

[2] 中国绿色碳汇基金会网站．新闻中心搜索［EB/OL］．http：//search. thjj. org/ default. aspx？t = 1&pid = &keyword = % e4% b8% 93% e9% a1% b9&page = 2&epage = 2&spage = 1.

[3] 汪淅锋，沈月琴，王枫，等．毛竹碳汇造林经营模式及其效益分析［J］．浙江农林大学学报，2011，28（6）：943 ~948.

[4] 王静，沈月琴．森林碳汇及其市场的研究综述［J］．北京林业大学学报（社会科学版），2010，9（2）：82 ~87.

[5] 尚进，王征兵．基于选择模型的农村劳动力非农就业影响因素分析——以陕西武功县为例［J］．中国农学通报，2012，28（14）：205 ~209.

[6] 刘宇鹏，李彤，等．农业产业化促进农民收入增长的影响因素分析——基于河北省坝上地区的实地调查［J］．江苏农业科学，2012，40（3）：375 ~378.

[7] 朱臻，黄敏，沈月琴．浙江省低碳发展水平测度和比较分析［J］．生态经济（学术版），2011（2）：29 ~33.

国内外碳足迹计算方法、评估标准及研究进展

董 雪[1] 柯水发[2]

（1. 北京林业大学经济管理学院，北京，100083；

2. 中国人民大学农业与农村发展学院，北京，100872）

摘要：本文主要阐述了目前碳足迹定义的界定、介绍了目前通用的计算方法及评估标准，在此基础上从国家、城市、产业、家庭等方面归纳总结了目前国内外对于碳足迹应用研究的研究进展，并分析了目前研究中存在的不足，提出改进意见。本文旨在提升公众对于碳足迹的认识，推动碳足迹研究领域的发展。

关键词：碳足迹；计算方法；评估标准；研究进展；综述

An Overview of Carbon Footprint Calculation Method, Evaluation Standard and Research Progress

DONG Xue[1], KE Shui-fa[2]

(1. School of Economic and Management, Beijing Forestry University, Beijing, 100083;

2. School of AgriculturalEconomics and Rural Development, Renmin University of China, Beijing, 100872)

Abstract: This article mainly expounds the carbon footprint definition, introduces the general calculation method and the evaluation standards, and based on this, summarizes the study progress of carbon footprint applied at home and abroad from several aspects, analysis of the insufficiency in research and puts forward the improvement advices. This paper aims to improve the public's understanding of carbon footprint and hope to promote the development of carbon footprint research field.

Key words: carbon footprint; calculation method; evaluation standard; research progress; review

全球气候问题日益严峻，为遏制气候变暖的趋势，减少碳排放已成为全世界共同的目标。近几年，碳足迹这个新生词语开始频频出现，作为一种评估碳排放量的概念已引起学术界及公众的广泛关注。

笔者通过 CNKI 检索系统以"碳足迹"为关键字进行检索，共搜索中文文献 175 篇，英文文献 1000 余篇；中英文献发表时间多集中于 2007 ~ 2011 年之间，文献数量呈逐年递增趋势。综合而言，国内外研究多偏向于微观领域，对宏观尺度研究欠缺，碳足迹概念尚未明晰，且针对其概念进行探讨的文章较少。相较而言，中文文献发表量少，涉足方向狭窄，需

基金项目：

中央高校基本科研业务费专项资金资助项目（RW2011-11）。

作者简介：

第一作者：董雪（1989 ~），女，上海人，在读硕士，北京林业大学经济管理学院在读硕士生，研究方向：区域碳汇经济与政策。

通讯作者：柯水发（1977 ~），男，福建安溪人，博士，中国人民大学农业与农村发展学院副教授，硕士生导师，研究方向：林业政策、保护区经济与政策、森林资源管理、林农行为、林业低碳经济等。

推进该领域的深入研究。笔者希望通过对国内外碳足迹研究进展的研究综述，能够让人们对碳足迹研究情况有一个综合了解，从而更好地推动国内碳足迹研究的发展。

一、关于碳足迹定义

"碳足迹"也被称为"碳指纹"，这个词汇最早产生于英国。是为了形象而准确地衡量温室气体排放对气候及人类生活的影响提出的比喻式新词[1]。

（一）国外关于碳足迹定义的研究

Matthias Finkbeiner 在文章中提出新生事物碳足迹实际上已出现几十年，即生命周期影响类别指标影响全球变暖的潜能值（GWP）[2]。Wiedmann 等[3]则提出碳足迹是测量一种活动或一个产品生命中各阶段累计造成的直接和间接碳排放量，不是一个基于区域的指标，是对二氧化碳总量的测量，可以用物理重量单位来（如 kg、t）表示。Edgar G. Hertwich[4]描述碳足迹为产品的供应链或是整个生命周期中累积产生的大量二氧化碳排放量。Arjan 等[5]则定义碳足迹是指对环境产生影响的一个产品或服务在其整个生命周期内累计的温室气体排放量，将这些累积温室气体以二氧化碳的等价物计量，单位为公斤，以此来表示一个产品或者服务的"碳足迹"。WRI 和 WBCSD[6]则从三个方面总结了碳足迹定义：机构自身、为机构提供能源的部门、完整的供应链周期产生的直接或间接碳排放[10]。

（二）国内关于碳足迹定义的研究

沈玉宝等定义"碳足迹"是指个人或团体的温室气体排放量，是用来评估消耗能源造成环境污染的影响指标[7]，强调碳足迹主要是从个体角度进行评估。单力认为碳足迹是一种用来测量公司、家庭、个人的碳耗用量，并以此作为评估对环境产生的影响的指标[8]。高爱舫认为"碳足迹"是用来评价个人的能源意识和行为给自然环境造成的影响，目的是倡导一种责任理念[9]。王秋等[11]指出碳足迹是一种测量标准，用来衡量人类活动对环境及气候变化的影响，认为"碳足迹"主要是人类日常生活中用于发电、供暖、运输等活动中使用化石燃料燃烧所产生的温室气体的量相关。

（三）碳足迹定义评述

虽然关于碳足迹概念的争议仍然存在，但是"碳足迹"概念的提出目的还是相对统一的，都是希望通过对碳足迹的研究，促进生产方式、发展模式的转变。让人们意识到应承担的责任，培养公众的低碳意识。

碳足迹类型可以分为直接碳足迹和间接碳足迹。直接碳足迹，也可称为主要碳足迹、第一碳足迹，是指在生产生活中直接消耗能源产生的温室气体排放量。间接碳足迹，也可称为次要碳足迹、第二碳足迹，是指使用各类产品或服务时，从最初的原料选取到最终处理的过程中产生的二氧化碳或其他温室气体排放量。

将上述定义综合描述，笔者认为碳足迹是一项活动（或一种服务）进行的过程中直接或间接产生的二氧化碳或其他温室气体排放量，或是产品的生命周期各阶段累积产生的二氧化碳或其他温室气体排放量用二氧化碳等价表示。

二、关于碳足迹计算

（一）过程分析法

过程分析法是评估一个产品、一项服务在生命过程中的投入和产出对环境造成潜在影响的方法[12]，又称 LCA 法。这种方法主要采用的是“自上而下”的计算模型，通过获取产品或服务在生命周期内所有的输入及输出数据得出总的碳排量。一般适用于对微观层面碳足迹的计算，目前相对集中的应用于产品和服务方面[12]。

该评估方法受边界限制及生命周期确定的复杂性影响，缺乏完整性；允许在无法获取原始数据的情况采用次级数据，可能使估算结果产生误差；没有对原材料的生产及产品供应链中非重要环节进行分析，无法获得产品零售过程中的碳排放情况，只能取均值，影响了结果的可信度。

（二）投入产出法

I-O 法是目前比较成熟的计算方法。这种方法主要采用的是“自下而上”的计算模型，利用投入产出表计算，通过平衡方程反映生产活动与经济主体之间的关系[10,12]。一般适用于宏观层面的计算，主要应用于对企业、家庭、政府组织等方面的碳足迹评估[14]。

该评估方法系统性较强，一旦获得了完整的数据，计算简便，但是计算模型要求获得的数据量较大；且该方法只能获得行业数据，无法获取产品的情况，因而不能计算单一产品的碳足迹，不适用微观的评估。Matthews 等[15]在此方法的基础上，结合生命周期评价法建立了经济投入—生命周期评价模型（EIO—LCA）[10]，使其计算结果更加简洁准确。

（三）IPCC 计算法

IPCC 方法由联合国气候变化委员会编写，提供了计算温室气体的详细方法，其研究区域主要为能源部门、工业部门，农林和土地利用变化部门、废弃物部门四大部门[12]。不同部门计算方法不同，较为通用的计算公式是：碳排放量 = 活动数据 × 排放因子。

由于区域差异，各国的排放因子有很大区别，该计算方法相对全面的考虑了这些因素及几乎所有温室气体排放，根据具体情况给出了不同工艺、不同国家的缺省排放因子，避免了笼统分析可能产生的不准确性。这种方法一般只能计算生产中产生的直接碳足迹，无法计算消费过程中隐含的碳排放[10]。在此基础上，张乐勤等学者[26]提出应用于能源部门、水泥生产、人及动物、土壤及城市呼吸、木材消费五个方面区域碳足迹的核算方法。

（四）碳计算器

碳计算器是指在网络上关于二氧化碳排放量的计算工具，可以用来计算个人或者根据家庭人数、居住面积、能源消耗量等计算家庭日常活动过程中产生的碳排放量。使用碳计算器计算碳排放量很便捷，只需要按照提示输入相应数据，网站会提供结果及目前国内和世界的均值，同时给出降低碳足迹的合理建议。日常生活中常用的个人碳足迹评估基本计算公式见表 1 所示。

表 1　日常生活中常用个人碳足迹评估计算基本公式

序号	日常生活行为		碳足迹评估计算基本公式
1	家居用电		碳排放量 = 度数 ×0.785（kg）
2	家用燃气		碳排放量 = 使用立方数 ×0.19（kg）
3	家用自来水		碳排放量 = 使用吨数 ×0.91（kg）
4	食肉		碳排放量 = 公斤数 ×1.4（kg）
5	生活用品	塑料袋	碳排放量 = 使用个数 ×0.1（克）
		纸张	碳排放量 = 纸张使用克数 ×3.5（克）（一张 A4 纸 =5 克）

（续）

序号	日常生活行为		碳足迹评估计算基本公式
6	交通	小汽车	碳排放量 = 油耗公升数 ×2.7（kg）
		飞机	200 公里 碳排放量 = 公里数 ×0.275（kg） 200 – 1000 公里 碳排放量 = 55 +（公里数 – 200）×0.105（kg） 1000 公里以上 碳排放量 = 公里数 ×0.139（kg）
		公共汽车	碳排放量 = 公里数 ×0.013（kg）×人数

资料来源：南国今报 2009-12-22 http：//epaper. gxnews. com. cn/ngjb/html/2009-12/22/content_ 1557916. htm

三、关于碳足迹评估标准

目前，碳足迹评估标准有很多种。常用评估规范或标准主要有：英国 PAS 2050-2008；ISO/CD 14067；日本 TS Q 0010-2009；ISO 14064 等。我国的碳足迹评价体系尚未建立，但是随着低碳经济的提出与推进，已经开始积极进行碳足迹的评估实践。中国节能保护投资公司与英国碳信托公司签订协议，共同为中国企业及产品建立碳足迹评估方法[16]。

（一）英国 PAS 2050-2008

目前使用较为普遍的是英国标准协会（BSI）制定并集合碳信托（Carbon Trust）与英国环境、食品与农村事务部在 2008 年 10 月 29 日正式发布的新标准 PAS 2050，即《产品与服务温室气体排放生命周期评估规范》。该标准是全球第一部碳足迹测量标准，主要用于计算产品或服务在一个完整的生命周期内产生的温室气体排放量[17]，企业可以依据该标准对其产品及提供的服务进行评估，改善方式方法，降低碳排放。

（二）ISO/CD 14067

ISO/TC 14067 是 ISO/TC 207 环境管理技术委员会依托 PAS2050 标准发展制定的产品碳足迹标准。该标准的发展目的是提供产品排放温室气体的量化标准，主要分为两部分 ISO 14067—1：产品温室气体排放的量化；ISO 14067—2：产品温室气体排放的沟通。这个版本的标准集合环境标志与宣告、产品生命周期分析、温室气体盘查等内容，可计算商品碳足迹达 95%，是比较精密的版本[18]。

（三）日本 TS Q 0010—2009

2009 年 3 月日本公布了第一版产品碳足迹技术准则 TS Q 0010《产品碳足迹评估与标示一般原则》，2010 年 7 月更新了第二版。规范中详细介绍了该准则的适用范围、评价标准以及量化方法。计算范围包含产品从原材料获取到最后的回收处理内所有活动的温室气体排放量。该规范的发展趋势是成为日本工业标准的正式文件。

（四）ISO 14064

ISO 14064 温室气体计算与验证标准是由 45 个国家和 19 个组织的国际专家共同完成，于 2006 年 3 月正式颁布。该标准由三个标准组成，其中包括 GHG 计算和验证准则。该标准规定了国际上最佳的温室气体资料和数据管理、汇报及验证模式。实施 ISO 14064 标准可以促进温室气体的量化、监督、报告和验证从而促进信息的透明度和可信度；授权组织确认温室气体排放的相关责任；促进温室气体的信用交易。

四、国内外碳足迹应用研究综述

（一）国外碳足迹的应用研究现状

国外碳足迹研究开始较早，研究比较深入，从国家、个人、家庭、城市到产业及特殊部门等均有涉及，研究角度、评估方法多样，但是仍处于起步阶段。

（1）在国家尺度上，Wang 和 Watson[19]在文章中指出，2009 年中国已成为世界温室气体排放量最大的国家，排放总量 23% 是产生于贸易顺差，即为了满足先进国家需求。Hertwich[4]等利用 MRIO 模型量化了 73 个国家和 14 个地区的商品和服务的最终消费碳足迹，发现各国碳足迹差别明显，发展中国家碳足迹来源主要是食物和服务，而发达国家的碳足迹则主要来源于运输与产品生产收入的快速上升方面。针对各国进出口贸易中贸易商品的隐含碳足迹，Machado 和 Schaeffer[20,21]对巴西在国际贸易中的隐含碳排放情况进行了测算，得出出口能源比进口能源要多产生 56% 的碳排放。Mongelli 等[22]利用同样的方法对意大利的国际贸易及隐含碳排放之间进行了测算，研究了《京都协议书》、进出口贸易及隐含的碳排放之间的关系，得出的结论证实了“污染避难所假说”[21]。Wyckoff 等[23]选择分析了 6 个经合组织国家进口制成品隐含碳排放，证实了制定制成品贸易碳政策的必要性。

（2）从个人及家庭尺度上，Druckman 和 Jackson[24]提出了二氧化碳排放量与人们高水平的功能需求之间关系的研究框架，分析显示人们对于高生活品质的不断追求是导致碳排放量增大的主要因素。Christopher 和 Weber[25]将消费者支出调查和生命周期评价法相结合，分析了全美家庭的碳排放量，结果显示由于加大国际贸易力度，美国家庭碳排放量中的 30% 来自境外。同时家庭规模及家庭收入支出因素导致家庭碳排差异较大。Kenny 和 Gray[26]运用六种数据模型计算了典型的爱尔兰三口之家的碳足迹排放情况，结果表明年均家用能源及交通的碳排量增长较快，而相同数据下不同模型得出的结论是不一致的，有的甚至是矛盾的。

（3）城市尺度上，Sovacool[27]初步评估比较了包括北京、伦敦、纽约、东京等 12 个大城市的碳足迹，主要计算车辆、建筑能源、工业、农业和废弃物的排放量，通过与国家平均水平比较，强调了物价和土地利用等影响因素。Brown 和 Southworth 等[28]则聚焦于美国大城市的交通及住宅能源消费碳足迹，得出 100 个大城市居民人均碳足迹仅为美国平均水平的 86%，说明人口密度大、运输发达的城市人均碳足迹相对较低。

（4）组织机构方面，斯德哥尔摩环境研究所[29,10]计算了英国 2001 年所有学校的碳足迹总和，研究发现学校排放量的主要来源主要是间接排放，如用电、教育设备等。该次研究结合了过程分析法和投入产出分析法两种方法，既保证了系统性同时体现方法上的谨慎性，这种分析（Hybrid-EIO-LCA）方法较好地综合了两者的优点，相互补充完善，将有可能成为今后碳足迹计算方法的发展趋势。

（5）产品/企业尺度上，英国节碳基金（Carbon Trust）[10,30]是最早应用生命周期法对产品和服务进行碳足迹的核算，在 2007 年发起了首个碳标识工程“Carbon-Reduction Label”[13]，在产品外包装标识产品的碳足迹告知消费者，测量碳排放的来源，使企业有效减少碳足迹并制定节省成本的策略。目前全世界已有 75 种产品应用碳标签[31]。Matthews 和 Weber 等从产业层面分析得出，目前关于产业的碳足迹评估只是核算部门直接碳排放和购买能源的间接碳排放，并没有核算投入品的隐含碳排量，产业碳足迹还未涵盖完整的产业链[15]。

（二）国内碳足迹的应用研究现状

国内对于碳足迹的研究开始相对较晚，目前的研究相对浅显，应用性研究较少，在评估方法等方面发展并不完善。

（1）从国家层面上，孙建卫等[32]结合 IPCC 的清单方法对中国 1995～2005 年的碳排放进行核算，改进 Bicknell 的 IOA-EF 生态足迹模型，对我国碳足迹进行了核算并分析其部门构成，得出国民经济及其相关产业对电力、热力行业和制造业碳排放的拉动力最大。樊杰等[33]提出了个人终端消费导向的碳足迹研究框架，研究立足于消费与贸易层面，揭示人类活动不同环节的碳排放强度，对必要消费、合理消费、奢侈品消费类型碳排放进行了初步核算和判断，提出区分几种消费类型导致的碳排放及减排责任的差异。陈红敏[34]扩展了投入产出法中对于产业部门隐含碳排放的计算框架进行了拓展，对 2002 年各部门隐含碳排放进行了比较。建筑业为排放量最高部门，并得出对于部门分类水平对各部门隐含碳排放量有很大影响。

（2）从城市层面上，赵宏宇等[35]认为低碳城市规划与“碳足迹”的结合主要应关注能源消耗、交通出行、生活习惯、工作方式四个层面，重点应放在城市用地与交通间的联系上。张兵等[36]定义了城市碳足迹的概念，对天津、上海、重庆、沈阳四个城市的碳足迹进行计算，得出经济较为发达的城市碳足迹增长缓慢，次发达地区则由于对化石能源消耗日益增加，从而呈现了较高增长速率。

（3）从产业/部门角度上，樊英和龙惟定[37]建立了 HVAC 系统碳足迹分析的完整体系，提出用碳排放量和单位输出能量作为评判与权衡 HAVC 系统的环境影响指标，计算了该系统的基准碳排量，分析影响环境评价的因素。代方舟等[38]提出了工业碳足迹的概念内涵，并从产品、企业、区域三个层次上探讨了关于工业碳足迹核算的应用。段华平等[31]以农田生态系统为研究对象，构建了农田系统碳足迹模型。计算了我国各省农田生态系统的碳排放、碳吸收，结果显示：单位面积碳足迹不断增加，各省市均呈现不同程度的碳生态盈余。黄祖辉等[40]对农业系统的碳足迹进行量化，深度分析了农业碳排放的数量和结构特征。研究表明：农业中温室气体的三大来源为农用能源直接和间接碳排放、工业投入品全生命周期碳排放、农业废弃物最终处置。

（4）从宏观角度上，马述忠等[21]基于 MRIO 模型对国际贸易过程中跨国碳足迹进行了比较研究，分析了 1995～2005 年新兴工业化国家、发达国家碳足迹，发现迹核算中以消费为基础与以生产为基础之间存在很大的区别，按照目前以生产为基础的核算方式，新兴工业化国家遭遇了碳泄漏，而发达国家的碳足迹则被低估，提出碳足迹的核算应调整为以消费为基础的体系，消除碳泄漏，形成合理的碳减排体系责任。

五、碳足迹研究存在的不足及展望

（1）对于“碳足迹”定义模糊。碳足迹作为一个新生概念，学者们对于其概念的理解也是众说纷纭，碳足迹的内涵还没有明确的定义。概念的模糊，对于该领域的研究不能产生正确的指导，对相关碳足迹的计算也无法提供有力的依据和约束条件，这种情况并不利于碳足迹研究领域的发展。日后碳足迹领域的研究应该加强完善理论体系，明确碳足迹的概念内涵。

（2）现有的碳足迹评估方法存在局限性。目前常用计算方法都存在局限性，可能产生误差。而且，现有关于区域尺度的碳足迹评估方法多数是静态碳足迹评估，区域经济社会的发展是动态过程，这种评估方式对于区域可持续发展的指导意义不大。应注重对碳足迹评估方法的进一步研究，创新完善计算方法，提升结果的准确性和透明度，加强对碳足迹动态评估的研究探索，强化评估结果的指导作用。

（3）应加强对宏观尺度及重点排放部门碳足迹的研究。工业、建筑、交通、服务业等排放量大，同时也是经济发展过程中的重点行业，应重视针对这类行业以及国际贸易对碳排放量的影响及其隐藏碳足迹的研究，特别是对我国等新兴工业化国家的分析。在研究尺度方面，城市、国家、区域研究相对欠缺，宏观层面同样是研究重点，需要深入拓展。

（4）国内碳足迹研究“重理论，轻应用”。目前关于碳足迹的评估涉及很多领域，但是多数评估结果尚未应用到具体生产生活中，以评估结果作为依据进行政策制定、提供产业碳减排对策、规划区域发展方向等方面的研究涉猎很少，这也是日后关于碳足迹研究的一个重要方向。

参考文献

[1] 罗运阔，周亮梅，朱美英．碳足迹解析［J］．江西农业大学学报（社会科学版），2010，9（2）：123～127.

[2] Matthias Finkbeiner. Carbon footprint -opportunities and threats［J］. Int J Life Cycle Assess，2009，14：91～94.

[3] Wiedmann T，Minx J. A definition of carbon footprint［R］. ISA Research Report，2007，1：1～7.

[4] Hertwich E G，Peters G P. Carbon Footprint of Nations：A Global Trade Linked Analysis［J］. Environmental Science & Technology，2009，43（16）：6414～6420.

[5] Arjan D K，Diederik S，Joost D，et al. Uncertainties in a carbon footprint model for detergents quantifying the confidence in a comparative result［J］. Int J Life Cycle Assess，2009，10：21～27.

[6] 台湾经济部工业局．制造业产品碳足迹资讯专区．http：//idbcfp. nccp. org. tw/index. aspx［EB/OL］. 2012-01-02 / 2012-03-09.

[7] 沈玉宝，彭怀松．“碳足迹”与“低碳族”［J］．语文建设，2009（6）：7～8.

[8] 单力．计算你的碳足迹［J］．环保产业，2007（8）：54～56.

[9] 高爱舫．碳足迹——标记绿色奥运之路［J］．环境教育，2008（8）：23.

[10] 王微，林剑艺，崔胜辉，等．碳足迹分析方法研究综述［J］．环境科学与技术，2010，33（7）71～77.

[11] 王秋，施阳．认识“碳足迹”倡导低碳生活［J］．化学教育，2009（3）：5～7.

[12] 耿涌，董会娟，郗凤明，等．应对气候变化的碳足迹研究综述［J］．中国人口·资源与环境，2010，20（10）：6～11.

[13] 聂祚仁．碳足迹与节能减排［J］．中国材料进展，2010，2：60～63.

[14] 张乐勤，许信旺．气候变暖背景下碳足迹研究现状与展望［J］．中国科技论坛，2011，8：99～105.

[15] Matthews H S，Hendrickson C，Weber C. The importance of carbon footprint estimation boundaries［J］. Environmental Science&Technology，2008，42：5839～5842.

[16] 于小迪，董大海，张晓飞．产品碳足迹及其国内外发展现状［J］．经济研究导刊，2010，19：182～183.

［17］王晶晶．碳足迹标准 PAS 2050 正式发布［J］．中国标准化，2008，(12)：80.

［18］俞建峰，钱建明．碳足迹标准的解读与分析［J］．认证技术，2011 (2)：68～69.

［19］Wang T，Watson T. Who owns China's carbon emissions［J］. Tyndall Briefing Note，2007：23.

［20］G. Machado，R. Schaeffer. Energy and Carbon Embodied in the International Trade ofBrazil：An Input-Output Approach［J］. Ecological Economics，2001，39 (3)：409～424.

［21］马述忠，黄东升．基于 MRIO 模型的碳足迹跨国比较研究［J］．浙江大学学报，2011，06：1～11.

［22］I. Mongelli，G. Tassielli. Global Warming Agreements，International Trade and Energy/Carbon Embodiments：An Input-Output Approach to the Italian Case［J］. Energy Policy，2006，34 (1)：88～100.

［23］A. W. Wyckoff，J. M. Roop. The Embodiment of Carbon in Imports of Manufactured Products-Implications for International Agreements on Greenhouse-Gas Emissions［J］. Energy Policy，1994，22 (3)：187～194.

［24］Druckman A，Jackson T. The carbon footprint of UK households 1990 -2004：a socio -economically disaggregated，quasi-multi-regional input-output model［J］. Ecological Economics，2009：1～19.

［25］Christopher L，Weber H S. Quantifying the global and distributional aspects of American household carbon footprint［J］. Ecological Economics，2008，66：379～391.

［26］Kenny T，Gray N F. Comparative performance of six carbon footprint models for use in Ireland［J］. Environmental Impact Assessment Review，2009，29：1～6.

［27］Sovacool B K，Brown M A. Twelve Metropolitan Carbon Footprints：A Preliminary Comparative Global Assessment［J］. Energy Policy，2009，38：4856～4869.

［28］Brown. Dr. Marilyn Ann，Southworth. Frank，Sarzynski. Andrea. The geography of metropolitan carbon footprints［J］. Policy and Society，2009，27：285～304.

［29］SEI. UK schools carbon footprint scoping study for sustainable development commission by global action plan［R］. Stockholm Environment Institute，2006：4～76.

［30］Carbon Trust. Carbon Footprint Measurement Methodology［R］. Version 1. 3，2007. 3：4～26.

［31］Brentona P，Jonesb G E，Jensena M F. Carbon Labeling and Low Income Country Exports：An Issues Paper［R］. International Trade Department of The World Bank. 2008：1～36.

［32］孙建卫，陈志刚，等．基于投入产出分析的中国碳排放足迹研究［J］．中国人口·资源与环境，2010，20 (5)：28～34.

［33］樊杰，李平星，梁育填．个人终端消费导向的碳足迹研究框架-支撑我国环境外交的碳排放研究新思路［J］．地球科学进展，2010，1：61～68.

［34］陈红敏．包含工业生产过程碳排放的产业部门隐含碳研究［J］．中国人口·资源与环境，2009，19 (3)：25～30.

［35］赵宏宇，郭湘闽，褚筠．“碳足迹”视角下的低碳城市规划［J］．规划师论坛，2010，5 (26)：9～15.

［36］张兵，王正，朱超．城市碳足迹定义域计算方法研究［J］．生态经济，2011 (11)：185～186.

［37］樊英，龙惟定．HVAC 系统的碳足迹分析及环境评价指标［J］．暖通空调 HV&A，2009，39 (12)：53～56.

［38］代方舟，吴迪，等．工业过程的碳足迹评价与应用初探［A］．生态经济，2011 (10)：29～33.

［39］段华平，张悦，等．中国农田生态系统的碳足迹分析［J］．水土保持学报，2011，24 (5)：203～208.

［40］黄祖辉，米松华．农业碳足迹研究-以浙江省为例［J］．农业经济问题，2011，11：40～47.

森林碳汇计量方法研究综述

邱小芙　李铮媚
（福建农林大学经济与管理学院，福州，350002）

摘要：森林碳汇的计量问题是森林碳汇问题研究中的难点、重点和关键问题。本文对现今国内外普遍运用的森林碳汇计量方法进行了综述，包括生物量法、蓄积量法、生物量清单法、涡旋相关法、驰豫涡旋积累法，并对这些方法的优缺点进行了分析。

关键词：森林碳汇；碳储量；计量；二氧化碳

Study summarization on estimation method of forest carbon sequestration

QIU Xiao-fu，LI Zheng-mei
（Economy and Management Department of Fujian Agriculture and Forestry University，Fuzhou，350002）

Abstract：Forest carbon sequestration measure is difficulty，emphases and key question in study on forest carbon sink. Based on the current domestic and foreign popular estimation method of forest carbon sequestration are reviewed，including biomass method，volume method，biological quantity list method，eddy correlation method，relaxation vortex accumulation method，and the advantages and disadvantages of these methods were analyzed.

Key words：forest carbon sink；carbon storage；measurement；carbon dioxide

研究表明，森林植物在其生长过程中可通过同化作用吸收大气中的二氧化碳，以生物量的形式将其固定在植物体和土壤中，使森林成为陆地生态系统最重要的碳汇或碳库[1]。全球的森林面积只占土地面积的27.6%，但森林植被碳贮量却占全球植被的77%，森林土壤的碳贮量约占全球土壤的39%；单位面积森林生态系统碳储量是农地的1.9～5倍[2]。森林对现在及未来的气候变化、碳平衡都具有重要影响[3]。因此，估算森林的碳储量，评价森林的碳汇功能，具有重要意义。

森林碳汇的计量有多种方法，主要有：生物量法、蓄积量法、生物量清单法、涡旋相关法、驰豫涡旋积累法。

一、生物量法

生物量法是目前应用最为广泛的方法，其优点就是直接、明确、技术简单。生物量法是以森林生物量数据为基础的碳估算方法[15]。生物量是包括在单位面积上全部植物、动物和微生物现存的有机质总量。由于微生物所占的比重极小，动物生物量也不足植物生物量的

作者简介：

第一作者：邱小芙（1990～），女，福建长汀人，福建农林大学经济管理学院硕士研究生，研究方向：农业经济。

第二作者：李铮媚（1987～），女，福建龙岩人，福建农林大学经济管理学院硕士研究生，研究方向：林业财务与会计。

10%，所以通常以植物生物量为代表[4]。最早应用生物量法时，是通过大规模的实地调查，将得到的森林实测数据，建立一套标准的测量参数和生物量数据库，用样地数据得到植被的平均碳密度，然后用每一种植被的碳密度与面积相乘，估算森林生态系统的碳储量[5]。

冯宗炜等[6]根据每个树种树木的胸径相对于地上部分的生长关系，通过模型计算出森林群落的生物量。通过比较连续的清查结果，包括树木新成分的补充率、生物量以及树木的死亡率，来估算净生物量的增加。植物生物量转换为碳量是按照一个比率[7,8]（45% ~ 55%），即植物干物质中碳所占的比重，采用直接测定法测定枯立木和枯枝落叶层的碳储量，测定森林生态系统的生物量和生产力。

生物量法存在一些缺点，由于它一般倾向于选取生长较好的林分作为样地进行测定，因此以此推算的结果往往导致高估森林植物的固碳量[9~11]。另外，在森林生物量估算中，往往只注重地上部分，而地下部分的生物量常被忽略。并且，由于调查的困难，即使考虑地下部分，所估测的值也存在不确定性。另外，生物量清查方法一般会忽略土壤微生物对有机碳的分解，从而对森林生态系统碳汇产生影响。

二、蓄积量法

蓄积量法是以森林蓄积量数据为基础的碳估算方法[12]。其原理是根据对森林主要树种抽样实测，计算出森林中主要树种的平均容重，根据森林的总蓄积量求出生物量，再根据生物量与碳量的转换系数求森林的固碳量。

郎奎建等[13]认为森林固碳的“因变量是一个附加在林木蓄积生长率上的变量”。杨永辉等[14]采用一定时期内碳库变化主要通过森林蓄积的增加与森林内其他生物成分之间的关系，求取由于森林蓄积的变化带来的整个森林碳库的变化。法国 Peyron 等（2002）通过用不同树种的立木材积乘以它们的换算因子，计算得出的碳汇。从木材体积到碳吨数的换算因子为：1 立方米木材等于 0. 28 吨碳（针叶树和杨树）；1 立方木材等于 0. 30 吨碳（除杨树外的阔叶树）。李意德等人[15]采用蓄积量法对云南南部热带森林的碳库总量进行了估算，结果表明，海南热带天然林（含原始林和天然更新林）的碳库总量为 0. 719 亿 ~ 0. 734 亿 t，云南南部的热带天然林的碳库总量在 0. 653 亿 t 以上。因此，目前我国热带林碳总量在 1. 372 亿 ~ 1. 387 亿 t 以上。康惠宁等[16]采用蓄积量法对中国森林固碳的现状和潜力进行了估计和预测，结果表明，目前中国森林碳积累高于碳释放，年平均净碳汇量为 $0.8627 \times 10^8 t/a$，在未来 20 年内中国森林净碳汇能力大约增加 $773 \times 10^8 t/a$。

可以说，蓄积量法是生物量法的延伸，它继承了生物量法的优点，如操作简便，技术直接、明了，有很强的实用性。但是，由于是生物量法的继承，也就在所难免地产生一些计量误差。在对转换系数的选择上只区分了树种，而对其他因素没有加以考虑，因此没有实质性的突破，在使用时仍然存在误差。

三、以生物量与蓄积量关系为基础的生物量清单法

近年来，以建立生物量与蓄积量关系为基础的植物碳贮量估算方法已得到广泛应用[17]。王效科等[18]采用生物量与蓄积量关系为基础的植物碳贮量估算方法，估算了中国森林生态系统的实际碳贮量和潜在碳贮量及两者的差异。采用的方法是，将生态学调查资料和森林普查资料结合起来：首先计算出各森林生态系统类型乔木层的碳贮存密度（Pc，mgC/hm^2），

然后再根据乔木层生物量与总生物量的比值，估算出各森林类型的单位面积总生物质碳贮量。

王效科等[12]2001 年又对该方法作了进一步的改进：首先将中国 1994 年底以前 160 多篇有关森林生物量的研究报道中的 561 个调查样地的生物量调查资料按龄级依次分为幼龄林、中龄林、近熟林、成熟林和过熟林，归并成 16 种森林类型，统计得出各龄级各森林类型的林木主干与乔木层生物量的比值（SB）和乔木层与群落总生物量（包括林下所有植物的生物量）的比值（BT）后，再将这些森林类型归并为中国森林资源普查的统计单元：森林优势种类型。赵海珍等[19]对雾灵山自然保护区森林的碳汇功能进行的评价，也是根据生物量和蓄积量的 关系进行测定的。

生物量清单法的优点是直接、明确、技术简单。因此，能够用于长时期、大面积的森林碳储量监测。但其不足就是消耗劳动力多，并且只能间歇地记录碳储量，而不能反映出季节和年变化的动态效应。同时，由于各地区研究的层次、时间尺度、空间范围和精细程度不同，样地的设置、估测的方法等各异，使研究结果的可靠性和可比性较差 。另外，以外业调查数据资料为基础建立的各种估算模型中，有的还存在一定的问题，而使估测精度较小，因而需要不断改进、完善[20]。

四、涡旋相关法

涡旋相关法（Eddy Correlation or Eddy Co—variance Method）是采用一种微气象技术 ，主要是在林冠上方直接测定 CO_2的涡流传递速率，从而计算出森林生态系统吸收固定 CO_2量的方法[21,22]。涡旋相关技术仅仅需要在一个参考高度上对 CO_2浓度以及风速风向进行监测。大气中物质的垂直交换往往是通过空气的涡旋状流动来进行的，这种涡旋带动空气中不同物质包括二氧化碳向上或者向下通过某一参考面，二者之差就是所研究的生态系统固定或放出的二氧化碳量。

涡旋相关法的特点是：直接对森林与大气之间的通量进行了计算。然而，这一方法需要较为精密的仪器，所需仪器主要包括三维声速风速仪、闭路红外线分析仪 ，如 Licor6262、数据记录系统、导管系统以及一套分析软件，对每一系统的各组成部分都有较严格的要求[22]。涡旋相关法以其能够直接长期对森林生态系统进行二氧化碳通量测定，同时又能为其他模型的建立和校准提供基础数据而闻名。中国尚未见到利用这一方法对森林大气之间的二氧化碳通量进行测定的报道。

五、驰豫涡旋积累法

随着气象技术的发展，直接跟踪大气二氧化碳与森林的交换来研究森林的碳汇也已经发展起来，驰豫涡旋积累法就是其中之一[24]。驰豫涡旋积累法是涡旋积累法的发展。Desjardins[20]首先应用这一技术，其基本思想是根据垂直风速的大小和方向采集两组气体样品进行测量。然而，这一技术当时并没有获得成功，因为很难根据垂直风速的大小和方向进行不等时瞬时采样。直到在涡旋积累的思想中引入驰豫（relaxed）的思想，使得不定时采样转换为定时采样，驰豫涡旋积累法才被实践使用[23]。这一方法需要一维声速风速仪、红外线 CO_2分析仪、快速反应螺旋管阀门、数据比较器、数据记录仪、导管系统以及空气泵等。数据比较器用于比较从声速风速仪所得到的即时垂直风速信号与数据记录仪所得到的一定时间

（200 s）的平均值。通过这种比较，数据记录仪就可以估计涡旋是上行还是下行，继而开通或关闭连接 2 个空气收集袋的阀门。通过数据记录仪的程序化设计，红外线 CO_2分析仪间隔一定时间（3 min）开启或关闭其通道即可以连续监测 2 个收集袋内 CO_2的浓度[25]。

由于该方法所应用的仪器都是比较精密的昂贵设备，加之实际操作过程中要把设备架设到林冠的上方，这就使监测出现一定的困难，所以该方法目前在国内并没有得到很好的应用。在国外，该方法在进行森林碳汇计量的时候应用较多。

参考文献：

［1］Cials P，Tans P，Troller M，et al. A large Northern Hemisphere terrestrial CO2 sink indicated by 13C/12C of atmospheric CO2［J］. Science，1995，269：1098～1102.

［2］Bousquet P，Peylin P，Ciais P，et al. Regional changes in carbon dioxide fluxes of land and ocean since 1980［J］. Science，2000，290：1342～1346.

［3］陈育峰. 自然植被对气候变化响应的研究综述. 地理科学进展，1997，16（2）：70～77.

［4］景贵和，周人龙，徐樵利. 综合自然地理学. 北京：高等教育出版社，1989.

［5］Chang hui peng，Michael J. Contribution of China to the global cycle since the last glacial maximum Reconstruction from palaeovegetation maps and an empirical biosphere model［J］. Tellus，1997，49（B）：393～408.

［6］冯宗炜，王效科，吴刚. 中国森林生态系统的生物量和生产力. 北京：科学出版社. 1999.

［7］Olson JS，Watts JA，Allison L J. Carbon in live vegetation of major world ecosystem. Rep. ORNL—58620，0ak Ridge National Laboratory，Oak Ridge. T N，1983.

［8］Knigge W，Schulz H. Grundriss Der Forstbenutzung. Verlag Paul Parey，Hamburg Und Berlin，1966.

［9］Brown S and Iverson LR. Biomass estimates for tropical forests. World Resour Rev，1992，4：366～384.

［10］Fang J，Wang GG，Liu G，et a1. Forest biomass of China：an estimate based on the biomass volume relationship. Ecol. App，1998，8：1084～109.

［11］Wang XK（王效科），Feng ZW（冯宗炜）. The history of research on biomass and carbon storage of forest ecosystems. In：Wang RS（王如松）eds. Hot Topics in Modern Ecology. Beijing：China Science and Technology Press，1995. 335～347（in China）.

［12］王效科，冯宗炜，欧阳志云. 中国森林生态系统的植物碳储量和碳密度研究［J］. 应用生态学报，2001，12（1）：13～16.

［13］郎奎建，李长胜. 林业生态工程 10 种生态效益计量理论和方法［J］. 东北林业大学学报，2000，28（1）：1～7.

［14］杨永辉，毕绪岱. 河北省森林固定二氧化碳的效益［J］. 生态学杂志，1996（4）：51～54.

［15］李意德，曾庆波，吴仲民，等. 我国热带天然林植被 C 贮存量的估算［J］. 林业科学研究，1998，11（2）：156～162.

［16］康惠宁，马钦彦，袁嘉祖. 中国森林 C 汇功能基本估计［J］. 应用生态学报，1996，7（3）：230～234.

［17］Dixon RK，Brown S，Houghton RA，et a1. Carbon pools and flux of global forest ecosystems. Science，1994. 262：185～190.

［18］王效科，冯宗炜. 中国森林生态系统中植物固定大气碳的潜力. 生态学杂志，2000，19（4）：72～74.

［19］赵海珍，等. 雾灵山自然保护区森林的碳汇功能评价. 河北农业大学学报，2001，24（4）：43～47.

［20］Schulze E D，et a1. Productivity of forests in the Euro-Siberia boreal region and their potential to act as a carbon sink-a synthesis. Global Change Biol，1999（5）：703～722.

［21］Moncrieff J B，P G Jvis，RValentlni. Canopy fluxes In：Sala，O R Jackson，H Mooney，B Howarth eds. Methods in ecosystem science. Berlin：Springer-Verlag，1999：161 ~ 180.

［22］ Aubient M， et a1. Estimates of the annual net Carbon and water exchange of forests：The Euro-Flux Method-ology. Advances in Ecological Research，2000，30：113 ~ 175

［23］ Desiardirm RL. Description and evaluation of a sensible heat flux detector ［J］. Bound-Lay. Meteorol，1977，11：147 ~ 154.

［24］ 赵林，殷鸣放，陈晓非，王大奇. 森林碳汇研究的计量方法及研究现状综述［J］. 西北林学院学报，2008，23（1）：59 ~ 63

［25］ 何英. 森林固碳估算方法综述［J］. 世界林业研究，2005，18（1）：22-27.

考虑碳汇收益的林地期望值最大化及其敏感性分析
——以杉木和马尾松为例

王小玲　沈月琴　朱　臻
（浙江农林大学经济管理学院，临安，311300）

摘要：本研究基于我国南方集体林区杉木、马尾松成本收益的基础数据，运用生长方程及碳贮量生物量转变和扩展因子法分别对杉木、马尾松的碳贮量进行估算，通过构建修正后的 Hartman 模型，对比了考虑和不考虑碳汇收益的林地期望值，并模拟分析了贴现率、投入品价格和产出品价格变动对考虑碳汇收益的林地期望值的敏感性。研究结果表明：①杉木轮伐期约为马尾松的一半，但单一轮伐期内净收益却高于马尾松；②随轮伐期不断延长，杉木和马尾松考虑和不考虑碳汇收益的林地期望值均为先递增后递减的倒"U"形状，两者差距呈现先增大后减小的趋势；③贴现率与林地期望值呈负相关，且随贴现率不断增加，两个树种的林地期望值变动幅度不断减小，但同一价格因子对不同树种的敏感性不同。

关键词：成本收益；碳汇收益；林地期望值；敏感性分析

The Maximization of Land Expectation Value Considering Carbon Benefits and its Sensitivity Analysis: Take Chinese Fir and Mason Pine for Example

WANG Xiao-ling, SHEN Yue-qin, ZHU Zheng
(College of economics and management, ZhejiangAgriculture and Forestry University, Lin'an, 311300)

Abstract: Based on the costs and benefits data, this study use the growth equation and carbon storage in biomass transformation and expansion factor method to estimate carbon storage of Chinese fir and Mason pine respectively in Southern Collective Forest of China. Then, we compared the land expectation value with and without carbon benefits, analysis the sensitivity of discount rate, input and output prices with developing Hartman model. The results show that: ① The rotation of Chinese fir is half of Mason pine's, but it has higher net profit in single rotation; ② During a longer rotation, both with and without carbon benefits, the land expectation value represents an inverse "U" shape, but the difference decreases between Chinese fir and mason pine; ③ The discount rate negatively related to land expected value, and the fluctuation range between two species diminishes with the discount rate increases, but the sensitivity differs in difference specious.

Key words: cost-benefit; carbon benefits; land expectation value; sensitivity analysis

---

作者简介：

第一作者：王小玲（1988～），女，山东莱城区人，浙江农林大学经济管理学院硕士研究生，研究方向：林业经济理论与政策。

通讯作者：沈月琴（1964～），女，浙江湖州人，博士，浙江农林大学经济管理学院教授，研究方向：林业经济理论与政策。

第三作者：朱臻（1981～），男，浙江嘉兴人，硕士，浙江农林大学经济管理学院讲师，研究方向：林业经济理论与政策。

气候变化已成为当今世界各国面临的重大挑战之一，发展林业碳汇减少大气中的温室气体是缓解气候变化的重要实现途径[1-3]，鉴于此，我国已将发展森林碳汇作为应对气候变化的重要战略选择。杉木、马尾松作为我国南方集体林区代表性树种，经营的成本收益是影响其经营面积、经营水平的重要因素，而经营面积、经营水平对杉木、马尾松碳贮量又有着重要影响，因而，考虑纳入碳汇收益的林地期望价值对杉木、马尾松经营的成本收益及碳贮量有重要意义。

在林地期望价值测算方面，国外学者做了大量的研究。林地期望值计算最早由 Faustmann 提出，经 Samuelson 发扬，Faustmann 公式在林地期望价值研究上得到了广泛应用，但公式假定林木都是同龄林，并且模型过于简化，限制了其使用范围。后经 Hartman 进一步改进，即 Hartman 模型，将森林提供的服务等加入到模型中。随后，部分学者将 Hartman 模型用于多种形式碳支付对最优轮伐期、碳汇供给的影响研究。如，Englin 和 Callaway 通过改进的 Hartman 模型研究了碳支付对最优轮伐期的影响，得出实行碳支付的轮伐期比传统轮伐期长[4]；Stainback 通过研究得出了湿地松碳汇供给曲线[5]。但是，国内运用 Hartman 模型对纳入碳收入的林地期望价值的研究还较少。因此，本研究以杉木、马尾松为例，基于农户调查数据，运用生长方程、生物量转换和扩展因子法、碳税率法估算碳汇收益，通过构建修正后的 Hartman 模型，比较了考虑和不考虑碳汇收益 2 种情景下的林地期望值，并对考虑碳汇收益的林地期望价值进行敏感性分析。

一、研究方法与数据来源

（一）研究方法

1. 杉木、马尾松碳贮量的计算

（1）蓄积量生长方程 蓄积量生长方程主要描述每 ha 林木蓄积随各要素变动的变化情况[6]。考虑到农户林木胸径、树高连续年份的变化数据很难得到，本研究参考广西珠江流域碳汇林项目中森林蓄积量变化随林龄变化的实证模型，但鉴于地域差异，本研究结农户调查数据对生长方程的参数进行了部分调整。

$$Q_s(t) = 0.8263e^{(5.7207-6.8307/(t-2))} \tag{1}$$

$$Q_s(t) = 0.7920e^{(5.839-10.1616/(t-5))} \tag{2}$$

其中，$Q_s(t)$ 为第 t 年杉木蓄积量（m^3/hm^2），$Q_m(t)$ 为第 t 年马尾松蓄积量（m^3/hm^2）。

（2）生物量转换和扩展因子法 碳储量估算不仅包括商品材积，还包括树枝、树叶等在内的所有地上生物量。本研究由生物量转变和扩展因子法计算碳贮量[7]，并通过根冠比可进一步估算林地生态系统碳贮量。

$$C(t) = 3.67Q(t) \cdot WD \cdot BEF \cdot CE \cdot (1+R) \tag{3}$$

其中，$C(t)$ 为单一树种林地生态系统碳储量第 t 年的碳贮量（tCO_2/hm^2），$Q(t)$ 为木材蓄积量（m^3/hm^2）；为对应树种木材密度（每立方米干重），杉木、马尾松分别取值 0.31、0.38；BEF 为对应树种生物量扩展因子，即单位面积蓄积材积比，杉木、马尾松分别取值 1.53、1.46；CF 为对应树种平均含碳率，杉木、马尾松分别取值 0.50、0.54[8]；R 为对应树种生物量根冠比（即地下生物量与地上生物量之比），两树种均取值 0.24。

2. 林地期望值的测算

（1）碳价格的估算。碳价格是计算碳汇经济价值的基础。目前学界应用的主要方法有造林成本法、碳税率法、标准林业 CDM 碳汇法、多方法运用均值法等[9]，其中碳税率法是应用较为普遍的方法，诸多学者也直接引用典型国家的碳税率作为碳价格，如晏红卫采用碳税率法估算了沿河县碳汇总价值为237 097.9 万元[10]；张鑫等利用碳税率法，计算了西山森林公园森林碳汇总价值量等约为 723.37 万元[11]。本文在计算碳税率时，采用 Uzawa H. 等[12]推导碳税率的方法，最终计算公式如下：

$$P_1 = \frac{1}{\delta+\gamma} \cdot \frac{\beta y_t}{(V_g - D_t)/N_t} \tag{4}$$

其中，P_t为国内碳税率，即碳价格（元/tC），t 为基期，N_t为第 t 年全球人口总数，y_t为第 t 年国内居民人均纯收入，δ 为贴现率，γ 为 CO_2吸收率，两树种均为0.14，β 为大气 CO_2 的敏感性系数，取值0.1，V_g为大气 CO_2含量的临界值，取值 1.2tr；D_t为 t 时期大气 CO_2总储量。本文选取 2011 年作为基期，有 $N_{2011}=69.09$ 亿人，$y_{2011}=12543.03$ 元，$D_t=7600$ 亿 tC。

（2）修正的 Hartmann 模型。Hartmann 模型可以用于求解无限轮伐期下的土地期望价值（LEV）最大化问题，从而得到最优轮伐期[5]。本研究在计算林地期望价值时，除考虑常规木材收益外，还将其附产品，碳汇的价值也考虑在内，从而构建起纳入碳汇收益的林地期望价值模型。具体计算式如下。

$$\begin{aligned} LEV = \{ & P_f \cdot \alpha \cdot Q(t) - [P_{L1} \cdot L_1 + P_{L2} \cdot L_2 \cdot Q(t) \\ & + (\delta + l) \cdot Q(t) - R + tm]\} + (1-x) \cdot P_c \cdot C(t) \end{aligned} \tag{5}$$

其中，LEV 为林地期望值，P_f 为木材价格，α 为木材蓄积与材积的转换比例，两树种均取值 70%[5] $Q(t)$ 为木材蓄积，P_{L1}为抚育劳动力价格，L_1 分别为整地、种植、除草、施肥、补植用工之和，P_{L2}为采伐用工价格，L_2 为每立方米采伐用工，δ 为每立方米机械运输费用，l 为每立方米税费，R 为一个轮伐期内包括整地，m 为每年管护成本，X 为木材加工为木产品后腐烂排放的比例，两树种均取值 0.2[5]，P_c 为碳价格，$C(t)$ 为碳贮量，t 为对应的年份，r 为贴现率。

（二）数据来源及样本分布

本研究所用数据主要来源于关键信息人访谈、农户问卷调查两方面。

（1）关键信息人访谈。对杉木、马尾松营林管护部门主要负责人、森林碳汇研究专家进行关键信息人访谈，主要了解国际碳汇市场基本情况及杉木、马尾松经营基本状况等。

（2）农户问卷调查。调查以农户为主体，以地块为单位，内容主要包括杉木、马尾松的营林管理措施、经营阶段及其投入产出情况等（见表 1）。

表 1　样本分布情况

	案例点	总样本数（个）	比例（%）	杉木样本数（个）	比例（%）	马尾松样本数（个）	比例（%）
浙江	龙泉	22	9.95	16	7.77	6	11.54
	建德	22	9.95	13	6.31	9	17.31
	开化	17	7.69	9	4.37	8	15.38

（续）

	案例点	总样本数（个）	比例（%）	杉木样本数（个）	比例（%）	马尾松样本数（个）	比例（%）
江西	婺源	24	10.86	22	10.68	2	3.85
	浮梁	23	10.41	19	9.22	4	7.69
	贵溪	32	14.48	26	12.62	6	11.54
福建	顺昌	37	16.74	33	16.02	4	7.69
	永安	16	7.24	12	5.83	4	7.69
	政和	28	12.67	19	9.22	9	17.31

数据来源：根据调查样本整理。

二、杉木、马尾松成本收益分析

鉴于杉木、马尾松净收益为林地期望值计算的基础，文章在计算其林地期望值之前，首先对现有经营状况下杉木、马尾松的成本收益进行分析。由于杉木、马尾松经营周期较长，因而本研究在计算其成本收益时按要素投入类型、产出品类型进行跨时期分类统计，并以2011 年作为基期，结果见表 2。

表 2 杉木、马尾松单一轮伐期内经营成本收益情况（元/hm²）

类型	投入合计	整地	种植	除草、施肥	补植	采伐	其他劳动力	种苗	肥料	运输和机械费用	管护成本	税费	其他成本	木材销售	净收益
杉木	78154	7444	3678	10595	870	30951	242	1462	1052	5512	5686	10315	340	113669	35514
马尾松	63679	6718	3517	9538	620	19838	150	1074	975	7585	6304	7248	109	89863	26183
发生年份	/	1	1	1~4	2~4	25/32	/	1~4	1~4	25/32	每年	25/32	/	25/32	/

数据来源：根据调查数据整理。

由表 2 及其投入品、产出品价格可以得出如下三点结论：

（1）总体看来，一个完整轮伐期内，杉木净收益远高于马尾松。杉木和马尾松在各自轮伐期内总的净收益分别为 35514 元/hm²、26183 元/hm²，前者比后者高 35.64%，而杉木轮伐期平均为25 年，马尾松轮伐期平均为32 年，杉木和马尾松平均每年净收益分别为 1420 元（hm²·a）、818 元（hm²·a），前者比后者高 73.62%，故不论是总的净收益还是平均每年的净收益，杉木经营远优于马尾松。

（2）从投入结构来看，用工成本在杉木和马尾松经营投入中均占绝对比例，生产资料投入比例很小。其中，杉木用工总成本为 53784 元/hm²，占总投入的 68.82%，而用工成本中采伐用工成本为总用工成本的 57.55%，而马尾松用工总成本为 40382 元/hm²，占总投入的 63.42%，采伐用工成本占总用工成本的 49.13%；相较而言，杉木和马尾松的生产资料投入很小，均占总投入的 3.22%。

根据农户调查，得到杉木和马尾松的抚育劳动力价格、采伐劳动力价格、种苗价格、肥料价格、木材平均销售价格分别为 102.90、104.21 元/工，127.65、131.52 元/工，0.40、0.30 元/株，1.07、1.04 元/斤，853.20、685.11 元/ m³，可以看出，杉木和马尾松产出品价格差别较大，投入品价格差异不明显。

三、考虑碳汇收益的林地期望值及其敏感性分析

将碳汇收益纳入林地期望价值求其最大化问题，可以将传统的林业生产纳入到碳汇林业项目中来，并进一步通过模拟分析贴现率、投入品价格和碳价格变动对林地期望价值的影响，从而用于指导林业生产实践[13]。本研究以下将采用前文林地期望价值计算方法，测算考虑碳汇收益情况下杉木、马尾松林地期望价值的最大化值。

（一）考虑和不考虑碳汇收益条件下的林地期望值

林地期望值的计算结合林木生长方程、生物量转变和扩展因子法、碳价格及土地期望值测算公式，分别计算轮伐期从第6年到第70年时，杉木和马尾松的林地期望值。其中，r 采用中国林业行业基准贴现率5%进行贴现[14]。本文在此分别考虑和不考虑碳汇收益情况下2种情景，列出杉木和马尾松2个树种的林地期望值，并对4种情况进行对比分析。

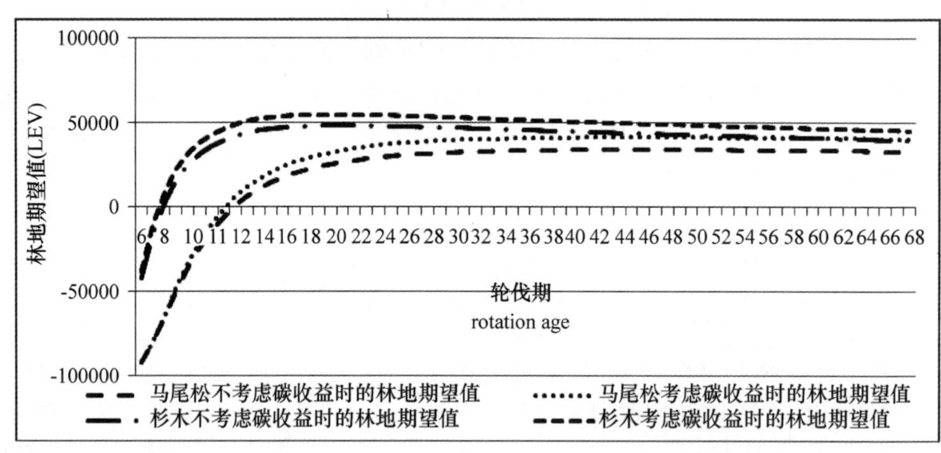

图1 杉木、马尾松考虑和不考虑碳汇收益的林地期望值

由图1可以看出，

（1）总体来看，在考虑和不考虑碳汇收益情景下，杉木和马尾松的林地期望值均呈现先递增后递减的倒“U”形状，林地期望值由负转为正。杉木考虑、不考虑碳汇收益的林地期望值和马尾松考虑、不考虑碳汇收益的林地期望值分别在轮伐期为8、8、14、14年时由负转为正，且对应林最大地期望值分别为54905.30、48409.56、41557.78、34195.88元/hm^2，分别发生在轮伐期为22、23、48、47年时。

（2）从两个树种来看，考虑与不考虑碳汇收益的林地期望值之差均呈现先递增后递减的趋势，且以19年为分界线，之前杉木差异大于马尾松，之后则相反。其中，杉木在考虑和不考虑碳汇收益2种情景下的林地期望值之差的范围在4283.88~6886.60元/hm^2，最大差异发生在轮伐期为13年时，马尾松变动范围在1.26~7478.54元/hm^2，且随轮伐期延长差距在不断扩大。可见，将碳汇收益纳入林地期望值对马尾松的影响远大于杉木。

（3）从两个树种对比来看，杉木和马尾松考虑碳汇收益的林地期望值之差及其不考虑碳汇收益的林地期望值之差均呈现先增加后减少的趋势，走势趋于重合。两树种考虑碳汇收益的林地期望值差异最大值为73162.05元/hm^2，不考虑碳汇收益的林地期望值差异最大值为68080.93元/hm^2。

（二）考虑碳汇收益的林地期望值主要影响因素敏感性分析

林地期望值测算所涉及的变量主要来自三方面：贴现率、投入品和产出品价格、投入量。投入量变动即劳动和资本等投入量的变动，它不仅直接增加成本从而减少木材净收益，还对林木的生长存在一定程度的影响，但此种情况较为复杂，且农户经营行为通常较为固定，投入量很少发生较大变化，故本研究假定投入量在当前经营周期内为常量，主要考查贴现率、投入品价格和产出品价格变动对林地期望值的敏感性。

1. 贴现率对林地期望值的敏感性分析

贴现率的变动不仅直接影响林地期望值，还通过影响碳价格从而影响碳汇收益间接改变林地期望值，本文在研究碳价格随贴现率变动的前提下，进一步探讨其对林地期望值的影响。本文讨论贴现率在1%到8%之间波动时碳价格的变化趋势[12,15~16]，此时，碳价格维持在24.65（元/吨 - CO_2） -36.15（元/吨 - CO_2）之间，碳价格与贴现率成反比例关系。根据碳价格随贴现率的变化情况及贴现率对林地期望值的直接影响，得出林地期望值随贴现率的变化相对于贴现率为5%，即本研究第一节采取的贴现率情况下林地期望值的变动情况。见表4。

表4　杉木、马尾松考虑碳汇收益的林地期望值对随贴现率的敏感性分析（%）

	1%	2%	3%	4%	5%	6%	7%	8%
杉木	267.51	97.40	41.87	15.09	0.00	-9.09	-14.39	-17.12
马尾松	197.28	67.63	26.78	8.61	0.00	-4.05	-6.09	-7.34

数据来源：调查数据整理。

由表4可以看出，首先，以上文所用贴现率5%为分界线，大于5%时，林地期望值变动为负，小于5%时，林地期望值变动为正；其次，随贴现率不断增加，两个树种的林地期望值变动幅度不断减小，且两两之间的差距在缩小；再次，较之杉木和马尾松，可以明显地看出，在任何贴现率下，杉木的林地期望值变动幅度都大于马尾松，即杉木受贴现率变动的影响较为敏感。

2. 价格对林地期望值的敏感性分析

林地期望值所涉及的价格因素主要包括：投入品价格和产出品价格，其中，投入品价格主要包括抚育劳动力价格、采伐劳动力价格、种苗价格、肥料价格，产出品价格主要包括碳价格、木材价格。敏感性分析假设影响林地期望值的其他因子保持不变情况下，其中一个因子变动1个单位时，林地期望值变动的百分比。结果见表5。

表5　杉木、马尾松考虑碳汇收益的林地期望值对价格的敏感性分析（%）

		抚育劳动力价格	采伐劳动力价格	种苗价格	肥料价格	碳价格	木材价格
杉木	20%	-12.07	-15.83	-0.8	-0.57	2.38	58.99
	10%	-6.13	-7.93	-0.4	-0.29	1.19	29.35
	-10%	6.3	7.95	0.4	0.29	-1.19	-28.95
	-20%	12.78	15.94	0.8	0.57	-2.38	-57.37

（续）

		抚育劳动力价格	采伐劳动力价格	种苗价格	肥料价格	碳价格	木材价格
马尾松	20%	-10.8	-12.03	-0.57	-0.52	3.54	54.53
	10%	-5.42	-6.02	-0.28	-0.26	1.77	27.26
	-10%	5.57	6.02	0.28	0.26	-1.77	-27.25
	-20%	10.98	12.03	0.57	0.52	-3.54	-54.49

数据来源：调查数据整理。

由表5可以看出：

（1）林地期望值变化与投入品价格成负相关，与产出品成正相关，且两树种对各价格的敏感性大小的顺序相同。投入品价格提高时，考虑碳汇收益的林地期望值均呈现降低趋势，而产出品价格上升时，考虑碳汇收益的林地期望值均呈现上升趋势；杉木和马尾松对各价格的敏感性从大到小的顺序是：木材价格、采伐劳动力价格、抚育劳动力价格、碳价格、种苗价格、肥料价格。

（2）不同价格因子的敏感性有差异，同一因子对不同树种的敏感性也有差异。具体看来，就当价格提高20%时，木材价格、抚育劳动力价格、采伐劳动力价格二者引起的林地期望值变动百分比均高于10，而种苗价格、肥料价格、碳价格三者引起的林地期望值变动百分比均低于4，可见前三者的敏感性比后三者强。抚育劳动力价格、采伐劳动力价格、种苗价格、肥料价格、木材价格对杉木林地期望值的敏感性强于马尾松，而碳价格对马尾松林地期望值敏感性强于杉木。

四、主要结论与建议

（一）主要结论

本研究在估算杉木、马尾松的碳贮量的基础上，采用碳税率法计算其碳价值，通过构建修正后的Hartman模型，比较考虑和不考虑碳汇收益2种情景下的林地期望值，最后模拟分析了贴现率、投入品价格和产出品价格变动对林地期望价值变动的影响。研究结果表明：

（1）杉木轮伐期约为马尾松的一半，但单一轮伐期内净收益却高于马尾松。杉木轮伐期平均为22年，马尾松则为48年，杉木单一轮伐期净收益为35514.94元/hm^2、而马尾松仅为26183.69元/hm^2。

（2）杉木和马尾松的林地期望值均呈现先递增后递减的倒“U”形状，但随着轮伐期的延长，二者的差距逐渐减小，考虑碳汇收益比不考虑碳汇收益林地期望值由负转为正提前了6年，与不考虑碳汇收益相比，考虑碳汇收益情况下，马尾松碳汇收益增长大于杉木，表明杉木与马尾松林地期望值的差距将变小。

（3）贴现率对林地期望值负相关，且随贴现率不断增加，两个树种的林地期望值变动幅度不断减小，且两两之间的差距在缩小。不同价格因子的敏感性有差异，且同一价格因子对不同树种的敏感性也不同，尤其是木材价格的变动对林地期望值的影响很强，而木材价格由市场供求关系决定，且近年来波动性较大，故木材价格对林地期望值的影响不稳定。

（二）建　议

基于以上分析结论，本研究认为：

（1）应针对经营的树种选择适宜的轮伐期长度和经营方式。对于以杉木为经营树种的林农来说，适合采取短轮伐期精耕细作的经营方式；而对以马尾松为经营树种的林农来说，则更适合采取长轮伐期相对粗放的经营方式。

（2）对国家发展林业碳汇，应对气候变化而言，政府应积极推进碳汇交易进程。具体看来，将碳汇收益纳入森林经营，不仅切实地提高了林地期望值，而且碳价格的正影响能够减弱投入品价格等对林地期望值的负影响，从而稳定农民收益，同时，鉴于马尾松种植面积的大量减少，而杉木急剧增多的现状，逐步出现树种单一化趋势，不利于生态环境的稳定，而将碳汇收益纳入林地期望值对马尾松影响远大于杉木，故发展森林碳汇能促进树种多样化种植，更好的保护环境。

参考文献：

［1］Sedjo R A，J Wisniwski，A V Sample，J D Kinsman. The economics of managing carbon via forestry：Assessment of existing studies. Environmental and Resource Economics，1995，6：139 ~ 165.

［2］王祖华，刘红梅，关庆伟，等．南京城市森林生态系统的碳储量和碳密度［J］．南京林业大学学报（自然科学版），2011，04：18 ~ 22.

［3］Benítez P，McCallum I，Obersteiner M. Global Supply for Carbon Sequestration：Identifying Least ~ Cost Afforestation Sites Under Country Risk Considerations. Laxenburg，Austria，IIASA，2004. IR ~ 04 ~ 022.

［4］Englin J，Callaway J. Global climate change and optimal forest management. Nat Resour Model，1993，7（3）：191 ~ 202

［5］Stainback G A，Alavalapati J R R. Economic analysis of slash pine forest carbon sequestration in the sourthern U. S. Journal of Forest Economics，2002，8：105 ~ 117.

［6］张治军，张小全，朱建华，等．清洁发展机制（CDM）造林再造林项目碳汇成本研究——以 CDM 广西珠江流域治理再造林项目为例．气候变化研究进展，2009，5（6）：348 ~ 356.

［7］张小全．造林项目碳汇计量与监测指南．2009，07，16.

［8］魏文俊，王兵，李少宁，等．江西省森林植被乔木层碳储量与碳密度研究［J］．江西农业大学学报，2007，05：767 ~ 772.

［9］黄方．森林碳汇的经济价值［J］．广西林业，2006（5）：42 ~ 44.

［10］晏红卫．沿河县主要森林类型碳汇能力及经济价值评估初探［J］．绿色科技，2010（10）：123 ~ 130.

［11］张鑫，李俊梅．昆明西山森林公园碳汇功能及其经济价值估算［J］．环境科学与技术，2010，33（12）：559 ~ 562.

［12］Uzawa，H. Global warming initiatives：The Pacific Rim. In Global Warming：Economic Policy Responses，edited by R. Dornbusch，and J. M. Poterba. Cambridge：The MIT Press，1991.

［13］王枫，沈月琴，朱臻，等．杉木碳汇的经济学分析：基于浙江省的调查［J］．浙江农林大学学报，2012，05：762 ~ 767.

［14］王周绪，姜全飞．中国林业行业基准贴现率研究［J］．林业经济，2006（6）：39 ~ 44.

［15］Zuzana Chladná. Determination of optimal rotation period under stochastic wood and carbon prices. Forest Policy and Economics，2007，9：1031 – 1045.

［16］张晓燕，沈月琴，吴伟光，等．浙江省竹子科技园区经济效益评价［J］．北京林业大学学报（社科版），2009，8（2）：75 ~ 79.

基于低碳经济的伊春市森林碳增汇问题分析

姜丽娜
（东北林业大学经济管理学院，哈尔滨，150040）

摘要：基于低碳经济的视角，以伊春市为例，对伊春市森林资源进行历史分析、现状分析和预测分析，结合森林碳增汇理论实践，探索森林碳增汇理论的新观点、新思维。提出森林碳增汇量计算的理想模式并对伊春市未来一段时间的森林固碳增汇量进行计算分析，研究从长远的目光来看应该如何更好地对森林进行积极培育、合理轮伐，合理利用土地资源、合理开发利用森林资源从而提高森林蓄积量，达到长期且最大限度的增加森林固碳量。

关键词：低碳经济；林业；碳增汇

The Analysis of Forest Carbon Sink in YiChun based on Low-carbon Economy

JIANG Li-na
（School of Economics and Management，Northeast Forestry University，Harbin，150040）

Abstract：Based on the perspective of low-carbon economy and taking Yichun as an example，this thesis is to conduct the historical，current and predictive analysis of forestry resources in Yichun. Combined with the theory and practice of carbon sinks，this thesis explores the new ideas and thoughts of the carbon sinks theory. It is planed in the thesis to come up with ideal model for calculating the volume of the forestry carbon sinks and to analyze the volume of solid forestry carbon sinks some time in the future. Besides，the thesis is to research how to better get the active cultivation and rotation of the forest，and how to rationally make use of the land resources and to exploit and utilize the forest resources in long term so as to enhance the forest reserve and to increase the volume of solid forestry carbon sinks in the long run and with maximum.

Keywords：low-carbon economy；forestry；carbon sinks

低碳经济是以低能耗、低污染、低排放为基础的经济模式，在制定低碳经济规划时，要正确认识并充分发挥林业在低碳经济中的重要作用以及对推动中国低碳经济发展具有重要意义。发展低碳经济，在提倡节能减排的同时，必须重视发挥森林的固碳增汇作用。黑龙江伊春地区是我国重要的国有林区，同时在生态保护方面也具有十分重要的地位。本文以伊春市为例，就如何保护森林资源，更好地发挥森林碳汇作用，从而更大限度的增加森林碳汇量，进而促进低碳经济发展进行分析与探讨，对林业在发展低碳经济中的重要作用提供认识和参考。

作者简介：

第一作者：姜丽娜（1988～），女，黑龙江哈尔滨人，东北林业大学经济管理学院硕士研究生，主要研究方向：林业技术经济研究。

一、伊春市林区森林资源概况

伊春市素有“祖国林都”之称，全市森林覆盖率83.4%，是我国的重要木材生产基地。伊春市位于黑龙江省北部，南北长330km，东西宽130km，小兴安岭纵贯全境。东邻萝北县、鹤岗市、汤原县，南接依兰县、通河县、木兰县，西接庆安县、绥棱县，北与逊克县相连，东北部249.5km边境线与俄罗斯隔江相望，全市行政区划面积32759 km^2，林业施业面积396万hm^2。

（一）森林资源面积

伊春林区经营总面积392.06万hm^2（见表1）。有林地面积329.98万hm^2，无林地面积7.62万hm^2，疏林地面积1.65万hm^2，灌木林地面积0.37万hm^2，未成林造林地面积1.19万hm^2，苗圃面积0.12万hm^2，其他土地面积54.45万hm^2（包括地方所属的非林地面积8.82万hm^2），森林覆被率83.9%。

表1　2011年伊春市森林资源面积（hm^2）

企业名称	总面积	有林地面积	无立木林地面积	其他
总计	3920620.8	3299831.7	76249.6	544539.5
一、伊春林管局合计	3415714	2956247.9	49588.1	409878
1. 伊春林业局合计	3371657	2920525	49283.1	401848.9
2. 伊春直属单位	44057	35722.9	305	8029.1
二、地方合计	408164.8	252720.8	25982.9	129461.1
三、带岭局	96742	90863	678.6	5200.4

（二）森林资源蓄积

伊春市全市2011年森林蓄积量总蓄积27553万m^3，林木总生长量873.8万m^3。有林地面积321万hm^2，蓄积25396万m^3，其中幼龄林面积76.6万hm^2，蓄积4512万m^3，占有林地面积、蓄积的23.9%、17.8%；中龄林面积192万hm^2，蓄积15600万m^3，占有林地面积、蓄积的59.8%、61.4%；近熟林面积38.5万hm^2，蓄积3853万m^3，占有林地面积、蓄积的12.0%、15.2%；成过熟林面积14万hm^2，蓄积1430.7万m^3，占有林地面积、蓄积的4.3%、5.6%；其面积结构比例为幼：中：近：成过=24∶60∶12∶4，蓄积结构比例为幼：中：近：成过=18∶61∶15∶6。

（三）森林资源发展动态分析

1. 森林总蓄积

伊春的森林总蓄积从天然林保护工程开始后保持相对稳定。1994年末为24715万m^3，2007年末为23687万m^3，到2011年末为26384万m^3。从伊春森林蓄积变化图可看出，从1998年天然林保护工程开始后，伊春的森林总蓄积，趋向稳定，并从2001年开始呈现逐年增长的趋势。详见伊春森林蓄积变化图（图1）。

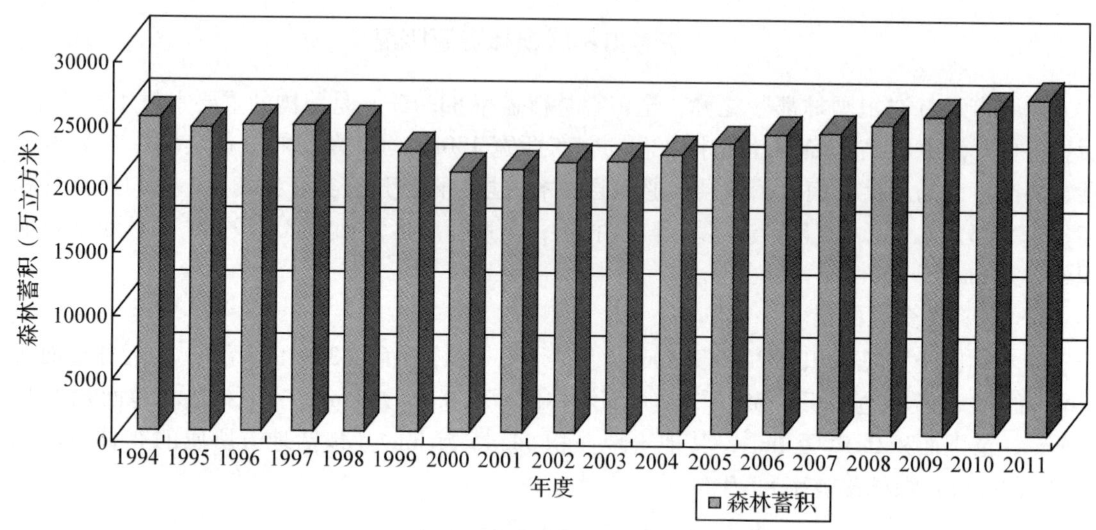

图1 伊春森林蓄积变化图

2. 生长量

伊春市林木生长量的变化趋势与森林总蓄积的变化趋势相同，从天然林保护工程开始后保持相对稳定且有小幅上升。

伊春市林木生长量 1994 年为 846 万 m^3，2001 年末下降到 814 万 m^3，2011 年达 874 万 m^3，详见伊春林木生长量变化图（图 2）。

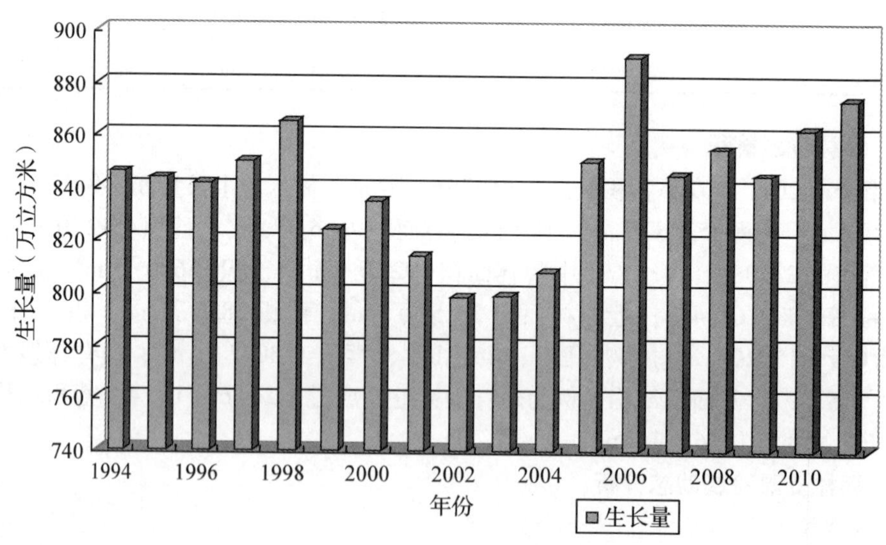

图2 伊春林木生长量变化图

二、伊春市森林碳增汇能力分析

（一）森林碳增汇的影响因素

森林通过呼吸和光合作用吸收并固定二氧化碳，从而减少大气中二氧化碳浓度，为减缓温室效应提供贡献。这种贡献的大小归根到底取决于森林生物量的大小、生长速度以及固碳时间长短三个测量指标。生物量大小直接决定固碳量，森林的碳汇作用主要有林地固碳、林下植物固碳和森林生物固碳三种形式。生长速度在时轴上可以衡量森林的固碳效率，而在森林不断生长的过程中，合理轮伐可以在一定程度上有效的促进森林的固碳效率。固碳时间长短与树木等林中植物生命周期有关，它衡量的是森林对于固碳的总体贡献。鉴于此，森林蓄积存量是保持森林固碳能力的一个基线，森林蓄积增量才是森林固碳增汇的贡献。

（二）森林间接固碳作用不可忽视

林地固碳和林下植物固碳有明显的作用，但在不断的轮伐过程中它们基本保持在一个定量。因此，衡量森林碳增汇效果不仅要考虑森林的直接固碳作用还要考虑森林间接固碳作用。这是一个极其重要的问题，但常常被公众乃至研究者忽略，因为土地是有限的、树木生长速度是有限的、森林蓄积也是有极限的，但是如果合理培育、合理轮伐可以使森林固碳作用被拉伸、延长和放大。森林在一个轮伐期结束的时候，固碳形式将以木材或相关木材衍生产品的形式固碳。当然在森林采伐和加工过程中，会有部分森林固碳量损失或者以各种形式又重新回归大气，但是绝大部分森林固碳量仍然会保存下来。这种转变恰恰是森林固碳作用的拉伸、延长，是森林高效、合理利用和经营的最佳方式。

（三）伊春市森林碳增汇潜力预测

假设某速生丰产树种，轮伐期是30年，我们以90年为一个计算周期。那么合理轮伐应该达到3次，如果一味地强调保护可能轮伐只有1次或者2次。总面积蓄积量为V，其中生态林所占比例为30%，木材比重为α，活立木（树木）含碳率为β，森林蓄积利用率r_1，木材出材率r_2。用N表示轮伐次数。

据此计算总面积森林固碳量和轮伐后固碳延伸总量：

$$C=\alpha\beta V(1-30\%)+N\alpha\beta V(1-30\%)\cdot r_1\cdot r_2$$

又假设森林资源利用率为80%，木材出材率为75%。在蓄积量和木材比重不变的情况下，则：总面积土地，在90年内

轮伐一次固碳量 $C_1=\alpha\beta V(1-30\%)+(N_1-1)\alpha\beta\cdot V(1-30\%)\cdot r_1\cdot r_2$
$=0.7\alpha\beta V$

轮伐二次固碳量 $C_2=\alpha\beta V(1-30\%)+(N_2-1)\alpha\beta\cdot V(1-30\%)\cdot r_1\cdot r_2$
$=1.12\alpha\beta V$

轮伐三次固碳量 $C_3=\alpha\beta V(1-30\%)+(N_3-1)\alpha\beta\cdot V(1-30\%)\cdot r_1\cdot r_2$
$=1.54\alpha\beta V$

由此可见，如果森林进行最大化的合理轮伐，在一定的时期内，其固碳总量可以达到2.2倍。这种假设虽然只是理想模式，不一定可以实施，但是可以从宏观上证明合理采伐是使森林固碳作用被拉伸、延长和放大的一种有效途径。为了实现森林面积与森林蓄积“双增”的目标，应该充分重视森林碳增汇的总贡献，更好地发挥碳汇作用。

活立木木质部分的元素成分构成因树种不同有所差别，但是大体构成如下：碳占50%，氧占43%，氢占6%，氮占1%。伊春市2010年木材产量为1423580t，森林蓄积量为267313777 m^3，由此预测伊春市2040年森林碳增汇潜力：

轮伐一次固碳量 $C_1=\alpha\beta V(1-30\%)+(N_1-1)\alpha\beta\cdot V(1-30\%)\cdot r_1\cdot r_2$
$=0.7\alpha\beta V=498253\text{t}$

由于蓄积量和木材比重每年都会有变动，所以应该是根据伊春市林区实际数据计算森林

碳增汇潜力，在此假定蓄积量和木材比重不变的情形下预测伊春市2070年森林碳增汇潜力：

轮伐二次固碳量 $C_2 = \alpha\beta V\ (1-30\%)\ +\ (N_2-1)\ \alpha\beta \cdot V\ (1-30\%)\ \cdot r_1 \cdot r_2$

$= 1.12\alpha\beta V = 797204.8\text{t}$

2100年森林碳增汇潜力：

轮伐三次固碳量 $C_3 = \alpha\beta V\ (1-30\%)\ +\ (N_3-1)\ \alpha\beta \cdot V\ (1-30\%)\ \cdot r_1 \cdot r_2$

$= 1.54\alpha\beta V = 1096156.6\text{t}$

三、低碳经济下伊春市森林碳增汇的必要途径

（一）停止主伐、增加森林资源蓄积量

2009年9月，胡锦涛主席在联合国气候变化峰会上向全世界做出“到2020年中国森林面积比2005年增加4000万 hm^2 和森林蓄积量增加13亿 m^3”的庄严承诺。而要达到这一目标，一靠增加森林面积，二靠提高森林蓄积量。伊春市作为重要的国有林区，森林覆被率很高，已经不可能再通过增加森林面积进行森林资源的培育。因此，在低碳经济要求林业可持续发展的背景下，森林碳增量更多的需要依靠增加森林蓄积量。实施天然林保护工程以来，伊春通过停止主伐、强化保育等一系列刚性措施，有力地促进了森林资源的恢复，年均立木生长量达到900多万 m^3。保守估算，到2020年，森林蓄积量将至少比2005年净增1.3亿 m^3，相当于中国向世界承诺的森林蓄积增加量的1/10以上。这也同时意味着促进森林蓄积量的增加是伊春市实现森林碳增汇、发展低碳经济的必经之路。

（二）加强抚育、积极培育森林资源

根据对伊春森林资源现状的分析可以发现，由于实施天保工程以前长期以采伐利用林木为主，却忽视了森林的合理抚育，现在伊春市森林单位面积蓄积只有70.3 m^3/hm^2，与世界平均水平森林单位面积蓄积114 m^3/hm^2 以及吉林森工集团单位面积蓄积139.5 m^3/hm^2 相差较大，这一方面反映出森林培育的差距，另一方面也看出伊春市在增加森林蓄积和增加碳汇方面的潜力是巨大的。当然就目前来看伊春市的森林资源还需要一段时间休养生息，之后通过对现有森林加大经营的抚育力度，促进森林加快增长，提高森林蓄积量，达到增加森林碳汇的效果。森林是陆地生物固碳的主体，据研究，林木每生长1 m^3 可以吸收 CO_2 1.83t。要想让森林蓄积量不断地增加，就必须在森林经营上下功夫，以科学的经营方法和有效的人工抚育，利用有限的林地面积创造出更多的林木蓄积量，这才可以应对气候变化，提高碳汇能力，实现增加固碳量的目标。因此从长远来看，合理利用土地资源、合理开发利用森林资源才是伊春林业发展低碳经济的根本之路。

（三）集约经营、积极合理轮伐森林资源

利用森林的固碳功能在发展中国家开展固碳项目被认为是低碳经济下固碳减排方式中成本效益最优的方法，因此碳贸易正成为目前减缓气候变化的一个很有效的办法。但是碳贸易是要有足够的碳封存量在抵消 CO_2 的排放之后还能有碳额度进入市场买卖，根据额外性的原则，伊春市作为国有林区并不适用。在持续天保工程的背景下，伊春市想要依托生态和资源优势，走出一条发展低碳经济、循环经济、绿色经济的新路就必须最大限度的提高森林固碳量。伊春市的固碳功能潜力巨大的，只是一味地、片面地保护森林是消极的措施，如何用好现有的土地资源，进行集约经营合理轮伐才是增加森林固碳量的关键。

（四）绿色碳基金间接补贴与鼓励

伊春作为主要国有林区虽然森林碳汇量巨大，但是并不适合开展直接的碳汇贸易项目。如果可以获得中国绿色碳基金的适当风险补偿和补助，既能缓解所承担的压力，又可以促进碳增汇的潜力发掘、促进低碳经济发展要素的流动速度和使用效率。依靠绿色碳基金项目等形式对于国有林区森林碳汇给予间接地补贴和鼓励，再加上低碳扶持政策体系作为保障，将推动伊春市进行碳增汇的低碳经济发展模式，增强中国森林生态系统整体的碳汇功能，加快中国森林恢复进程，促进伊春当地经济社会发展，同时也将有利减缓全球气候变暖趋势。

四、结 论

我国人口众多，人均森林资源较少，因此必须发展可持的续森林经营，加强从森林的培育、管护到采伐的过程管理，提高森林管理的科学化和规范化程度，从而提高森林生产力和资源质量。通过适地适树进行造林再造林来增加森林面积，同时要合理减短轮伐周期，最大化的增加森林固碳量。扩大森林的资源面积和提高森林蓄积量是实现森林碳增汇被拉伸、延长和放大的有效途径，国有林区虽然不适合开展直接的森林碳汇贸易项目，但是其森林的碳汇作用巨大，如果不能很好地管理、经营好国有林区森林资源，全国的森林碳汇额外性就会受到影响，如果那样的话森林资源的碳汇作用会变成碳源作用。随着我国植树造林、林业生态工程的实施、森林管理水平的进一步提高和不断地改善森林碳增汇的路径，未来我国森林在应对气候变化和全球变暖中的作用将会进一步增强。

参考文献：

［1］国务院．中国应对气候变化的政策与行动－2009 年度报告．国家发改委，2009.

［2］李怒云，陈叙图，章升东．林业在发展低碳经济中的地位与作用［J］．林业经济，2010（2）：73～75.

［3］续珊珊．中国森林碳汇问题研究——以黑龙江省森工国有林区为例［M］．北京：经济科学出版社，2011

石漠化治理区三类造林模式的碳增汇综合效益评价

王 见 文 冰 曹超学

（西南林业大学经济管理学院，昆明，650224）

摘要： 从生态、经济和社会效益三个方面，运用层次分析法对建水县石漠化治理区乔木纯林、灌木纯林、乔灌混交林等三类造林模式的碳增汇综合效益进行评价，认为三类造林模式综合效益的排序为乔木纯林、乔灌混交林、灌木纯林，并就研究中的局限和改善各模式综合效益水平的措施进行了讨论。

关键词： 石漠化；造林模式；碳增汇；综合效益

ComprehensiveBenefit Evaluation of Three Afforestation Model in Rocky Desertification Control Area Based on Increasing Carbon Sink

WANG Jian　Wen Bing　CAO Chao-xue

（Faculty of Economics and Management，Southwest Forestry University，Kunming，650224）

Abstract： The thesis chooses three afforestation model in rocky desertification control area，which are arbor pure forest ，shrub pure forest and arbor-shrub mixed forest，to evaluate their comprehensive benefit of increasing carbon sink based on economic benefits，social benefits and ecological benefits，using the analytic hierarchy process. Analysis shows that the comprehensive benefit of pure forest is better than arbor-shrub mixed forest，and arbor-shrub mixed forest is better than shrub pure forest. Finally，it indicates the shortage of this study and the ways to improve the level of comprehensive benefits of each mode.

Key words： rocky desertification；afforestation mode；increasing carbon sink；comprehensive benefit

在全球气候变暖受到国际社会关注的背景下，林业碳汇作为最直接、最有效的应对措施之一，正在成为国际社会日益关注的热点。造林和再造林活动可以增加森林的碳储量，但土地是有限的，如何在有限的土地上获得尽可能大的碳汇量，并在获取碳汇的同时使当地社会经济状况得以改善，从而减轻毁林压力，这就要求在造林树种和技术模式选择时，应从生态经济复合系统的角度出发，从生物产量的可持续性、经济发展的可持续性、社会发展的可持续性三个方面进行综合效益评价。

目前，国内对碳汇效益评价的研究多集中在固碳成本效益分析的层面。袁嘉祖、范晓

基金项目：

国家科技支撑计划课题（2008BAD95B09）、云南省林业低碳经济研究创新团队项目资助。

作者简介：

第一作者：王见（1977～），女，云南建水人，硕士，西南林业大学经济管理学院副教授，硕士生导师，副院长，研究方向：林业低碳经济，集体林权制度改革。

通讯作者：文冰（1957～），女，湖南华容人，西南林业大学经济管理学院教授，硕士生导师，研究方向：森林资源利用与政策、林业碳汇制度。

第三作者：曹超学（1977～），男，陕西礼泉人，硕士，西南林业大学经济管理学院副教授，硕士生导师，研究方向：林业经济管理，系统综合评价。

明[1]等人采用计算碳的成本效益方法分析中国森林碳汇功能，求得中国森林每储存1t二氧化碳的社会经济效益为11.18美元，若加强森林的管理和经营，可使每储存1t二氧化碳的社会经济效益有所提高。郭乐东、周毅[2]等人采用造林成本法，计算了不同森林类型的碳汇经济价值。吴霞[3]利用蓄积量转化法、区域生物量估算等方法计算了小陇山林区的碳价值。张志军[4]在研究广西造林再造林固碳成本效益时，运用经济学原理，比较各林分固碳成本现值、效益净现值的大小，结合CDM碳汇造林项目分析整个项目及其不同造林模式人工林核证减排量成本的动态变化。从现有文献看，较少有从综合效益角度开展的碳汇效益评价。

本研究以云南省建水县石漠化治理区为对象，针对当地常见的三类6种造林模式，力图从两个方面开展碳增汇综合效益评价的研究：

（1）同一地类上树种差异对增汇综合效益的影响，侧重比较乔木纯林之间、乔木纯林与灌木纯林之间的差异。

（2）同一地类上造林模式差异对增汇综合效益的影响，侧重比较纯林营造与混交林营造之间、不同混交方式之间的差异。

一、研究区概况

石漠化是我国南方岩溶地区较为常见的、主要由人为原因导致的地表呈现类似荒漠景观的岩石逐渐裸露的演变过程。目前，对石漠化的治理，主要采取封山育林、飞播或点播灌木树种、间种或营造乔木树种等方式来减缓石漠化的程度。本研究选择云南省建水县石漠化治理区的3类6种典型造林模式为研究对象，具体为：

（1）乔木纯林：云南松、加勒比松。云南松为本地乡土适生树种。加勒比松为引进树种，与云南松相比，加勒比松没有一段蹲苗期，能很快窜出草丛而提高造林成活率及保存率。两类树种的样地均在1996年营造。

（2）灌木纯林：车桑子。车桑子，常绿灌木，云南乡土树种。耐干旱瘠薄，萌发力强，是干旱瘠薄立地类型的常用先锋树种。样地营造时间为2002年。

（3）混交林：柏类+车桑子、柏类+松类+车桑子、松类+乡土阔叶类+车桑子。根据文献研究结果，建水县属于半干热石漠化地区，降雨量相对较小，但蒸发量大，可以通过营造混交林来降低火灾风险。混交林营造时，当地主要选用墨西哥柏和本地乡土阔叶树种白枪杆。样地营造时间为2002年。

根据造林规程，车桑子纯林按300塘/亩营造，其余模式均按200棵（塘）/亩营造，混交林一般按7灌3乔或6灌2松2阔（柏）比例搭配树种。

二、综合效益评价思路及指标构建

本研究将综合效益界定为综合收益与综合投入的比值。力图通过对该比值的计算，找出单位投入能带来最大碳增汇综合收益的营造林模式。其中，综合收益由经济收益、生态收益和社会收益三部分构成，综合投入包括在营造林过程中形成的土地占用成本、人力投入和各种物料投入。

$$综合效益=\frac{综合收益}{综合投入}$$

此外，收益和投入必须在同一时间基准上比较才有意义。由于几种造林模式都属于公益林营造，不存在采伐，因此不能用轮伐期作为评价的时限。考虑到树木生长规律，当进入成熟期后林相及生物量等指标都趋于稳定，因此本研究采用树木达到成熟期的年限作为综合评价的时间比较基准。查阅树木林龄分组发现，人工乔木林在树龄达 40 年时基本进入成熟林阶段，故以树龄 40 年作为评价的时间范围，并以 2011 年作为折现的基准年。

（一）综合收益的界定及指标构成

综合收益由经济收益、生态收益和社会收益三部分构成（图 1）。

本研究涉及的造林技术以当地植被生态恢复为主，在困难地块造林，主要采取封育方式管护，不存在因木材、薪材采伐而产生的经济收益，故经济收益主要包括两部分：非木材林产品利用带来的收益和林地价值增值。在研究区，非木材林产品收益主要表现为每年雨季的采菌收入。由于公益林不能进行流转交易，本研究以商品林林地流转过程中的价值增值作为造林活动对林地价值增值的体现。

生态收益是指人们在生产中依据生态平衡规律，使自然界的生物系统对人类的生产、生活条件和环境条件产生的有益影响和有利效果。目前，可市场化的生态收益表现为森林碳汇，因此本研究以碳汇收益作为生态收益的主要表现形式，同时考虑树种丰富度对生态收益的正向贡献。

社会收益是指最大限度地利用有限的资源满足社会上人们日益增长的物质文化需求，对就业、增加收入、提高生活水平等社会福利方面所作各种贡献的总称。本研究的社会效益是指营林活动对当地百姓就业和能力建设的提高。

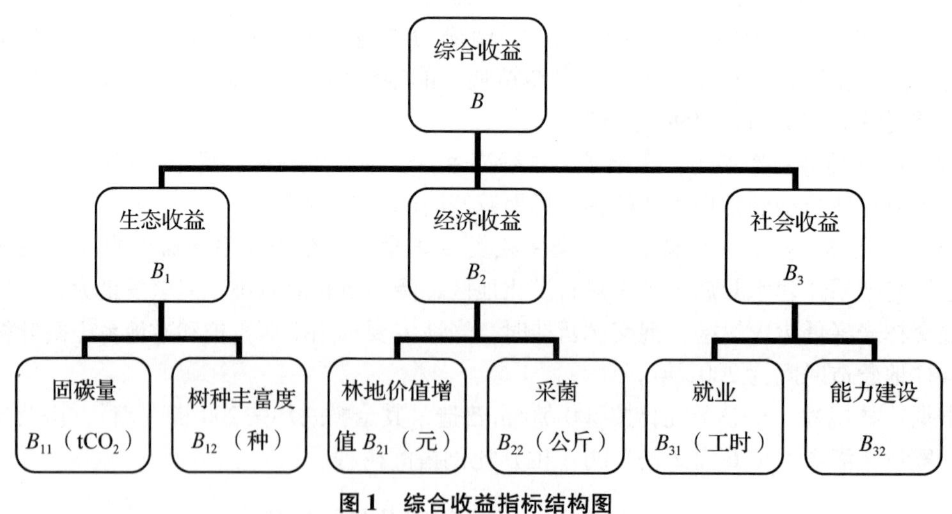

图 1 综合收益指标结构图

（二）综合投入的界定及指标构成

综合投入包括在营造林过程中形成的土地占用成本、人力投入和各种物料投入。实践中，根据造林规程设计，人力、物料投入中已包含相应的运输成本，因此不再单独列支（图 2）。

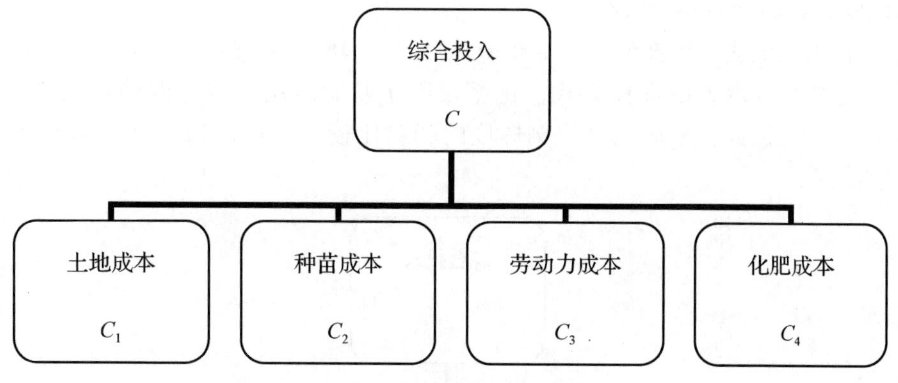

图2 综合投入指标结构图

（三）评价指标权重设计

考虑到各类指标的单位不一，本研究采用三级比例标度的相对比较法，对各级指标按重要性赋权，并应用向量归一法对各指标进行无量纲化处理。

1. 综合收益指标的权重设计

石漠化地区造林，生态功能是首位，社会贡献次之，而经济收益则是附带产生的。因此一级指标的重要性排序为：$B_1 > B_3 > B_2$。

生态收益的两项二级指标中，固碳是改善当地植被的首要功能表现，而树种的丰富度则可用来衡量植被群落的稳定性。本研究认为生态二级指标的重要性排序为：$B_{11} > B_{12}$。

经济收益的两项二级指标中，土地价值增值以林权流转的价格作为参考。采菌收益以每亩产量的均值作为依据。本研究认为，依托资源获取持续性的经济收入应优于通过一次性产权转移获得的收入，因此经济收益二级指标的重要性排序为：$B_{21} > B_{22}$。

社会收益的二级指标没有成熟的市场存在，因此要按照重要性赋权。由于造林技术简单，后期管护工作量小，根据对农户生计影响的重要性，社会收益的二级指标的重要性排序为：$B_{31} > B_{32}$。

综上，采用三级比例标度的相对比较法计算后，综合收益各级指标的权重结构图（图3）为：

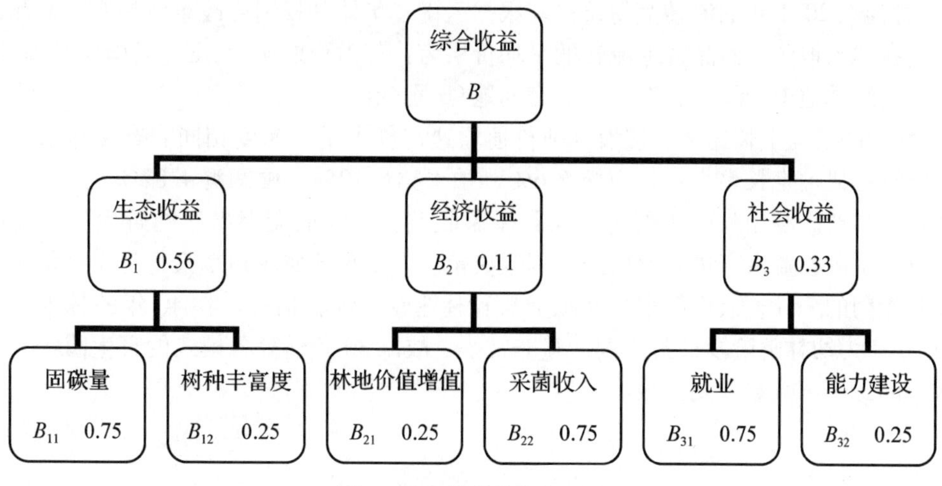

图3 综合收益指标权重图

2. 综合投入指标的权重设计

由于是在困难地块以植被恢复为主要造林目的，因此树种选择、造林过程中的劳动投入非常重要。造植后采取封山育林方式，化肥仅限于基肥施用，因此四种投入的重要性为：$C_2 > C_3 > C_1 = C_4$。因此，采取三级比例标度的相对比较法计算得到综合投入各级指标的权重结构图如图4：

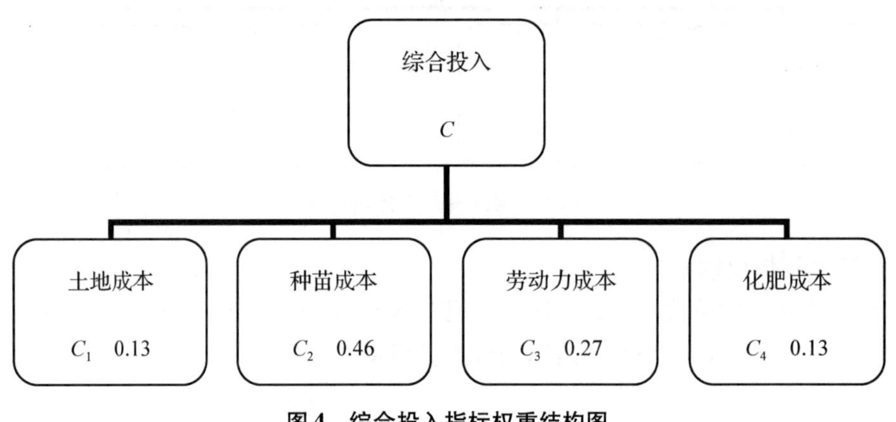

图4 综合投入指标权重结构图

三、各造林模式综合效益评价

（一）综合收益评价

1. 经济收益评价

林地的经济收益包括非木材林产品利用收益和林地价值增值收益。

林地价值增值收益计算公式如下：

$$Value = \frac{V\ (1+\delta)^{40-t}}{(1+r)^{40-t}} - 荒山荒地价格$$

其中：

t：至2011年时林木的树龄。松类纯林 =15，乔灌混交 =9，车桑子纯林 =9。

r：折现率，设定为5%。

V：林地在2011年的流转交易价格。根据云南省集体林权制度改革效果跟踪监测课题组的调查，在建水地区，商品林地流转的平均价格为：荒山荒地5元/亩，云南松林地269元/亩，车桑子纯林地19元/亩。乔－灌混交林地90元/亩。

δ：林木的平均生长速率，假设林地价值增速与林木生长速度相同。查阅建水县二类调查表，推算各树种生长率为：云南松5.6%，柏木类6.19%，硬阔类4.82%。

非木材林产品利用收益主要指采集野生菌收益。不同地类上出产的野生菌，其价值不同，所以野生菌收益由产量和价格两个因素决定。由于采菌属农户个人行为，且每年野生菌产量没有专门的统计，故仅能根据文献资料和林业专家经验估计。在40年的林木生长周期内，前10年为幼林龄阶段，野生菌产量非常小。故以30年估算各模式的野生菌收入。各造林模式下的野生菌收益预测见表1。

表 1　野生菌产量与价格表

造林模式	产量	价格
云南松纯林	6 千克/（亩·年）	80 元/千克
其他松纯林	5 千克/（亩·年）	60 元/千克
松类混交林	3 千克/（亩·年）	60 元/千克
车桑子灌木林	—	—

2. 生态收益评价

生态收益由固碳量和树种丰富度两个指标体现。树种的丰富度直接用样地造林规程中涉及的树种数量标记。固碳量计算时，本研究先根据样地实测的胸径和树高数据，结合材积方程或生物量方程计算至 2011 年各模式已储存的碳量，然后再根据树木生长率估算到树龄 40 年时样地应用的固碳总量。基本计算公式如下：

$S = WB \times CF \times 44/12$

$WB = Q \times V \times WD \times BEF\ (1 + R)$

式中：WB – 林木生物量；

CF – 林木平均含碳量；

Q – 单位林地面积林木平均株树；

V – 林木单株材积；

WD – 林木平均木材密度；

BEF – 林木生物量扩展因子；

R – 林木生物量根茎比。

其中，WD、BEF 和 R 主要根据国家和 IPCC 碳计量参数规定的缺省值和文献资料确定。各造林模式主要指标值见表 2。

表 2　主要树种的碳量计算指标

树种	材积方程/生物量方程	WD	BEF	CF	R	生长率（%）
松类	$V = 0.000063446 \times D^{1.976} H^{0.884}$	0.483	1.74	0.54	0.2	5.76
车桑子	$WB = 0.495\ (D^2 H)^{0.07402}$			0.5		—
墨西哥柏	$V = 0.000057173591 \times D^{1.881} H^{0.995}$	0.478	2.11	0.5	0.2	6.19
白枪杆	$V = H \times \pi \times \frac{D^2}{4}$	0.598	1.79	0.54	0.2	4.82

备注：白枪杆因没有专门的材积方程，研究时受采伐限制不能砍伐，故采用简易方程推测材积车桑子林实测数据时已进入成熟林阶段，不再考虑生长率。

3. 社会收益评价

社会收益主要用就业创造和能力水平提升来反映。根据造林规程，各造林模式的人工投入主要集中于营造的前 5 年，后期则进入封育管护阶段。其中，松类纯林的人工投入总量为 10.5 工日/亩，车桑子纯林为 1 工日/亩，2 树种混交林为 3.1 工日/亩，3 树种混交林为 5.1 工日/亩。

能力建设主要指林农通过参与林地营造所获得的能力提升，实施 10 分制。根据当地专家估计，由于造林技术简单，通过参与实施该种营林技术，农民林业生产能力提高的估值为：纯林营造5分，灌木林营造4分，混交林营造6分。

根据对各项二级指标的赋权，采用向量归一化处理后，各模式三项收益的矩阵因子见表3所示。

表3 各造林模式综合收益矩阵

模式	生态收益 B_1	经济收益 B_2	社会收益 B_3
云南松纯林	0.30	1.21	0.56
加勒比松纯林	0.70	0.77	0.56
车桑子纯林	0.01	0.00	0.12
墨+车混交林	0.04	0.02	0.25
墨+松+车混交林	0.05	0.46	0.34
白+松+车混交林	0.03	0.45	0.34

根据前述分析，生态、经济和社会收益的指标权重分别为

$$W=(0.56,\ 0.11,\ 0.33)$$

因此，综合收益总因子矩阵为表4。

表4 各造林模式综合收益因子

模式	综合收益 B
云南松纯林	0.49
加勒比松纯林	0.66
车桑子纯林	0.05
墨+车混交林	0.11
墨+松+车混交林	0.19
白+松+车混交林	0.18

（二）综合投入评价

各造林模式投入均包括土地成本、种苗成本、人工成本和化肥成本四个部分。由于造林当年没有可交易的林地价格作参考，故以造林面积计算投入。根据当地造林规程设计说明，各造林模式的投入见表5所示。

表5 各造林模式投入情况表

模式	土地（亩） C_{11}	种苗（元/亩） C_{12}	人工（元/亩） C_{13}	化肥（元/亩） C_{14}
云南松纯林	1	40	420.8	9
加勒比松纯林	1	40	420.8	9
车桑子纯林	1	3.75	40	9
墨+车混交林	1	15	123.6	9
墨+松+车混交林	1	19	205.2	9
松+白+车混交林	1	23	205.2	9

综合投入各二级指标的权重关系为 $W=(0.13,0.46,0.27,0.13)$，据此按照向量归一化法对初始矩阵进行规范化可得各造林模式综合投入总因子表，见表6。

表6 各造林模式综合投入总因子表

模式	综合投入 C
云南松纯林	0.55
加勒比松纯林	0.55
车桑子纯林	0.15
墨+车混交林	0.26
墨+松+车混交林	0.32
松+白+车混交林	0.35

（三）综合效益评价

各造林模式的综合收益与综合投入总因子整理如下，据此有各造林模式的综合效益见表7。

表7 各造林模式的综合效益值表

模式	综合收益 B	综合投入 C	综合效益 B/C
云南松纯林	0.49	0.55	0.89
加勒比松纯林	0.66	0.55	1.20
车桑子纯林	0.05	0.15	0.33
墨+车混交林	0.11	0.26	0.42
墨+松+车混交林	0.19	0.32	0.59
松+白+车混交林	0.18	0.35	0.51

四、结论与讨论

（一）乔木纯林的综合效益优于灌木纯林

三类纯林综合效益因子的排序为：

加勒比松纯林 1.2 > 云南松纯林 0.89 > 车桑子纯林 0.33

从计算结果看，乔木纯林属高投入高产出类型，灌木纯林属低投入低产出类型。从单位投入所产生的碳增汇综合效益看，乔木纯林比灌木纯林优势明显，综合效益因子是灌木纯林的2.7～3.6倍。

乔木纯林中加勒比松纯林的综合效益比云南松纯林的综合效益略占优。差异主要来自加勒比松生长速度比云南松快，不存在蹲苗期，因此单位时间内产生的固碳收益更高。

但是，上述结果是在不考虑以下因素的情况下得到的：

(1) 从造林成活率、保存率来看，文献研究表明车桑子均在100%，而乔木在70%～80%左右。车桑子造林3年见成效，5年就可达到郁闭，对石漠化地区植被改善时间短见效快[5]。相比而言，乔木纯林郁闭度达30%需10年左右时间，达55%需25年左右的时间。

在评估时并未能找到有效方法对车桑子迅速改善地被的优势加以体现。

（2）云南松虽然在树高、胸径生长方面比加勒比松缓慢，但其冠幅生长明显优于加勒比松。云南松有蹲苗期，种植前3年主要生长根系、地径，10a左右才进入高速生长期，其作为乡土树种的特征才开始显现[6]。在评估时只重点考虑了树干固碳量，植株地下部分固碳的差异没有得到体现。另外，相比松类生长周期而言，实测数据时的树龄还太小，云南松的生长优势还未体现，这可能部分导致对云南松固碳能力估测偏低。

（二）乔木纯林的综合效益优于混交林

乔木纯林综合效益的均值为1.045，混交林综合效益的均值为0.506，前者是后者的近1倍。现实中，近年来建水县防护林工程建设多进行混交林营造，纯林营造活动仅限于补植补造。差异可能来自以下原因：

（1）乔木纯林均属松类树种，根据样地数据，固碳量明显优于混交林。但是这种固碳优势中不包括对地下碳量的计算，也没有考虑实验样地之间土壤、坡度等立地条件的差异性。

（2）松类纯林固碳量虽高，但易受虫害威胁，一旦遭受虫害，树木就面临大面积死亡的威胁。营造混交林则能有效改善林内生态环境，降低虫害造成的损失。评估时虽然考虑了树种丰富度的影响，但并未能完全体现这种差异。

（3）建水县属于半干热石漠化地区，降水量相对较小，但蒸发量大，用松树营造纯林易发生火灾，而如果营造混交林，通过合理的搭配种植，形成针阔混交格局，并通过加强后期管理，提高当地居民的环境保护意识，则可以有效减少造林区的火灾发生率[6]。评估时，混交林对减少火灾发生率的贡献没有得到考虑。

（三）混交林综合效益随树种增多而提高

三种混交模式的综合效益排序为：

墨+松+车混交0.59>白+松+车混交0.51>墨+车混交0.42

总体而言，搭配树种的增多使造林模式的综合效益得到提高。三树种搭配中，尽管墨+松+车混交的综合效益略优于白+松+车模式，但近年来建水县的造林实践中开始更多使用后一种模式，主要是因为白枪杆属本地适生乡土阔叶树种，与针叶树种搭配，在防火和林相方面更具优势，且有利于保护乡土物种资源，而这些差异尚未能在研究中量化体现。

（四）管理和利用方式的改变有利于提高车桑子纯林综合效益值

车桑子纯林营造的低成本优势并未能在综合效益计算中体现出来，根本原因是其碳收益低，且没有经济效益。根据文献，车桑子在5年左右就达到成熟，虽然其天然萌生能力强，但因林分郁闭度已较高，地上部分的固碳量将基本稳定。相比之下，其他造林模式的固碳量则会在较长的时间内随林木生长而有较大的增长空间。

在现有的封山育林管护方式下，车桑子林是不能砍伐的。如果能改变这种管理方式，允许车桑子林在3~5年后根据合理的作业规划进行采伐更新，那原有土地上的固碳量就可以重获增长空间，以研究所设定的树龄40年计，在这种管理方式下，车桑子林样地的固碳量就可以增加至少5倍。另外，近年来对车桑子属植物化学成分与生物活性的研究日趋活跃，尤其是对其药理作用的研究，文献表明该属植物具有抗菌、抗病毒、抗炎、解痉和杀虫等作用[7]（牛红梅，2010），也有文献提及用车桑子造纸[8]。作为一种大面积广泛种植、更新能力强的植物，车桑子已具备产业开发的原料基础，如果能在化工、医药领域获得产业应用，将在发挥生态效益的同时产生可观的经济收益。届时车桑子林的综合收益比将大大提高。

此外，通过改造现有车桑子林的林相结构，即在林地内适当补植补种乔木林也是有效提高车桑子林地碳收益的有效途径。

参考文献：

［1］袁嘉祖，范晓明．中国森林碳汇功能的成本效益分析，河北林果研究［J］，1977（1）：20～241.

［2］郭乐东，周毅．西江流域桉树生态系统碳贮量与碳汇功能经济价值评价［J］，广东林业科技［J］，2009（6）：8～13.

［3］吴霞．小陇山林区森林固碳效益的研究，西北林学院学报［J］，2008，23（5）：164～167.

［4］张志军，张小全，等．清洁发展机制（CDM）造林再造林项目碳汇成本研究——以 CDM 广西珠江流域治理再造林项目为例［J］，气候变化研究进展，2009（6）：348～356.

［5］罗蔚，李秀兰，等．车桑子在石漠化治理中的优势及推广［J］．种子，2006，25（4）：109～110.

［6］邹彪；张兆国，等．几种松树在建水县石漠化地区生长状况研究［J］．林业调查规划，2008（6）：55～58.

［7］牛红梅，王跃虎，等．车桑子属植物化学成分与生物活性研究进展［J］．西南林学院学报，2010，30（2）：83～88.

［8］佚名．结合西部大开发战略利用车桑子造纸［J］．西南造纸，2002（2）：2.

生态补偿视角的林业低碳产业供应链创新模式初探

——对黄冈市林业产业调查的分析

杨辉鹏[1]　温德华[2]

（1 黄冈职业技术学院交通学院，黄冈，438002；

2 江西环境工程职业学院科研处，赣州，341000）

摘要：以黄冈市林业产业为例，有针对性地分析了林业产业存在的问题，剖析了基于生态补偿的低碳林业产业供应链的形成机理，并指出发挥政府在构建低碳林业产业链中的主导作用，积极拓展与延伸林下经济产业链条，实施基于低碳化的林业绿色供应链管理，是生态补偿视角的低碳林业产业供应链的运行保障。

关键词：生态补偿；低碳产业；产业供应链；供应链管理

Supply Chain Model of Forestry Low-carbon Industry Based on Ecological Compensation Perspective：Survey Analysis of Huanggang Forestry Industry

YANG Hui-peng，WEN De-hua

（1 School of Transportation，Huanggang Polytechnic College，Huanggang，438002；

2 Jiangxi Environment Engineering Vocational College，Ganzhou，341000）

Abstract：Taking Huanggang forestry industry as an example，this paper analysized the problems of the forestry industry，and the formation mechanism of supply chain of low carbon forestry industry based on the ecological compensation，and pointed out that the government should take the leading role in building a low carbon forestry industry chain. Actively expanding and extending the industrial chain of under-forest economy，implementing management of green forestry supply chain based on low-carbon，could ensure the running of supply chain of the low carbon forestry industry based on ecological compensation perspective.

Key words：ecological compensation；low-carbon industries；industry supply chain；supply chain management

一、黄冈市林业产业概况①

近年来，黄冈市委、市政府以产业项目为抓手，以林业重点项目工程建设为龙头，以建设“绿色大别山、发展大别山、富裕大别山”为契机，大力加快推进林业产业升级，建设成效显著，全市每年完成人工造林 30 万亩，四旁植树 5600 万株，封山育林常年保持 380 万亩的规模。

作者简介：

第一作者：杨辉鹏（1982～），男，湖北麻城人，教师，研究方向：物流与供应链管理。

第二作者：温德华（1966～），男，江西于都人，江西环境工程职业学院科研处长，教授，研究方向：林业经济。

① 数据引自《黄冈市 2011 年度林业产业报告》，黄冈市林业信息网。

截至2012年1月，全市有森林面积1002万亩，活立木蓄积量2800万 m^3，森林覆盖率为43%，比三年前分别增加了60万亩、200万 m^3 和提高了2个百分点；在产业发展上，全市相继引进了晨鸣、燕加隆、景田、绿润等企业，建有麻城木本粮油、蕲春低碳经济、黄州林浆纸、罗田绿色经济和红安家具等五大产业园区，通过龙头带园区，园区带产业，林业产业活力显著加强，行业产值达78.5亿元；在项目建设上，中央和省林业投资规模继续增加，全年达到3.2亿元，比上一年度增长约1个亿。

然而，在近年的快速发展中，尽管黄冈市的林业产业得到了很大的发展，初步构建了林业三大体系，形成了良好的产业发展势头，林业产权改革充满活力，林业产业集群发展积累了丰富的经验，但仍然存在一系列亟须解决的问题。其中最突出的问题就是传统林业产业粗放型发展过程中，引起的林业资源消耗与涉林产业发展不协调，全市“生态立市、产业强市”的林业产业可持续发展战略面临严峻挑战。其主要表现为：

（1）林业产业总体效益低下。目前，黄冈市的林业产业总体上依然是以传统的高消耗、低产出的粗放型发展为主导，木材出产量是林业效益最重要的衡量指标，产品仅限于上游的粗加工阶段，附加值低，2006年之前，湖北高校80%以上的办公家具都产自黄冈市；传统的粗放发展模式，使林业整体与可持续发展差距甚大，一些区域的林分质量无论是生态效益还是经济效益都非常低下。

（2）资源存量与生态之间矛盾突出。林业产业的粗放发展，导致涉林产业的扩张速度对林业资源过度依赖，部分企业和个别地方政府的可持续发展的理念落后，使林业资源的增加速度和产业的扩张不协调；将林业简单等同于砍木伐薪，将林业效益等同于木材贡献率，在利益的驱使下乱砍滥伐现象依然存在，对局部环境和生态造成极大的破坏。

（3）林业低碳产业链尚未形成。尽管黄冈市目前林业产业蓬勃发展，但产业链中的企业特别是木浆造纸等企业往往规模较小且具有典型的“高污染、高能耗、高排放”的高碳特征[1]；由于缺乏大型龙头加工企业的带动，林业科技与生产实际结合不够紧密，林业实用技术的开发利用缺乏广度和深度，科技成果的转化率及科技进步贡献率较低等原因，导致“高效率、高效益”的林业低碳产业链尚未形成。

如何把全区独特的资源优势和生态优势在“生态立市、产业强市”战略指引下，转化为市场优势和经济优势，针对特有的林业底色，推进林业产业的更好更快发展，提高区域林业产业的竞争力，是值得深思的一个重要课题。

二、基于生态补偿的低碳林业产业供应链的形成机理

所谓供应链是指围绕核心企业，通过对信息流、物流、资金流的控制，从采购原材料开始，制成中间产品以及最终产品，最后由销售网络把产品送到消费者手中的将供应商、制造商、分销商、零售商，直到最终用户连成一个整体的功能网链结构[2]。企业用最低的成本、最快的速度和最好的质量赢得市场，使企业群体而非单个企业受益是供应链管理思想的一个显著特征[3]。可见，低碳林业产业供应链应该是以低碳化为核心而展开的一种网链结构（图1），其主要包括以下内容：

（1）低碳林业产业供应链的手段是制度创新与技术创新。低碳林业产业供应链在传统林业产业链活动的基础上，要求在政府制度创新和市场服务体系创新的情况下，鼓励各节点企业采用科学的管理方式，进行技术改造、组织结构和利益分配方式等创新，形成稳定的以

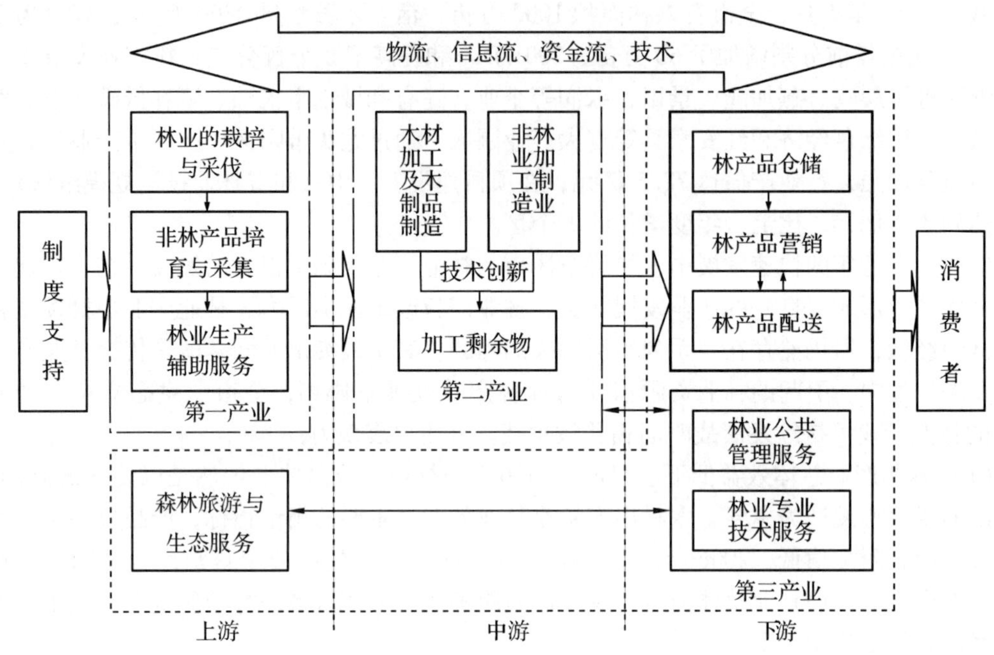

图1 低碳林业产业供应链形成机理

政府制度创新和技术创新为基础、以低碳技术为约束一体化产业链，进而实现林业的可持续发展。

（2）低碳林业产业供应链的目标是林业产业的可持续发展。由源头到过程及目标的控制的低碳林业产业供应链要求林业生产过程中，改变传统林业“高污染、高能耗、高排放”的方式，通过制度创新和各种新兴低碳技术的应用，采用增强森林碳汇减少林业碳源和提高能源效率以及发展林业生物质清洁能源的途径[4]，实现整条产业供应链上经济活动低碳化甚至无碳化的特征。

三、基于生态补偿的低碳林业产业供应链的运行保障

（一）发挥政府在构建低碳林业产业链中的主导作用

第一，注重对区域内林业生态的规划。目前，黄冈市委、市政府在林业产业方面的支持政策，主要是按照湖北省“生态立省、繁荣发展”的林业发展思路，出台了《市委、市政府关于实施“生态立市产业强市”战略，大力推进林业改革和发展的意见》、《黄冈市林业生态建设十年规划纲要》、《黄冈市林业生态建设责任目标考核办法》等规范性文件[5]，把林业生态建设纳入黄冈市“十二五”的重要位置，并建立对县市区的“林业生态建设”考核机制。因此，政府的未来政策支持应该向产业集中度高的林业资源的产地倾斜，提高各类市场主体参与低碳林业产业链建设的积极性和主动性；通过重点发展木本粮油、板栗、速生丰产林、林纸一体化等骨干产业以及吸引或重组林业生态产业链的核心企业，优化低碳林业产业链结构组织，引导和促进全市涉林企业有针对性地形成互动共生，形成林业产业链优化整合的利益共享机制和协调机制，为林业产业链的演化提供一个良好的政策氛围和发展空间，实现产业聚集效应和规模效益。

第二，大力实施生态补偿机制。通过个人自主、集体承包、合伙股份、租赁承包、引资开发、拍卖招商等经营形式，以项目造林方式快速推进全市营林连片开发，实现涉林企业产能与林业资源存量基本对等，为农林资源与林业产业可持续发展建立了稳固的供需基础；同时，通过生态公益林保护工程、大别山自然保护区建设，着力构建生物多样性的自然生态修复工程。

第三，着手建立以政府为主体、以供销为主导的林产品信息化系统。加强林产品市场信息服务，首先是建立以供销主导的林产品信息化系统。只有依托现代信息网络技术，建立集供求信息发布、信息共享、协同工作、信息查询、自动配对于一体的林产品物流信息追溯系统，为生产者和消费者提供更有针对性的个性化信息服务，才能更积极、高效地推进林产品销售工作和流通效率，同时积极获取市场需求信息，为林业产业的未来调整和优化提供决策依据，有效规避市场风险。

（二）积极拓展与延伸林下经济①产业链条

第一，大力推动生态旅游业的发展。目前，黄冈市拥有 5 座国家级森林公园和 8 座省级森林公园，6 个国家级湿地公园，以及国家级湿地保护区与个省级自然保护区各 1 个，境内有近 100 座超过 1000m 以上的山峰以及 1000 多种各种珍稀植物。此外，黄冈市还拥有丰富的红色文化和古文化资源。这些独特的自然资源与文化遗产遗迹，使黄冈市生态旅游具有明显的后发优势，为黄冈市发展生态旅游奠定了良好的物质基础。因此，为了拓展与延伸林业生态产业链，黄冈市在应该在目前初步形成“二区（龙感湖国家级湿地保护区、大别山自然保护区）、三园（森林公园、湿地公园、珍稀植物园）”生态旅游格局的基础上，利用红色文化和古文化旅游对其自身依赖型的特征和分布规律，将生态资源与医药、养生手段积极融入红色文化和古文化的旅游资源环境中，进而完善整个黄冈市生态旅游产业结构，形成林药旅互为依存，绿色生态、红色旅游和古文化联动发展的产业模式，构建全方位的满足多元化休闲消费需求的复合型生态旅游体系，实现社会经济发展、文化传承与生态保护多赢的可持续发展。

第二，积极发展低碳农林产品加工业。以森工、木本粮油、中药材、木材、干鲜果以及茶叶为代表的经济林资源丰富是黄冈市林业产业的显著特征，因此，拓展与延伸林业生态产业链，就要优先发展低碳林产加工业。目前，罗田板栗因花色品种少、产品科技含量低以及加工企业规模小，使板栗的加工转化率仅为 25% ~32%，远低于发达国家的 90% ~95%，导致板栗制成品市场竞争力缺乏。因此，一方面在加强对区域内的小型板栗加工企业进行资源整合的同时，还可以进一步引导和支持企业积极开发板栗罐头、速冻板栗肉、板栗果脯等食品系列及板栗汁、板栗露板栗饮品[6]；又如，深受国内消费者喜爱的罗田甜柿长期以来只是经过简单的包装生产，满足消费者食用需求，产品因附加值低且替代性强而导致市场竞争力有限，利用现代科技，完全可以从甜柿中提取应用到柿漆加工、纺织、医疗保健、金属吸附、防锈、洗涤等方面的柿单灵，用于生产解酒灵、除臭肥皂等；利用药材资源丰富的先天优势，向上下游延伸产业链条，坚持推进以药养林的从单一林药种植向林药生产、加工、物流、文化、健康旅游的林药一体化发展[7]。

① 林下经济主要是指以林地资源和森林生态环境为依托，发展起来的林下种植业、养殖业、采集业和森林旅游业，既包括林下产业，也包括林中产业，还包括林上产业。

（三）实施基于低碳化的林业绿色供应链管理

虽然黄冈市近年来在诸如林浆纸项目中，实行提高林地产出率和产业化经营水平的林业发展方式和森林经营方式，初步形成了林—浆—纸产业一体化、以燕加隆、凯迪电力和九棵松等大型林业企业为核心的从事木制品加工及包装企业的集苗圃培育—植树造林—木材加工—家具、地板—生物质能源—化工等为一体的林业产业集群，但与实施“生态立市产业强市”战略，走林业产业和生态同步建设、互利共生的道路的发展目标依然有很大的距离，特别是整个产业链中的资源链、价值链和生态链无法形成协同发展的良性互动局面。因此，林－浆－纸产业一体化的研究和发展需要运用林业绿色供应链管理才能取得实质性突破。可以通过将包含化学、物理加工循环链、制浆造纸原料和能源回收利用循环链（含碱、石灰、能源、水、蒸汽等回收利用）、造纸污泥用于生产包装材料的循环链等形成基于资源链的共生系统；通过林业原料生产、采购、绿色营销、利益分配以及利润反哺绿色原料生产等环节，实现价值链的增值和良性循环；通过森林资源的可持续经营、森林认证、分类经营、纸浆林生态价值和环境效益的发挥、造纸污泥用于速生材复合肥和土壤改良剂、自然界的碳循环等环节，实现生态效益的良性循环[8]。

只有通过资本与共同利益，将林产工业企业和营林企业以及其他投资者，建立绿色共生运行机制，联系成一个资源链、生态链和价值链相互促进的多层次的良性循环的利益共同体，实现“资源链、生态链和价值链”的互动、多目标的协调和各主体的共赢，才能真正调动营林业、林产工业、政府和社会等各方面的积极性，“生态立市产业强市”才会有真正的动力和生命力。

四、结　语

总之，基于生态补偿的低碳林业产业供应链体系的环节多、产业链条长，为进一步推进黄冈市林业产业低碳化发展，应在加强跨部门、跨行业的协调与配合，发挥发挥政府在构建低碳林业产业链中的主导作用，积极拓展与延伸林下经济产业链条，实施基于低碳化的林业绿色供应链管理等方面给予高度重视和大力支持。

参考文献：

［1］陈红，等．低碳林业产业链研究［J］．林业经济，2011（3）：19～22

［2］马士华．供应链管理［M］．武汉：华中科技大学出版社，2010：3～3.

［3］马士华．论核心企业对供应链战略伙伴关系形成的影响［J］．工业工程与管理，2000（1），24～27

［4］张迎春，等．我国林业在低碳经济发展中的社会责任［J］．河北林业科技，2011（1），63～64

［4］胡丹，等．一年好景君须记绿色黄冈正当时［N］．黄冈日报，2012～1～31

［5］杨志斌，等．板栗加工现状及剩余物利用前景［J］．湖北林业科技，2007（1）：57～59

［6］宋俊韬．黄冈市蕲春县林药一体化打造“华夏中药谷”基地［N］．黄冈日报，2012-7-16

［7］张智光．林业产业管理的新动态：林业绿色供应链［J］．林业经济，2008（12）：57～62

我国森林生态效益补偿制度的探讨

钟美玉

（福建农林大学经济与管理学院，福州，35002）

摘要：建立森林生态效益补偿制度能够有效的实现森林生态效益的价值，促进我国林业健康可持续发展。但目前我国的森林生态效益补偿制度存在着补偿资金不足、补偿资金来源渠道单一、补偿标准低、补偿性质不明确、监督体系不完善、法规制度相对滞后和市场化机制欠缺等问题。本文通过对森林生态效益补偿制度的相关概念、存在的问题和理论依据的探讨，提出完善我国森林生态效益补偿制度的建议。

关键词：森林；生态补偿；制度；生态效益

建立森林生态效益补偿基金制度，对公益林实施有效保护，是《中华人民共和国森林法》的明确规定，也是落实科学发展观，贯彻《中共中央 国务院关于加快林业发展的决定》、实现林业可持续发展战略、建立和谐社会的重要举措[1]。森林生态效益产生的产品具有公共外部性，社会公共不需通过市场交换就能获得其提供的服务和价值，即林业经营者不能因为消费者没有付出，就防止其消费森林提供的生态效益，生态效益的功能也不会因为消费者数量的增加而降低。不通过市场面向社会提供的森林生态效益，无法实现其本身价值，使得社会成本远远低于私人成本，而社会效益却远远大于私人效益，由此导致了资源配置的不合理与不公平。公共产品具有市场失灵性，市场机制无法实现其价值，必须由政府出面干预市场，维护森林的可持续发展及改善生态环境，保证森林生态效益这种公共物品能实现其本身的价值。为了能更好地实现森林生态效益的价值，增强森林可持续经营的能力，森林生态效益补偿制度势在必行。

一、森林生态补偿的相关概念

（一）森林生态补偿

关于森林生态补偿，我国主要存在两种理解：广义的森林生态效益是对森林生态环境本身的补偿，对个人或区域保护森林生态环境的行为进行补偿，对具有重要生态环境价值的区域或对象的保护性投入。广义范畴的森林生态补偿包括公益林生态补偿、林业重点工程、森林防火、森林病虫害防治等。侠义的森林生态效益是指目前推行的森林生态效益补偿基金制度所涵盖的内容，中央生态效益补偿基金是对重点公益林管护者的营造、抚育、保护和管理付出给予一定补助的专项资金。总之，生态效益补偿是一种用经济的手段达到激励人们对生态系统服务功能进行维护和保育，解决由于市场机制失灵造成的生态效益的外部性并保持社会发展的公平性，达到保护生态与环境效益的目标[3]。

（二）森林生态效益补偿制度

生态补偿制度指的是一种为保护区域生态环境和维护、改善或恢复生态系统服务功能，调整相关利益者因保护或破坏生态环境活动产生的环境利益及其经济利益分配关系，内化相

作者简介：

钟美玉（1990 - ），女，福建省永安市人，福建农林大学经济与管理学院，硕士研究生。

关活动产生的外部成本，具有经济激励作用的制度安排[4]。

森林生态效益补偿制度可以定义为：为缓和树木和其他木本植物以及其所生长的自然环境所受到的干扰，国家、社会、森林生态效益受益人及其他组织以资金方式给予为森林生态效益付出经济代价的人适当的经济补偿，用于提供生态效益的森林的营造、抚育、保护和管理，加强森林资源自我调节的法律制度[5]。进行森林的生态效益补偿的目的不仅仅是为了达到森林资源使用者支付的合理对价，更在于通过法律规范的约束，有关部门开展的针对性工作、价格杠杆等手段，实现森林资源的合理利用和可持续发展。

二、建立森林生态效益补偿制度的理论依据

（一）公共产品理论

公共产品是公共经济学中一个重要的范畴，指每个人消费这种产品不会导致别人对该产品消费的减少。公共产品最显著的特征即非竞争性和非排他性，由此导致人们可以用低成本获得社会提供的公共产品，从而把其少量提供那部分成本转嫁给社会全体成员承当，最终将导致公共资源的无序过度使用，损害全体社会成员的利益，产生“搭便车”问题。如何才能解决公共产品的非排他性，科斯提出了产权明晰手段。科斯认为是双方产权界定不明确，从而出现“一人投资，集体收益”的非排他性现象。因此，只有确定公共产品的产权才能保证权利与责任的统一。

森林生态效益是典型的公共产品，具有明显的外部性，其价值是难以通过市场机制实现的。主要表现为森林经营者虽然为第三方带来生态利益，却没得到经济回报，从而严重打击了森林经营者提供森林生态产品的积极性，最终导致忽略森林的生态效益，降低森林的覆盖率，威胁生态环境。根据“谁受益，谁补偿”的原则，受益方必须给予森林经营者必要的补偿，因而国家和地方应通过经济补偿、财政转移和征收生态补偿税等方式给予森林经营者补偿，减少“搭便车”现象的出现。

（二）资源环境外部性理论

萨缪尔森和诺德豪斯认为：外部性是指那些生产或消费对其他团体强征了不可补偿的成本或给予了无需补偿的收益的情形。[6]即外部性是某个经济主体在生产或消费过程中产生的对另一个经济主体影响，而这种影响又难以通过市场价格买卖来衡量和交换，致使施加这种影响的人没有得到好处或付出代价。按照外部性影响的不同可以划分为正外部性和负外部性，森林生态效益就是典型的正外部性。在完全竞争市场条件下，社会边际成本与私人成本相等，社会边际效益和私人边际效益相等，及帕累托最优，能实现资源的有效配置，提高社会的整体福利。在现实社会中，由于外部性等因素的存在，经常会是私人边际成本收益与社会边际成本收益不相等，即出现市场失灵。这就必须依靠政府干预加以解决，政府能够通过补贴和税收等经济干预手段使得边际补贴等于边际外部收益。政府一方面要对造成负外部性的生产者征税，限制其生产；另一方面政府要给正外部性的生产者以补贴，鼓励其发展。

（三）可持续发展理论

可持续发展是我国的一项基本战略，又叫永续发展，是指在保护环境的条件下既满足当代人的需求，又不损害后代人需求的发展模式。可持续发展从本质上看是为了促进人与自然、环境与发展、国与国间的和谐、公平、稳定发展，而要实现可持续发展，则必须保证生态产品的合理利用和经营。合理的生态补偿制度能够有效维护同代人之间的发展公平和代际公平，真正实现人与自然、经济与环境的公平、和谐、可持续发展。

三、我国森林生态效益补偿制度存在的问题

我国对森林生态效益补偿制度的研究始于20世纪80年代初期，进入90年代后我国林业进行了分类经营改革，国家把建设发达的林业生产体系和生态林业，促进林业资源的可持续发展作为其基本目标。[7]科学发展观的提出更是加深了政府、企业及个人对森林生态功能的理解，经过长期的努力，我国在森林生态补偿机制中取得了不小成就。但由于我国生态补偿制度仍然只是处于起步阶段，补偿制度的各项具体内容和运行环节仍然存在一系列问题。

（一）森林生态补偿的概念模糊不清

虽然我国在20世纪80年代初就开始研究森林生态效益补偿制度，且建立森林生态效益补偿制度的理论论证也十分充分，但在实际操作中，并没有形成一套系统完善的森林生态补偿体系。主要原因是因为人们对森林生态补偿这一概念的涵义没有达成清晰、统一和完整的认识。森林生态补偿的概念是森林生态效益补偿制度的基础，对于制度能否贯彻落实起着基础性的作用。对于森林生态补偿的概念认识不清晰、统一，必然导致对森林生态效益补偿制度的性质、原则、补偿范围界定的模糊性和不确定性，这将严重影响着森林生态效益补偿制度的实施效率与效果。

（二）补偿资金严重不足且来源渠道单一

我国森林生态效益补偿资金来源于中央政府和地方政府，补偿基金严重受制于财政收入状况，而且是按公益林的面积发放。按照我国《森林法实施条例》规定，补偿标准为75元/hm^2，这种低水平又是静态的补偿资金远远不如木材的经济利用价值，根本无法调动营林者的积极性。若仅根据森林的营造和管护费用来看，根据调查数据显示，生态林的营造需要2100元/hm^2，而管护费用至少需要150元/（hm^2·a）。另外，重点防护林和特种用途林禁伐后，林农生活及转产所需要的补偿约为300元/hm^2。就算是以补助标准最高的北京市来评估，补助的费用也还是不能弥补禁止采伐而造成的经济损失。[8]因此，我国的森林生态补偿资金，还不足以支付管护费用，也不能反映森林生态效益的价值。

（三）监管体系不完善、法规制度相对滞后

森林生态补偿的监管是完善森林生态效益补偿制度、保障森林生态补偿基金合理有效使用的客观需要，然而我国目前的森林生态补偿监管制度不健全，没有形成有效的监管机制。监管体系不完善，必然导致森林生态效益补偿制度无法合理有效的贯彻落实，也就无法实现森林生态效益补偿制度的目标和意义，终将使得森林生态效益补偿制度名存实亡。同时，我国的森林生态补偿没有专门的立法，现行的生态补偿制度多为应急立法，难以保障森林生态效益补偿制度顺利、有效的开展。

（四）补偿范围界定不明确

生态效益补偿的对象是公益林，然而目前我国有些地方只对公益林进行分类而没落实具体的区划工作，使得森林生态补偿机制无法顺利实施。公益林没有真正落实到山头地块，林业经营者不知道，林权所有者和经营者不认可，现场界定书没有签订，中央和地方林业事权划分不明确，中央和地方财政谁来承担补偿资金不确定，中央和地方财政投入责任不清晰，最终导致补偿资金无人供应与落实。虽然有些地方的补偿资金到位，但经营者没有签订管护协议书，致使公益林管护仍然无人过问，并没有真正发挥森林生态补偿资金的作用。

（五）森林经营主体对补偿的参与度不够

农户是森林经营的主体，是森林生态补偿的主要对象，然而农户参与决策的程度小、积极性低，被动接受安排的多，并没有实际参与到森林生态效益补偿实施方案的决策、规划、评估与检测中，使得森林生态效益补偿的管理及补偿资金无法真正得到落实，不利于森林生态补偿机制的顺利开展与长远发展。

（六）市场化补偿机制欠缺

目前我国的森林生态补偿资金来源与中央财政和地方财政，然而完全由政府补偿森林生态效益是不现实的，也是不利于森林生态效益补偿制度长远发展的，因而必须建立具有可操作性的机制，保证补偿资金来源的可持续性和稳定性。目前，我国的森林生态效益市场化手段仍处于探索阶段，对于建立森林生态效益市场的主体、对象和范围都没有进行系统、深入的研究。在经济全球化的今天，我国应该积极参与到全球森林生态效益交易的市场当中，逐步培育市场交易制度，拓宽森林外部效益内部化的市场渠道，逐步确立森林生态效益的市场化补偿机制。政府应积极制定相关的政策法规，维护市场交易的健康发展，抓住政府的支付意愿，鼓励和促进私人企业进入市场。

四、完善我国森林生态效益补偿制度的建议

（一）拓宽补偿资金的来源渠道

森林生态效益补偿制度的建立和完善，很大程度上取决于是否筹集了足够的补偿资金，使其不仅能够补偿森林生态建设的经济成本，而且能够补偿其生态效益价值。森林生态效益的外部性带来了受益对象的全面性，所以，中央政府和地方政府依然是森林生态补偿机制的主体。在加大国家和地方财政补偿力度的同时，还应该积极拓展多元化的补偿筹集渠道，如建立“森林生态效益税”制度，逐步实现以税收方式维持日常的生态林建设，形成能够调节生产者和受益者经济关系的生态公益林经营机制；发行林业国债，利用公益林的“时间外部经济性”向社会筹集森林补偿资金，向未来借钱，并用财政收入还债；开发林业内部补偿，由林业部门从造林更新费或育林基金中提取适当的比例作为公益林的补偿基金，用于公益林的建设；实施碳汇贸易市场，利用森林碳汇贸易市场，筹集森林生态补偿资金，促进我国森林生态效益补偿制度的有效开展。

（二）加大政府的支持力度

我国的森林所有权主要是国家和集体所有，且森林生态效益具有外部性，森林生态的功能优势是多方面的，受益对象也是全方位的，政府有责任也有义务要促进森林生态补偿机制的顺利进行，政府理应成为生态补偿机制的主体，所以应该加大政府的支持力度，提高生态补偿标准，真正实现森林生态效益的价值。在中央财政逐步提高生态补偿标准的同时，要制定相关的政策法规，建立和完善森林生态补偿基金制度，加强对公益林的补偿力度，逐步解决生态保护和森林经营者利益之间的矛盾，促进公益林建设健康发展。当然，仅靠政府财政补偿是不能解决森林生态补偿的长期性问题，政府应积极挖掘私人企业的资金，引导私人部门改变行为，为有效发挥森林生态效益，实现森林生态效益补偿制度可持续发展贡献力量。

（三）健全森林生态补偿监管机制

森林生态补偿的监管运行机制主要包括：补偿范围的确定、补偿主体的确定、补偿资金的发放及补偿资金的监管。森林生态效益补偿只有在对森林区划进行有效界定的基础上才能进行；补偿对象除了直接的森林经营者，还应考虑组成集体林这一“集体”的全体农户；

补偿资金应按照先申报，再审批，最后拨付资金的程序分配；要建立起以国家各级审计机关为主体，由财政、林业等部门和不同的利益主体共同组成的补偿资金使用监督委员会，提高补偿资金使用的合理性和透明度。只有健全森林生态补偿监管机制，明确在生态补偿过程中的补偿范围、补偿主体、补偿方法和政策，贯彻落实补偿资金的实施与分配，才能进一步完善森林生态补偿活动的政策体系，营造良好的森林生态补偿环境及良好的补偿运行机制。只有真正运行好森林生态补偿监管机制，才能有效发挥森林生态补偿机制的作用，维护好广大森林经营者的利益，提高森林经营者的营林积极性，促进我国林业健康、可持续发展。

（四）加强森林生态补偿的科学研究

森林生态效益对国民经济和社会发展都具有重大的战略意义，国家应该充分重视森林的生态效益，保证好森林生态效益的良好发挥和健康发展，落实森林生态补偿机制，把森林生态补偿列入国家的科研计划，加强对森林生态补偿的科学研究，建立生态资源存量的年度调查，根据人们普遍认可的生态环境状况，确定生态资源存量的合理值，建立起切实合理、有效的森林生态效益补偿制度。

（五）实行差别的森林生态补偿标准

实行差别补偿，有利于实现补偿收益的公平性，提高公益林的质量和效益。要逐步建立起与国家经济社会发展水平相适应的动态补偿标准，按不低于物价上涨指数的水平实施动态补偿，逐步实现国家对于重要生态区位的集体或个人所有的国家级公益林、国家级自然保护区核心区的出资赎买，解决国家公益林和林农经济利益间的矛盾，促进林业健康发展，保证我国森林生态效益补偿制度的有效开展。

（六）完善森林生态效益补偿制度的立法

只有拥有了法律保障，森林生态效益补偿制度才能真正得以贯彻落实。因此，应该加强完善我国森林生态效益补偿制度的立法工作，在立法上，进一步明确森林生态补偿的主体、补偿的范围、补偿的标准、补偿的原则及补偿资金的筹集与运用等，把森林、土壤、水等视为一个整体来考虑，对《中华人民共和国森林法》等各种影响森林保护和管理的法律进行有效协调，以维持生态系统的整体性与完整性；借鉴国外先进的森林生态补偿和管理经验，结合我国森林生态补偿的现实情况，研究和制定《森林生态补偿法》、《森林生态补偿条例》等法律法规，规范森林生态补偿行为，进一步强化我国森林生态补偿的管理，形成权威、高效的管理体系，为加强我国森林生态补偿工作提供强有力的法律保障，保证我国森林生态效益补偿制度的顺利开展和长远发展。

参考文献：

［1］饶日光．关于完善森林生态效益补偿制度的思考［J］．国家林业局管理干部学院学报，2011（1）：13～21

［2］林玉成．我国森林生态效益补偿制度研究［D］．重庆：重庆大学，2005

［3］李文华，等．森林生态效益补偿的研究与展望［J］．自然资源学报，2006，21（5）：677～688

［4］王涪宁．民族地区生态补偿及保障制度探析［J］．中央民族大学学报（哲学社会科学版），2007（2）：8.

［5］邓立新．森林生态效益补偿制度完善探究［D］．长沙：湖南大学，2007

［6］Samuelson P A. The pure Theory of Public expenditure，The Review of Economics and Statistics［J］. The Review of Economics and statistics，1955（11）：42～53

［7］陈玻，刑红．中国森林生态效益补偿研究综述［J］．林业经济问题，2007，27（1）：6～11

［8］谢凤鸣．森林生态效益补偿的长效机制研究［D］．郑州：河南农业大学，2009

关于建立湿地生态补偿机制的思考

——以鄱阳湖湿地为例

陈 苏

（江西财经大学鄱阳湖生态经济研究院，南昌，330013）

摘要：本文分析了鄱阳湖湿地的现状；湿地面积减少，功能退化，蓄水能力衰退，水污染加剧，生物多样性降低等方面问题以及湿地破坏的原因；从范围和主客体、标准、多元化、管理体系，提出了建立湿地生态补偿机制的建议。

关键词：湿地；生态补偿机制；鄱阳湖湿地

Building Ecological Compensation Mechanism of Wetland：Taking PoYangHu Wetland as Example

CHEN Su

（Institute of Poyang Lake Eco-economics of Jiangxi University of Finance and Economics，Nanchang，330013）

Abstract：The thesis analyzed the current situation of Poyanghu Wetland in Jiangxi：area of wetland is decresing，the fuction of it is degenerating；the problems of water and storage capacity of the recession are important，Water pollution is worse；diversity of living being is reducing. the thesis also analyzed the reasons of destroying of wewtland and it also put up suggestion of building ecological compensation from range，main object of wetland，standard，diversified and management system.

Key words：wetland；ecological compensation mechanism；Poyanghu Wetland

湿地，是指适宜野生动植物生存、具有调节生态环境功能的常年或季节性积水地带和低潮时水深不超过6m的水域，包括沼泽、湖泊、河流、滨海等自然湿地，以及重点保护野生动物栖息或重点野生植物原生分布的人工湿地，被誉为“地球之肾”、“生命的摇篮”和“物种的基因库”。截至2011年年底，我国湿地面积约6594万hm^2（不包括江河、池塘等），占世界湿地的10%，位居亚洲第一位，世界第四位，其中天然湿地约为2594万hm^2；人工湿地约4000万hm^2。100 hm^2以上的大型湿地面积为38万hm^2，其中天然湿地36万hm^2。退田还湖、封洲禁牧、季节性区域性禁渔等湿地保护政策，对保护湿地以及保护珍贵濒危野生动物植物等都具有十分关键的作用。但这些政策实施过程中，如果不建立合理的补偿机制，这些政策实施将是十分艰难的。建立湿地生态补偿机制是湿地保护政策顺利实施的保障，是协调好湿地资源所有者、使用者、湿地管理者和湿地保护者等各方面利益的基础性工作。同时，也是调动和发挥群众保护湿地资源的主动性和积极性的需要

从国内外已有的相关资料来看，前人主要是集中于对鄱阳湖湿地生态系统的生态服务价

作者简介：

陈苏（1989－），江苏盐城人，硕士，江西财经大学鄱阳湖生态经济研究院在读研究生，研究方向：农业经济管理。

值、湿地生态系统结构变化以及生态系统环境的研究，针对湿地生态补偿的研究非常少。本研究依据鄱阳湖湿地的现状、存在的问题以及对此进行的原因分析，提出针对性的思考和建议：确定湿地补偿的主客体，湿地补偿合理标准，湿地生态补偿的多元化机制以及湿地补偿的立法、运作和管理措施。

一、鄱阳湖湿地现状

鄱阳湖上承赣、抚、信、饶、修五河之水，下接我国第一大河——长江。在正常的水位情况下，鄱阳湖面积有 3914 km^2，容积达 300 亿 m^3。鄱阳湖湿地位于江西省北部，是中国第一大淡水湖生态湿地，同时也是湖泊化的淡水水产养殖水域，是长江中一些珍贵鱼类漫游、产卵与育肥的场所。水域中有鱼类 122 种、浮游植物 50 种。鄱阳湖湿地还有 13.3 万 hm^2草洲，水草丰美，每年 10 月至翌年 3 月，有数十万只珍禽候鸟来这里越冬。1983 年 6 月，江西省政府在永修县吴城镇建立了鄱阳湖候鸟自然保护区；1988 年 5 月经国务院批准成为国家级自然保护区。白鹤种群约占全球的 98% 以上，也是迄今发现的世界上最大的鸿雁群体所在地，鸿雁数量达 3 万只以上。保护区栖息着 54 种国家级保护动物，有 13 种鸟类被国际鸟类保护组织列为世界濒危鸟类。这里是“珍禽王国”、“中国第二长城”。

2008 年，鄱阳湖国家湿地公园被批准建设，其位于鄱阳湖东岸，鄱阳县境内，规划面积 3.6 万 hm^2，其中湿地面积核心区域为 3.5 万 hm^2。鄱阳湖国家湿地公园的建立，对生态多样性保护具有巨大意义。

二、鄱阳湖湿地存在的问题

进入 20 世纪 50 年代，人口的增加和经济的发展，使得鄱阳湖湿地的开发进入了高速发展时期。到目前为止，鄱阳湖湿地已遭到了一定程度的破坏并带来了严重的生态问题。

（1）湿地植被退化严重。1928 ~ 1988 年的 61 年间，鄱阳湖湿地面积共减少面积 318.7km^2，相对面积减少 33.5%，平均每年减少 5.22 km^2。1964 ~ 1988 年，年平均减少 7.23km^2。柴、草洲滩面积的减少速度有逐渐加剧之势[1]。洲滩植被生物量也在逐年下降，1965 年为2500g/m^2，1989 年为2416 g/m^2，1993 ~ 1994 年调查为1716.7g/m^2，前后30 年时间下降了 783.3 g/m^2[2]，1994 年以后，湿地植被退化的速度更为厉害。

（2）湿地水土流失严重，蓄水能力下降。鄱阳湖湿地现有水土流失面积达 47.449 万 hm^2，占土地面积的 30.6%，占山地面积的 41.2%。其中，轻度流失面积 17.6 万 hm^2，中度流失面积 15.4 万 hm^2，强度及以上流失面积 14.5 万 hm^2[3]。由于水土流失严重，特别是开发建设项目造成的人为水土流失和由于林种结构、林龄结构及造林方式不合理造成的林地水土流失均十分严重，导致大量泥沙入湖淤积，使河床湖底不断抬高，洪涝灾害的威胁性增大。而且大量泥沙覆盖原有湿地，破坏了湿地的物理特征，生产力下降，湿地资源质量明显退化，湿地蓄水能力严重衰退。

（3）湿地水污染加剧。通过对 2184km^2的湿地水面的水质开展监测，从 1999 年到 2006 年，Ⅰ、Ⅱ类水质标准水体面积比例从 85.9% 下降到 57.8%，劣于Ⅱ类水质标准水体面积比例从 0.2% 上升到了 17.9%[4]。2002 年之前，水质主要超标项目为氨氮、挥发性酚等，污染区域主要分布于入湖口水域。2002 年之后，主要超标项目为总磷、总氮和氨氮。

（4）生物多样性破坏十分显著。鄱阳湖湿地较常见的水生、湿生和沼生植物，正在消失或严重退化。据调查，在20世纪60年代有119种，80年代只有101种，20多年时间减少了18种[3]，物种消失的速度令人震惊。到目前为止，原盛产于鄱阳湖的红花子莲和白花子莲等基本绝灭。一些湿生和沼生经济植物，如荸荠、慈姑、芋等也遭到了极大的破坏。在植物种类减少的同时，各类动物也相应减少。水獭是一种半水栖生活的动物，随着湖区人类经济活动的加剧，湖区水獭已处于濒危状态。在鄱阳湖生活的白鳍豚和长江江豚这两种豚类，现有数量稀少；在水生底栖动物中，分布于吴城修河的龙骨蛏蚌，目前也处于濒危状态；而丽蚌随着近年滨湖地区珍珠产业的发展而衰退，过度捕捞造成种群急剧下降，也接近灭绝。

三、鄱阳湖湿地破坏原因分析

（1）不合理和过度开发利用。由于某些不合理的开发活动，特别是围湖造田，使鄱阳湖天然湿地面积不断萎缩。1953年至今，鄱阳湖天然湿地面积减少了约1000 m^3（围垦总面积），相应的容积减少约为60亿m^3。湖泊形态改变，湖岸线由2049km减至1200km，湖盆形态系数由85变成109，发展系数（弯曲系数）由9变为6[7]。盲目开垦湿地致使湿地功能丧失，湿地退化使其蓄洪能力降低，影响了调节洪水和控制洪峰的作用。

（2）过度捕捞。过度捕捞导致流域主要经济鱼类品种资源严重衰退，近些年，渔船和网具改革，湿地区域非法捕捞强度已严重超过了鱼类资源自然增殖能力。此外有害渔具渔法，如“堑湖”、电捕鱼、炸鱼、毒鱼、迷魂阵、鸬鸟等，对湿地渔业资源也危害极大。

（3）人口压力。鄱阳湖是湿地是在鄱阳县区域范围内，因此人口的增加对湿地的影响主要体现在鄱阳县，鄱阳县由2001年的135.52万增到到2010年底的157.19万人口。在这十年里，人口数量增加了21.67万，年增长率2.2[8]。人口数量的高速增长是社会经济迅速发展的反映，给社会带来了巨大的发展推力，而对自然生态则是巨大的压力。这种压力的直接表现是人地矛盾尖锐。人口增加，耕地面积的减少，用地紧张，导致盲目开垦湿地；同时城镇化进程的加快，占用湿地的现象频频发生，加剧了湿地的减少。

四、建立鄱阳湖湿地生态补偿机制的思考和建议

鄱阳湖湿地保护主要是着重保护其生态功能，但湿地不仅是一种生态资源，同时也是人类生存环境之一，其所承载的社会功能、经济功能也不能完全忽略，尤其对于那些许多同时作为人类生活居住地的湿地，不对其进行开发利用，就不能满足居民的基本生存，因此如何在满足湿地生态保护的前提下，保证人民经济生活的健康发展就显得十分重要。对此，湿地生态补偿机制的建立尤为必要。

（1）明确鄱阳湖湿地补偿的范围和主客体。①补偿范围。生态补偿发生的前提是经济负外部性的产生。由于鄱阳湖湿地生态服务功能是产生经济外部性的原因，应将鄱阳湖湿地是否能提供高质量的生态服务功能作为实施生态补偿的重要前提条件。因此，鄱阳湖湿地生态补偿的范围应为生态功能突出、生态地位重要、生态环境脆弱的区域（如湿地核心区域），而那些因过度开发利用致使生态服务功能丧失的湿地区域不在补偿之列。②补偿主客体。补偿主客体的确定应坚持“保护者受益、损害者付费、受益者补偿”的基本原则（叶知年，2007），即鄱阳湖湿地保护者应作为湿地生态补偿的对象，鄱阳湖湿地生态功能损害者应支付一定补偿。因此，湿地生态补偿的主体应为鄱阳湖湿地开发利用者，包括旅游公司

和团体等，由于鄱阳湖湿地归国家所有，而湿地的许多生态功能不具备市场化的条件，在今后一段时间内，政府也将是补偿的主要主体。补偿客体应是鄱阳湖湿地管理者和保护者。

（2）确立鄱阳湖湿地合理的补偿标准。鄱阳湖湿地作为国际重要湿地，其补偿方式要与一般湿地的补偿区别对待。鄱阳湖湿地补偿方式途径主要有三种：一是主体直接向客体一次性现金补贴；二是主体为客体提供必要的就业援助计划，如安排保护着就业，生活上补贴，基础设施上进行完善等；三是主体帮助客体解决子女教育、住房等问题，真正的让保护着从中得到经济效益。

（3）建立鄱阳湖湿地多元化的生态补偿机制。建立健全生态补偿市场化机制，既要坚持政府主导，努力增加公共财政对生态补偿的投入，又要积极引导社会各方参与，探索以市场化为主要形式的生态补偿方式，拓宽生态补偿市场化、社会化运作的路子，形成多方并举，合力推进。逐步建立政府引导、市场推进、社会参与的生态补偿和生态建设补偿机制，积极引导国内外资金投向生态建设和环境保护。按照“谁投资、谁受益”的原则，支持鼓励社会资金参与生态建设、环境污染整治的投资。积极探索生态建设、环境污染整治与城乡土地开发相结合的有效途径，在土地开发中积累生态环境保护资金。

（4）强化鄱阳湖湿地生态补偿管理体系。①加强立法，重点保护。20世纪90年代，在我国加入《湿地公约》的大背景下，省政府在法律中确立了将鄱阳湖湿地整体作为专门的保护对象；但现行的法律仍然存在着很多缺陷，如对于鄱阳湖湿地保护的专门立法缺失，整体功能保护不足；偏重经济价值，忽视生态功能之价值；管理混乱等问题，因此对鄱阳湖湿地保护需进行专门性立法，充分发挥湿地整体功能，生态功能。②完善生态产业，提高自我补偿能力。通过发展鄱阳湖湿地生态产业，提高自我补偿能力，实现鄱阳湖湿地的可持续发展。鄱阳湖湿地旅游可作为目前鼓励发展的对象。鄱阳湖湿地已成为国家湿地公园，它具有得天独厚的观赏和科研价值，发展生态旅游业可带动地方经济发展，促进湿地生态系统可持续发展。但应当注意的是，鄱阳湖湿地生态旅游的开展应追求生态旅游的真谛，规划建设和游人行为都应做到真正的“生态”，以实现鄱阳湖湿地生态系统的良性循环。

参考文献：

［1］刘信中，叶居新．江西湿地．北京：中国林业出版社，2000.

［2］钟业喜，刘影，熊小英．鄱阳湖区农业生态环境问题及对策研究．国土与自然资源研究，2003（1）：33～34.

［3］江西省统计局．江西统计年鉴（1987-2005）．北京：中国统计出版社.

［4］黄国勤，王晓鸿，刘宜柏．论鄱阳湖区农业可持续发展．江西农业大学学报（社会科学版），2005，4（2）：5～8.

［5］钟业喜，刘影．从生态环境角度论鄱阳湖区农业可持续发展．四川环境，2003，22（1）：46～48.

［6］舒晓波，刘影，熊小英．鄱阳湖区洪涝灾害的生态环境因素与生态减灾对策．江西师范大学学报（自然学科版），2001（2）：180～185.

［7］王晓鸿．鄱阳湖湿地生态系统评估．北京：科学出版社，2004.

［8］鄱阳县统计局．鄱阳统计年鉴（2011）.

鄱阳湖生态经济区森林资源价值核算

温德华　黄红兰　朱路华
（江西环境工程职业学院，赣州，341000）

摘要：为揭示鄱阳湖湖区森林生态环境对鄱阳湖流域可持续性发展的重要生态保障作用，进行了市场价值法、影子工程法、生产成本法、简易地价法和年金资本法等方法核算鄱阳湖森林生态系统的环境价值，综合估算其森林资源总价值810.90亿元/a，其中森林木材等经济价值95.01亿元/a，林地价值85.81亿元/a，森林生态服务价值628.77亿元/a，森林社会就业价值1.2亿元/a。

关键词：鄱阳湖生态经济区；森林资源；价值核算；生态保障

The Calculation of the Forest Resources Value in Poyang Lake Ecological Economic Zone

WEN De-hua , HUANG Hong-lan , Zhu Lu-hua
(Jiangxi Environment Engineering Vocational College, Ganzhou, 341000)

Abstract: To explore the important ecological security role on Poyang Lake forest ecological environment of Poyang Lake sustainable development, we accounted Poyang Lake forest ecosystem environment value by using market value method, shallow engineering method, production cost method, simple land lent method and annuity capital method. Its integrated accounting value was the ecological service of total 810.90 hundred million yuan/a, including in wood value, forest land value, forest ecological service value, forest social employment value of 95.01, 85.81, 628.77, 1.2 hundred million yuan/a, respectively.

Key words: Poyang lake ecological economic zone; forest resources value accounting; ecological security

鄱阳湖被列入我国十大生态功能保护区和世界自然基金会划定的全球重要生态区，是我国最大的淡水湖，具有无法估量的社会、经济、生态效应[1,2]。1983～1988年，江西省人民政府组织进行了“鄱阳湖区综合科学考察”、“赣江流域自然资源综合科学考察”和“赣南山区农业自然资源综合考察”3次大规模综合科学考察，提出了“治湖必须治江，治江必须治山”的“山江湖”系统整体开发治理的科学理念。鄱阳湖流域的源头区域主要为丘陵和山区，是鄱阳湖“五河”发源地，也是鄱阳湖流域生态脆弱区域。从流域的地理位置、地形地貌，以及生态服务功能价值而言，鄱阳湖流域源头区域的陆地生态系统森林是鄱阳湖流域生态环境保护的重点，首要解决森林环境价值核算。本文主要从四大模块构建鄱阳湖森林资源的核算体系及其资源价值的估值，即林业用地资源、林木资源、森林生态服务资源与森

作者简介：

第一作者：温德华（1966～），男，江西于都人，硕士，江西环境工程职业学院商学院教授，科研处处长，研究方向：林业经济、生态经济、林业工程项目研究。

第二作者：黄红兰（1970～），女，江西石城人，博士，江西环境工程职业学院讲师，研究方向：森林生态。

第三作者：朱路华（1983～），女，江西赣州人，硕士，江西环境工程职业学院商学院助教，研究方向：工商管理，法律。

林社会效用资源，为全面系统地认识鄱阳湖湖区森林资源的作用及其生态补偿机制提供理论支持。

一、鄱阳湖森林资源概况

鄱阳湖流域自然条件复杂，地貌类型有山地、丘陵、岗地、平原和湖泊水系等[3]，生态系统较齐全。环湖以平原岗地和低丘为主，林业用地的比例相对较小；随着地势抬升和丘陵山地面积的增多，沿湖外围市县的森林环境逐渐典型化，尤以庐山山脉、九岭山脉为最。这导致各县市的森林覆盖率差异极大，0～69%不等，平均森林覆盖率37.65%，远低于全省平均水平63.1%，是全省森林总面积的最少区域。湖区所辖38个县市现有林业总用地137.3万hm^2，占全区国土总面积的34.07%，宜林地5772 km^2，其中林地3755 km^2，荒山荒地1505 km^2，疏林地305 km^2，灌木林地207 km^2。

二、核算方法和数据来源

鄱阳湖区森林资源价值参照长江流域森林资源价值核算，根据不同核算内容、指标，使用市场价值法、影子工程法、生产成本法、机会成本法、简易地价法和年金资本法等方法进行核算。并参考张颖（2001）《中国森林生物多样性价值核算研究》[4]、李忠魁（2000）《北京市森林资源价值研究》[5]、欧阳志云（1995）《中国生物多样性间接价值评估初步研究》[6]等文献核算生物多样性的价值。

（一）核算方法

①按照国家《森林资源规划设计调查主要技术规定》的有关规定，森林包括针叶林、阔叶林、针阔混交林、竹林和经济林。为了简化计算，对湖区的林地统一采取年金资本法估算。计算公式：$B_u = R/P$

式中：B_u：林地评估值；R：林地年平均地租收益；P：利率。

②活立木价值估算分别以松树、杉木、硬阔类、软阔类和混交类树种的蓄积，经济林木包括果木林、油料林、化工原料林和药用林等，采用市场纯收益法估算。即：立木价值＝立木蓄积×出材率×单位纯收益，纯收益＝销售价格－采运成本－税费。

③森林涵养水源和净化水质采用影子工程法核算。

$$B_{水} = B_{水1} + B_{水2} = VC_1 + VC_2 = V(C_1 + C_2) \qquad V = S \times h \times (1\text{-}60\%)$$

式中，$B_{水}$—森林涵养水源和净化水质价值；$B_{水1}$—森林涵养水源价值；$B_{水2}$—森林净化水质价值；V—源区蓄水总量。S：源区面积；h：降雨量；C_1：水库影子工程费用成本价格；C_2：净化水质成本价格。

④森林保育土壤价值的计算公式如下：

$$B_{保} = \sum_{i=1}^{3} B_{保i} = B_{保1} + B_{保2} + B_{保3}$$

$$B_{保1} = s'a$$

$$B_{保2} = s'yk' + s'\sum_{i=1}^{3} p_i q_i$$

$$B_{保3} = v'a'$$

式中，$B_{保}$：森林保育土壤价值；$B_{保1}$：减少土地损失的价值；$B_{保2}$：减少土壤肥力损失价值；$B_{保3}$：减少泥沙淤积的价值；s'：损失土地面积（$S\times0.1017$）；a：土地出租单位价格（5480.5 元/hm^2）；y：薪材转换有机质比例（2:1）；k'：机会成（513 元/t）；P_1：氮损失量（0.6376 t /hm^2），P_2：磷损失量（0.067 t /hm^2），P_3：钾损失量（0.2684t /hm^2）；q_1：氮肥市价（2000 元/t）；q_2：磷肥市价（1000 元/t）；q_3：钾肥市价（1000 元/t）；v'：减少淤泥量；a'：单位库容造价。

⑤森林固定 CO_2价值和释氧价值的计算公式：$B_{氧}=M\times d\times p\times(1+r)\ k$

式中，$B_{氧}$：森林排氧效益经济评估价值；M：现有森林生长量（m^2/a），$M=S\times J$，S：森林面积，J：森林单位积蓄量净增长；d：木材绝对干重 t；p：工业制氧价格；r：根枝年生长量占木材生长量的比值（干重计25%）；k：生长每 t 干物质释放氧量（t）。

森林吸收 SO_2、氟化物、氮氧化物计量采用面积—吸收能力法。参数根据国家环保总局南京科研所《中国生物多样性经济价值评估》，森林对 SO_2 的吸收能力，针叶树 215.6 kg/（hm^2·a），阔叶树 88.65 kg/（hm^2·a）；针叶树吸收氟化物能力为 0.5 kg /hm^2，阔叶树吸氟能力为 3.165 kg /hm^2；每公顷森林的吸收量为 6.0 kg。根据《中国生物多样性国情研究报告》，SO_2 的治理费用为 0.6 元/kg，大气污染氟化物排污收费 0.16 元/kg，中国大气污染物排污收费标准的氮氧污染物筹资型标准收费 1.34 元/kg。森林阻滞降尘价值、减噪声、灭菌价值和制造负离子价值采取造林成本法，参照刘良源等（2006）东江源生态资源评价核算[7]，分别以活立木蓄积量乘以造林成本价 240.03 元/m^{3}的 15%、20% 和 30% 测算。

（二）数据来源

数据来自 2010 年《江西统计年鉴》和鄱阳湖生态经济区所辖各县（市）的统计公报。

三、结果与分析

（一）林地、林木资源价值核算

湖区现有林业用地面积 137.3 万 hm^2，鄱阳湖区的活立木总蓄积 1789 万 m^2，毛竹林面积 8 195.5hm^2，湖区经济林面积 43509.8 hm^2。根据目前当地林地地价，林地租金 375 元/（hm^2·a），年收益率取 6%。经估算，湖区林地平均价值 85.81 亿元/a；现有森林的立木价值 41.35 亿元，立竹价值 22.70 亿元，经济林资源总价值为 30.96 亿元，合计林木资源价值总估值 95.01 亿元。

（二）森林生态服务资源核算

1. 森林涵养水源和净化水质价值

根据我国森林蒸散量研究[8]，平均蒸散量为年均降雨量的 56.0%。林区拦蓄的降水除 60% 用于树木蒸散外，其余均变为地下径流。以水源涵养保护的水质达到生活用水标准为计，森林林净化水质的价格取南昌市自来水的价格 1.98 元/ t。鄱阳湖湖区年均降水量为 1600mm，林地面积为 37.55 万 hm^2，则湖区森林涵养水源量 24.03×10^8t。以水库影子工程费用成本 5.714 元/m^3[4] 估算，得到湖区森林涵养水源价值为 137.32 亿元/a，净化水质 47.58 亿元/a。

2. 森林土壤保育价值

根据北京市林业局的研究结果[5]，森林减少的土壤流失量相当于减少土壤废弃面积

0. 1017 hm^2/km^3。由此推算，湖区每年森林减少土地损失面积 381. 88 hm^2，由于土壤流失导致这些土地失去生产力，按土地买卖价折算，湖区森林每年减少土地损失的价值 209. 29 元。每年减少土壤有机质损失的价值为 77. 75 万元，减少土壤 N、P、K 养分损失价值为 38. 39 万元、2. 02 万元、8. 08 万元。累计每年减少土壤肥力损失的总价值 48. 49 万元。

森林减少泥沙淤积量是无林地水土流失量与林地水土流失量的差值。与无林地相比，有林地年平均减少率为 79. 7%，减少泥沙淤积量为 335. 57 t/km^2，泥沙容重 1. 28 t/m^3，单位库容造价为 5. 71389 元/m^3。测量得到湖区减少泥沙淤积量 1260065. 35 t，每年减少泥沙淤积的经济价值 562. 49 万元。

综合上述分析，鄱阳湖湖区森林生态系统每年保育土壤总估值约 820. 27 万元

3. 固碳制氧及转化太阳能的价值

（1）固碳制氧价值。根据光合作用和呼吸作用的反应方程式：$6CO_2 + 12H_2O \rightarrow C_6H_{12}O_6 + 6O_2 + 6H_2O$ 推算，每形成 1g 干物质，需要 1. 62g CO_2，释放 1. 2gO_2。根据立木蓄积年平均生长量率为 4. 2%，取树枝和树根的重量为树干重量的 1/4，木材的平均比重为 0. 45 t/ m^3，以平均造林成本 240. 03 元/ m^3为计，折合 260. 09 元/t CO_2[9]。由此，估算得出湖区森林年生长量为 55.24×10^4 m^3，每年的树干材、根以及干物质的生长量分别为 243621. 0t、60905. 25t 和 304526. 25 t，每年固定 CO_2的数量为 493332. 53t。得出湖区森林生态系统固定 CO_2的价值为 1. 28 亿元/a。同理，测算湖区森林生态系统提供 O_2达 365431. 5t，折合总价值为 1. 29 亿元/a。因此，湖区固定 CO_2 和释氧的价值合计为 2. 57 亿元/ a。

（2）森林转化太阳能的价值。采用热值法计算，煤炭的热值为 29000 kJ/kg 计算，据测算江西主要林木的热值平均为 20070. 17 kJ/kg。鄱阳湖湖区森林年干物质生长量为 304526. 25 t，湖区森林年转化太阳能达 61118. 94 亿 kJ，则湖区森林每年吸收固定太阳能价值计约 4636. 61 万元/a。

4. 森林净化环境价值

森林净化环境的主要功能是吸收有毒物质；阻滞粉尘；杀除细菌；降低噪声及释放负氧离子和萜烯物质。采用影子价格法计算分别核算森林吸收 SO2、氟化物、氮氧化物的价值，估算森林阻滞降尘价值、减噪声、灭菌价值和制造负离子价值。鄱阳湖区针叶林面积 15. 8 万 hm^2，阔叶林面积 6. 37 万 hm^2，依类估算其吸收 SO2 的价值 2382. 71 万元/a，吸收氟化物价值 13. 36 万元/a，吸收氮氧化物价值 301. 90 万元/a。森林减噪声价值 1789 万 $m^3 \times 240.03 \times 15\% = 64412.0505$ 万元/a。森林灭菌价值 1789 万 $m^3 \times 240.03$ 元/$m^3 \times 20\% = 85582.734$ 万元/a。森林制造负氧离子的价值 1789 万 $m^3 \times 240.03$ 元/$m^3 \times 30\% = 128824.101$ 万元/a。

湖区竹林面积 8195. 5 hm^2和油茶、果木、灌丛林等林地面积 4. 35 万 hm^2未列入计算。

综上所述，鄱阳湖湖区环境净化环境的价值约为 61. 13 亿元/a。

5. 森林生物多样性的经济价值

鄱阳湖湖区森林生物多样性丰富，但尚不齐全。记载有森林植物 2511 种，包括药用、食用、纤维、芳香油和观赏植物，其中国家 I 级保护植物 6 种，II 级保护植物 44 种，Ⅲ 级保护植物 66 种；哺乳类动物 8 目 19 科 52 种[10]，鸟类 15 目 36 科 177 种[11]，爬行类 48 种，两栖动物约 30 种，陆生昆虫 10 目 63 科 227 种。

（1）生物多样性直接价值。据南昌动物园提供的观赏动物有 157 种，其中原种进料、

饲养、保护价值为1600万元，参照国家林业局、财政部、国家物价局（1992）72号文件关于“陆生野生动物资源保护管理收费办法的通知”的规定。湖区以黄鼬、小虎、华南兔是当地的三大主要毛皮兽资源，其中黄鼬皮产量最多，收购量占各类毛皮总数的60～70%；1973～1983年间平均年产兽皮15万张，当时市值120万元[10]。按目前市值估算湖区野生动物直接经济价值18179万元。

野生植物资源价值，包括野生植物对农业收入的贡献和中药材资源价值，但这方面丰富的资源开发力度不够，统计数据较缺乏。

江西樟树市美誉“药不过樟树不灵，药不到樟树不齐”，药业发展较迅猛。本研究湖区野生植物资源价值以樟树中药材产值为计，据江西省统计局年报，2010年樟树市年产中药材产量5.42万t，产值3.96亿元。则湖区野生植物资源价值超过3.96亿元/a。

故湖区生物多样性直接经济价值总估值约5.78亿元/a。

（2）森林生物多样性间接经济价值。采用机会成本法核算，南方亚热带林区生物多样性价值以单位活立木蓄积679.92元/m^3为计。故湖区森林生物多样性间接价值估值：679.92元/m^3 × 17890000 m^3 = 121.64亿元/a，即为121.64亿元/a。

（3）森林游憩价值。截至2009年年底，鄱阳湖流域已建立自然保护区（含鄱阳湖湿地）1152处，其中国家级保护区8处、省级保护区18处，保护面积$9.7\times10^5 hm^2$。森林旅游外汇收入是我国旅游收入的重要来源，2008、2009连续两年鄱阳湖生态经济区旅游总收入增长速度都保持20%以上。据2009年统计资料表明：2009年该区域旅游接待总人数5750万人次，旅游收入418亿元人民币。森林景观价值按60%计，则湖区森林游憩价值250.8亿元/a。

6. 森林主要社会效益评价

湖区森林价值涵盖森林美学、游乐价值、社会就业、科学文化价值、改善投资环境、防灾减灾价值和保障社会安定团结等方面。本研究只从湖区森林资源经营管理增加社会就业的经济效益进行探讨。近年来，鄱阳湖生态经济区的旅游业发展很快，同时餐饮业、小商品营销业等第三产业快速发展，每年提供约10000个就业机会，考虑到湖区年平均收入较低，按每人每年平均收入12000元计算，产生社会效益1.2亿元/a。

四、结论和讨论

（一）结　论

鄱阳湖湖区森林资源总价值包括林地价值、林木价值、经济林价值、森林环境资源价值和社会价值，综合估算得出湖区森林资源总价值为809.44亿元/a（表2）。其中森林木材等经济价值95.01亿元/a，占总资源价值的11.74%；林地价值85.81亿元/a，占总资源价值的10.60%；森林生态服务价值628.77亿元/a，占总价值的77.68%；森林社会就业价值1.2亿元/a。森林各环境资源价值由大到小依次：景观游憩、涵养水源和净化水质、生物多样性、林木及经济产出、净化环境、固碳制氧、社会就业服务、保育土壤。

通过对鄱阳湖湖区森林资源的核算，湖区森林生态系统及其资源的经济价值、生态价值和社会价值中，生态价值最大，其次经济价值，最后是社会价值。森林生态服务价值是其木材等经济价值的7.31倍。目前其他国家如日本、美国、芬兰和前苏联的森林直接经济效益与间接效益之比分别是1∶11.7、1∶9.1、1∶3.1和1∶4。与此相比，本研究所得结果比较合理；也表明鄱阳湖湖区的生态环境功能方面有着重要的作用，对保护鄱阳湖湿地环境、保障“一湖清水”及其湖区的经济、社会可持续发展可提供丰厚产品和优良服务的生态保障支持。

表2　鄱阳湖湖区森林资源总价值

种　类			年均经济价值（亿元/a）	合计（亿元/a）
林木价值	林地价值		85.81	85.81
	立木（含立竹）价值		64.05	95.01
	经济林价值		30.96	
森林生态服务价值	森林涵养水源和净化水质	涵养水源	137.32	627.31
		净化水质	47.58	
	森林保育土壤	减少土壤损失	0.020929	
		减少土壤肥力损失	0.004849	
		减少泥沙淤积	0.056249	
	固碳制氧及转化太阳能的价值	固定 CO_2 和释氧价值	2.57	
		转化太阳能	0.463661	
	森林净化环境价值	吸收 SO_2	0.238271	
		吸收氟化物	0.001336	
		吸收氮氧化物	0.03019	
		阻滞降尘	32.98	
		减噪声	6.44	
		灭菌	8.56	
		制造负氧离子	12.88	
	森林生物多样性价值	生物多样性直接价值	5.78	
		生物多样性间接价值	121.64	
	森林游憩价值	森林旅游收入	250.8	
森林主要社会价值		就业	1.2	1.2

江西率先在全国林权制度改革，网上交易开始活跃，对鄱阳湖湖区森林的科学合理估值将推进森林生态系统功能及其林业产业的可持续发展。由于鄱阳湖生态类型齐全，经估值，森林景观游憩估值250.8亿元/a，占森林总价值的30.93%。但由于生产力水平普遍不高，林分单位面积年均蓄积生长量5.47 m^3/hm^2，单位面积蓄积量仅13.03 m^3/hm^2，不及世界平均林分蓄积量的0.12倍，可见，湖区林分质量问题相当突出。当前，湖区经济林及其林下种植规模并不大，经济价值达立木（竹）价值的一半，江西樟树药材种植业就是典型案例，仅其直接经济效益高达3.96亿元/a，超过湖区野生动物总价值1.82亿元/a，显示出强大的市场气场。此外，湖区物种资源丰富，占据水利优势，具一定规模的渔业；但是野生动物开发尚属处女地。由此，保护和科学合理开发鄱阳湖湖区森林资源同等重要，在当前增加森林面积及其覆盖率基础上，鄱阳湖湖区森林质量的内涵建设必须提到首位，一方面，科学地经营和管理好人工林，合理地保护和利用天然林；另一方面，加大力度发展林副产业；同时鼓励带动野生动物驯化养殖业。

（二）讨　论

由于数据资料欠缺和研究工作不够深入，湖区森林所有功能价值未能全部体现，如森林生态系统对于森林资源的社会价值，我们只核算了其提供的就业价值。而且，森林生态系统的生物多样性的保护价值，森林生态系统的进化价值、文化价值、社会价值，以及森林生态系统对其他生态系统的保护价值等，都未列入计算。因此，所核算的结论要远小于森林资源实际的价值。这些均是本课题组今后努力的方向，它们的完善将进一步丰富湖区森林生态系统和森林资源的开发利用及其环境保护事业。

参考文献：

［1］王晓鸿，鄢帮有，吴国琛．山江湖工程［M］．北京：科学出版社，2006

［2］余达锦，胡振鹏．基于生态文明的区域生态旅游发展战略研究［J］．生态经济，2008，9：99～102

［3］霍雨．鄱阳湖形态特征及其对流域水沙变化响应研究［D］．南京：南京大学．2011

［4］张颖．中国森林生物多样性价值核算研究［J］．环境观察与评论，2001（2）：37～42

［5］周冰冰，李忠魁．北京市森林资源价值研究［M］．北京：中国林业出版社，2000

［6］欧阳志云，王如松，杨建新等，中国生物多样性间接价值评估，中国生物多样性国家报告［M］，北京：中国环境科学出版社．1995

［7］刘良源，曾新方，李志萌，等．东江源区生态资源评价与环境保护研究［M］．南昌：江西科学技术出版社，2006

［8］毛文永，白先雇，李忠．资源环境常用数据手册［M］．北京：中国科学技术出版社，1992

［9］侯元兆，李玉敏，张颖．森林环境核算［M］．北京：中国科学技术出版社，2002

［10］傅道言，丁铁明．鄱阳湖地区兽类资源调查［J］．动物学杂志，1991，26（2）：27～31

［11］傅道言，丁铁明，胡平喜，等．鄱阳湖地区山地丘陵的鸟类调查［J］．江西科学，1989，2（6）：32～43

论鄱阳湖生态经济区生态补偿机制的关键科学问题*

廖文梅[1,2]　孔凡斌[2]　潘　丹[2]

（1 江西农业大学经济管理学院，南昌，330045；

2 江西财经大学鄱阳湖生态经济研究院，南昌，330032）

摘要：本文基于鄱阳湖生态经济区建设上升为国家战略，提出了建立鄱阳湖生态经济区生态补偿机制的构想，通过阐述建立鄱阳湖生态经济区生态补偿机制的意义、目前的研究现状及综合述评，提出了建立普适性的区域生态补偿价值定量估算函数转换模型及以县（市）为基本行政单元的生态补偿对象的空间选择模型等两个关键科学问题，构想未来的研究方向：进一步完善区域生态补偿机制理论与评价方法，建立鄱阳湖生态经济区的主要生态系统服务功能价值时空格局、生态补偿价值时空格局及生态补偿对象的空间选择，探索鄱阳湖生态经济区生态补偿实施机制。

关键词：鄱阳湖生态经济区；生态补偿；时空格局；实施机制

The Discussion on the Key scientific problems of ecological compensation mechanism of Poyang Lake Ecological Economic Zone

Liao Wen-mei[1,2], Kong Fan-bin[2], Pan Dan[2]

(1. School of Economics and Management of Jiangxi Agriculture University, Nanchang, 330045;

2. Institute of Poyang Lake Eco-economics of Jiangxi University of Finance and Economics, Nanchang, 330013)

Abstract: The article which was based on that the construction in Poyang Lake Ecological Economic Zone (PLEEZ) had rised to a nation strategy put forward the imaginary of establishing the ecological compensation mechanism in PLEEZ. Then it came up with two key scientific problems by detailing the significance of setting up the ecological compensation mechanism, the present research situation and the comprehensive review in PLEEZ. They were the model of establishing common useful regional ecological compensation value quantitative estimation function transformation and the ecological compensation objects' space choice model which puts county (city) as the basic administrative unit, etc. What's more, the article also imagines the direction of future research: it improved the regional ecological compensation mechanism theories and evaluation methods further, established the time and space pattern of the main ecosystem service function value, the ecological compensation value and the space selection of ecological compensation objects, explored the implementation mechanism in PLEEZ.

基金项目

国家自然科学基金项目（项目编号：41261110）和江西财经大学“鄱阳湖生态经济区发展研究”跨学科创新团队资助成果。

作者简介：

第一作者：廖文梅（1978~），女，江西万安人，博士，江西农业大学经管学院副教授、江西财经大学在站博士后，硕士生导师，研究方向：林业经济政策与理论、生态经济政策与理论。

通讯作者：孔凡斌（1967~），男，江西九江人，博士，江西财经大学鄱阳湖生态经济研究院教授，博士生导师，院长，研究方向：生态经济理论与政策、林业经济理论与政策。

第三作者：潘丹（1986~），女，江西宜春人，博士，江西财经大学理论经济学在站博士后，研究方向：农业经济管理。

Key words: Poyang Lake Ecological Economic Zone; ecological compensation; space and time pattern; implementation mechanism

一、鄱阳湖生态经济区生态补偿机制研究的重大意义

（1）建立生态补偿机制是我国落实科学发展观，实现区域协调发展的重大战略选择。生态系统是地球的生命支持系统，是人类赖以繁衍生息的基础。人类为了经济发展往往采用扩大开发自然资源和无偿利用生态环境等方式，造成生态系统不断恶化，已成为制约经济发展的重要瓶颈。中国经济和生态的矛盾日益尖锐，生态资源和经济水平的空间分布不均造成地区间可持续发展的不平衡，造成资源型产品生产和消费空间的分离，形成生态功能区往往与经济不发达区相重叠（洪尚群，2001）。作为公共产品或公共服务，生态环境天生具有显著效益外溢性特征（Azar C et al，1995）。经济欠发达地区为生态受惠区即经济发达地区提供大量的生态服务，却由于公共产品的外部性特征，而无法得到应有的补偿（毛显强，2002），极大地挫伤了生态功能区保护生态环境的积极性（国家环境保护总局环境与经济政策研究中心，2006）。要解决这类问题，就必须建立生态补偿机制（中国生态补偿机制与政策研究课题组，2007）。

改革开放30多年来，我国综合国力大大增强，人民生活水平大幅度提高，政府和民间对建立和完善我国生态补偿机制的呼声日益高涨，生态补偿机制已经进入了行政立法初期阶段。胡锦涛总书记在党的十七大报告强调：要“建立健全资源有偿使用制度和生态环境补偿机制”。建立和完善生态补偿机制是我国落实科学发展观、实现人与自然和谐的重要战略选择。研究区域生态补偿机制问题是国家需求所在，具有重大的现实意义。

（2）建立鄱阳湖生态经济区生态补偿机制是国家区域重大发展战略的迫切需要。2009年12月12日，江西《鄱阳湖生态经济区规划》正式获得国务院批准，鄱阳湖生态经济区建设上升为国家战略。鄱阳湖生态经济区功能定位为全国大湖流域综合开发示范区、长江中下游水生态安全保障区、加快中部崛起重要带动区和国际生态经济合作重要平台。建设鄱阳湖生态经济区就是要探索我国大湖流域生态、经济、社会协调发展、综合开发的新模式。根据自然生态系统的不同特征和经济地域的内在联系，国务院将鄱阳湖生态经济区划分为三大主体功能区（两区一带），即：禁止开发建设的“湖体核心保护区”、严格控制开发的“滨湖控制开发带”和高效集约开发的“高效集约发展区”。主体功能区发展战略的实施必将对“两区一带”内社会经济发展带来巨大影响，将在很大程度上改变区域内不同行政单元的权利义务关系，区域之间公共服务水平非均等化趋势将进一步加剧。为了实现区域间公共服务水平的均等化，促进区域内各行政区之间的协调发展，《规划》明确提出将“积极推进多种方式的生态补偿试点”作为重点领域改革的主要内容，国家已经将鄱阳湖生态经济区确立为建立生态补偿机制的试点区域，要求率先建立生态补偿机制，进而为为全面建立生态补偿机制提供经验。

（3）生态补偿标准及其空间选择是区域生态补偿机制研究的关键科学问题。生态补偿机制是一种新型的资源环境管理模式，是全球生态环境保护和建设领域研究的前沿问题（王金南，2006；杨巧红，2006；孔凡斌，2010），生态补偿标准及其确定方法一直是生态补偿机制建立中的重点和难点（陈源泉，2007；李晓光、苗鸿 、郑华、欧阳志云，2009），

同样，如何提高生态补偿的生态效率和资金效率则成为影响生态补偿制度有效性的关键问题（戴其文，2010）。生态补偿对象的空间选择是一种基于补偿资金效率的考虑，确定最有效的服务供给者的空间定位技术，是生态补偿机制研究的核心问题之一，也是建立高效合理的生态补偿机制基础性和支撑性研究（戴其文，2010）。当前，我国有关生态补偿机制的行政立法工作步履艰难，进展缓慢，这一方面说明生态补偿制度本身的复杂性，另一方面也说明有关生态补偿机制的关键科学问题研究还不能够满足国家发展战略需求。

二、国内外研究现状及综合评述

（一）国内外研究现状

从最新的研究文献来看，国内学者针对我国国情，追踪和比照国际上研究热点，比较集中地从生态建设和生态保护两个方面展开相关研究，研究对象可以归纳为4大类型，即①生态要素补偿研究，主要包括：森林生态补偿机制的研究（李文华、李芬等，2006）、矿产资源生态补偿（胡振琪、程琳琳，2006；孔凡斌，2010）；②区域生态补偿研究，且主要集中在对西部经济欠发达地区的生态补偿机制研究（杜万平，2001；钟大能，2006年）。③生态功能区补偿研究，主要包括：水源涵养区生态补偿（葛颜祥、梁丽娟，2006；孔凡斌，2010）、自然保护区生态补偿（闵庆文、甄霖等，2006）；④流域生态补偿研究（李建建、黎元生等，2006）。此外，我国较早开始的排污收费制度的研究以及传统的环境价值研究，可以看成是生态补偿机制研究的一部分，但它们还不是明确意义上的生态补偿研究（王金南等，2006）。

自从Costanza（1997）衡量了全球生态系统服务功能的价值以来，以生态系统服务功能的价值来确定生态补偿标准提供了重要依据。随后，世界上许多科学家都进行了这方面的尝试（Whitehead，1991；Robles，1999），多种方法衡量生态系统服务功能价值的研究仍然是生态学领域的热点。在我国，类似的研究始于20世纪90年代，有从国家级尺度上（潘耀忠等，2004；朱文泉等，2007）研究中国各类生态服务功能价值，区域尺度上（欧阳志云等，2004）以及流域尺度上的研究呈现活跃态势（于德永等，2006），基于行政区的生态服务功能价值定量估算研究逐渐增多（张淑英等，2004；李晶等；2006；冉圣宏、李秀彬等，2006；王秀丽等，2007；金艳等，2009）。随着遥感技术和GIS技术的发展，把遥感技术和GIS技术应用于生态系统服务价值评估受到越来越多学者的青睐，国内已有不少学者利用遥感技术和不同的遥感数据源进行了生态服务功能价值评估（潘耀忠等，2004；张淑英，2005；焦彩霞，2006），取得了有重要价值的研究成果。毫无疑问，遥感技术为生态补偿定量估算奠定基础（金艳、黄敬峰、官泉水，2009）。

基于市场法确定生态补偿标准的案例主要集中于水资源交易和碳排放权交易的生态补偿（Tsen W et al ，2002；Bishop J，2002；Stefano Pagiola，Joshua Bishop，2002），水资源的市场交易来制订生态补偿标准的尝试还在墨西哥、阿根廷和厄瓜多尔等许多拉美国家进行。中国水资源保护的生态补偿主要包括浙江省东阳和义乌在2001年签订的水权协议以及北京官厅和密云水库区的生态补偿、三江源生态补偿和福建流域补偿等（王金南，2006；孔凡斌，2010）。用市场法确定生态补偿的标准能够兼顾两方面的利益，在双方都能达到满意的条件下开展生态补偿，具有其他方法所不具备的优点。

（二）综合述评

应该说，近十几年以来，我国学者对建立我国生态补偿机制重大理论和现实问题进行了卓有成效的艰苦探索，取得了不少有重要价值的研究成果，为后续研究提供了很好的借鉴。由于生态补偿机制问题的异常复杂性，从我们力所能及的文献阅读和分析情况来看，我国生态补偿机制科学研究仍存在较大拓展空间：

1. 在研究内容上需要深化

国内研究重点集中在生态补偿理论依据、生态补偿原则、补偿主体、补偿对象、补偿依据、补偿标准、补偿办法、资金筹措、资金管理以及运行机制研究等方面，生态补偿标准始终是生态补偿机制的核心内容，且至今仍未形成学界和决策层能够普遍接受的方法体系，因此也成为学术研究的重点和难点，是需要深化研究的重要内容之一。当前，需要寻找到适当的函数关系将生态系统服务功能价值转变为生态补偿标准，这是生态补偿标准研究的重要选择。生态补偿空间定位及优化研究至关重要，是影响生态补偿机制有效性的关键内容，但是目前的研究还处于起步阶段，因此，生态补偿空间选择理论和方法研究是未来重要的创新内容。探索并明确影响补偿空间定位的关键因子，确定生态补偿的区域优先序列，是区域生态补偿空间选择研究的必然趋势。

2. 在研究方法和手段上有待创新

国内生态补偿机制研究以人文社会科学理论为基础的定性研究为多，基于生态学和遥感技术的生态系统服务功能价值定量评价研究成果也十分丰富，但是多时空尺度动态评价研究相对较少；补偿空间选择研究侧重于生态学原理和技术方法对特定生态系统的定量模拟，有少量融合社会经济因素的学术成果。但定性研究和定量研究的结合并不紧密，生态学、信息技术和经济学、社会学等交叉研究成果不多，这影响了定量评价成果向社会经济系统的有效转化。上述问题，是未来研究需要着力解决的关键问题之一。

3. 在研究尺度和对象上需要进一步拓展

基于全球、国家和省市等尺度，对森林、水、湿地、草地以及耕地等生态系统服务功能评价和生态补偿做了大量研究，且集中在流域和自然保护区尺度上的案例研究，大尺度空间区域研究不足（李晓光、苗鸿 、郑华、欧阳志云，2009），有关鄱阳湖生态经济区的定量研究刚刚起步。整体上看，现有研究与国家区域重大发展战略需求结合得不够紧密。以国家战略区域生态补偿机制的重大现实问题为立足点，加强区域生态补偿机制关键科学问题的研究，使之能在区域资源科学配置的政府决策中发挥实际支持作用，将是未来需要探索方向之一。

三、鄱阳湖生态经济区生态补偿机制问题研究

（一）待解决的两个关键科学问题

（1）揭示鄱阳湖生态经济区不同生态系统服务功能价值与社会经济系统特征之间的时空关系，探索建立普适性的区域生态补偿价值定量估算函数转换模型，为实施多尺度区域生态补偿标准提供理论和技术支撑。

（2）揭示补偿资金效率最大化约束条件下生态补偿量与不同尺度利益相关方需求特征之间的空间自相关关系，探索建立以鄱阳湖生态经济区县（市）为基本行政单元的生态补偿对象及空间选择模型，为实施区域生态补偿效益最大化优化方案提供理论和技术支持。

（二）需要关注的研究重点

1. 进一步完善区域生态补偿机制理论与评价方法

以国内外相关研究为基础，研究生态补偿机制概念、特征、领域和范围，分析世界生态

补偿机制理论研究和政策实践经验以及中国的战略选择、关键领域、政策需求，总结生态补偿机制关键科学问题、研究进展和发展趋势，重点分析生态补偿标准和空间选择方面的理论研究成果及其应用，为后续研究提供理论基础。

2. 建立鄱阳湖生态经济区主要生态系统服务功能价值时空格局

基于生态系统服务功能评价方法，计量鄱阳湖生态经济区各规划单元和市、县行政单元的森林生态系统、水生态系统、耕地生态系统、草地生态系统、湿地生态系统等服务功能价值和生态系统服务功能总价值。然后从不同土地覆被类型、生态服务功能价值、不同研究单元等方面，分析研究时段内生态系统生态服务功能价值的时空格局特征及其影响因素。

3. 建立鄱阳湖生态经济区生态补偿价值时空格局

生态补偿的经济模式必须与生态系统多尺度的自然特性相匹配，才能发挥其最好效果。本研究将基于生态系统服务功能价值的多尺度时空特性，分析服务功能价值的时空变化与社会经济统计数据之间的相关关系，创建具有多时空尺度内涵（功能区和县级）的生态补偿理论体系和定量评价模型，该模型适用于不同时空尺度的区域生态补偿价值量评价，为建立多尺度生态补偿价值量评价提供理论依据和技术支撑。以各研究单元为基础，分析鄱阳湖生态经济区多级尺度（功能区、县）区域生态补偿价值量的空间分布特征。

4. 优化鄱阳湖生态经济区生态补偿对象的空间选择

基于补偿资金效率最大化考虑，以鄱阳湖生态经济区“两区一带”为基本分区，以县（市）行政单元为基本研究单元，通过空间选择模型，对鄱阳湖生态经济区进行生态补偿区域优先序进行层次划分，对不同等级补偿区特征进行比较分析，得出预算约束下的区域生态补偿空间优化方案。

5. 探索鄱阳湖生态经济区生态补偿实施机制

生态补偿定量研究的最终目的是为生态补偿实施提供技术支撑，促进区域经济和生态的协调发展。本研究将通过对不同空间尺度研究单元的生态补偿总值与 GDP 的比值研究来分析生态补偿实施的现实可行性。以现有政策法律制度环境为背景，参考国内外生态补偿实施模式，进一步研究在鄱阳湖生态经济区实施“生态合作、产业共建、财政支援、异地开发、生态资源交易”等不同生态补偿模式的适应性，提出鄱阳湖生态经济区实施生态补偿机制的政策法律途径。

参考文献：

［1］陈源泉，高旺盛．基于生态经济学理论与方法的生态补偿量化研究．系统工程理论与实践，2007（4）：165～170.

［2］陈源泉，高旺盛．农业生态补偿的原理与决策模型初探．中国农学通报，2007（10）：163～166.

［3］戴其文．生态补偿对象的空间选择研究～以甘南藏族自治州草地生态系统的水源涵养服务为例．自然资源学报，2010（3）：416～425.

［4］戴其文，赵雪雁，徐伟，等．生态补偿对象空间选择的研究进展及展望．自然资源学报，2009（10）：1772～1784.

［5］杜万平．完善西部地区生态补偿机制的建议．中国人口、资源与环境，2001（12）.

［6］国家环境保护总局环境与经济政策研究中心．“中国建立生态补偿机制的战略与政策框架”研究报告，2006.

［7］葛颜祥，梁丽娟．水源地生态补偿机制的构建与运作研究．农业经济问题，2006（9）.

[8] 洪尚群，马丕京，郭慧光．生态补偿制度的探索．环境科学与技术，2001（05）．

[9] 胡振琪，程琳琳．我国矿产资源开发生态补偿机制的构想．环境保护，2006（9）

[10] 金艳．多时空尺度的生态补偿量化研究．杭州：浙江大学博士学位论文，2009：1～17。

[11] 孔凡斌．中国生态补偿机制：理论、实践与政策设计．北京：中国环境科学出版社，2010：123.

[12] 孔凡斌．建立我国矿产资源生态补偿机制研究．当代财经，2010（2）：22～28.

[13] 李晓光，苗鸿，郑华，欧阳志云．生态补偿标准确定的主要方法及其应用．生态学报，2009（8）：4431～4440.

[14] 李建建，黎元生，等．论流域生态区际补偿的主导模式与运行机制．生态经济，2006（10）．

[15] 李晶，任志远．陕北黄土高原土地利用生态服务价值时空研究．中国农业科学，2006（12）：2538～2544

[16] 欧阳志云，赵同谦，王效科，等．水生态服务功能分析及其间接价值评价．生态学报，2004（10）：2091～2099.

[17] 欧阳志云，赵同谦，赵景柱，等．海南岛生态系统生态调节功能及其生态经济价值研究．应用生态学报，2004（8）：1395～1402.

[18] 潘耀忠，史培军，朱文泉，等．中国陆地生态系统生态资产遥感定量测量．中国科学（D辑：地球科学），2004（4）：375～384.

[19] 冉圣宏，李秀彬，吕昌河．土地覆被及生态服务价值变化的多时间尺度模拟——以四川省渔子溪流域为例．地理学报，2006（10）：1113～1120.

[20] 毛显强，钟瑜，张胜．生态补偿的理论探讨．中国人口、资源与环境，2002（4）：40～43.

[21] 闵庆文，甄霖，等．自然保护区生态补偿机制与政策研究．环境保护，2006（19）．

[22] 王金南，等，生态补偿机制与政策设计国际研讨会论文集．北京：中国环境科学出版社，2006.

[23] 杨巧红．西部生态环境建设的前沿问题研究．中国西部经济发展报告2005．北京：社会科学文献出版社，2006.

[24] 王秀丽，吴克宁，吕巧灵，等，郑州市郊区生态服务功能价值变化研究．中国农学通报，2007（3）：398～401.

[25] 张淑英，陈云浩，李晓兵，等．内蒙古生态资产测量及生态建设研究．资源科学，2004（3）：22～28.

[26] 朱文泉，张锦水，潘耀忠，等．中国陆地生态系统生态资产测量及其动态变化分析．应用生态学报，2007（3）：586～594.

[27] 中国生态补偿机制与政策研究课题组．中国生态补偿机制与政策研究．北京：科学出版社，2007.

[28] 钟大能．在西部民族地区完善财政生态补偿机制的对策建议．中央财经大学学报，2006（5）．

[29] Bishop J . Pro-poor Markets for Environmental Services ：A New Source of Finance for Sustainable Development? Presentation made at the World Summit on Sustainable Development，Johannesburg，2002，August 28.

[30] Costanza R，et al. The Value of the Worlds Ecosystem Services and Natural Cap ital . Nature，1997，(386)：253～260.

[31] Tsen W，et al . Payments for Environmental Services in Mexico . Berkeley University of California at Berkeley Goldman School of Public Policy，2002.

[32] Robles D，Kangas，Lassioe J P，et al. Evaluation of Potential Gross Income from Non-timber Products in a Riparian Forest for the Chesapeake Bay Watershed. Agro-forestry Systems，1997，44（223）：215～225.

[33] Stefano Pagiola，Joshua Bishop. Selling forest environmental services. London：Earth Publications，2002.

[34] Whitehead J C，Blomquist G C. Measuring Contingent Values for Wetlands：Effects of information about Related Environmental Goods . Water Resources Research，1991：2523～2531.

我国各级财政公益林补偿政策研究概述

范少君[1]　支　玲[2]

（1 中央财经大学会计学院，北京，100081；2 西南林业大学经济管理学院，昆明，650224）

摘要：本文概述了我国中央财政和部分省、市、县级财政对公益林补偿的现行政策，结果显示：当前我国各级财政对公益林的补偿标准正在不断提高，我国公益林补偿资金呈现出多层次的来源渠道，但县级财政的补偿政策较为薄弱。然后提出了完善各级财政公益林补偿政策的相关建议。

关键词：各级财政；公益林补偿；政策

The Research Outline of Policy about All Levels of Government Spending on Public Welfare Forest Compensation in China

FAN Shao-jun[1], ZHI Ling[2]

(1 School of Accountancy, Central University of Finance and Economics, Beijing, 100081;
2 School of Economics and Management, Southwest Forestry University, Kunming, 650224)

Abstract: This paper summarizes current policy about central governments', some provinces', municipalities' and counties' spending on public welfare forest compensation in China. Get the conclusion that all levels of compensation standards are increasing, the source of compensation funds for public welfare forest is a multi-channel, and counties' compensation policy is relatively weak. Then gives some suggestions to optimizing the policy about all levels of government spending on public welfare forest compensation.

Key Words: all levels of government spending; public welfare forest compensation; policy

我国中央财政从 2001 年开始设立森林生态效益补偿基金，在 2001 年试点的基础上，2004 年全面启动了中央财政森林生态效益补偿制度，将重点公益林补偿纳入了中央财政预算。在此期间和此后，很多省（自治区、直辖市）、市（地、州）等也陆续出台了当地的地方公益林补偿政策，逐步形成了多层级的政府财政公益林补偿机制，在完善公益林补偿机制方面呈现出良好趋势。本文通过查阅文献、归纳网络资料等方法，反映我国各级财政公益林补偿政策总体概况，在完善公益林补偿政策方面做一些有益的探索。

基金项目：

国家自然科学基金（71273215）。

作者简介：

第一作者：范少君（1986～），男，湖北荆门人，中央财经大学会计学院博士研究生，研究方向：会计理论与方法。

通讯作者：支玲（1958～），女，四川三台人，西南林业大学经济管理学院教授，博士生导师，研究方向：林业政策与投资项目评价。

一、中央财政公益林补偿政策

（一）非天保工程区补偿政策

对于非天保工程区的国家重点公益林或国家级公益林，其补偿政策经历了一个变化的过程。2001 年，财政部、国家林业局出台《森林生态效益补助资金管理办法（暂行）》（简称暂行《办法》），中央财政建立森林生态效益补助资金，由国家财政直接拨款 10 亿元［标准为 75 元/（hm^2·年）（5 元/亩·年）］在河北等 11 个省、自治区的 658 个县级以上单位和 24 个国家级自然保护区，对 1333.33 万 hm^2（2 亿亩）国家重点公益林进行补助试点，为在全国建立森林生态效益补偿制度打下了基础。

2004 年，根据《中华人民共和国预算法》，财政部、国家林业局颁布了《中央森林生态效益补偿基金管理办法》（简称原《办法》），以规范和加强中央森林生态效益补偿基金管理，提高资金使用效益。通过三年的试点，2004 年中央政府拿出 20 亿元人民币，对全国 2666.67 万 hm^2（4 亿亩）的重点公益林进行森林生态效益补偿。

2007 年 3 月 15 日，财政部、国家林业局在对 2004 年的原《办法》进行修订的基础上，发布了《中央财政森林生态效益补偿基金管理办法》（简称新《办法》）。新《办法》第四条规定：中央财政补偿基金平均标准为 75 元/（hm^2·年）（5 元/亩·年），其中 71.25 元/（hm^2·年）（4.75 元/亩·年）用于国有林业单位、集体和个人的管护等开支；3.75 元/（hm^2·年）（0.25 元/亩·年）由省级财政部门列支。重点公益林所有者或经营者为个人的，中央财政补偿基金支付给个人。

2009 年财政部、国家林业局联合出台了新修订的《中央财政森林生态效益补偿基金管理办法》（简称新修订《办法》）。新修订《办法》规定中央财政补偿基金依据国家级公益林权属实行不同的补偿标准。国有的国家级公益林平均补助标准为 75 元/（hm^2·年）（5 元/亩·年），其中管护补助支出 75 元/（hm^2·年）（5 元/亩·年），公共管护支出 3.75 元/（hm^2·年）（0.25 元/亩·年）；集体和个人所有的国家级公益林补偿标准为 150 元/（hm^2·年）（10 元/亩·年），其中管护补助支出为 146.25 元/（hm^2·年）（9.75 元/亩·年），公共管护支出 3.75 元/（hm^2·年）（0.25 元/亩·年）。

（二）天保工程区补偿政策

对于天保工程区的国家级公益林，其补偿制度较为特殊。2011 年进入天保二期工程后，依据新修订《办法》开始实施天保工程区公益林补偿。与公益林补偿有关的具体政策是：在管护面积中，首次将天保工程区 1866.67 万 hm^2 集体所有的国家级公益林，与全国森林生态效益补偿标准并轨；集体所有的国家公益林标准是中央财政安排森林生态效益补偿基金 150 元/（hm^2·年）（10 元/亩·年），标准与非天保工程区一致，面积以国家界定的区划界定面积为准；集体所有的地方公益林标准是按照事权划分的原则，地方公益林主要由地方财政安排补偿基金，但中央财政按照 45 元/（hm^2·年）（3 元/亩·年）的标准补助森林管护费。这样就有效地解决了天保工程一期实施中没有对纳入天保工程区管护的集体林进行补偿的问题。

二、省级财政公益林补偿政策

自我国中央财政开始对公益林实施试点补偿以来，一些省（自治区、直辖市）也陆续出台了相关的公益林补偿制度，对补偿对象、补偿标准和资金来源都做了详细的规定，其中部分省份现行的补偿详细情况见表 1。

表 1　我国部分省份的公益林补偿制度

省份	补偿制度名称	最新颁布或修订时间	补偿对象①	补偿标准［元/（hm^2·年）］②	资金来源比（%）省：市：县③
安徽	《安徽省财政森林生态效益补偿基金管理办法实施细则》	2010	集体和个人的省级公益林	150	100:0:0
福建	《福建省森林生态效益补偿基金管理暂行办法》	2011	集体和个人的省级公益林	180	100:0:0
广东	《广东省生态公益林效益补偿资金管理办法》	2010	集体和个人的省级公益林	210（逐年提高）	100:0:0
贵州	《贵州省地方财政森林生态效益补偿基金管理暂行办法》	2007	集体和个人的省级公益林	75	40:30:30
海南	《海南省财政森林生态效益补偿基金管理办法》	2007	集体和个人的省级公益林	75	100:0:0
河南	《河南省森林生态效益补偿基金管理办法》	2007	集体和个人的省级公益林	75	100:0:0
湖北	《湖北省森林生态效益补偿基金管理办法（暂行）》	2005	集体和个人的省级公益林	75	100:0:0
湖南	《湖南省财政森林生态效益补偿基金管理实施细则》	2009	集体和个人的省级公益林	75	100:0:0
江苏	《江苏省省级森林生态效益补偿基金管理办法》	2007	集体和个人的省级公益林	225	100:0:0
江西	《江西省生态公益林补偿资金管理办法》	2007	集体和个人的省级公益林	232.5（自 2011 年）	100:0:0
辽宁	《辽宁省森林生态效益补偿基金管理实施细则》	2010	集体和个人的省级公益林	75	100:0:0
宁夏	《宁夏回族自治区森林生态效益补偿基金管理实施细则》	2010	集体和个人的省级公益林	67.5	100:0:0
山东	《山东省森林生态效益补偿基金管理办法》	2007	集体和个人的省级公益林	150	100:0:0
云南	《云南省森林生态效益补偿基金管理实施细则》	2008	集体和个人的省级公益林	150（自 2011 年）	100:0:0
浙江	《浙江省森林生态效益补偿基金管理办法》	2012（2005 年的试行办法废止）	各类省级公益林	分类补偿、分档补助 285 ~ 315	不详

注：①省级财政公益林补偿对象也包括国有权属的公益林，在此表中不单独列出对国有公益林的补偿；②补偿标准包括管护补助支出和公共管护支出；③资金来源比按照补偿政策的规定归纳计算得出。

从表 1 可以看出，在我国东南部经济条件较好的省份，例如浙江、江苏、福建、广东，省级财政对其辖区内相关公益林的补偿标准是比较高的。在经济条件较好的部分省份，如果中央财政对国家级公益林的补偿标准［150 元/（hm^2·年）］低于该省省级财政对省级公益林的补偿标准，则对于该省国家级公益林的补偿标准低于省级公益林的补偿标准的部分，由省级财政另行给予补偿，使国家级公益林和省级公益林的补偿标准一致。此外，一些省份的补偿政策也体现了分类补偿的原则，例如浙江省根据林地的权属、生态区位重要性、林分质量、管护要求等因素，将公益林区分为一、二、三类，分别实行不同的补偿标准。

三、市级财政公益林补偿政策

除了中央财政和省级财政对相应的公益林进行补偿之外，我国很多市（自治州）也通过地方财政向辖区内的相关公益林进行补偿。其中部分市现行的补偿详细情况见表2。

表2 我国部分市的公益林补偿制度

城市	补偿制度名称	最新颁布或修订时间	补偿对象①	补偿标准（元/ hm^2 · 年）②	资金来源比（%）省：市：县③
滨州市	《滨州市森林生态效益补偿基金管理办法》	不详	集体和个人的市级公益林	75	0:100:0
长沙市	《城市林业生态圈重点保护区域生态公益林管理与补偿办法》	2012	市级公益林	450	0:66.7:33.3
常州市	《常州市市级生态公益林森林生态效益补偿基金管理办法》	2010	市级公益林	120	0:100:0
成都市	《成都市市级生态公益林管理办法（试行）》	2010	集体和个人的市级公益林	450	0:100:0
大连市	《大连市生态公益林补偿基金管理办法》	2010	集体和个人的国家级、市级公益林	150	0:70:30 或 0:20:80
佛山市	《关于提高省级生态公益林效益补偿标准的通知》	2011	省级公益林	1050	40:20:40
广州市	《广州市生态公益林经济补偿办法》	2009	经批准为生态公益林的林地	450（逐年提高）	0:100:0
淮南市	《淮南市市级生态公益林实施方案》	2007	市级公益林	75	0:100:0
惠州市	《惠州市市级生态公益林建设管理和效益补偿办法》	2008	市级公益林	150	0:80:20
晋城市	《晋城市重点生态公益林保护管理办法》	2011	集体和个人的市级公益林	150	0:100:0
金华市	《金华市本级森林生态效益补偿基金管理办法（试行）》	2006	集体和个人的市级公益林	120	0:100:0
昆明市	《昆明市市级公益林生态效益补偿资金管理办法》	2013	集体和个人的市级公益林	150	不详
宁波市	《宁波市森林生态效益补偿基金管理办法》	2006	集体和个人的国家级、省级公益林	120	0:75:25 或 0:62.5:37.5
铜陵市	《铜陵市财政公益林生态效益补偿资金管理补充规定》	2010	各级公益林	180（市级公益林）	0:100:0
武汉市	《武汉市森林资源管理办法》	2007	市级公益林	75	0:100:0
新余市	不详	2012	市级公益林	225	0:60:40
烟台市	《烟台市森林生态效益补偿基金管理办法》	2007	集体和个人的市级公益林	75	0:50:50

注：①市级财政公益林补偿对象也包括国有权属的公益林，在此表中不单独列出对国有公益林的补偿；②补偿标准包括管护补助支出和公共管护支出；③资金来源比按照补偿政策的规定归纳计算得出。

从表2可以看出，市级财政公益林补偿标准总体上比省级财政公益林补偿标准要高，尤其是佛山市，对其辖区内的省级公益林的补偿标准高达1050元/（hm^2 · 年）。在资金来源方面，市级公益林补偿资金的来源更加广泛，不仅有市级财政，在一些地方还有省级财政和县级财政配套投入，形成了多层次的补偿资金来源。与省级财政补偿政策类似，市级财政对辖区内的公益林补偿政策也较为灵活，例如根据公益林的区域地位不同而进行分类补偿，以及补偿标准不断较快提高。

四、县级财政公益林补偿政策

据目前所查资料来看，县（区）级财政专门对辖区内公益林进行补偿的政策在全国范围内尚不多见。即使县级财政有补偿政策的，多数也都是按照一定比例与省级财政和市级财政配套来对辖区内相关公益林进行补偿（从表2中可以看出这一点），或由县级财政承担公益林补偿中的相关配套费用，如监管费、保险费、宣传费、培训费等。

五、结论与建议

（一）结　论

第一，我国各级财政对公益林的补偿标准正在不断提高。中央财政对集体权属的国家级重点公益林的补偿标准在2010年从75元/（hm^2·年）（5元/亩·年）提高到150元/（hm^2·年）（10元/亩·年），省级和市级财政对辖区内相关公益林的补偿标准也呈现出较快增长的趋势，相当多的地方财政的补偿标准已经超过了中央财政的补偿标准。很多地方在补偿政策中明确规定对公益林的补偿标准要逐年提高。

第二，我国公益林补偿资金呈现出多层次的来源渠道。除了中央财政以外，很多省（自治区、直辖市）、市（自治州）也出台了地方财政的公益林补偿政策。有些地方是地方财政单独补偿，有些地方是以地方财政为主、上级和下级财政综合配套来补偿，在补偿资金来源方面形成了多层次的来源渠道。

第三，县级财政的补偿政策较为薄弱。就目前所搜集的资料来看，较少发现有县级财政对公益林进行单独补偿的。其原因可能在于，一是当前大多数县级财政较为困难，难以独自对公益林进行补偿；二是如果对公益林补偿的财政层级太多，容易造成资源重复投入和政府行政效率低下等问题。

第四，补偿标准一刀切的现象仍然比较普遍。从各级财政公益林补偿政策所列的补偿标准中可以看出，只有浙江省提出了分类补偿与分档补助相结合的补偿标准。

（二）建　议

第一，进一步合理化公益林补偿标准。当前很多地方政府财政对公益林的补偿标准都有了较大的提高，并且提出了逐步提高补偿的标准，这是一个很好的发展趋势。未来可以结合各地的实际情况，在分类补偿、分档补助、动态补偿方面进一步完善现有的补偿政策并扩大实施范围，使补偿标准不断科学化、合理化。

第二，拓宽资金来源渠道。当前各级财政公益林补偿资金的来源都是政府财政投入，经济条件好的地方能够保障投入，但在经济欠发达地区就存在较大困难。除了政府财政投入以外，可以考虑有关的市场化途径来广渠道筹集公益林补偿资金，做到既能提高补偿标准，也减轻政府的财政负担。

第三，适当整合各级财政补偿政策。对公益林补偿的分级是否越多越好，这不能一概而论。有些地区由于基层财政困难、公益林等级划分的工作难度大等原因，难以对公益林补偿形成从中央、省、市到县的完整的机制。在这些情况下，如果对某些层级的补偿机制进行整合，例如不专门进行县级公益林补偿政策，由县级财政对市级和省级公益林进行补充配套补偿，这也是一个好的发展方向。

福建省不同权属的生态公益林管护政策需求的调查和统计分析

陈　钦
（福建农林大学经济与管理学院，福州，350002）

摘要：本文利用2011年福建省6个县调研数据，对福建省不同权属的生态公益林管护政策需求进行描述性统计分析，并且运用Logistic回归分析法进行计量分析，发现："盗伐对生态公益林构成潜在损失风险的程度"对福建省私人所有的生态公益林管护政策需求具有显著影响，"政府保护生态公益林的宣传、教育程度"对福建省集体所有和国有的生态公益林管护政策需求具有显著影响。并且，根据以上分析结果，分别针对福建省不同权属的生态公益林管护政策需求提出相关的政策建议。

关键词：生态公益林；管护；政策；Logistic

Survey and Statistical Analysis of Management Policy Needs for Ecological Non-commercial Forest of Different Ownership in Fujian Province

CHEN Qin
(Economy and Management Department of Fujian Agriculture and Forestry University, Fuzhou, 350002)

Abstract: By using survey data of six counties in 2011, this paper analyzes statistically management policy needs of the ecological non-commercial forest of different ownership in Fujian province, and use the Logistic Regression method for measuring analysis. The degree of potential loss risk of illegal felling for ecological non-commercial forest has significant effect for management policy demand of private ecological non-commercial forest in Fujian province. Degree of propaganda and education of government protection the ecological non-commercial forest has significant effect to management policy demand of collective ownership and state-owned ecological non-commercial forest in Fujian province . According to above analysis result, the paper puts forward respectively the related policy suggestions of management policy needs for ecological non-commercial forest of different ownership in Fujian province.

Key words: ecological non-commercial forest; management; policy; Logistic

生态公益林是以发挥生态效益和社会效益为主要目的，是生态建设的主体。生态公益林管护是生态环境可持续发展的重要途径。近年来，福建省对生态公益林的管护充分发挥了生态公益林的生态效益和社会效益，但影响到了森林经济效益的发挥。因此，需要政府出台相关政策，在保持生态公益林可持续发展的前提下，缓解生态公益林管护和利用之间的矛盾。这就需要知道生态公益林管护政策需求，以便为政府生态公益林管护政策供给提供参考。

作者简介：

陈钦（1968－），男，福建省永泰县人，博士，福建农林大学经济与管理学院教授，博士生导师，主要研究方向：森林生态经济。

一、研究方法与数据来源

（一）研究方法

本文采用 Forward：Conditional 法进行 Logistic 回归分析，运用统计软件 SPSS17.0 计算，选择引入标准和剔除标准分别为 0.05 和 0.10。[1~4]

（二）数据来源

作者于 2011 年 7 月和 8 月，运用实地访谈法和抽样调查法，在福建省抽取了霞浦县、永泰县、将乐县、邵武市、梅列区和永安市 6 个县（市、区）216 个林农进行问卷调查，并且对 6 个县 54 个村的村长和村林业员，以及国有林场、国有林业采育场和国有林管理站的分管领导和相关职能部门负责人进行问卷调查。本文原始数据来源于该问卷调查。

（三）变量选择

本文以个人、集体和国有的生态公益林管护政策需求为因变量。在定性分析的基础上，假设影响生态公益林管护政策需求的变量为：政府保护生态公益林的宣传和教育的程度、生态公益林盗伐查处执法严厉程度、生态公益林盗伐惩罚立法严厉程度、生态公益林盗伐对生态公益林构成潜在损失风险的程度、近 5 年生态公益林盗伐发生的严重程度、近 5 年生态公益林盗伐平均每年损失、近 5 年生态公益林平均每年被盗伐次数。

二、福建省不同权属的生态公益林管护政策需求的调查和描述性统计分析

通过对样本县森林公安局实地访谈式问卷调查，获得样本县 2005 ~ 2010 年的森林盗伐滥伐情况。根据样本数据计算得出：每个县、每年平均查处森林盗伐案件数 48 起，森林滥伐案件数 11 起；平均查处森林盗伐木材 104 m^3，森林滥伐木材 239 m^3；每个县每年森林公安平均保护森林经费缺口 74 万元（按照人均办案经费差额计算）。

通过对样本县林业局实地访谈式问卷调查，了解到生态公益林管护存在以下问题：护林员、村集体监管费用过低，难以维持正常管护所需经费，影响生态公益林管护质量；护林员人多，管护范围广，林业站人员少，经费不足，监管难度大，无法对护林员进行有效监督；奖优罚劣机制不够完善；实行责任区按组或联户管护形式，在有的村效果较好，但在有的村不适宜，形成大家管、大家都不管的局面；对林业部门特别管理生态公益林的人员和林业站监管人员，没有编制和专项经费；对没有管好生态公益林没有具体统一的处罚办法或标准；管护队伍要健全，仅靠护林员难做到；对盗伐的情况需要制定出处罚细则，对严重盗伐的山场需要加大破案力度，严惩盗伐者。

（一）私人所有的生态公益林管护政策需求的调查和描述性统计分析

本文通过调查样本农户了解私人所有的生态公益林管护政策需求。由表 1 样本农户问卷调查数据可知，在“政府是否应该承担生态公益林管护费用、护林费”问题上，98.6% 的林农认为政府要承担管护费、护林费，只有 1.4% 认为政府不需要承担生态公益林的管护费、护林费。在“目前生态公益林盗伐查处执法严厉程度”问题上，85.5% 的林农答案范围为 51% ~ 100%，4.3% 的林农答案范围为 0 ~ 49%。在“目前生态公益林盗伐惩罚立法严厉程度”问题上，84.1% 的林农答案范围为 51% ~ 100%，5.8% 的林农答案范围为 0 ~ 49%。可见，农户在“政府承担生态公益林管护费用、护林费”方面存在较高政策需求。

表1　农户对生态公益林管护政策的需求

	51%～100%程度或"是"	50%程度 –	0～49%程度或"否"
政府是否应该承担生态公益林管护费用、护林费	98.6%	–	1.4%
目前生态公益林盗伐查处执法严厉程度	85.5%	10.2%	4.3%
目前生态公益林盗伐惩罚立法严厉程度	84.1%	10.1%	5.8%

近5年每年每位受访的林农由于私人所有的生态公益林被盗伐而导致的平均损失达1029.42元，其中损失10000元以上的林农占1.45%。其具体分布情况见图1。

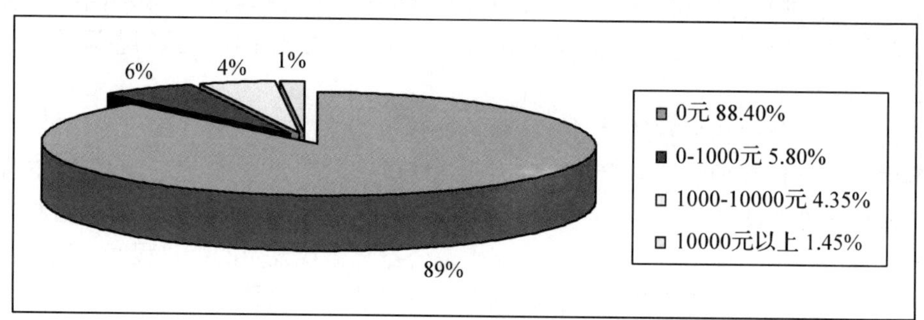

图1　生态公益林被盗伐而导致损失的林农比例

（二）集体所有的生态公益林管护政策需求的调查和描述性统计分析

本文通过调查村干部了解集体所有的生态公益林管护政策需求。通过对抽取的6个样本县的54个样本村的村干部进行实地访谈式问卷调查，获知：①2009年54个样本村护林员平均每月管护工资454元，受访的村长和林业员认为护林员每个月应该获得917元管护工资（样本平均数）；②76.67%的村生态公益林管护人员进行公开招聘；③79.31%的村生态公益林保护资金不够开支。

在"政府是否应该承担生态公益林管护费用、护林费"问题上，98.8%的村长和村林业员选择答案为"是"，只有1.2%选择答案为"否"。在"目前生态公益林盗伐查处执法严厉程度"的问题上，84.1%的村长和村林业员选择的答案范围为51%～100%，6.1%选择的答案范围为0～49%。在"目前生态公益林惩罚立法严厉程度"的问题上，82.9%的村长和村林业员选择的答案范围为51%～100%，6.1%选择的答案范围为0～49%。平均每个样本村近5年平均每年由于集体所有的生态公益林被盗伐而导致的损失达5123.27元，平均每年发生针对集体所有的生态公益林盗伐案件次数是3.2次。

（三）国有的生态公益林管护政策需求的调查和描述性统计分析

本文通过调查国有林管理单位相关工作人员了解国有的生态公益林管护政策需求。在"政府是否应该承担生态公益林管护费用、护林费"问题上，国有林管理单位中93.1%的受访者选择答案为"是"，只有6.9%选择答案为"否"。在"目前生态公益林盗伐查处执法严厉程度"的问题上，44.8%的受访者选择的答案范围为51%～100%，31.0%选择的答案范围为0～49%。在"目前生态公益林惩罚立法严厉程度"的问题上，55.2%的受访者选择的答案范围为51%～100%，20.7%选择的答案范围为0～49%。平均每个国有林管理单位每年由于国有的生态公益林被盗伐而导致的损失达278666.7元，近5年国有林管理单位平均每年发生的生态公益林盗伐案件次数是9.0次，每个国有林管理单位每年生态公益林管护资金缺口平均为423529.41元。

三、福建省不同权属的生态公益林管护政策需求的实证分析和研究结果

（一）Logistic回归模型的评价与检验

由表2的数据可知，个人、集体和国有的生态公益林管护政策需求回归模型的整体模型适配度检验的卡方值（Chi-square）分别为10.386、4.278、8.893；其P值分别为0.001、0.039、0.003，均小于0.05标准，均达到显著水平。国有的生态公益林管护政策需求回归模型-2LL（-2 Log likelihood）值最小，其Nagelkerke R^2值最大，说明国有的生态公益林管护政策需求回归模型拟合优度更好。

表2　生态公益林管护政策需求模型的整体显著性检验和拟合优度

模　型	模型整体（Model）		模型拟合优度	
	Chi-square	Sig.	-2 Log likelihood	Nagelkerke R Square
个人所有的	10.386	0.001	20.160	0.391
集体所有的	4.278	0.039	20.914	0.194
国有的	8.893	0.003	10.397	0.544

（二）不同权属的生态公益林管护政策需求Logistic回归分析结果

由表3可知，个人所有的生态公益林管护政策需求的自变量“盗伐对生态公益林构成潜在损失风险的程度”的显著性水平（Sig）值为0.003，小于$\alpha=0.05$，通过了显著性检验。集体和国有的生态公益林管护政策需求的自变量“政府保护生态公益林的宣传、教育程度”的显著性水平（Sig）值分别为0.027、0.020，均小于0.05标准，通过变量显著性检验。与集体的相比，国有的生态公益林管护政策需求的自变量“政府保护生态公益林的宣传、教育程度”对因变量“生态公益林管护政策需求”的影响更为显著。

表3　生态公益林管护政策需求影响因素Logistic回归分析结果

模型	自变量	B	S. E,	Wals	Df	Sig.
个人所有的	盗伐对生态公益林构成潜在损失风险的程度	4.763	1.610	8.754	1.000	0.003
集体所有的	政府保护生态公益林的宣传、教育程度	7.565	3.419	4.896	1.000	0.027
国有的	政府保护生态公益林的宣传、教育程度	9.867	4.248	5.395	1.000	0.020

四、福建省不同权属的生态公益林管护政策建议

生态公益林生产周期长，保持生态公益林管护政策的长期稳定显得十分重要。需要研究制定长期有效的生态公益林管护政策，促进生态公益林可持续发展。

（一）个人所有的生态公益林管护政策建议

根据前面生态公益林管护政策需求影响因素计量研究结果，对于个人所有的生态公益林管护政策需求，“盗伐对生态公益林构成潜在损失风险的程度”是显著的影响因素。可见，林农认为盗伐明显影响生态公益林保护，政府为了防止盗伐，应该颁布相关的政策、法规，加强盗伐打击和处罚力度，提高犯罪分子的违法成本，对偷砍生态公益林的犯罪分子应该按

照盗窃罪进行处理，严厉的立法和执法对企图偷盗者具有威慑作用，使部分企图偷盗者望而却步。防止盗伐政策和盗伐处罚规定必须具体，要有量化规定，具有可操作性，要按照盗伐植物的保护等级、树种、株数和蓄积量，分别规定民事和刑事责任。应该改革相关法规政策，要与其他盗窃财物治安案件一样进行处理，并且进行拘留和罚款。目前盗伐少量生态公益林规定不能拘留，许多盗伐者以各种理由不交罚款，起不到震慑的作用，可能导致盗伐事件再次发生。

个人所有的生态公益林管护应该由所有者个人负责，但是由于生态公益林被政府禁止采伐，个人所有者没有木材采伐收入，所以，管护费用应该由政府承担。将现行的生态公益林生态效益补偿费中规定比例的管护费全部给生态公益林的个人所有者[5]。由于绝大部分个人所有的生态公益林面积较少，从生态效益补偿费中提取的管护费很少，管护费用还是不够，难以激励个人所有者花费更多时间管护生态公益林，需要政府追加财政补助。为了防止监守自盗行为，森林公安人员和公派护林员也要加强对个人所有的生态公益林的监管。

（二）集体所有的生态公益林管护政策建议

目前福建省集体所有的生态公益林面积及其比例最大，由于集体所有的商品林都已经实施林权改革，分林到户，导致集体所有的生态公益林保护压力增大。需要进行集体所有的生态公益林管护政策和机制改革。

根据前面生态公益林管护政策需求影响因素计量研究结果，对于集体所有的生态公益林管护政策需求，“政府保护生态公益林的宣传、教育程度”是显著的影响因素。可见，宣传相关的政策法规至关重要，尤其要宣传森林法。一些农民法制观念淡薄，应该宣传盗伐森林所要承担的法律责任，包括刑事和民事责任，以及拘留、罚款具体规定。印制宣传册，每户发放一本。

94%的受访农户和73%的受访村委认为护林员选聘要合理、公平。护林员的聘用按照“公开、公正、公平、择优”的原则，由村民自愿报名，村两委推荐，经林业站审核，报乡镇人民政府（街道办事处）批准，并报县林业主管部门备案。护林员实行一年一聘，签订管护合同，明确其管护范围、管护责任、管护报酬、奖惩措施等。护林员日常管理由乡镇林业站负责落实，县林业局负责培训指导、检查监督等工作。护林员的考核由林业站和村委会负责。护林员的年度考核结果分为优秀、合格、不合格三个等级。考核结果与护林员的报酬及聘用挂钩。对考核优秀的护林员，全额发放考核工资，并且予以表彰和奖励；对考核合格的护林员，全额发放考核工资；对考核不合格的护林员，扣减考核工资，不再予以聘用。

根据实地访谈和问卷调查结果，样本村护林员管护工资2009年每月平均只有319元，受访护林员要求最低每月691元，最高每月891元（样本平均数）。可见，应提高护林员工资水平，尽量聘用专职护林员。目前，86%受访村集体的生态公益林聘用的是兼职护林员。另外，应该增加生态公益林专职护林员培训经费，定期、不定期地对护林员进行培训。

要允许在保护生态公益林的基础上，按各村实际情况，制定不同的生态公益林的管护机制或承包经营管理制度，具体管护模式或管护方案可以由村民代表大会讨论通过。

仅靠几位护林员难以全面管护广阔的林地，需要建立村民参与生态公益林管护的政策。要充分发挥广大村民的自觉性和能动性，对于村民举报生态公益林盗伐滥伐事件的，要给予一定的物资奖励，同时，给予保密。

（三）国有的生态公益林管护政策建议

根据前面生态公益林管护政策需求影响因素计量研究结果，对于集体所有的生态公益林管护政策需求，“政府保护生态公益林的宣传、教育程度”是显著的影响因素。可见，加强宣传至关重要，要让国有的生态公益林周边群众了解相关的政策法规和保护生态公益林的重要性。在国有的生态公益林周边和路口要设立宣传牌和警示牌。

国有的生态公益林的护林员一般是国有单位的正式工人，护林员队伍相对固定，素质也相对较高，交通工具比较齐全。各国有的生态公益林管理单位（如林场）要根据本单位的实际情况，划分监管责任区，明确相应的护林员，确保生态公益林管护责任落实到人。要定期或不定期对护林员出勤、管护情况进行检查监督，确保护林员到岗、管护到位，并把平时检查情况与考核挂钩，根据护林员平时到岗管护情况和考核结果发放护林员薪酬，并且作为晋升的依据。护林员的工资应由基本工资、考核奖励工资构成，对护林员实施绩效工资制。

生态公益林管护费属于斟酌性固定费用，当资金比较紧张时，就会被缩减。因此，对于国有林业企业单位，要规定在其收入中提取一定比例作为生态公益林管护专项经费，同时政府给予适当补助；对于国有林业事业单位，财政拨款中单列生态公益林管护费用，并且要专款专用。

参考文献：

［1］余锦华，杨维权．多元统计分析与应用［M］．广州：中山大学出版社，2005：87～132.

［2］郭志刚．社会统计分析方法～SPSS 软件应用［M］．北京：中国人民大学出版社，1999：177～214.

［3］何晓群．现代统计分析方法与应用［M］．北京：中国人民大学出版社，2007：234～245.

［4］蔡建琼，于惠芳，朱志洪．SPSS 统计分析实例精选［M］．北京：清华大学出版社，2006：267～270.

［5］戴广翠，闰春丽，缪光平，闫宏伟，王丽．关于完善森林生态效益补偿政策的几点建议［J］．林业经济，2008，（12）：16～19.

我国银行业支持林业发展问题浅析

王斯一　米　锋

（北京林业大学经济管理学院，北京，100083）

摘要：林业对一国的经济发展、生态环境、社会效益均具有重要的影响作用，我国一直重视自身的林业建设与发展，近年来森林资源也一直处于不断增长阶段，但我国的森林覆盖率以及人均森林面积仍远远落后于世界平均水平，林业的建设与发展仍是当前迫切且重要的问题。银行业在我国的金融体系中占主导地位，充分发挥银行业对林业发展的支持可以引导资金流向、分散林业生产的风险，促进林业建设。本文通过分析1999～2009年10年中运用于林业的国内计划贷款、实际贷款的资金统计数据以及对云南省景谷县200名农户的林业信贷调查数据，得出我国银行业对林业的支持状况和林农融资难的现状，发现林业建设面临着融资难的瓶颈制约，林业获得的资金支持与其地位作用极不相称。当前，我国林业融资的信贷支持主要来自林业项目贴息贷款、林权抵押贷款以及小额信用贷款三种方式。本文通过分析三种方式面临的如国家财政支持力度不够、税费过高、相关配套政策与服务不完善等不同程度的各种困境与难题，借鉴国外的成功经验，提出相应构想及政策建议，以期促进我国银行业金融机构对林业发展的支持。

关键词：林业；信贷；银行业；小额贷款；林权抵押贷款

Analysis on the Support of Forestry Development of China's Banking Industry

WANG Si-yi，MI Feng

（School of Economics and Management，Beijing Forestry University，Beijing，100083）

Abstract: Forestry is of important influence each country's economic development，ecological environment and social benefits. China has always attached importance to the construction and development of forestry and forest resources in recent years and has been in the growing stage，but China's forest coverage and per-capita forest area is still far behind the world average. The forestry construction and development was still the current urgent and important problem. As banking industry occupies the dominant position in China's financial system，give full play to the banking industry's support of forestry development will definitely guide the capital flow，spread the risk of forestry production and promote the forestry construction. Through the analysis of statistical data of China's planned and actual loan fund for forestry in ten years from 1999 to 2009 and credit survey date of 200 farmers in Jinggu county，Yunnan province，this article gives a brief look of the support that banking industry offered and the difficult financing situation forestry faces. China's forestry constructions are in bottleneck restriction of financing difficulties，it is very disproportionate between forestry's little funding but important position. At present，forestry projects discount loans，forestry property mortgage and micro-credit loans are three main means of China's forestry financing methods. This paper also puts forward the corresponding ideas and policy suggestions with the analysis and summary of current dilemma that these three

---

作者简介：

第一作者：王斯一（1989～），女，山西省阳泉市人，北京林业大学经济管理学院硕士研究生，研究方向：林业经济管理，林业金融。

通讯作者：米锋（1976～），女，山东省泰安人，博士，硕士生导师，北京林业大学经济管理学院，研究方向：林业经济管理。

means of financing methods face with, such as lacking of state financial support, high taxes, imperfection of related policy and service , and thus finally will promote our country's banking financial institutions' ability to support the development of forestry.

Key words: forestry; credit; banking industry; micro-credit; forestry property mortgage

我国经济的飞速发展为我国银行业支持投入林业建设奠定了基础，而经济发展中不断暴露的生态破坏问题、收入两极分化等问题，亦使国家对林业建设的支持更加重视、投资继续倾斜。林业是集经济效益、生态效益和社会效益于一体的基础产业，发展的好坏事关国家经济与社会的可持续发展，事关农业安全和生态安全。林业在当今的国民经济体系中占据着日益重要的地位，对我国的经济发展有着相当的支撑作用，但其所获得的资金支持却与其地位作用极不相称。在我国整个林业发展的过程中，一直没有建立一个适合林业自身特点的融资体制，未能使所需资本流向林业，导致资本积累十分欠缺，林业发展面临着严重的资金瓶颈。

我国的金融体系经过了长时期改革发展，对经济运行发展发挥着日益重要的作用，成为了现代经济的核心。其中，金融体系又以银行系统为主导，发挥好银行系统的功能可以对整个林业产业的发展产生巨大的推动力。我国的银行业主要通过政策性、商业性贷款向林业提供资金支持、引导社会资金流向林业领域，以保证更加充足和持续的资金，分散林业经营者面临的自然风险、经营风险、市场风险和政策风险。本文将主要探讨我国银行业对林业发展的支持促进问题。

一、我国银行业金融机构对林业支持现状分析

目前，我国银行业向林业提供融资支持主要通过政策性贷款和商业性贷款两方面，为我国林业的生产及可持续发展提供资金。银行业的支持不仅引导社会资金流向林业领域，同时，也将林业生产发展所面临的自然风险、市场风险分散给了社会，并通过债权对林业生产经营者的组织结构，经营行为施加一定的影响。

我国银行业对林业贷款给予了越来越多支持，我国各银行、城乡信用社、邮政储蓄分支机构分布也愈加广泛、网点数量不断增加，总体上来讲，林农融资困境有了很大改善，但由于我国林业地区多属于偏僻贫困山区，加之金融体制尚不完善，很多林农仍很难得到林业贷款。[14]

总结 1999 ~2009 年《中国林业统计年鉴》各年林业国内贷款计划资金、实际到位资金统计数据，分析得出各年贷款落实率变化。(如表 1)

表 1 1999 ~2009 年林业国内贷款资金统计

年份	计划贷款资金（万元）	实际到位资金（万元）	贷款落实率（%）
1999	327840	275102	84
2000	301563	231498	77
2001	264621	187625	71
2002	296339	238922	81
2003	351501	311169	89

（续）

年份	计划贷款资金（万元）	实际到位资金（万元）	贷款落实率（%）
2004	286888	261849	91
2005	276532	232808	84
2006	331286	307163	93
2007	475380	466649	98
2008	437180	427229	98
2009	781752	741040	95

数据来源：国家林业局：1999～2009 中国林业统计年鉴，中国林业出版社。

随着我国经济的发展、生态保护意识的增强，对林业建设的逐渐重视，我国银行业对林业的支持总体上呈增长趋势，尤其是2005 年以来贷款数额有了大幅度提高，贷款落实率也稳步增长稳定下来；但是从林业建设贷款的结构来看，真正运用银行自身贷款的比例较小、申请困难，贷款仍主要来源于国家预算内资金。

二、我国银行业金融机构对林业支持存在的问题分析

目前，向我国林业提供融资支持的信贷方式主要有林业项目贴息贷款、林权抵押贷款以及小额信用贷款。林业项目贴息贷款指国家和地方政府为扶持林业的可持续发展，向该行业贷款给予利息补贴的贷款形式；林权抵押贷款指凭借森林、林木、林地的所有权（或使用权）作为抵押物，以林权证向银行业金融机构贷款的方式；小额信用贷款指贷款方无需提供抵押品或第三方担保的条件下，凭借信誉取得贷款的方式。以下着重分析此三种方式目前面临的主要问题与困境（图 1）。

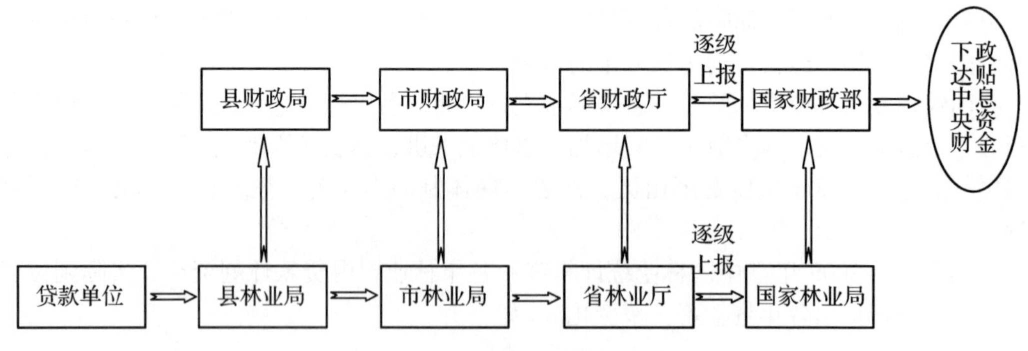

图 1　林业贴息贷款资金申报程序

（一）林业项目贴息贷款

1. 运行机制不完善

目前，我国林业项目贴息贷款运用代理机制，由政策性银行和商业性银行共同参与。但是随着国家开发银行、农业发展银行等政策性银行的逐渐改革，商业性意味加重，利润低的林业项目对其吸引力大大减少。而作为代理行的中国农业银行等商业性银行，对林业项目贴息贷款的积极性更低，缺乏主动性和责任意识。

2. 政策效果低于预期

林业项目贴息贷款政策重重下达到各个地区，局部地区会造成政策扭曲，在审批过程中往往带有强烈行政色彩，与真正的市场需求不吻合，有相当一部分资金运用于非低收入者上，对确实需要资金的中小林农帮助不大。而且，地方政府和林业主管部门通常只关注林业贷款项目的申报和资金的获得，忽略资金运用中应有的监督核实，导致资金的实际应有和申报意图不相统一，政策效果差。

（二）林权抵押贷款

1. 贷款期限与林业生产周期不匹配

林业生产周期较长，林业建设经营者、林农的投资大多属于长期投资，所以客观上需要较长期限的信贷资金与林业自身的生产周期相匹配。大部分林业建设经营者特别是林农很难通过本身资金的积累支撑完成整个周期的林业生产过程，资金缺口不仅存在于栽种期，在完成整个林业生产周期中同样需要大量后续资金，所以稳定长期的资金支持对发展林业建设尤为重要。[18]在2009年5月，由中国人民银行、财政部、银监会、保监会、国家林业局联合出台的《关于做好集体林权制度改革和林业发展金融服务工作的指导意见》（银发［2009］170号）中要求各银行、信用社等金融机构应“合理确定林业贷款期限，使林业贷款期限与林业生产周期相吻合，贷款期限可为10年以上”，但从目前我国银行业金融机构想林业项目放贷情况来看，期限大多在3年以内，远远无法解决林业较长生产周期的需要。所以说，林业建设贷款的信贷品种与营林业的生产周期不相匹配，制约着林业发展的中长期投资和林业经济的长远发展。

2. 贷款发放机构以政策性银行为主，商业性金融机构参与少

当前我国银行业金融机构对营林者发放贷款仍具有很强的政策性，商业性金融机构由于缺乏兴趣对林业项目贷款参与很少，难以将林业贷款市场化。对林农小额贷款发放主要由农村信用社来承担，大多数商业银行由于林业项目贷款利润低且不稳定而对其缺乏积极性，心存疑虑，不敢也不愿放贷。

3. 贷款配套政策与服务还不够完善

随着我国银行业对林业越来越多的支持以及林权抵押贷款的逐步推广，关于林业信贷政策各地区制定了相关配套政策并建立一系列的服务体系，很好地促进了我国林业信贷融资的发展。但同时，必须认识到，目前的政策和服务体系尚不完善，主要问题包括：①长期以来金融部门没有指定完善的林业信贷管理办法和实施细则，一些地方的林政服务中心也尚未建立，操作流程并不统一明确。②缺乏有权威性与公正性的林权评估机构，一些评估机构违反法律法规，开具不真实、不客观、不负责任的评估报告。③部分担保机构资本金不雄厚，担保实力不强。④政府部门对林木的采伐指标管理刚性、体制落后，无法保障信贷资金的安全性和流动性。⑤林权的流转体系不完善，债务人违约后，银行对抵押物处置困难，债权人虽胜诉但债权保护难以执行。

（三）小额信用贷款

1. 林业贷款多集中于大户，小额贷款发展缓慢

随着我国集体林权制度的改革发展，近年来，我国银行业对林业企业、大户林农的林业抵押贷款逐步步入正轨，甚至仅仅依靠市场运作机制就可以基本解决；但由于林业小额贷款存在分布广、额度小、成本费用高、手续复杂繁琐等原因，一直以来进展缓慢。我国银行业

对林业支持发放的贷款，从贷款对象来看，银行业金融机构会优先考虑、重点支持林业企业、大规模的林业大户，自身较为贫困的林农较少受到林业信贷的支持，即使能够取得贷款，贷款数额也不可观。

虽然单个林业企业、林业大户拥有大量的林业建设面积，远远大于一个小户林农所拥有面积，但我国主要的林地仍然分散在众多的小户林农手中。如果银行业金融机构对林业大户的贷款支持过于集中，会导致众多小户林农面临严峻资金困难，使大量林区建设无法得到信贷资金，阻碍了林业建设的持续健康发展。

2. 信息不对称问题

资金匮乏一直以来限制着我国林业的建设发展，营林者融资困难的关键因素之一是银行业金融机构与营林者之间长期存在着“信息不对称”问题。林业信贷中的信息不对称指借贷双方在社会经济交易中，银行业金融机构无法充分了解贷款方营林者的收益、风险等基本信息，而不愿向其放贷。“信息不对称”问题在林业中小企业中贷款中尤为普遍。林业中小企业以家族或个人经营为主，相关信息不透明，缺乏完整资料且多出现人为地隐瞒或不合理操作，财务制度管理不健全，所以信息质量有较低的真实性与准确性，并不能向银行业金融机构提供贷款方真实可靠的情况，导致银行业金融机构处于信息劣势，导致“惜贷”“慎贷”现象严重。

三、推动银行业支持林业发展的政策建议

近年来，我国的林业建设呈现出快速发展的态势，对资金融资的需求也趋于迫切，所以如何加大我国银行业对林业发展的支持，是一项重要课题和任务，基于上一章节提出的三类贷款方式面临的困境与难题，本章提出促进银行业对林业发展支持的一些构想。

（一）林业项目贴息贷款

1. 充分发挥政策性银行职能

政策性银行建立的目的是为了能够更好发挥金融手段以贯彻实行国家相关产业、发展政策，而由于政策性贷款的利率低、期限长等特点，产生了大量不良贷款。在我国银行改革发展中，逐渐弱化了政策性银行的政策性特点，使其步入商业化改革的道路。为更好发挥政策性银行对林业项目贴息贷款的支持，政府不仅应扩充政策性银行的融资渠道，而且应该补贴充分的资金，保证其资本充足率。同时建议设立林业项目贷款专业部门，通过专业人员的调查与分析，降低不良贷款率。

2. 林业、金融部门提高服务意识

各地方林业部门和金融部门要进一步提高服务意识，充分认识到林业项目的优惠政策对促进林业产业发展和社会建设的重要意义，主动加强林业项目贴息政策的管理与合理设计，使符合享受贴息政策的贷款方均能享受到涉林惠农政策。

（二）林权抵押贷款

1. 完善各项金融服务

我国银行业对林业项目的支持是一项长期惠民惠国工程、系统工作，需要政府部门、银行业金融机构等多方力量共同努力，逐步完善贷款机制。①在贷款期限上，由于林业建设投资生产周期长，前期投入回报较小、后期收益较稳定 且资金周转速度慢的特点，国家应合理综合考虑各种林木的生产周期，适当延长林业贷款的期限以实行长周期的贷款扶持政策。②在贷款利率上，将利率限制在某一合理水平，尽量不上下浮动以致加重营林者负担。③在

贷款手续方面，简化申贷、审贷、放贷手续，各部门配合，下放贷款权限，提供便民的金融服务，提高贷款的工作效率。

2. 创新林业贷款模式

为适应我国经济的发展以及当前林业建设的现状，银行业金融机构应努力创新林业融资方式，扩宽经营思路，与林权制度改革相配合，探索出适应林业生产建设特点的林业信贷模式。①林业产业化龙头企业承贷，充分发挥龙头企业在林业生产建设中的主力军作用，培养其成为能带动林农致富的企业。②林农小额贷款，由农村信用社、基层银行等金融机构，借鉴农户小额贷款以及农户联保贷款的先例，以林农联保方式发放小额贷款。③完善“公司+基地+农户”捆绑模式，发挥林业龙头企业带头性强、与林农关系密切的作用，通过合作组织形式，由各方共同出资建立发展担保基金，龙头企业分别与银行和农户签订贷款担保协议，银行按基金额度的一至三倍向协议农户发放贷款，这样不仅有利于解决林农信息不畅通、风险承担能力弱的缺点，同时降低了银行业金融机构承担的风险水平。

3. 不断完善林权流转市场

不断完善林业评估、信息、价格等交流服务与制度，尽量减少人为主观协商判断的行为，加强对评估人员和机构的监督管理，避免各个环节中可能产生的道德风险，以提高林权流转的可操作性。同时，努力建立统一规范的林权、交易储备市场，改变原来固定配额采伐制度，制定相对科学合理的分配方案，并一定程度上对市场提供采伐指标，增强市场自身机制在林权交易中的调节作用，有效化解借贷风险。

4. 抵御贷款风险，建立平行作业管理

平行作业主要分为“贷前介入”“全程参与”与“主动管理”三个流程。

（1）贷前介入。在贷款前的调查了解阶段，银行应充分了解国家林业政策、林业行业、区域、抵押人、抵押林木的信息以及担保情况，以制定合理的风险管理方案（图2）。

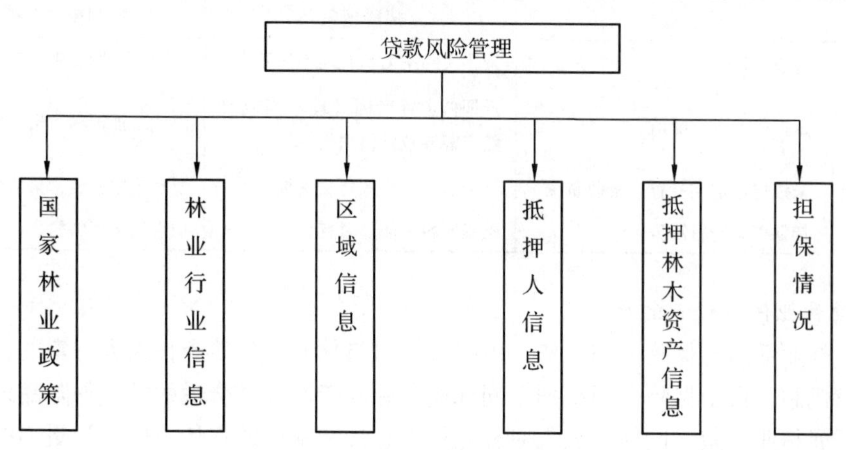

图2 贷前风险管理

（2）全程参与，贷中交叉审查。再贷款进行中审查贷款的合法性以及风险防范措施的有效性。对各项细则全面审查核对（图3）。

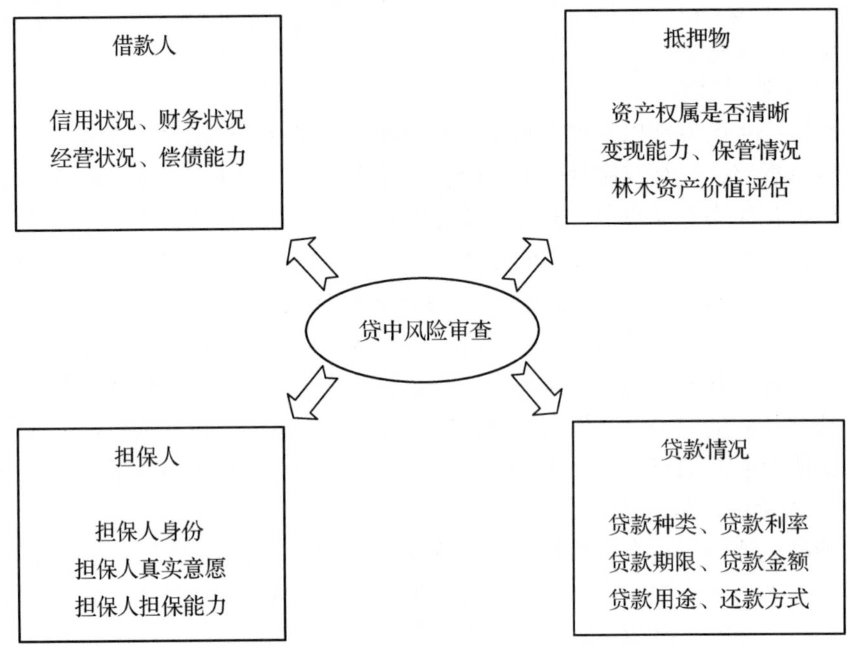

图3　贷中风险审查

（3）主动管理，贷后风险管理。银行业金融机构发放贷款后，应继续加强与贷款人、林业部门的交流与合作，建立信息共享机制。建立档案，持续关注抵押林木资源的安全性与完整性，根据实际变动情况及时更新（表2）。

表2　贷后风险管理

要素	风险点	风险现象	风险防范措施
贷后管理	虚假用款	贷款实际用途与合同不一致	按照合同用途来控制贷款用途
	抵押林木资产贬值	抵押林木资产因管理不当或自然灾害导致价值损失	定期对抵押林木资产实地调查
	未按规定定期检查，催收贷款	管理疏忽，导致贷款逾期	及时采取催收，采取保全措施
	贷款档案资料缺失	档案资料未能及时存档	加强档案资料管理，保证完整性

5. 推动林业保险试点的展开

政府、林业部门与保险公司合作，由财政部门与林业部门给予投保人一定的补贴建立林业保险补偿机制，再由保险公司根据不同林业资源的特性设计合适的林业保险品种、试点实施方案来开展林业保险。同时，加大对林业保险意义和常识的宣传力度，让更多的林农了解林业保险，提高其投保积极性，扩大承包面，以此分散贷款机构的风险。

（三）小额信用贷款

1. 加强林农的道德建设

林农一直是我国林业经济中的基础单位，是林业小额贷款的贷款主体方，但由于长期以来林农的经济基础薄弱、还贷能力低、法律常识缺乏、信用意识淡薄，使林区相关规定失去制定时应由的作用，增加了银行业金融机构的放贷风险，影响了其对林业支持的积极性和长久性。所以基层政府部门应发挥作用，对林农进行简单且通俗易懂的诚信道德教育，树立“信用经济”的道德风尚，使诚实守信成为约束林农道德行为、经济行为的有力准则，推动完善社会信用体系的建设，为银行业金融机构支持林业建设提供良好的信用环境。

2. 降低林业相关税费

林业高税费一直制约着我国林业的发展，相关税费占木材销售价格的50%～70%，近年来我国实行“三农”惠农政策，林业税费也有所降低，但仍然占比较大。高额的林业税费使林业建设陷入图中的恶性循环（图4）。

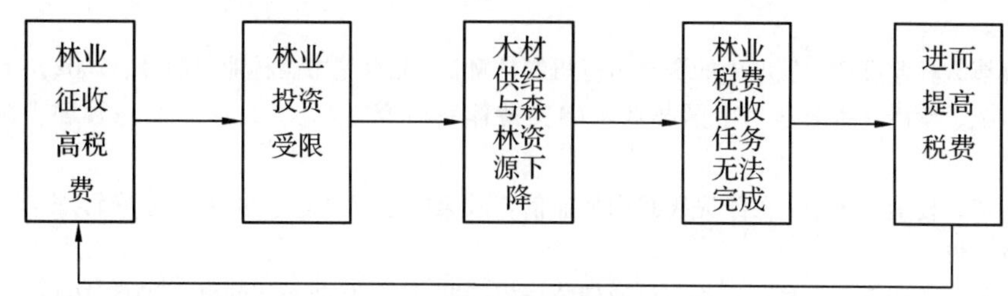

图4 高税费导致林业建设恶性循环

3. 发挥中小型银行在林业关系型信贷中的优势

基于中小银行规模小、管理层次少、代理成本低等特点，在林业中小企业、林农贷款业务中，中小银行往往比大银行更具有优势。对于林业中小企业、林农来说，中小型银行能够通过长期、密切且相对封闭的信贷关系掌握有别于传统硬信息的私有软信息，这些软信息能够真实透明的反映林业中小企业、林农的真实生存状况，解开由于信息不对称给小额林业信贷造成的硬伤，从而为银行全面评估企业的资金状况和还款能力提供清晰的依据，由此银行能够根据企业的实际情况制定出符合其发展也有利于银行可持续经营的贷款政策。

四、结　论

多年来我国森林资源虽处于不断增长阶段，但森林覆盖率以及人均森林面积仍远远落后于世界平均水平。林业的健康发展需要充足持续的资金支持，但由于林业自身特点、银行业金融机构趋利性、政策法规不完善、集体林权制度改革不充分等原因，营林者常常面临融资难的困境，资金瓶颈成为限制林业发展的重要因素。

目前，我国林业融资的信贷支持主要来自林业项目贴息贷款、林权抵押贷款以及小额信用贷款。三种融资方式都有着不同程度的各种困境与难题，如：国家财政支持力度不够、税费过高、商业性金融机构积极性小、相关配套政策与服务不完善等。为解决以上问题，我国政府及银行业金融机构应借鉴国外的成功经验，并结合我国的基本国情，完善相关政策措施，来支持林业的发展。

本文通过对我国银行业支持林业发展问题的浅析，得到以下结论：

由于林业融资信贷存在投资周期长、经营主体多且规模较小较分散、抵押品不规范的特点，所以林业信贷远远无法满足林业发展的需要。经验表明，只有财政加大投资、落实集体林权制度、提供小额信贷服务，才能更好地结合林业地区的实际情况，落实对林业发展的支持。

林权抵押贷款对推动地区林业的经营与可持续发展，增加林农收入有着积极意义，但由于林业经营特殊性及外在不确定性，银行业本身风险管理的缺失，使林权抵押贷款存在着一定的风险，所以，有必要创建新的贷款模式、完善相关制度、建立银行平行作业管理、发展森林保险来地域贷款风险。

银行业是金融体系的主导，充分发挥银行业对林业的支持是一个经典且有重大意义的研究课题，本文限于时间、精力以及研究能力等因素，只是对此课题做了简单地分析，提出了一些自己的想法和见解，对于某些问题还有待进一步的研究。

参考文献：

［1］陈晓倩. 林业可持续发展中的资金运行机制［M］. 北京：中国林业出版社，2002：46～47.

［2］田治威，秦涛，潘焕学. 中国林业金融支持体系研究［M］. 北京：经济管理出版社，2009：1～2.

［3］马金萍，杨莹，于宁. 关于完善我国林业信贷政策的思考［J］. 国家林业局管理干部学院学报，2009（4）：35～39.

［4］陈玲芳，金德凌. 信息不对称与林业信贷融资问题［J］林业经济问题，2005（6）：352～377.

［5］程都. 我国金融促进林业发展问题研究［D］. 北京：中央民族大学，2011.

［6］鲍岱钦. 中国林业发展的小额贷款支持研究［D］. 北京：北京林业大学，2009.

［7］冯彦明，程都. 林权证抵押贷款的问题与解决途径［J］. 经济论坛，2010（11）：209～211.

［8］林雅秋，蔡诗钗. 福建省林业小额贷款的实践与思考［J］. 绿色财会，2010（7）：3～4.

［9］秦涛，田治威，潘焕学. 我国林权证抵押贷款模式与创新机制研究［J］. 绿色财会，2010（2）：9～13.

［10］谢清河. 现代林业发展与金融服务创新研究［J］. 林业经济，2010（10）：29～33.

［11］文茜. 对林业小额贷款的思考［J]. 现代商贸工业，2009（01）：215～216.

［12］肖慧娟，秦涛，宋晓梅. 基于信息不对称角度的林业中小企业信贷融资分析［J］. 林业经济，2010（12）：90～93.

［13］王斯一，张蕴荷. 关系型信贷在林业中小企业融资中的运用分析［J］. 教师，2011（06）：108～109.

［14］程竹. 信息不对称与中小企业信贷约束［J］. 经济研究导刊，2010（23）：151～152.

［15］谢和生. 集体林权制度改革下林农合作组织形式研究［D］. 北京：中国林业科学研究院，2011.

我国林农信贷需求特征与信贷约束分析

——基于福建、浙江、江西、广西四省（自治区）林农调查数据

潘焕学　田治威　秦　涛

（北京林业大学经济管理学院，北京，100083）

摘要：通过对林农信贷需求与信贷供给情况的调查发现：在金融需求方面，林农信贷需求十分强烈，借款以生产性用途为主，资金需求规模大、期限长，且主要来自正规金融，但林农普遍面临信贷约束，现有信贷需求未能有效满足；在金融供给方面，林业信贷服务体系存在缺陷，林业信贷供给不足。总体来看，林业信贷供求矛盾突出，其根本原因是有效金融供给不足。因此，为增加有效金融供给，需要围绕林农信贷需求特征，构筑一个功能完备的金融服务体系并形成相关配套政策，增强金融机构信贷供给意愿和金融创新力度，从根本上解决林业信贷供求矛盾。

关键词：林农；信贷需求；金融供给；金融创新

The Analysis of Chinese Forestry Households' Credit Demand Characteristics and Constraints: Based on the Data from FuJian Zhejiang JiangXi and Guangxi Provinces

PAN Huan-xue, TIAN Zhi-wei, QING Tao

(School of Economics and Management, Beijing Forestry University, Beijing, 100083)

Abstract: By doing research on the credit demand and supply. It is found that in the respect of financial demand, there is a strong demand of forestry credit, borrowing are mainly used for productive purpose, capital demand of which mostly comes from the formal finance is in large scale and has a long duration . But the forestry households are commonly faced with credit constraints, the demand of loan can not be satisfied efficiently; when it comes to the supply of finance, forestry credit service system has it's own defects contributes to the lack of forestry credit supply. Overall, there is a big gap between the supply and demand of credit. The root cause is the efficient supply's shortage. Therefore, to increase efficient supply, it is necessary to build a well-organized financial service system with relevant policies based on the characteristics of forestry households' loan demand. On the other hand, strengthening the financial institutions' creativity and will to supply might be the fundamental solution to the gap between financial supply and demand.

Key words: Forestry households; Credit demand; Financial supply; Financial innovation

---

基金项目：

本研究得到中央高校基本科研业务费专项资金-北京林业大学科技创新计划团队项目（TD2012-06）。

作者简介：

第一作者：潘焕学（1964～），男，安徽无为人，博士，北京林业大学经济管理学院教授，教授、博导。主要研究方向：金融理论与政策。

通讯作者：田治威（1958～），男，山西榆次人，博士，北京林业大学经济管理学院教授，博导。主要研究方向：林业财务与会计、林业经济理论与政策。

第三作者：秦涛（1982～），男，黑龙江密山人，博士，北京林业大学经济管理学院讲师。主要研究方向：林业金融理论。

一、引　言

随着集体林权制度改革的全面推进，尽快研究建立科学有效的林业金融服务体系，通过“优化信贷政策，创新金融产品，拓宽融资渠道，扩大服务对象”破解林业融资难题，填平林业资本“洼地”，对深化集体林权制度改革，保障林业可持续发展具有重要的现实意义。在此背景下，我们通过对福建、浙江、江西、广西4省（自治区）近800户林农的问卷调查（回收有效调查问卷654份）和相关金融机构工作人员的实地访谈，全面了解林农信贷需求特征和信贷约束程度及成因，整体把握了林业信贷供给状况，深入分析导致林业信贷需求与供给矛盾的根本原因，并提出我国林业金融支持体系建设的总体思路和相关政策建议。林业金融服务体系改革和产品创新需要明确以下三个问题：一是林农资金需求状况与满足程度如何，通过什么渠道满足？二是林农是否存在信贷需求，具有什么样的信贷需求特征？三是林农是否面临信贷约束，导致信贷约束的主要原因是什么？只有明确这些问题，才能找到林业金融改革和金融创新的有效途径，设计出符合林农需求特征的金融产品和信贷服务，克服和打破林农融资困境。

二、林农信贷需求情况与特征分析

林业金融体制改革和创新的一个重要目标是为了满足林农金融需求，因此，需要全面掌握林农信贷需求特征，本部分重点分析林农在借款需求、规模、期限、渠道、用途、成本方面的特征，以此来揭示林农信贷需求的特殊性。

（一）林农生产投资意愿增强，林农信贷需求十分强烈

集体林权制度改革以后，林农投资造林的热情高涨，调研样本中80%以上的林农表示愿意增加林业投资，但有近49.3%的林农近三年家庭收入无法满足日常生产、生活和投资需要，说明大部分林农生产、生活资金运转比较困难。目前，林农生产经营主要依靠自有资金，尚未形成多元化的融资渠道，选择以自身积累为主要资金来源的林农占样本总数的47.63%，由于大部分林农自身积累资金有限，根本无法满足扩大经营规模的需要，林农借款需求十分强烈，有61.5%的林农表示近三年内在生产生活及其他经营活动中需要借款，仅有38.5%的林农表示不需要借款。总体来看，现阶段林农信贷需求还存在很大的缺口，有50%以上的林农认为贷款需求未能得到有效满足，林农现存的资金缺口需要增加信贷和扩展融资渠道得以补充，而通过提高信贷服务水平和创新金融产品成为主要途径。

（二）林农借款金额相对较大，大额资金需求未能满足

从借款规模看，林农借贷资金额度较大，一次性借款数额在10000元以上的占总样本的48.78%，甚至有18.54%的林农借款额度在50000元以上，这种大额资金需求值得金融部门的重视。调研发现，大部分林农获得的正规金融机构借款平均规模在5000~10000元之间，而林农期望的平均借款规模都明显高于实际借款规模，这说明很多林农受到信贷规模的约束，大额信贷需求不能得到充分满足。

（三）林农普遍期望长期借款，实际贷款期限不相吻合

从借款期限看，林农借款需求具有较强的周期性，对资金需求时间紧、期限长，大多数林农希望贷款期限在一年或一年以上，甚至三年或更长时间，这样才能满足林业生产经营需

要。而且考虑林业经营风险性较高，林农希望贷款期限上适度放宽，有一个灵活的还款区间。但林农借款的实际使用期限主要集中在一年以内，占比达55.28%。实际上正规与非正规金融借款期限基本一致，平均在14个月左右，80%以上的借款期限都在1年左右，与林业生产经营周期不一致。借款期限的短期化不利于帮助林农形成长期生产能力，因为短期借款使得林农无法将其用于长期扩大再生产，而只能解决短期、季节性和临时性的资金需要。

（四）林农借款依赖正规渠道，农信社的贷款比重最大

从借款渠道看，近三年有61.1%的样本林农的借款来自于农信社（包括小额信用贷款、林农联保贷款及林权证抵押贷款等），有近5.2%的来自于农业银行等商业银行，33.7%的林农从农业银行和农信社以外的非正规渠道借款，林农对正规金融的依赖程度远大于非正规金融，在正规金融机构中，农信社是满足林农贷款需求的主渠道。从林农借款意愿倾向上看，大部分林农希望从正规金融机构获得借款，占总样本的59.56%，其中希望从农信社获得借款的林农占总样本的52.54%；林农希望从非正规渠道借款占总样本的40.54%。

（五）借款以生产性用途为主，资金主要来自正规金融

从借款用途看，林农借款主要用于扩大生产经营规模和购买生产资料，分别占样本总数的36.55%和25.18%，这两项生产性借款比重高达61.73%，说明林农借款以生产性用途为主。而且，大户林农的借款主要用于生产性支出，而小户林农借款主要用于生活性支出。调查还表明，林农生活性借款主要来自于非正规渠道，而生产性借款则较多地由正规金融渠道满足。由于林农的生活性支出不能直接带来收入，更难从正规金融获得贷款，只能更多依靠非正规渠道借款。调查结果显示，61%的非正规借款用于生活性需求。

（六）高息信贷活动发生较少，林农利息承受能力较弱

根据调研情况，非正规借款的平均年利率仅为5.79%，而正规借款的平均利率为7.07%，非正规借款的利率明显低于正规借款。实际上，林农发生高息信贷情况较少。全部样本中，林农信贷的平均利率为10.75%，高于2009年人民银行规定的贷款基准利率（一年期贷款基准利率为5.29%），其中，90.6%的信贷利率在人民银行所允许的贷款浮动范围内，7.4%的信贷利率的2.3~4倍之间，在有效样本中，仅有2%的借款利率高于贷款基准利率的4倍以上（属于"高利贷"）。从利息承受能力看，由于林业投资收益的不确定性较大，过高的利率水平必然给林农带来巨大经济负担，有接近35%的林农所能接受的最高利率甚至低于人民银行贷款的基准利率，这反映了很大一部分林农的信贷需求不具有市场有效性，难以通过商业性金融满足，而且还有47.21%的林农表示，不愿意为争取获得贷款机会而多付利息。

三、林农信贷约束程度及原因分析

对于林农融资困境可以通过观察其是否面临信贷约束加以衡量，存在信贷约束的林农包括：①申请了贷款但没有被批准；②申请了贷款但是没有获得足额贷款；③存在贷款需求但没有申请贷款。调查结果显示，正规金融对林农的信贷需求满足程度还远远不够。正规金融对林农信贷约束包括：一是有现实信贷需求却不能获得正规贷款；二是虽然获得了正规贷款，但正规贷款规模小于实际资金需求规模，说明很多林农受到信贷规模的约束，大额的信贷需求不容易得到满足。从福建、江西、广西和浙江四省林农的信贷可得情况来看，面临明显信贷约束的林农分别占27.5%、47%、65%和33.5%，总样本的平均信贷约束程度达

43.25%，充分说明目前我国林业信贷供求矛盾突出，具体表现为信贷供求总量错位和供求结构（规模和期限等）错位两大问题，林农普遍面临信贷约束，而导致林业信贷供求矛盾的根本原因是有效金融供给不足，具体表现为：

（一）林业信贷服务体系不完善，信贷供给总量明显不足

虽然，林业金融组织种类相对比较齐全，但现有的林业金融服务体系存在严重缺陷，各类金融机构之间缺乏分工与协调，尚未形成有效的运营协作机制，对支持林业信贷服务功能不强，信贷总量明显不足。一是国开行和农发行的信贷服务只针对大型林业项目和林业龙头企业，与林农特别是小户林农几乎没有业务关系；二是以农行为代表的商业银行对林业信贷支持力度在逐渐弱化，无法成为支持林业信贷的主体，小额信贷机构只向特定林农群体提供贷款，发展水平严重滞后。实际上目前为林农提供信贷服务的主要是农信社，因此，从某种程度上讲，农信社林农贷款开展的程度和绩效，是直接影响林农正规金融机构信贷获得的主要因素。但农信社自身发展存在诸多问题，支持林业的信贷资金有限。而且农信社“垄断”格局形成必然导致林业信贷市场竞争度下降，削弱资金配置效率，无法解决林农融资难的问题。

（二）服务对象和产品结构错位，无法满足林业信贷需求

第一，从金融服务对象看，针对不同经营主体的信贷供给不平衡。按照“安全性、流动性、盈利性”经营要求，金融机构偏好林产加工企业，较少支持营林业；偏好支持一定规模的林业企业和大户林农，较少支持中小户林农。据调查，目前各金融机构发放抵押贷款的对象主要集中在林业大户，其份额占95%以上，而小户林农的贷款不足5%。大部分小户林农因其林地面积小或林木林龄低而得不到必要的贷款支持。

第二，从信贷产品结构看，缺少适合林业生产需求特点的信贷产品，与林业经营特点相适应的金额大、期限长的信贷产品不多，不能适应林业产业发展的需要。从调研情况来看，目前，金融机构提供的林业信贷产品金额较小、期限短与林农信贷需求不匹配。在贷款额度方面，无法满足林农大额资金需求，农信社实际发放的贷款以小额贷款为主，林农小额资金需求总体上可以满足，但林农扩大经营规模的大额资金无法得到支持；在贷款期限方面，商业性信贷产品期限与营林业的生产经营周期不一致，制约营林业的中长期投资。由于正规贷款期限较短，而且又存在强制偿还约束，使借款林农面临极大的资产流动性风险，在贷款到期时，一旦存在资金周转困难往往不得不诉求于民间借贷甚至高利贷，或者需要低价转让资产。因此，正规金融机构缺乏弹性的信贷产品增加了林农的风险成本，也成为压抑林农贷款需求的重要原因；在贷款种类方面，由于林业生产经营的特殊性，不同林种生产周期差异较大，这就需要贷款产品针对不同类型的林业项目进行设计，但现有林业信贷产品种类较少，而且与各类林业项目的现金流特征不相匹配，难以满足林业生产经营的多样化资金需求。

（三）林业信贷的交易成本较高，供求双方目标存在差异

近年来，商业银行和农信社市场化改革步伐加大，“利润最大”和“风险最小”的经营取向，决定了信贷资金必然向效益好、风险小、盈利高的行业流动。由于林农分散，贷款笔数多但贷款金额相对较小，而且抵押担保手续繁琐，签署有关贷款合约的环节、耗用的人力物力同样必不可少，由此导致了单位合约成本大幅度提高。同时金融机构在发放贷款时，必须详尽了解贷款申请人的信用状况及经营情况，以规避逆向选择风险，防止选择信用较差、无经营能力的林农为贷款对象。总之，正规金融机构为林农提供零售服务，都遇到交易费用过大、信息严重不对称、抵押品缺乏和难以担保等问题，这与金融机构经营利润最大化目标相背离，因而不可能提供普遍的金融服务（包括信贷、保险、理财等），致使金融机构对林农严重倾向惜贷。

而从林农贷款成本来看，目前农行、农信社对林农提供的贷款规模偏小，相对其所发挥的资金效用来说，正规贷款的交易成本偏高。而为获得这样小规模的贷款，林农还需要履行比较复杂的贷款手续，承担并不具有市场优势的贷款利率，承受严格的期限要求和还款约束，甚至还需要多次奔波，寻求关系或担保人等。调查表明，农信社贷款平均利率为6.42%，不仅高于商业银行利率（4.24%），甚至还高于一些民间贷款利率，而林农可接受的最高借款利率平均值仅为5%，农信社的贷款利率超过了林农所能承受的范围。从问卷调查看，影响林农提出信贷申请的第一因素是借款利率和借款成本问题，因为37.8%的林农认为信贷成本太高和10.7%的林农担心还不起，说明近半数林农考虑信贷成本问题。以林权抵押贷款为例，农信社发放林权抵押贷款的利率一般是基准利率上浮70%，最高的上浮100%，商业银行对林权抵押贷款的利率则是基准利率上浮30%~50%，比其他贷款的利率多上浮了20%~50%。此外，林权抵押贷款还需按评估价值量支付0.01~0.6%不等的评估费，通过担保公司担保另要缴纳0.3%担保费。经测算，林权抵押贷款比房产抵押贷款的成本一般要高出3~5个百分点，个别县（市）林权抵押贷款成本高达12%，与民间借贷利率相差无几。融资成本高已成为制约林业贷款广泛开展的一个关键因素。可以说，目前正规金融所提供的信贷产品也因与林农压缩成本、提高效益的目标不符，从而对大部分林农吸引力不强。

调查还发现，贷款申请参与率低是林农正规贷款获得率低的重要原因。由于我国长期存在正规贷款获得困难的问题，特别是正规贷款要求抵押和担保，以及正规信贷存在关系配给的现象，使得林农对正规贷款获得存在消极预期。林农未能从农信社获得贷款的一个主要原因是大部分林农没有主动申请贷款。调查结果表明，曾经获得过贷款的林农和获得贷款次数较多的林农，其信贷需求意愿也较为强烈。对于长期处于金融抑制状态的林农而言，远未树立从正规金融获得信贷的信心，但是，一旦有从正规金融获取贷款的经验后，特别是可以重复获得贷款的情况下，将会极大地刺激其信贷需求产生。

（四）信用和担保体系不够健全，信贷供给能力受到限制

由于林农比较分散，金融机构向林农提供贷款过程中面临信息不对称的问题，难以全面掌握借款人的资信状况，在信用担保和违约防范机制不健全时，必然会加大金融机构的信贷风险，因此，金融机构在无法全面了解借款人资信状况和还款能力的条件下，如果缺乏信用和担保机制的保障，金融机构必然会减少对林农的信贷供给，从而使林业信贷需求与供给之间存在极大的矛盾。调查显示，正规金融贷款具有比较严格的管理要求，要求林农提供抵押或担保，而大部分林农由于缺乏有效的抵押物或担保人，从而被信贷资金“边缘化”。虽然农信社积极推广无抵押的小额信用贷款，但仍有20.8%的农信社借款是需要抵押的，66.5%的农信社借款是需要担保的，而林农能够提供的抵押品极其有限。抵押和担保在贷款人因意外因素存在还款困难时，会直接导致对抵押财产的剥夺和对担保人还款责任的连带追溯，极大地增加了林农贷款的风险担忧。而且，抵押和担保贷款需要支付一定比例的评估费和担保费，实质上增加了林农贷款的交易成本，降低了林农贷款的积极性。

目前我国缺乏针对林农的信用评价机构和信贷担保机构，而且抵押品替代和扩展机制、信贷信息系统、信用评分工具、贷款分类评价机制等缺乏，极大地限制了金融机构作用的发挥。现有的林业信用和担保体系难以有效降低金融机构服务林农的交易成本和减少金融机构的信用风险，还不能满足金融机构向林农提供服务和创新的要求，无法有效支撑金融机构的改革和金融产品、服务、流程创新。

（五）相关配套扶持政策不完善，林业信贷政策落实较难

第一，森林资源资产评估体系不健全，主要表现为：林业资产评估机构资质认定存在空白，具有资质条件的森林资源资产评估机构较少，且评估队伍参差不齐，资产评估结果相关性不高，由于缺乏权威性、公正性的资产评估机构和有效的监督管理机制，许多贷款抵押物的评估价格与实际不符，金融机构对森林资产评估结果不信任，降低了信贷供给的积极性。

第二，资产评估和担保费用较高，降低了林农申请贷款的积极性。一方面，由于部分资产评估机构过分追求效益，收费太高，使得林农一般不愿出钱评估，而且即使进行了资产评估，最终也不一定能得到贷款；另一方面，大部分林业担保机构资本金较少，担保实力不强，并且也存在收费较高的问题。

第三，没有建立相应的林权流转平台和管理法规，缺乏对森林资源流转的统一管理。目前，许多地区的林权交易、流转市场和林权收储中心还未建立或很不完善，没有规范有序的林权交易市场，限制了森林资源的变现，给抵押品的处置带来一定困难。

第四，林业贴息贷款政策存在偏差。中央和地方政府制定了林业贴息贷款政策，向林业企业和林农提供贷款贴息，但这种贴息政策实际上是鼓励信贷需求，如果只给林业信贷需求方提供贴息，在供给条件不变的情况下，就会引导出更多的需求，产生更大的需求缺口，导致更多的林业企业与林农争夺有限的信贷供给。从2010年中央财政贴息情况看，预计林农和林业小额贷款落实39.7亿元，仅占全国预计林业贴息贷款落实总额的24%，绝大部分贴息贷款主要是针对林业龙头企业、林场苗圃、森工企业和工业原料林项目。

第五，我国森林保险体系不健全。商业保险公司不愿开展森林保险业务，而政策性森林保险覆盖面过窄，森林保险品种单一，尚未开办虫害险、霜冻险、盗伐险等，无法全面有效地分散和降低林业的自然风险，容易导致林农丧失还款能力，加大林业信贷风险，也在一定程度上制约金融机构对林业的信贷供给。

四、主要结论与政策建议

总体来看，由于我国林业生产仍然以林农分散式经营为主，生产规模相对较小、科技含量和产业程度低，导致林业生产的投资收益率不高，与此同时，林业产品供给弹性小带来的市场风险和林业天然弱质性造成的自然风险相结合，使林农信贷需求表现的首要特征就是低收益和高风险性相结合；其次，林业金融需求因林业生产的长周期性而带有一定的时间性特征；第三，由于林农经营规模普遍较小，致使借贷额度相对较小，林业信贷需求具有更高的信息不对称，金融机构难以进行授信前的尽职调查和贷后监管。总之，林业投入大、周期长、风险高，决定了林业信贷成本高、风险高、收益低，林业信贷的供求难以实现均衡。有效解决林业信贷约束，促进金融机构信贷供给，需要围绕林农信贷需求特征，构筑一个功能完备的金融服务体系，并形成相关的配套政策和措施，避免金融机构成本与收益不对称，并有效控制贷款风险，增强信贷供给意愿和金融产品创新力度，才有可能解决林业金融供求矛盾，全方位满足林农金融需求。

（一）构建多元化信贷服务体系，促进各类机构融合发展

各类金融组织为林业提供信贷服务，必须形成合理的分工格局和运营定位。目前，各类金融机构往往只拥有同质的、最基本的金融产品和金融服务，难以满足多层次的林农信贷需求，因此，需要建立多元化的林业金融服务体系，应该以国家开发银行和农业发展银行的政策性信贷服务为引导，农业银行、农信社等商业性和合作性金融机构为支撑，其他各类金融组织和民间借贷为补充的完备金融服务体系。同时通过各种金融机构的联结、链接，利用"行行联合、行社协作"等发展模式，采取委托贷款、转贷款和捆绑式担保信贷业务等方式，将政策性银行和商业银行的信贷资金通过农信社等机构传递给林农。

（二）针对林业金融需求特征，推进金融服务方式创新

鼓励各类金融机构的改革和创新，积极推出多样化、个性化的与林业生产特点相适应的信贷产品和金融服务方式。一是金融机构合理确定林业贷款期限，尽量与林业生产周期相匹配，对生产周期长的林种予以中长期的贷款支持；二是结合不同类型林农在生活和生产上的资金需求特点，一方面，积极发展小额林业信用贷款、林农联保贷款等信贷品种，扩大林农小额信用贷款和林农联保贷款面，支持分散的低收入农户和贫困户进行合作造林等小面积种植的资金需求；另一方面，针对大户林农生产性借款需求，开发额度大、期限长的信贷产品，继续推广和应用林权证抵押贷款，积极创办订单、仓单等权利质押贷款品种，增加林农有效抵押物，解决林农缺乏抵押品的问题；三是在贷款运营模式上，探索开发新型贷款担保模式。金融机构可以利用合作组织、龙头企业和担保机构的增信作用和担保作用，通过采取林业合作经济组织和林业龙头企业承贷（统贷统还）的方式，积极推广"金融机构＋林业担保公司＋林农"、"林业信用共同体贷款"等模式，将资金从金融机构传导到林农，从而缓解林农不能直接从金融机构贷款而面临的信贷约束问题。

（三）加快信用担保体系建设，提升林农贷款获取能力

一是大力推进林业信用体系建设，商业银行、农信社、政府有关部门、林农等方面的共同协调和努力，结合"农村信用工程"创建活动，稳步推行林农信用评价体系，建立以家庭为单位的个人信用体系，将林农的历史贷款信用存档，以便于银行和农信社做出抵押信贷决策，从而规范金融机构的信贷行为，保障贷款的安全性。二是积极发展林业信用担保机构，提供各类融资担保业务。建议设立包括中央、地方财政出资和企业联合组建的多层次的林业信用担保机构，鼓励各类担保机构开办林业融资担保业务；大力推行以专业合作组织为主体，由林农自愿入会或出资组建的互助性担保体系，发挥其直接提供担保或组织会员互保的作用；鼓励各类担保机构通过再担保、联合担保及担保与保险相结合等多种形式，积极提供林业生产发展的融资担保服务，切实解决林农大规模的贷款担保难题。

（四）建立林业风险管理体系，增加金融机构信贷供给

为有效化解林业经营所面临的市场风险、自然风险和流动性风险，减少金融机构提供信贷的阻力和后顾之忧，建议构建基于"订单林业＋林产品期货＋森林保险＋资产证券化＋信贷风险补偿基金"的林业一体化风险管理体系，积极探索林业信贷市场与林产品期货市场、森林保险的有机结合方式。

（五）健全相关配套扶持政策，促进林业金融政策落实

一是完善森林资源资产评估体系，尽快出台森林资源资产评估机构资质认定管理办法，培育具有相应资质的森林资源资产评估专业中介机构，强化森林资源资产评估的行业规范建设和市场监管；二是出台森林资源登记、评估的收费管理制度和办法，逐步降低资产评估收费费率；三是推动建立以林权流转为主的林权交易市场、森林资源收储机构等配套的林木市场体系建设，逐步形成县、乡、村一体化互动网络和服务体系；四是改进森林采伐管理办法，出台有效措施维护银行合法债权；五是逐步完善林业贷款贴息政策，扩大林业贴息贷款的使用范围和对象，加大对林农贴息力度，对林业小额贷款可以考虑给予全部贴息，并延长林业贷款财政贴息的期限。

参考文献：

[1] 史清华，陈凯．欠发达地区农民借贷行为的实证分析 [J]．农业经济问题，2002 (10)：40～50.

[2] 李晓明，何宗干．传统农区农户借贷行为的实证分析——基于安徽省农户借贷行为的调查 [J]．农业经济问题，2006 (6)：36-39

[3] 吴典军，等．农户的信贷约束——基于684户农户调查的实证研究 [J]．农业技术经济，2008 (4)：41～47

[4] 贺莎莎．农户借贷行为及其影响因素分析——以湖南省花岩溪村为例 [J]．中国农村观察，2008 (1)：39～50

[5] 周宗安．农户信贷需求的调查与评析：以山东省为例 [J]．金融研究，2010 (2)：195～206

林产加工企业向林农提供贸易信贷的影响因素研究

秦　涛　邓　晶　崔　宁　郭　亮

（北京林业大学经济管理学院，北京，100083）

摘要：林产加工企业通过与林农采取合作造林或订单林业的方式进行贸易信贷，能够将金融机构的资金有效地传导给林农，既可以缓解林农信贷约束问题，也可以保证企业原料供应。本文以福建沙县和清流两个县的73家林产加工企业的实地调查数据为依据，对林产加工企业向林农提供贸易信贷的影响因素进行了计量分析，研究结果表明：企业资金紧张程度与企业是否向林农提供贸易信贷之间有明显的关系，企业所需原料对林农的依赖程度是决定企业是否向农户提供贸易信贷的关键因素，最后本文提出促进林产加工企业向林农提供贸易信贷的相关建议。

关键词：订单林业；商业信用；林业龙头企业；贸易信贷

The Influences Research of Forestry-processing Enterprises Providing the Trade Credit to Forestry Farmers

QIN Tao, Deng Jing , Cui Ning, Gou Liang

(School of Economics and Management, Beijing Forestry University, Beijing, 100083)

Abstract: Timber-processing enterprises trading with the forestry farmers through the means of afforestation together or the order form forestry to conduct trade credits can efficiently transfer the funds to forestry farmers , which not only can alleviate credit constraints, but also can ensure the raw material supply for the Timber-processing enterprises . In this thesis, we carried on metric analysis on the influences of Forestry-processing enterprises providing the trade credit to forestry farmers. The study results show that: The tension of the Corporate money has obvious influence in determining whether it provides trade credit to forestry farmers. The enterprises' dependence on raw materials is the key factor which determines whether forestry-processing enterprises provide the trade credit to forestry farmers. Finally, we will put forward the corresponding policy recommendations of promoting forestry-processing enterprises provide trading credit to forestry farmers .

Key words: leading forestry enterprises; trading credit ; commercial standing ; order form forestry

---

基金项目：

本研究得到中央高校基本科研业务费专项资金－北京林业大学科技创新计划团队项目（TD2012-06）、2012年北京市大学生科学研究与创业行动计划项目（121002234）资助。

作者简介：

第一作者：秦涛（1982～），男，黑龙江密山人，博士，北京林业大学经济管理学院副教授，硕士生导师，研究方向：林业金融。

第二作者：邓晶，（1985～），男，湖南冷水江人，博士，北京林业大学经济管理学院讲师，研究方向：森林保险。

第三作者：崔宁（1991～），男，河北保定人，北京林业大学经济管理学院，国际经济与贸易专业，本科在读，研究方向：林产品贸易。

第四作者：郭亮（1991～），男，河南安阳人，北京林业大学经济管理学院，国际经济与贸易专业，本科在读，研究方向：林产品贸易。

一、引 言

20世纪90年代“订单农业”开始在我国兴起，农业龙头企业通过赊销种子、支付预付款或生产性贷款、提供技术服务等形式为订单户提供贸易信贷。发展“订单农业”，可以促进农业龙头企业与农户有机结合，并促进分散农户进入市场、引进新技术、新的生产要素、提高农业生产率，是提高农业收入和增加福利的重要手段。但是，在参与订单农业龙头企业中，真正向有订单关系的农户提供贸易信贷并且运作成功的为数不多，订单农业极低的履约率不可避免带来贸易信贷的失败。对于少数运作成功的企业。出于风险和成本等方面的考虑，其所提供的信贷规模及覆盖农户的数量也较小，远不能满足农村信贷市场上众多分散农户的融资需求，更达不到国际贸易信贷在农村信贷市场所占的重要份额。在国际上被证明是有效的订单农业及其中的贸易信贷制度在我国却发展缓慢，贸易信贷对于缓解农户信贷约束的功能未能有效发挥。

随着林权制度改革的全面推进，林业产业化龙头企业迅速发展，“公司+基地+林农”的模式也日渐成熟，由龙头企业通过与林农合作造林或基于订单林业的贸易信贷可以将资金从金融机构传导到林农，从而缓解林农不能直接从金融机构贷款而面临的信贷约束问题。福建省永安市木业有限公司通过“公司+农户”的方式为林农提供造林、育林资金支持，公司也通过与林农的林木收购合同保证了其原料的供应。研究发现：企业为保障原料供给，降低零散采购的成本与风险，节省自建基地的经营管护成本；林农为获得造林资金，增强抵御风险能力，是促成信贷合作的需求因素，而企业和林农双方优势互补、贸易信贷的作用及林业部门和相关机构的积极参与则是信贷合约得以达成的条件。本文以林产加工企业作为研究对象，对其向林农提供贸易信贷的主要影响因素进行实证分析，进而探讨扩大企业信贷供给的可能途径，为决策者制定相关政策提供依据。

二、理论框架及研究假设

在很多国家和地区农户可以从农业投入品供应商（供应种子、化肥、农药、农机具等的供应商）赊购农业生产资料，或从农产品购买商（包括乡村代理人、加工厂主、批发商、零售商等）获得农产品销售的预付款，或者直接获取现金形式的贷款，并通过向其出售农产品的方式偿还贷款。企业和农户之间的这种交易安排将商品交易和信贷交易联结在一起，定义为“贸易信贷”，是一种互联贷款或捆绑信贷。它在农村金融市场上是一种重要而广泛的非正规金融形式。许多理论和实践研究表明，它在克服农村信贷市场上信息不对称、较高的交易成本、缺乏有效抵押品及违约率高等问题较正规金融显现出明显优势，对缓解农户普遍面临的信贷约束问题能起到积极的作用。

通过向贸易商放款，贸易商再向农户转贷，可以降低银行的交易成本。关于菲律宾的研究论证了互联机制不仅减低了违约风险（实际上是一种抵押品的替代），而且可以控制农产品的市场销售渠道。贸易商提供信贷，他们收购农户的农产品的价格通过低于市场价格。由于对分散的农户提供信贷服务交易成本大、违约风险大，商业银行、甚至合作性金融机构都不愿意提供金融服务，而这些金融服务是农户引进新的要素、新的技术所必需的。信贷与销售的融合是解决小农户传统的银行抵押贷款问题的一个有力工具。

基于订单林业的贸易信贷或合作造林实际上是一个产品交易和信贷交易的互联制度。林产加工企业在生产之前和林农就生产、销售等各个环节签订契约，农业银行、农信社等农村金融机构以企业信用作为担保，以企业和林农之间的这种合作所带来的收益作依据，向林农提供贷款，林农借助企业信用获得贷款从事生产经营。此种模式适用于产品适销对路、供不应求、在某地区或较大范围内知名度较高的林产品生产过程中的信贷供给，由金融机构以林农手中持有的订单为担保或质押进行放贷。订单林业能将分散林农和林业技术服务、信贷服务等渠道有效地连接起来，还可把分散林农与有保障的、有利可图的产品市场联系起来。贸易信贷成为林农获得资金的一个重要来源，成为正规金融机构贷款的一种替代，其机理如图1所示。林业企业可以利用以往交易活动所捕获的信息，了解借款人（林农）信誉、生产经营能力、财产收入状况，通过提供技术服务、投入品及销售协议，降低林业生产经营失败的可能性，进而降低借款人的信贷风险，直接从林产品收购款中扣除贷款，采取将来不再提供贷款的“动态威胁”来激励借款人还款。同时，企业与林农签订订单，可以建立起稳定的原料来源。

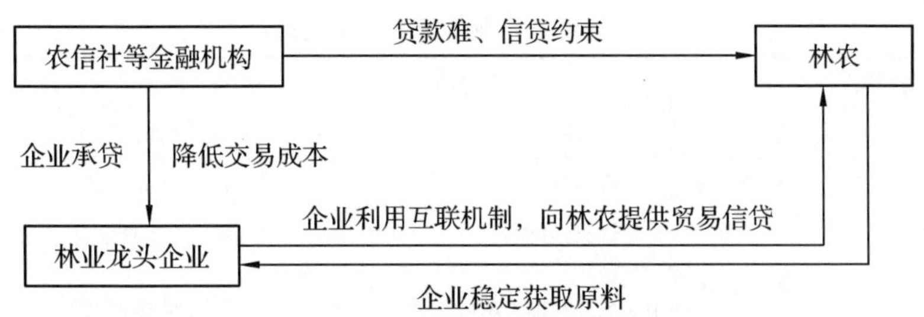

图1　基于订单林业的贸易信贷融资作用机理

从某种程度上讲，订单林业这种方式是一种抵押品替代机制的具体运用。林农将其林木作为抵押品，向林业企业做抵押（或实质上的反抵押），而林农从企业获得了资本（实物或货币形式），林业企业以其自身的资产作为抵押向银行贷款，同时它从林农处获取了原材料的远期交易合同。结合以上理论分析及贸易信贷制度的特点，本文给出林产加工企业向林农提供贸易信贷的影响因素的以下假说：

（1）企业的资金充足，面临正规金融的信贷约束程度较低，其向林农提供贸易信贷的可能性越大。

（2）企业对林农原料的依赖性越强时，其越愿意向林农提供贸易信贷，以保障原料供给的质量和数量。

（3）政府部门或林业合作经济组织作为企业和林农之间契约关系的保证者和监督者参与到贸易信贷中，能鼓励企业向林农提供贸易信贷，同时在一定程度上保障贸易信贷协议的履约率。

（4）企业与林农之间合作的时间越长，企业对林农的生产情况、个人信誉情况越熟悉时，其越愿意向该林农提供贸易信贷。

（5）企业对林农的履约控制能力越强，即企业通过有效的途径制止林农的“合同外销售”行为，保证产品回收，其越愿意向林农提供贸易信贷。

三、数据来源与样本基本特征

（一）数据来源与调查方法

本研究所用数据来自2011年7～8月研究小组在福建省沙县和清流两个县进行的实地调查。调查对象为当地的林产加工企业，内容涉及企业组织和资产特征、企业领导和职工情况、企业主要产品生产的技术及成本和市场销售状况、企业信贷和信用情况、企业原材料来源情况、企业与林农的契约关系、政府对企业的扶持措施以及企业对经营环境评价与前景估计等方面。本次调查采用发放问卷和深度访谈相结合的方式。共发放问卷85份，回收问卷78份，其中5份样本关键变量数据缺失，因此最终有效企业样本为73份。

（二）样本企业基本情况

在获得的73份有效企业样本中，按企业注册地划分，沙县39家，清流34家。企业的经营范围涉及林业加工产品的各个方面，大体上可分为木加工品、竹加工品及木竹采育，具体见表1。

表1 调查企业的行业分类情况

木加工品		竹加工品		其他类型	
产品名称	企业数	产品名称	企业数	产品名称	企业数
锯材加工	3	竹地板制造	2	苗圃与林场	6
木片加工	2	竹家具制造	2	木材采育	12
人造板制造	24	其他竹产品加工制造	3	木浆生产与造纸	1
木地板制造	7				
木家具制造	4				
木材采运	2				
其他木加工	5				

由于林业企业规模普遍较小，绝大多数企业主要以某一类产品（多种型号）为主导，其他产品份额相对较少，企业产品种类相对单一。其中，仅以一种产品为主打产品的企业有32家，占有效样本总数的43.8%；主打产品在3种以上的仅有11家，占15.1%；剩余的30家企业主要生产2种产品，占41.1%。从企业主要产品的年产值看，绝大多数企业的年产值较小，在1000万元以下，占样本总数的70.2%；仅有四家企业的年产值达到5000万元，年产值最大的企业达到10000万元。

在林权制度改革过程中，随着林业金融服务方式的创新，出现了新的贸易信贷形式，如以林农的林权证为抵押，将农信社的信贷资金通过林业产业化龙头企业承贷后向林农发放贷款；又如，林业企业直接与林农签订“合作造林”协议，由林农提供林地并负责日常管护，由企业负责投资造林和采伐规划，林木产品由企业定向收购。这些由林产加工企业提供的贸易信贷，为林农解决了造林资金需求，而且增强了其抵御自然风险和市场风险的能力；对企业来说，则保障了原料供给，降低了零散采购的成本和风险，也节省了自建基地的经营管护成本。

为了满足企业自身的原材料供给，调查中发现，一些林产加工企业以不同的形式向林农提供贸易信贷，如赊销林苗、化肥和农药，支付一定比例或定额的预付款，代垫林业税金或砍伐费用，提供采伐设计、技术指导和机械设备服务，以及为林农申请贷款提供担保等。但是，并不是所有林产加工企业都会向林农提供贸易信贷。在调查的73家企业中，有35家企业向农户提供了贸易信贷，占有效样本总数的47.95%；从两个地区的情况看，提供贸易信贷与未提供贸易信贷的企业数量相当，与总体情况一致，也没有显示出明显的地区差异。由此可见，林产加工企业向林农提供贸易信贷尚未成为一种普遍的现象。既然是对交易双方都有益的事情，为什么没有得以有效开展呢？企业的贸易信贷供给是一个多因素影响下的综合决策，因此，需从多方面考察影响企业提供贸易信贷的具体因素。

四、实证模型与结果分析

为了检验上面提出的关于林产加工企业向林农提供贸易信贷的影响因素的假设，进一步明确各个影响因素的影响程度和显著性，本文建立了企业向林农提供贸易信贷的计量模型，并应用沙县和清流两县的73家林产加工企业的样本数据进行了计量分析。

（一）模型设定

根据本文所做假设，林产加工企业向林农提供贸易信贷可能主要受以下几方面因素的影响：企业的资金状况（资金紧张程度）（M）；企业所需原料对林农的依赖程度（D）；是否有第三方（政府部门或中介机构）参与（T）；企业与林农之间交易关系存在时间的长短（R）；企业对林农履约的控制力（C）。模型可用以下函数形式表示为：

$$S_i = F\ (M_i,\ D_i,\ T_i,\ R_i,\ C_i)\ + e_i \tag{1}$$

在公式（1）中，S_i 代表第 i 家企业是否向林农提供了贸易信贷；e为随机误差项。计量估计模型选取Logistic回归模型，模型的具体形式如下：

$$\ln\left[\frac{p}{1-p}\right] = b_0 + b_1 M + b_2 M + b_2 D + b_3 T + b_4 R + b_5 C \tag{2}$$

（二）变量的选取和描述

鉴于林产品加工企业与林农的具体特征，并结合调查所获的具体数据内容，模型中各影响因素选取得变量的具体内容说明如下：

表2 模型变量设计及说明

变量	变量指标	变量名称	变量含义	变量计量方法
被解释变量	S_i	是否向林农提供贸易信贷	企业是否向林农提供了贸易信贷	1＝是 0＝不是
解释变量	M_i	企业资金紧张程度	企业生产经营过程中的资金是否充足	5＝严重不足 4＝较紧张 3＝一般 2＝资金较宽裕 1＝资金充足
	D_i	企业所需原材料对林农的需求程度	企业从林农处合同收购的原料数量占企业全部原料的比重（%）	-

（续）

变量	变量指标	变量名称	变量含义	变量计量方法
解释变量	T_i	是否有第三方参与	有当地政府（县、乡镇、村）或林业主管部门、林业合作经济组织等主体作为中间人为企业与林农牵线搭桥，同时也担当契约关系的保证者和监督者	1＝是 0＝不是
	R_i	企业与林农之间交易关系存在时间的长度	企业自注册成立到调查时点间月份数	-
	C_i	企业对林农履约的控制力	企业对于林农不能按时还款所能采取	5＝非常强 4＝较强 3＝一般 2＝较弱 1＝非常弱

1. 企业资金紧张程度（是否面临信贷约束）

相对于林农所面临的信贷约束，企业较易通过资产抵押从正规金融机构获得信贷支持，同时企业也拥有其他的融资途径，如由股东私人筹资、民间集资或上市融资等。因此，在替代金融机构向林农提供信贷的问题上，企业几乎不存在什么资金上的困难。但若企业自身的资金缺乏或信贷约束严重，则其向林农提供贸易信贷可能性就会降低。

2. 企业所需原材料对林农的依赖程度

对林产加工企业而言，能否及时获得充足的原材料是关乎企业能否正常运转的头等大事。企业获得原料主要有以下一些渠道：①从市场上直接购买；②从国有林场购买；③以承包、租赁或买断的方式获得山场建立工业原料基地；④通过一些大山场主做中间商购买；⑤与村签协议，从林农处收购；⑥通过合作林场或协会与林农签协议收购；⑦直接与林农签协议（口头或书面）收购；⑧与林农进行合作造林获得所需原料。调查中发现，一些社会资本较多（主要表现在与政府关系较好）的企业往往有能力通过自建基地或从国有林场获得原料，特别是由当地政府招商引资进入的企业，政府对其原料供应问题尤为关照；一些自身实力较强的大型企业则往往自己建有原料基地；或者通过中间商购买原料。因此，其他企业由于缺乏前四种原料获得渠道，在原料获取上更加依赖于普通林农，更愿意向林农提供贸易信贷，促成双方的合作。具体的这一变量用企业从林农处合同收购的原料数量占企业全部原料的比重来表示。

3. 是否有第三方参与

第三方参与是指在企业与林农交易的过程中，是否有当地的各级政府（县、乡镇、村）或林业主管部门、林业合作经济组织（合作林场或协会）等主体作为中间人为双方牵线搭桥，同时也担当了企业和林业之间契约关系的保证者和监督者，一定程度上保障贸易信贷协议的履约率。

4. 企业与林农间交易关系存在时间的长短

企业与林农之间“打交道”的时间越长，企业对林地个人信誉、生产状况、还款能力等越熟悉，则越愿意向其提供贸易信贷，建立互利关系。限于调查数据未能确切反映这方面的情况，本节选取了企业自注册成立到调查时点间的月份数表示企业与林农间交易关系存在时间。

5. 企业对林农履约的控制力

企业对林农履约的控制能力指的是，企业可通过有效的途径制止林农的“合同外销售”行为，保证林农在约定的时间向企业出售满足数量和质量要求的农产品，在本研究中，即要求林农不得将约定好的林木原料转卖给他人，与一般农产品不同的是，林农尽管拥有所种植林木的所有权，但林木的采伐权并不完全掌握在林农手中。因此，企业若想通过合理的途径对林农获得采伐指标进行“干预”，就能起到防止林农违约的作用。

（三）模型估计的结果及讨论

根据设定的 Logistic 回归模型，估计结果如表 3 所示。该模型的 Cox & Snell R^2 和 Nagelkerke R^2 的值分别为 0. 507 和 0. 665，说明模型的拟合较好。

表 3　Logistic 回归模型的估计结果

	B	S. E.	Wald	df	Sig.	Exp（B）
M	-6. 051	9. 537	7. 111	1	0. 003	0
D	2. 540	1. 315	5. 168	1	0. 006	12. 679
T	4. 736	4. 487	1. 114	1	0. 291	113. 956
R	0. 057	0. 048	1. 407	1	0. 235	1. 059
C	1. 770	0. 911	3. 714	1	0. 028	5. 871
Constant	0. 261	4. 287	0. 104	1	0. 851	1. 298

从统计结果中可以看出，*M*（企业资金紧张程度）的系数为 -6. 051，且在 1% 显著性水平下显著性较高，说明企业的资金状况是决定企业是否具有信贷供给能力的关键因素，资金宽裕的企业往往更愿意也有能力向林农提供贸易信贷，验证了本文提出的理论假说，同时实际调查数据也能证明此项假说，在资金充足和资金较宽裕的 26 家企业中，向林农提供贸易信贷的比例达到 79. 2%，而资金较紧张和严重不足的 32 家企业中，向林农提供贸易信贷的比例仅 34. 4%。

D（企业所需原材料对林农的需求程度）的系数为 2. 54，且显著性水平较高，说明企业所需原料对农户的依赖程度是决定企业是否向农户提供贸易信贷的关键因素。企业所需原材料对林农的需求程度越高，越有可能向林农提供贸易信贷；当企业无法从市场、国有林场等其他渠道获得生产所需原料的及时供给时，就必须与固定的农户建立长期的契约关系，并以企业的资金优势换取原料的稳定供应。

T（是否有第三方参与）的系数为 4. 736，在统计上不显著；但从频数分析的结果看，在 73 家样本企业中，仅有 14 家企业通过政府、林业合作经济组织与林农建立契约关系，并且这 14 家企业都向林农提供了贸易信贷。在没有第三方参与的情况下，企业提供贸易信贷的比例就大大降低，但仍有 37. 5% 的企业提供了贸易信贷。以上说明，第三方的参与并不是影响企业信贷供给决策的主要因素，但是在有第三方参与的情况下，会大大增加企业贸易信贷的可能性。出现不符合理论预期的系数符号，很大原因是受样本本身的影响，因为在没有第三方参与的 59 家企业中，有 22 家企业向林农提供了贸易信贷，超过了有第三方参与的

企业的数量，也说明了作为第三方力量的林业合作经济组织的等还未发挥应有的作用。

R（企业与林农间交易关系存在时间的长度）的系数为0.057，这与理论假说一致，说明与农户打交道越久的企业越愿意向农户提供贸易信贷，不仅信息不对称程度减小，而且交易成本也大大降低。但是，该变量的系数很小，显著性水平很低，说明企业与林农间交易关系存在时间的长度对企业是否向林农提供贸易信贷影响很小。通过分析，造成该变量不显著的更重要的原因可能在于对变量衡量得不够准确：由于从现有的问卷资料中未能得到该变量的直接数据支持，计量分析的过程中使用了企业自注册成立到调查时点间的月份数来作为代理变量。这本身就存在一些问题，如由于自身发展的需要或其他客观的原因，企业在此期间可能会发生迁移，致使需要与迁入地的农户重新建立合作关系；也可能由于企业最初注册时的生产产品不需要或极少需要从农户处获得原料，转换了经营范围后才需要与农户打交道；还可能时由于企业在此期间发生过改制、合并等变动，这也会造成注册时间与本研究所关注的时间发生较大的偏差。

C（企业对林农履约的控制力）的系数为1.770，显著性一般，说明企业对林农履约的控制力对企业是否向林农提供贸易信贷有一定的影响，但并不明显。

五、主要结论与政策建议

通过以上计量模型结果的分析和讨论，本文发现：企业的资金状况（资金紧张程度）与企业是否向林农提供贸易信贷之间有明显的关系，印证前文提出的理论假说，同时企业所需原料对林农的依赖程度是影响林产加工企业向林农提供贸易信贷的关键因素。因此，要想增加向林农提供贸易信贷的企业数量，通过贸易信贷的方式缓解林农的信贷约束、满足农户的资金需求，必须先从这一因素入手。应鼓励企业通过多种形式的“订单农业”与林农结成紧密的契约关系，从而一方面带动林农致富，另一方面也保障自身的原料供应。政府和林业主管部门应在企业与林农之间做好“媒人”，为双方牵线搭桥，同时也监督双方切实履行契约。具体政策建议如下：

第一，加大对林业企业信贷支持，推动贸易融资顺利开展。贸易信贷融资的前提条件是企业资金充足，如果企业自身的资金紧缺，即使企业对原料的需求再迫切，也没有能力通过贸易信贷方式从林农处获取原料。因此，为了促使企业向林农提供信贷支持，并扩大供给的规模和覆盖面，金融机构首先应对林业企业本身进行信贷支持，缓解企业的信贷约束，继而才能通过企业使金融机构的信贷资金以贸易信贷方式传导到林农手中，实现正规金融机构与非正规金融机构的有效连接，克服正规金融机构直接面向林农的诸多困难，真正解决林农的融资难题。

第二，加强履约机制建设，保证林农利益。在企业与林农进行贸易信贷融资的过程中，由于受原料生长周期的限制，借款期限长达五年以上，而合约中却没有预先约定林产品的收购价格，只注明以市场价收购，林农的收益得不到稳定的保障，企业可以在合约事先留下的“公共空间”内任意压低产品的收购价格或延迟付款。即使事先约定了价格，由于合约的不完全性，当市场价格低于合约价格是，企业也总能为其机会主义行为找到依据。而林农若想利用合同外销售作为对抗企业压价的威胁，必须先获得林木的采伐权。可见，在贸易信贷合约中，一系列履约机制（如第三方的参与）主要是约束了林农的行为，而对企业违约及刻意损害林农利益的行为难以形成有力的制约。同样，合约中也未对如何应对森林灾害及如何分担损失进行明确的规定。由于企业不负责林木的具体经营管护，加之森林保险迟迟未能开展，一旦发生森林灾害，企业很可能将全部责任推给林农。因此，要想增加企业向林农提供贸易信贷的数量，通过贸易信贷方式缓解林农的信贷约束，应该鼓励企业通过多种形式的“订单林业”与林农结成紧密的契约关系，从而一方面带动林农致富，另一方面也保障企业自身的原料供应。而政府和林业主管部门应在企业与林农之间做好“媒人”，为双方牵线搭桥，同时也监督双方切实履行契约。

第三，积极发展各类林业合作经济组织，使这些组织能真正发挥企业与林农间的纽带作用，促成双方的产品交易和信贷交易。福建、浙江等地在林权改革过程中已经出现了不少合作林场、协会等林业合作组织，但规模都较小，所囊括的成员也较少，对企业的判断力量还较弱，因此，在进一步的改革中，应加大对这些组织的扶持力度，鼓励企业以“企业+合作组织+林农”的方式带动更多的林农。

参考文献

[1] 郭晓鸣，廖祖君，等．订单农业运行机制的经济学分析［J］．农业经济问题，2006（11）：15~18.

[2] 李贞．基于贸易信贷的订单农业发展［J］．华南农业大学学报（社会科学版），2006（12）：94~98.

[3] 马九杰，李歆，等．林业投融资改革与金融创新［M］．北京：中国人民大学出版社，2007：80~89.

[4] 田治威，秦涛，等．中国林业金融支持体系研究［M］．北京：经济管理出版社，2009：126~128.

[5] 李新耀，侯双梅．订单农业信贷模式比较［J］．南方金融，2006（10）：63~65.

[6] 银刘彦．“订单农业+农产品期货+信贷”模式存在的问题及对策［J］．金融理论与实践，2008（11）：83~86.

林权改革对福建省永安市林农影响的实证研究

王加其　高德建　张彩虹

（北京林业大学经济管理学院，北京，100083）

摘要：在国家全力推进集体林权制度改革的大背景下，福建省永安市作为最早的改革试点，值得我们学习和探讨。福建省永安市自 2003 年改革实施以来，结合各乡镇的特点，充分发挥各乡镇的优势，取得了丰厚的成果，切实提高了林农的生产积极性，提高了林农的收入，改善了林农的生活。

关键词：福建永安；集体林权改革；林农；影响

The Influence of Collective Forestry Tenure Reform to Peasants in Fujian Yongan City

WANG Jia-qi，GAO De-jian，ZHANG Cai-hong

（School of Economics and Management，Beijing Forestry University，Beijing，100083）

Abstract：At the national efforts to promote the reform of collective forest right system background，Fujian Yongan City as the first reform that we should learn and explore. Yong'an City，Fujian Province since the implementation of the reform since 2003，combined with the characteristics of the townships，give full play the advantages of the townships，and achieved substantial results，and effectively improve the production of the foresters enthusiasm，increase the income of foresters to improve the lives of the foresters.

Key Words：Fujian Yongan City；Collective Forestry Tenure Reform；peasant；influence

2008 年 7 月 14 日，《中共中央 国务院关于全面推进集体林权制度改革的意见》发布，要求在坚持集体林地所有权不变的前提下，依法将林地承包经营权和林木所有权，通过家庭承包方式落实到本集体经济组织的农户，确立农民作为林地承包经营权人的主体地位。

福建省永安市是林权改革的试点，从 2003 年开始便实行林权改革，至今改革已经基本完善，取得了不错的成绩。在全国全面推进集体林权制度改革的时候，走访改革试点福建省永安市，了解改革的成果，林农的反应，学习改革的经验，显得尤其重要。

一、永安市林权改革简介

（一）永安概况简介

永安位于闽中偏西，素有“金山银水”之称，地理概貌为“九山半水半分田”，其拥有

作者简介：

第一作者：王加其（1988～），男，浙江嘉兴人，北京林业大学经济管理学院硕士生，统计学专业，研究方向：投资经济与风险管理。

第二作者：高德健（1986～），男，山东龙口人，北京林业大学经济管理学院博士生，林业经济管理专业，研究方向：林木生物质能源产业发展。

第三作者：张彩虹（1965～），女，河南杞县人，博士，北京林业大学经济管理学院教授，博士生导师，统计学科负责人，研究方向：林业经济、林业统计、林业投资与风险管理林木生物质能源产业化。

丰富的森林资源，林地面积368.97万亩，森林覆盖率达83.2%，木材蓄积量2200多万 m^3，居全省第一位，其中毛竹林面积71万亩，居全省第二位，农民人均占有3.9亩，居全省第一位。是中国十佳魅力城市、中国优秀旅游城市、中国竹子之乡和我国南方48个重点林区县（市）之一，综合经济实力居福建省“十强县（市）”第六位。

集体林权制度改革之前，永安市382.4万亩的林地中，集体林经营面积达266.2万亩，国有林面积116.2万亩，生态公益林面积86.8万亩，分别占全市林业用地面积的69.61%、30.39%、22.69%。在266.2万亩集体林中，由村集体林或林业股东会经营管护的面积219.2万亩，由村民直接经营管护面积29.6万亩，由乡村林场经营的面积17.4万亩，分别占集体林地面积的82.3%、11.1%、6.6%。

（二）永安林改实施概况

20世纪80年代，林改第一村——永安市的洪田村就已经进行了林业股份合作制改革，把集体山林按人口折股到户即分股不分山，分股就是分股票；分地不分林，分红，但是不分山林。而作为试点的其他两个地方湖南怀化、广东韶光的做法是直接将山分给农民，那样在一夜之间，很多山林的树都被砍掉了。洪田当时是没有分山，但到了1998年的时候，是直接分山。因为八十年代的时候时机还不够成熟，老百姓没有办法从山林中得利，当时的生产力都还是非常低下等各个方面的原因。洪田这一种做法被誉为中国农民伟大的实践。

从2003年8月开始，按照中央《关于加快林业发展的决定》和省委、省政府的部署，永安市全面启动集体林权制度改革。到2004年5月中旬，已在全省率先基本完成林权改革与林权发换证工作。截至2006年，林权发（换）证登记面积占任务数的97.3%，共核发林权证24026本。2005年9月，永安市林改工作在全省第一个通过省、三明市的联合检查。

林改后，永安各村发生了很多的变化。第一，林农们拥有了自己的林地，生产积极性明显很大的提高；第二，在育林方面林农更注重学习科学育林的方法，这使得林地的生产效率大大提高了。第三，由于林业的发展又兴起了很多的加工厂，老百姓现在就在自己家门口上班，感觉就和城市一样。这些种种方面的变化使得永安市林农的生活水平大大提高，自然村的公路许多都换成了水泥路面，并且新建了许多住宅示范小区和小别墅式住宅。福建省委书记在走访洪田村时，就指出林改后的地区已经换上了“农村像城市”的面貌。

此外，永安市为了完善林权改革制度的实施，为了规范林木林地的流转，促进林业规模经营，实现由家庭为主体的传统小农林业经济向现代林业经济转变。其在全国率先成立了林业要素市场。市场占地面积14131 m^2，其中市场主体建筑占地面积1650 m^2。市场内设立林权登记管理中心、森林资源评估中心、木竹交易中心、林业法律与科技服务中心、林业劳动力培训中心（简称“五个中心”），是集信息发布、交易实施、中介服务于一体的林业综合性管理与中介服务机构。

在国家林业局与福建省政府的指导下，永安不断修改完善《永安市林业改革发展示范区总体方案》。国家林业局和福建省政府将在完善育林基金征收和使用管理、建立造林补助制度、建立林业信贷新机制、建立森林保险制度、发展林业合作经济组织、完善生态公益林补偿制度、开展林木采伐管理制度改革等方面加强合作，进一步深化集体林区改革试验，不断提升集体林权制度改革成效。

二、永安部分乡镇现状及林改情况介绍

（一）林改第一村——洪田村

洪田村，隶属永安市洪田镇，是福建省中部山区一个普普通通的村庄。洪田村有23000多亩的土地，其中18600多亩是山林，山林与老百姓的关系非常紧密。但我们从永安林改的陈列中的文物照片上能看到，人民对山林的利用停留在很低的水平，只是挖竹笋、采香菇、没有办法通过山林来致富。

1998年，洪田村敢为人先，大胆实践，把土地承包责任制引向山林，成功推行了集体林权制度改革，被著名“三农”问题专家杜润生誉为中国林改的“小岗村”。没有上级的红头文件，也没有可供借鉴的试点经验。洪田村充分发挥了全体村民的聪明才智，创造出了一套分山到户的办法。第一步，将集体山林全部收回；第二步，对集体山林进行调查；第三步，按在册法定人口分山到户。全村把参与分山的总人口均分为三大片群，每个片群分成两个队，每个队又分成两个组，有的组再细分，最终形成16个经营小组，成员自由组合。将全村山林好坏搭配，“抓阄”确定了各组承包的山林，签订了为期30年的承包合同。

洪田村集群众智慧，大胆探索，解决了一道道难题。例如，率先成立了护林联防协会；率先组建家庭林场；率先提出了用林权证进行抵押贷款……这一系列的率先尝试，为后来全市及全省集体林权制度改革提供了可贵的借鉴。

通过改革，调整了生产关系，解放了生产力，促进了新农村建设，洪田村呈现出风正气顺、人和业兴的喜人景象：森林资源增加了，农民造林护林积极性高涨，森林资源总量由改革前的10.2万m^3增加到2008年年底的12.53万m^3，增长了22.8%；乡村富裕了，2008年，全村人均收入达到6657元，村财收入87万元，分别是1998年的2.3倍和5.8倍；乡风文明了，投入更多资金用于公益事业，有效解决了农村合作医疗、扶贫济困等难题；村容村貌整洁了。林改后，全部自然村公路换成了水泥路面，建设了5个新住宅示范小区、202座小别墅式住宅；村务管理民主了。林改后，村里建立了林地使用费收支台账，制订了村民公约，完善了审议监督制度，对林地使用费的分配实行民主决策。

（二）毛竹第一村——龙共村

龙共村是隶属于福建省永安市上坪乡的山区农村，地理位置偏僻，有7个自然村745人，农民对山林依赖性较强，绝大部分家庭每年经营山林收入占家庭年度总收入一半以上。全村林业用地面积14975亩，因自然条件比较适合竹林生长，竹林面积达11428亩，人均竹林面积15.3亩。

此次前往调查我们在上坪乡干部的带领下来到了村书记杨国松先生的家中。据杨先生介绍早在1984年，龙共村就开始了实际意义上的分山分林，类似于那时的土地联产承包责任制。到2003年，福建省推行集体林权制度改革时，龙共村根据经村民大会表决通过的林改方案，维持了原有的林地承包关系稳定不变，并通过核实山林权属、面积和四至界线，明晰了林地使用权和林木所有权，并于2004年给村民们发放了林权证。在分发林地的时候，龙共存在“大稳定，小调整”的原则下，实行“均人均山”的政策，基本实现了公平。

据在村子中多户的走访，我们了解到了林权改革中林权证发放的重要性。农民拿到了林权证也就真正意义上拿到了30~70年的林地使用权和经营权。这也就使林农拥有更高的积极性去经营自己的竹林和果岭。从前未发放林权证时，林农的所有权不稳定，总会担心花了

大量的心思之后林地又被收走。因此之前林农的积极性一直不是很高，毛竹一般很少人打理任其生长，这样也就只有在年份好的时候才收获较多。但林权证发放之后，一般至少签发30年，对于自家的林子林农们都会精心规划和打理，并且更多地采用更为科学的方法育林经营。在龙共村就成立了一个科学育竹协会，对村民进行统一指导、统一服务，但山林仍是各自管理各自收益。这样便进一步地调动林农学习的积极性，提高了林业的产出量。

据村书记的介绍，龙共村的收入中有70%来自毛竹，20%来自果树（尤其是橘子），10%是投资一些小水电站的收益。这几年，村民们也提倡并切实筹划、找投资来开发村部的旅游业，上坪九龙竹海省级森林公园便是是福建省第一个以竹为主体申报并获批的森林公园。此外，我们还发现龙共村的管理很透明化，林地拍卖等一些事项都要在村街道上贴示公告，以求最大化地实现公平。也正是这一系列的变化和发展使得村里的经济发展越来越好，很少有人外出打工，村里也盖起了许多新的小楼。

（三）花果乡镇——西洋镇

永安市西洋镇堪称美丽的花果山，其果树面积达3.5万亩，水果产量2万t。该镇通过深化种植业结构调整、加大科技普及与培训、积极引进新品种、病虫综合防治、拓宽销售市场、营销队伍建设等措施做大做强水果产业，已培育形成4个水果特色村，如内炉村的芙蓉李、下街村的油柿、岭头村的芦柑、旧街村的水蜜桃等特色村。近年来，西洋镇以发展为第一要务，抢抓机遇、乘势而上，持续抓好农业产业化，深化林改工作，积极引导合力推动农业专业合作社的建立。2009年，西洋镇已新增永安市绿宝畜禽、永安市兰溪渔业、永安市绿野山茶、永安市维源柑橘等9家农业专业合作社，目前已达到18家。西洋镇积极抓好芙蓉李、油柿、芦柑、水蜜桃等果品品质的更新提升。通过以虎山林场、保源医药产业及好果子林业专业合作社示范带动，引种金银花、互叶白千层以及桂花、香樟、罗汉松等珍贵树种的种植，建成以果蔬林竹产业为龙头的农业大镇。

据我们的走访的西洋镇坑村来看，西洋镇的林业作物主要有桃子、橘子、梨、柿子等果树。据当地林农说，现在的果树林以前大部分都是荒山，勤劳的林农便开荒种树。因此在分山前林地的划分就已经有了一定的布局。因此，此地的分山政策也比较特殊，稍有别于其他村庄的均分方式。在村里地势较低的地方也种有许多稻田，每户均可以分到5~6分地。在我们调查采访中有一位老大爷，他们家共五口人，分到一亩多稻田地以及一亩多的用于种树苗的自留地。据老大爷说，年成好的时候果树的收入可以达到24000左右，再加上贩卖自己种的蔬菜等4000元的收入，年收入可以达到3万元。

三、林改对永安林农的影响

（一）收入方面的影响

1. 永安市农民人均林业收入

从图1可以看出，1998年以来，永安市的人均林业收入有了缓慢的增长，尤其进入2003以后，增长的幅度明显加大。永安市林权改革从2003年开始试点实行，就在2003年，永安市人均林业收入从2002年的35.55元一下子蹿升到了2003年的277.72元，整整翻了七倍还多，突出显现的林权改革立竿见影的效果。而在2004年，永安市人均林业收入下降到了122.06元。经调查后发现，在2003年林权改革的时候，很大一部分原来的集体林地进行了统一的分配、处理，因此林农获得了一次性的较高的林业分红等的收入。而进入2004

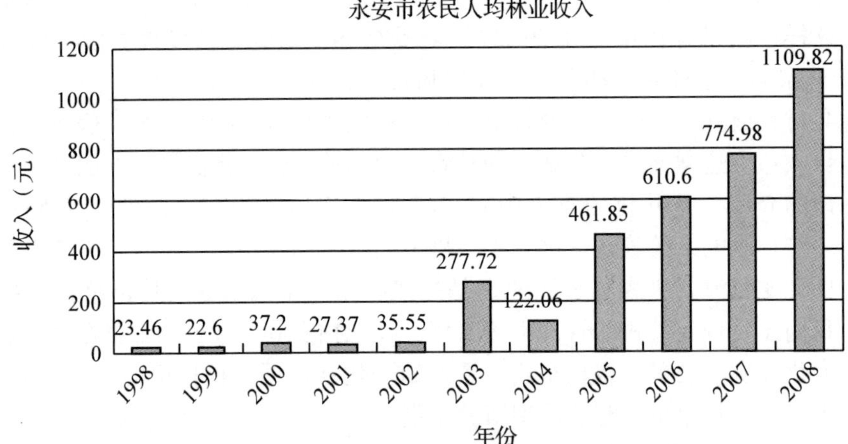

图1 1998~2008年永安市农民人均林业收入

年，林农开始将分到自己的土地自己经营，没有了2003年那么多的一次性收入，因此林业收入有所下降。但是从2004年开始，从上图可以明显地看出，林农的林业收入开始有了质的飞跃。1998~2003年五年时间里，永安市林农从林业方面获得的收入是相当微薄的。然而2003年实行林权改革之后，永安市农民的人均林业收入显著增加。2004年为122.06元，2005年将近是2004年的三倍，以后每年以高于百元的速度增长。由此可见，林权改革给永安市农民带来了实实在在的利益，使农民的收入有了显著的提高。

2. *林改前后永安市林农人均林业收入的对比分析*

在消除了永安市居民消费物价指数（以1998年为基准年）的影响之后，永安市林农人均林业收入状况如下：

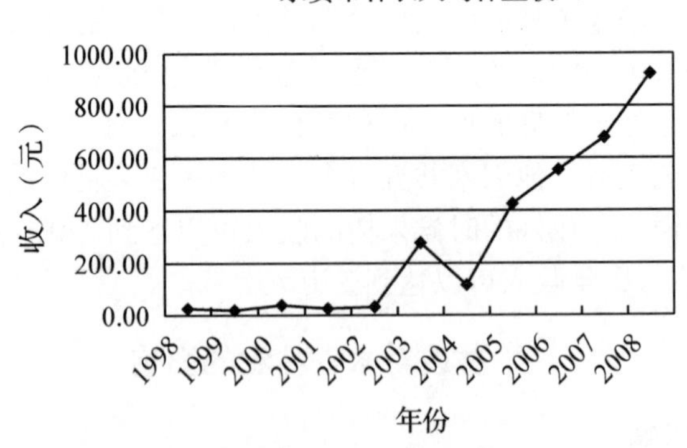

除去CPI影响后1998~2008年永安市林农人均林业收入

用非参符号检验的方法来检验林改前后，永安市农民人均林业收入是否相等。以2003年为界，林改前的人均林业收入大于林改后的为S^+，$S^+=0$；林改前的人均林业收入小于林改后的为S^-，$S^-=5$；$S^+S^-=n'=5$，$\frac{n'}{2}=2.5$。

应用公式 $Z = S^{+} - \frac{n'}{2} + \frac{C}{\sqrt{\frac{n'}{4}}} \rightarrow N\ (0,\ 1)$，得：

$$Z = \frac{0 - 2.5 - 0.5}{\sqrt{1.25}} = -2.683 < -Z_{0.05} = -1.95$$

由此可见，非参符号检验的结果说明应该拒绝原假设，即永安市农民人均林业收入在林改后显著高于林改前，既体贴林权制度改革在永安市给永安林农带来了实实在在的利益，取得了明显的效果。

3. 林农收入变化案例——以毛竹产业为例

以永安地区最多的毛竹生产来说。在林改之后毛竹的平均收益率有了很大程度上的提高，这也使得林农的收入在相应程度上有所提高。据一位洪田村的人介绍，一根毛竹以前只能卖到 5 元，而现在已经涨到了每根十三四元的价格，并且毛竹的产量也有一定的增加。林改之后，永安的林农们依靠毛竹这一原有的作物获益颇多。其原因据我们的调查主要有以下几点：

（1）林改之后，由于产权明晰，林农的积极性有很大程度的提高。一方面，许多荒山被利用起来；另一方面，林农会主动学习一些科学育竹的方法，而不再是任其生长。这样毛竹的产出率就大大地提高了。

（2）林改后，由于政府和林农两方面都更加重视，引进了一些高科技的生产技术，毛竹加工的技术也不断提高，单根毛竹的利用率也大大地提高，以前一根竹子只有到其最有韧性的部分，而现在却可以通过一些粉碎高压塑性的技术做成一些竹质板材。毛竹的利用率提高了，价格自然也就提高了。

（3）林改之后，兴起了许多竹业加工厂，使得毛竹的需求量直线上升，进一步地促进了毛竹价格的上涨，使得林农的收入增加。此外，兴起的加工厂也创造了更多的就业机会，这样拥有小片林地的林农便可以在打理自己的林木的同时，到工厂上班增加家庭的总体收入。并且老百姓在自己家门口上班，感觉就和城市一样。

（4）政府补贴，新建了许多的山林便道以及基础设施，方便了林农的生产和收获。永安市在林权改革各方面的综合影响下，该市林农的收入有所提高，并且生活得到了一定程度上的改善。

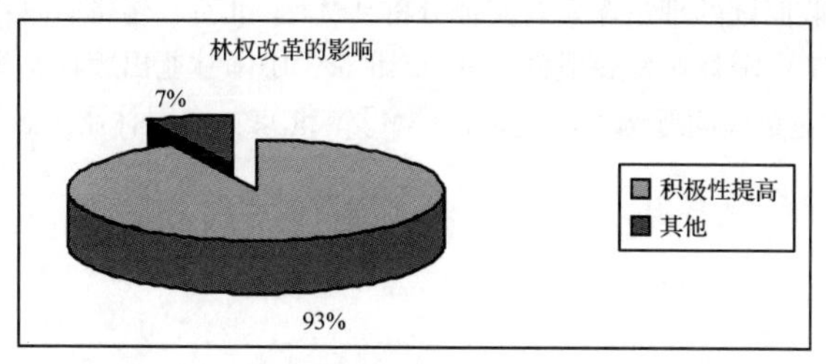

图 3　林权改革对林农生产积极性的影响

（二）生产积极性方面的影响

在回收的 147 份有效问卷中，关于对于林权改革的影响中，136 份都提到了对于林农积极性的影响，占到被调查总数的 92.51%。由此可见，林权改革明显提高了林农的生产积极性。在林权集体所有的时期，林农基本不关心山林地的生长状况，甚至滥砍乱伐的情况十分严重，出现了山林地没有得到有效利用，林农没有活干的矛盾情况。在林权改革实施之后，分山到户、分林到户，使得农民拥有自己的林地，林地上林木的生长状况直接关系到林农的切身利益，所以大多数林农都会积极地进行生产活动，也使得自己的林业收入有了一个显著的提升。

四、结论与建议

福建省永安市作为集体林权制度改革的试点，为集体林权制度改革的全面实施开拓了道路，指明了方向。由福建省永安市的集体林权改革可以看到，“分山到户，分林到户”的集体林权制度改革，给林农带来了切实的利益，有效地提高了林农的生产积极性和林业收入，很好地改善了林农的生活水平。林权证的发放，给林农吃了一颗定心丸，30～70 年的林地使用权，可以使林农放心大胆地去经营自己的土地，改善自己的生活，极大地提高了林农的生产积极性。同时，集体林权制度的改革，减少了荒山的数量，减少了资源的浪费，与我国可持续发展的战略相吻合。另外，也对林业产业链有一个升级，林权要素交易市场也发挥着越来越大的作用。

当然，集体林权制度改革还需要更进一步地发展和完善。林农缺少必要的文化知识和经营水平，因此在经营自己的林地的时候会遇到这样那样的问题，这就需要政府领导部门给予适当的指导和帮助。同时，对于整体环境的建设，相关部门可以予以适当地引导，对于需要推广的树种给予一定的补贴和帮助，鼓励林农种植。另外，集体林权制度改革势必会导致山林无法进行规模化经营的问题。那么，相关部门可以进行适当地指导和帮助，成立经营合作社或者以其他的形式，在保证“分林到户”的同时，实行林地的规模化经营，最大程度地提高生产力，提高林农的生活水平。相信随着社会的发展，改革的深入，集体林权制度改革一定会给林农带来巨大的改变，给我国林业的发展，作出巨大的贡献。

参考文献：

[1] 福建省永安市统计局．永安市统计年鉴［M］．福建省永安市统计局，2009

[2] 戴星翼，江兴禄．探路人的足迹——永安集体林权制度改革研究［M］．北京：中国林业出版社，2006

[3] 张晓山．农民增收问题的理论探索与实证分析［M］．北京：经济管理出版社，2007

[4] 国家林业局．2007 中国林业发展报告［M］．北京：中国林业出版社，2007

[5] 贾治邦．2007 林业重大问题调查研究报告［M］．北京：中国林业出版社，2008

试论集体林权改革与林业社会化服务体系建设

包庆丰　郑苗苗

（内蒙古农业大学经济管理学院，呼和浩特，010019）

摘要：林业社会化服务体系在巩固集体林权制度改革成果和发展现代林业过程中具有不可替代的作用。本文通过对林业社会化服务体系现状的调查，在对林业社会化服务体系存在的问题进行深入分析的基础上，研究林改后推进林业社会化服务体系建设问题，提出完善林业社会化服务体系的对策建议。

关键词：集体林权改革；林业社会化服务；服务体系

The discuss of the Reform of Collective Forest Tenure and the Forest Socialized Service System Construction

BAO Qing-feng，ZHENG Miao-miao

（College of Economics and Management，Inner Mongolia Agricultural University，Hohhot，010019）

Abstract：It is that the Forest Socialized Service System has play an irreplaceable role in consolidating the results of the Forest Socialized Service System and the process of development of modern forestry. The paper based on analysis of the problems of the Forest Socialized Service System，according to the investigate of the Forest Socialized Service System's status quo，to discuss and propose the countermeasures and suggestions of perfect the Forest Socialized Service System.

Key words：the Reform of Collective Forest Tenure；the Forest Socialized Service System；Service System

一、研究背景

2003 年 6 月，中共中央、国务院颁布了《关于加快林业发展的决定》，确定的林业发展的战略目标。2008 年 6 月，《中共中央 国务院关于全面推进集体林权制度改革的意见》指出，集体林权制度改革是稳定和完善农村基本经营制度的必然要求，是促进农民就业增收的战略举措，是建设生态文明的重要内容，是推进现代林业发展的强大动力。2009 年 6 月，中央林业工作会议对推进集体林权制度改革工作作出全面部署。林业改革与其他改革一样，都是解决效率及发展动力问题，集体林权制度改革是社会主义市场经济体制框架内的林业经

基金项目：

教育部人文社会科学研究一般项目“基于集体林权改革构建内蒙古林业社会化服务体系研究”（10YJA630002）阶段性成果。

作者简介：

第一作者：包庆丰（1965～），男，内蒙古科右中旗人，内蒙古农业大学经济管理学院教授、博士生导师，研究方向：林业资源与环境经济。

第二作者：郑苗苗（1988～），女，内蒙古通辽市人，内蒙古农业大学经济管理学院研究生，研究方向：林业经济管理。

营管理体制和运行机制的改革，改革的实施大大调动了林农和社会资本投资林业的积极性，在盘活山林资产的同时，逐步走向经营主体的多元化，是林业发展的重要驱动力。

在集体林权制度改革的过程中，林业的管理体制、模式、方式以及相关部门的职能作用都会随之发生重大变化。特别是林改后，林农成为市场的主体，成为独立的林业经济生产单元，因此林农的自主经营、自我发展、兴林致富的积极性被激发起来。然而面对众多的以家庭为基本单位的小规模林业生产的林农，面对林业管理体制和林业发展方式的变化，如果缺少配套的政策，那么改革的成果就得不到巩固，林业发展战略目标就很难实现。因此，在中央关于全面推进集体林权制度改革的意见指出，完善林木采伐管理机制，规范林地、林木流转，建立支持集体林业发展的公共财政制度，推进林业投融资改革，加强林业社会化服务。要扶持发展林业专业合作组织，培育一批辐射面广、带动力强的龙头企业，促进林业规模化、标准化、集约化经营。发展林业专业协会，充分发挥政策咨询、信息服务、科技推广、行业自律等作用。引导和规范森林资源资产评估、森林经营方案编制等中介服务健康发展。

面对纷繁复杂的市场，林农如何应对，怎样获取市场信息，诸如林木、林地怎样合法流转、种什么、怎么种、产品怎么销售、怎么经营才能提高森林质量与经济效益等，解决问题的途径就是建设全新的林业社会化服务体系。

二、林业社会化服务体系存在的主要问题

（一）林业服务供给主体的单一性

随着林改的深入，林农对林业服务的需求日益呈现出多样化的特点，包括资金需求、技术服务、信息服务、金融保险服务、法律服务等。但是，林业服务体系中供给主体却依然是以政府为主的单一供给，这种服务虽然是无偿服务，但机制不活、效率不高，远不能满足林农的需求。调研组在 2012 年 7 月采用问卷调查、个体访谈等方式，在内蒙古敖汉旗、开鲁县、科右中旗、五原县调查中发现，林农获得林业服务的途径主要是政府，占到 75. 84%（图 1），而且政府提供的服务主要包括种苗、森林防火、病虫害检疫等。林农通过中介机构获得的服务只占 6. 04%，通过其他途径的只占 4. 08%。林农获得信息服务的途径也比较单一，主要是乡、镇政府，占 85. 71%，新闻媒体占 31. 75%，而通过其他林业服务组织获得的信息只占到 4. 76%。

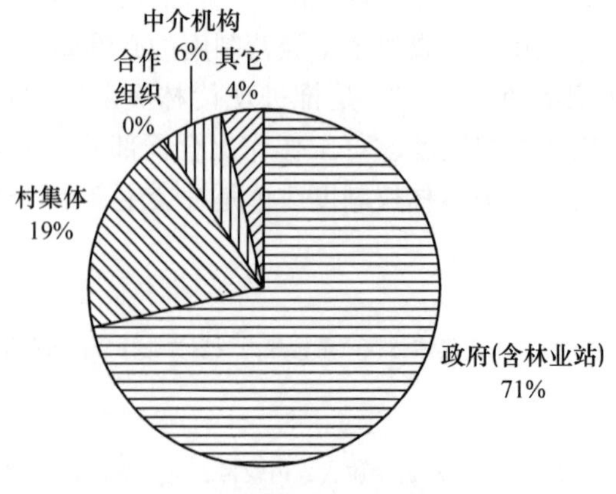

图 1　林业服务的主要提供者

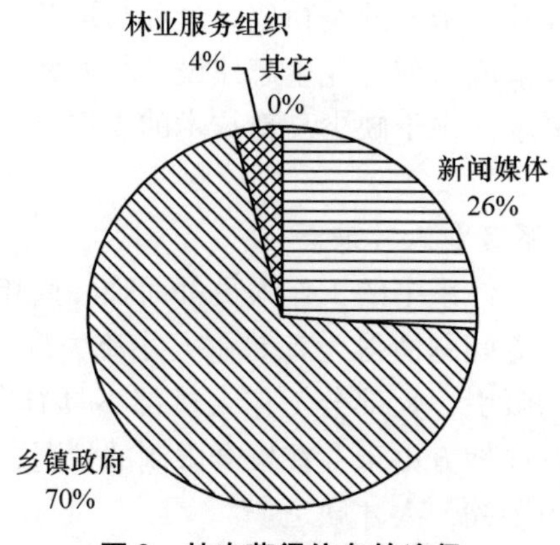

图 2　林农获得信息的途径

（二）林业服务体系的服务范围过小

从目前来看，以政府为主的单一供给主体，能够直接针对林农提供的林业社会化服务项目无论在类型上，还是在数量上都是非常有限的，而且服务范围很狭窄，远远不能满足集体林权制度改革后，林业产业及林农对林业服务多样化的需求。特别是有关林业专业合作组织、林业的金融保险、信息咨询、资产评估等方面的服务严重缺乏，这不仅限制了林业社会化服务体系本身的发展，而且有可能动摇林农刚刚建立起来的发展林业的积极性。

从表 1 可以看出，林农获得服务的种类中接受比例较高的有森林防火防盗占 87. 30%，森林病虫害防治占 84. 13%，政策法律信息占 49. 21%。而森林保险和森林资源评估服务却只占 6. 75% 和 12. 70%，远远低于其需求比例。

表 1　林农获得服务的情况

项目种类	林农需求满足程度	林农的实际需求比例
技术信息	47. 62%	88. 89%
价格信息	46. 03%	93. 65%
政策法律信息	49. 21%	96. 82%
介绍贷款渠道	47. 62%	87. 30%
提供信用担保	41. 27%	68. 26%
森林保险	6. 35%	76. 19%
森林资源评估	12. 70%	65. 08%
森林病虫害防治	84. 13%	96. 82%
森林防火防盗	87. 30%	92. 07%
技术指导与培训	47. 62%	96. 83%

（三）林业社会化服务体系建设资源短缺

目前，我国林业服务体系呈现资源短缺不足的现象，造成这种现象的原因由于政府资金投入不足造成的。由于政府投入的财政经费有限，并未对林业服务体系的推广提供固定的投资渠道，社会投资对于林业服务行业也没有产生很大的兴趣，使得林业服务体系各方面都未得到较好的完善。由于我国的林业社会化服务体系建设起步较晚，多数参与主体属于个体农户与小规模的企业，这些主体往往采取的是粗放式管理与运营方式，林业服务组织所提供的设备和技术支持已经远远不能适应目前林业生态建设和林业经营的发展要求，不能适应现代化、数字化、信息化的市场需求，由于缺少高新技术的支撑，在运营效率与管理模式上处于落后的状态。

（四）林业社会化服务体系专业人才缺乏

目前，我国林业社会化服务体系中的工作人员都面临一些相应的困难，林业服务属于基层服务，条件艰苦、待遇偏低等问题使得现有专业人才流失现象比较严重。由于条件艰苦，缺少对高学历，高素质人才的吸引，大部分工作人员都不具有专业的技术训练，年龄结构、知识结构都不合理。同时，有些地方由于存在资金限制的情况，忽视了对林业服务人员的选拔和培养，更使林业服务队伍萎缩，人才缺乏。

我们在敖汉旗等地对 51 名基层林业工作站职工进行调查中，本科学历的占 25.49%（表2）；大专学历的占 45.10%，目前还没有一名研究生。具有高级类职称的有 6 人，占 11.77%；中级类职称的有 18 人，占 35.29%；初级类职称的有 12 人，占 23.53%（表3）。

表2 基层林业工作站职工学历情况调查统计

学历	人数	比例
研究生	0	0
本科	13	25.49%
大专	23	45.10%
高中	11	21.57%

表3 基层林业工作站职工专业职称情况统计

职称水平	人数	比例
高级类职称	6	11.77%
初中类职称	18	35.29%
初级类职称	12	23.53%

（五）林业服务体系建设的宣传力度不够

林业服务体系服务的主要对象是林农，然而在寻求林业社会化服务建设的过程中，却缺乏对林农关于林业服务体系认识的引导，从而导致林农对林业服务体系认识的不足。不仅如此，就连某些林业工作人员对林业社会化服务体系的具体内涵也不甚了解，可见，开展具体的林业社会化服务体系构建工作的难度确实不小。

（六）林农的专业素质有待提高

在农村，由于种地收入远远低于外出打工收入的原因，大量有文化素质的青壮年选择外出务工，这样就造成留在农村从事农业和林业生产的多是一些妇女、老人、小孩，这部分人中以初中文化、小学文化为多数，这样就导致整体上从事林业生产的主体思想保守。而且现在农民家庭拥有科技书报的占极少数，虽说村镇每年也都会组织技术培训，但也大多流于形式，真正能发挥作用的比例还是很小的。这就使得技术推广慢，市场信息接收迟钝，阻碍了林业的发展。更为严重的是，林农对市场意识淡薄，林农的文化素质，科技素质偏低，对技术、市场、信息的反应不敏感，虽然大多数林农非常渴望掌握先进的技术，但是林业科技人员的短缺导致这种恶性循环，林农作为市场的主体却很难实现其主动地位。

三、完善林业社会化服务体系的建议与思考

（一）积极动员社会力量搭建林业社会化服务体系平台

随着集体林权改革的深入，林业将面临着前所未有的发展机遇，若单单靠政府部门去搞林业，发展林业，是不可行的也是不现实的，毕竟政府的精力也是有限的。因此，就需要全社会办林业。要积极创造良好的政策环境，鼓励社会力量进入到林业社会化服务体系的构建当中。应该积极引进林业服务企业、林业服务中介机构如林业产权交易中心，森林资产评估机构等，在森林经营管理、林业生产、发展林业产业等诸多方面发挥巨大的作用。这些组织和机构也可以帮助和引导林农进行林业生产，提供林产品的产、供、销等一条龙服务，使广大林农从中受益，实现林业发展，农民增收。同时，林农要组建各种林业合作组织，逐渐成立以林农为主体的家庭合作林场，林业专业合作社和林业产业协会等林业合作组织，巩固和强化林农的市场主体地位。

（二）扩大林业社会化服务的服务内容

由于林木生长周期长，林农对关于林木生产的服务需求并不突出，目前的林农需求主要是森林防火、防盗和病虫害防治等，而这些仅仅是很小的一部分。据调查，林改之后，林农拥有了产权和自主经营权，因此，也相应地有了很多保护森林资源、发展经济的诉求。如发展林下经济问题等，因此，应该增加林业社会化服务的内容。在调查中发现，林农林业生产经营的资金投入大多是自己家的存款（表4），所以，有87.30%林户迫切需要解决林业资金问题（表5）。

表4　林农投入林业生产经营的资金来源

	自己的积蓄	贷款	向亲戚朋友借
户数	58	7	10
比例	92.06%	11.11%	15.87%

表5　林农需解决的问题的迫切程度

	资金	技术	市场信息	中介服务	劳动	其他
户数	55	51	28	24	13	3
比例	87.30%	80.95%	44.44%	38.10%	20.64%	4.76%

因此，我们应配套相应的政策，积极推进林权抵押贷款服务，向林农提供无息或低息贷款，或者一些政策的补贴。有些林农并不知道如何贷款、怎么贷款、向谁贷款时，林业社会化服务组织就可以发挥作用了。同时，还应增加更多的服务内容，比如森林保险服务，这样在遭受损失的时候，就避免林农自己或政府为此买单；还有市场信息服务，价格服务等，帮助林农更好更快的了解市场行情，提供自身竞争力。

（三）加大对林业社会化服务体系的资金投入和扶持

首先，政府部门要对林业社会化服务体系给予资金支持，可以通过确立林业投入体制，确保中央和地方一定比例的财政收入投入到林业上来，加大对林业固定资产的投入。其次，要加大对科技的投入，中央和地方可以设定转向资金，提高林业科技成果的利用率，保障林业科技成果的推广和普及。再次，政府还可以提供一些优惠政策鼓励和支持一些经济主体组建林业公

司等，由它们来完善林业社会化服务，提升林业的科技含量，提高林业的生产力水平。

（四）进一步提高林业服务人员的素质

林业社会化服务，离不开专门的专业服务人员，因此，稳定和扩大林业社会化服务的专业队伍是强化林业社会化服务功能的一项重要内容。在促进城乡一体化建设中，要改善基层条件，改革经营体制和管理体制，有效吸引高技能、高素质人才，强化服务队伍建设，提高服务能力。同时，要加强林业社会化服务人员的业务能力培训和职业道德教育，提高林业社会化服务人员的服务技能，增强他们为林业提供社会化服务的事业心和责任感。

（五）加强宣传，提高认识

进一步强化林业社会化服务体系在林业发展中地位，使各级政府部门及主管部门都来重视其发展。在集体林权改革重点实施的地区，应该设立专门机构，统筹规划，纳入到地区林业发展目标中。可以组织宣传组进林户家中进行宣传或发放宣传资料，也可以通过广播、电视、报纸等媒体宣传林业致富、林业技术、林业生产等方面的内容，使广大林农更加了解林业社会化服务的内容。

（六）提高林农的综合素质

在林业社会化服务体系构建中，必须加强林农的教育培训，提高其专业技能，学会自主经营和分析市场信息等。要根据当地的林农具体情况，确定培训内容及期限，培训时间应选择在林农农闲时，以使更多的林农得到培训和提高。有条件的村还可设立专门的图书室，购买有关林业生产技术的专业书籍供村民学习交流。

集体林权改革给林业带来了极大的改变和机遇，使得我们应更加注重林业社会化服务体系的建设，改革现有的服务体系，建设适应农民需求、适应市场经济发展、适合现代林业发展的新的服务体系，实现农民增收，林业增资源的目标。

参考文献：

［1］乔永平，聂影．新型林业社会化服务体系的构建——以福建省邵武市林业服务中心为例［J］．林业经济，2010（5）：25

［2］回良玉．推进集体林权制度改革确保农民得实惠生态受保护［J］．林业经济，2006（10）；3～6

［3］吕杰，冉陆荣．辽宁省集体林权改革与林业社会化服务体系调查报告［J］．林业经济问题，2008（28）：131

［4］金毅．在林业社会化服务体系中加强和改善乡镇林业工作站建设［J］．科技资讯，2009（5）：253

［5］蔡志坚，丁胜，谢煜，宓燕，刘俊．农民对林业社会化服务的需求及对主要供给主体的认知——以林改后的福建省为例［J］．林业经济问题．2007（6）：494

［6］李国栋，孙万里，丛春波．加强林业社会化服务体系建设巩固集体林权制度改革成果［J］．中小企业管理与科技，2009（6）：281

广西集体林权制度改革执行效果的实证分析

覃凡丁[1]　奉钦亮[1]　陈建成[2]

（1 桂林师范高等专科学校，桂林，541001；

2 北京林业大学经济管理学院，北京，100083）

摘要：本论文从林权改革知情度、林改信息来源渠道、林改政策了解情况、林改赞成度、林改各阶段工作满意度等五个层面，通过实地调研，从定性和定量两个方面反映了广西集体林权制度改革执行效果。结果表明，林权改革知情度、林改信息来源渠道、林改政策了解情况、林改赞成度对广西集体林权制度改革执行的效果具有显著性影响。

关键词：广西集体林权制度改革；执行效果；实证分析

The Empirical Research On Implementation Effect by Guangxi Reform of Collective Forest Right System

QIN fan-ding[1]　FENG qin-liang[1] CHEN jian-cheng[2]

（1. Guilin normal college，Guilin，541001

2. School of Economics and Management，Beijing Forestry University，Beijing，100083）

Abstract：Based on reform of forest property right ，information sources of collective forest right system，understanding degree of the collective forest right system policy，support degree of collective forest right system，work satisfaction of collective forest right system in all phases，through field researched，it elaborated reform implementation effect of Guangxi collective forest right system from qualitative research and quantitative research. the result showed that，it has significant effects in reform implementation of Guangxi collective forest right system by reform of forest property right ，information sources of collective forest right system，understanding degree of the collective forest right system policy，support degree of collective forest right system，work satisfaction of collective forest right system in all phases.

Key word：reform of collective forest right system；implementation effect；Empirical Research

一、广西集体林权制度改革现状

为了提高农户的林业劳动积极性，广西于 2007 年在钦州市钦北区和南宁市武鸣县开始广西集体林权制度改革的试点。2009 年初，14 个地级市全面启动广西集体林权制度改革。

基金项目：广西社科规划课题项目（编号：11CJY028）和广西教育厅科研课题（项目编号：201106LX697）。

作者简介：

第一作者：覃凡丁（1983～），女，广西贺州人，硕士，桂林师范高等专科学校教师，研究方向：林业资源管理。

通讯作者：奉钦亮（1976～），男，广西富川人，博士，桂林师范高等专科学校副教授，林业经济研究所副所长，研究方向：林业经济。

第三作者：陈建成（1963～），男，山西芮城人，博士，北京林业大学经济管理学院教授，博士生导师，院长，研究方向：林业经济、林业统计、农业经济、行政管理。

钦州、北海、防城港及全区27个试点县全面铺开，其余的每县有重点选择1个至2个试点乡镇实施集体林权制度改革。到2010年年底，广西集体林权制度改革主体改革任务已基本完成，完成累计勘界20097.8万亩，占总任务的100%；累计核发林权证18088万亩，占总任务的90%以上。同时，针对主体改革中存在的质量问题，督促各地进行全面自查，找出问题并整改。还将对全区108个林改县（市、区）进行检查验收。在集体林权制度改革过程中，隐性的、陈年的以及现存的林业纠纷不断涌现，加大了集体林权制度改革的难度。为了全面提高山林纠纷调结率，广西林业落实领导责任制，健全调处机构，充实调处人员，加大调处力度，提高调处成效。此外，为了全面了解山林纠纷现状和调处情况，开发全区联网的山林纠纷调处信息系统，建立动态山林纠纷电子档案，同时全程跟踪督办的重大山林纠纷和历史遗留问题。建立健全跨省山林权属纠纷协同调处机制，同时推进跨市纠纷在自治区层面调处，跨县纠纷在市级层面调处，促进主体改革全面推进[1]。

二、样本选择及抽样方法

集体林权制度改革对广西林业发展的影响是广泛，需要收集到广泛的样本以研究集体林权制度改革对广西林业发展的不同影响结果。在确定调查的样本县，根据该县区域内所有乡的资源状况分类随机抽取1个乡作为样本乡。之后在每个乡所有村里采用无关标志等距随机抽样的方法抽取1个村作为最终的调查样本村。由此形成了桂林、柳州、南宁、北海、钦州、河池、玉林、贵港、贺州、梧州、崇左等10多个县（市），20多个乡（镇），60个村（屯）的220户林农，有效问卷为211份，问卷有效率为95.91%。

三、集体林权制度改革执行的定性分析

（一）集体林权制度改革的信息来源渠道

“八山一水一分田”的广西地貌特征决定了广西大部分林农的生活靠山吃山、依山而活。作为一项制度变革，集体林权制度改革牵动着广西林区的千家万户。对于新制度和新变革，很多林农都迫切了解这项制度变革给林农带来的好处与损失。电视、报纸、地方政府宣传、开会传达、口口相传等等渠道都成为广西林区林农了解集体林权制度改革的有效途径。由于多数林农地处偏僻山区，通过报纸杂志途径获取改革信息的难度较大，故而只有8.74%的林农是通过报纸途径了解集体林权制度改革内涵；电视已经走进了广西集体林区的千家万户，通过电视了解集体林权制度改革的林农占32.89%；五级书记抓林改的政策执行

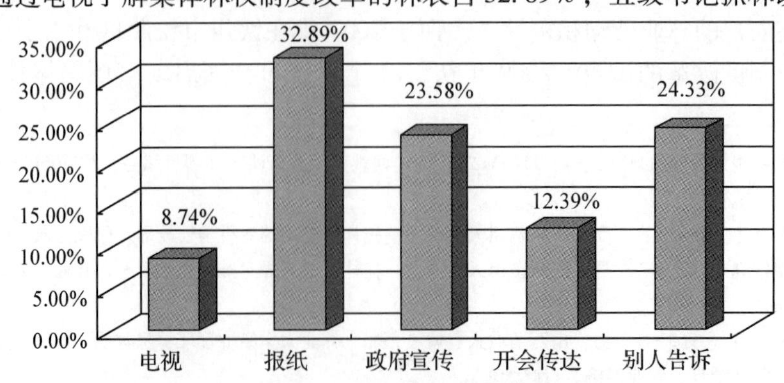

图1 集体林权制度改革的信息来源渠道

力增强了对集体林权制度改革的宣传力度，据调查资料显示，23.58%的林农参与了广西集体林权制度改革的相关宣传活动；另有12.39%的林农通过会议传达等方式了解了广西集体林权制度改革；由于所处环境的地理位置、文化水平、信息闭塞等等多种因素影响，仍然有24.33%的林农通过亲朋好友、远亲近邻以及路人等告诉他们集体林权制度改革的信息。

（二）集体林权制度改革的林农知情度

作为一项制度变革，它会牵涉到许许多多老百姓的切身利益。社会制度变革的最终效果是为了改善和提高人民生活水平，这需要通过部分人民实践并检验，从而得到变革的正确性才能进行广泛推进。执行社会制度变革需要广大人民熟知并理解这项制度变革。古人云：好的开始等于成功的一半，集体林权制度改革成功与否和林农对集体林权改革知情度具有极大的相关性。通过对广西集体林权制度改革调研资料分析表明，33.14%的被调查者知道集体林权制度改革，而48.84%的林农只是听说过这一社会制度变革，不知道集体林权制度改革的林农数量达到18.02%（图2）。分析结果表明，广西集体林权制度改革的宣传效果一般，在继续推进广西集体林权制度改革过程中，各级政府和林业主管部分需要考虑改变宣传政策和方式，最大限度地将集体林权制度改革这一制度变革能为林农带来的切身效益传递到广西林区的千家万户，用以提升广西集体林权制度改革的效率和效果。

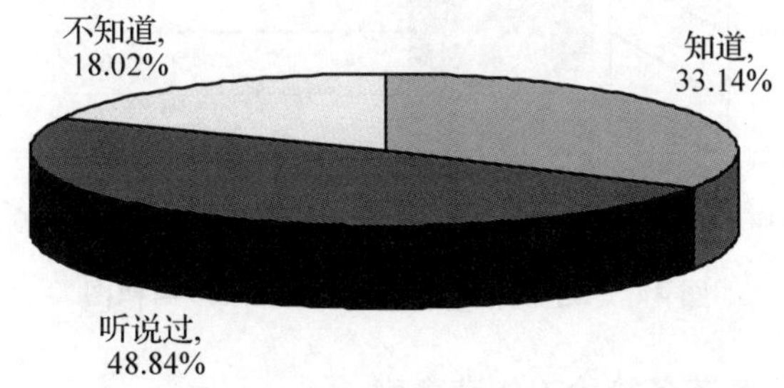

图2 广西集体林权制度改革林农知情程度

（三）林农对集体林权制度改革的了解程度

对新政策的了解程度高低影响着该政策在执行过程中的顺利程度，一般情况下，人们对政策了解越透彻，在执行过程中遇到的阻力会相对小一些，而如果人们对政策不了解或者一直不解，在执行过程中会很容易出现理解偏差，从而增加执行的难度。从调研得到的数据来看，广西集体林区林农对集体林权制度改革完全了解的只占8.74%；对集体林权制度改革基本了解的林农占了27.32%；部分了解的林农占的比重比较大，达到了39.89%；还有24.05%的林农不了解广西集体林权制度改革（图3）。通过数据分析，广西集体林区林农对

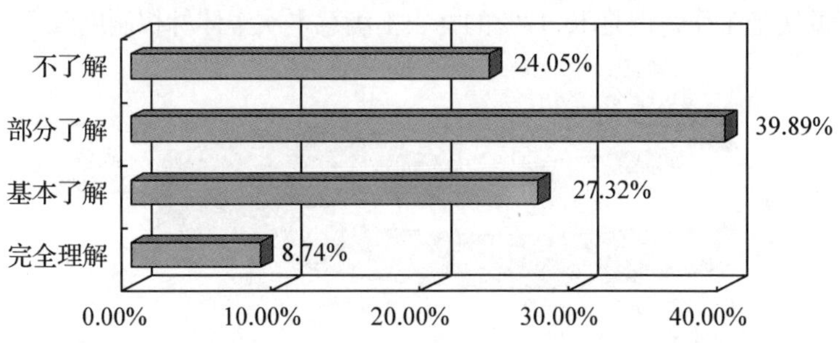

图3 集体林权制度改革了解程度结构图

集体林权制度改革的了解程度不高的原因，除了政府及林业主管部门的执行力度以及广西集体林权制度改革进展过于迅速外，更重要的原因在于由于林区的文化素质水平亟待不断提高而影响了对新政策的理解。

（四）林农对广西集体林权制度改革赞成度

自2007年以来，广西开展集体林权制度改革已近五年，这一制度变革已经让广西集体林区发生了很多变化，众多林农已经认识了林权，并从集体林权中获得了效益。通过调研数据得知，82.24%的林农赞成或支持广西集体林权制度改革，但仍有16.76%的林农不赞成或者反对这一制度变革（图4）。通过调研继续发现，之所以不赞成集体林权制度改革，众多原因在于其所属林地的权属发生变化。首先，在此次改革中，一部分林农的林地林地面积比原来缩小；其次，少数林农由于所获得的林地较上一次改革所得林地肥沃程度以及远近程度有所改变，间接影响了林地生产水平；第三，由于还有少部分林农对集体林权制度改革政策不了解，思想不坚定，在受到不良信息影响以后，产生了抵触广西集体林权制度改革的逆反情绪。

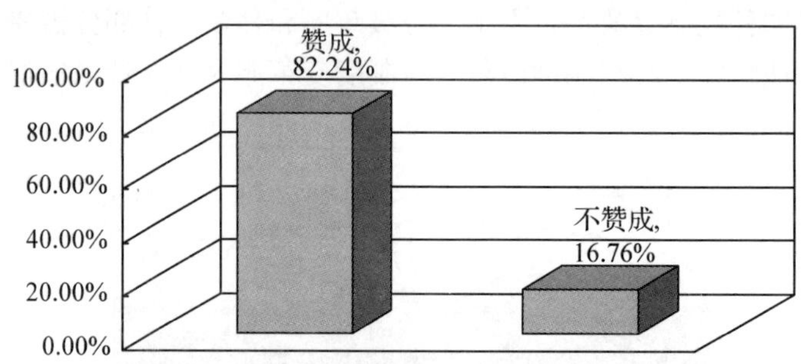

图4　广西集体林权制度改革赞成度结构图

（五）集体林权制度改革各阶段工作满意度

广西集体林权制度改革经过宣传发动、制订方案、参与决策、参与会议、投票表决、现场勘界、登记备案、确权发证、建立档案、检查验收等阶段以及改革林木采伐管理、推进林权抵押贷款和政策性森林保险等配套改革过程。大部分林农均参与了其中的多数阶段，为了各自的利益，林农曾经发生很多山林纠纷，很多纠纷的产生是历史遗留问题，有些是集体林权制度改革过程中遇到的新问题。通过各级政府及相关林业主管部门努力调解，大部分问题已经得到妥善解决，但是还有少部分问题仍在协调过程中。通过集体林权制度改革调研得知，集体林权制度改革各阶段工作得到了广西集体林区林农的肯定，10.22%的林农非常满意林改各阶段的实施工作，达到满意程度的林农占了22.58%，51.08%的林农基本满意广西集体林权制度改革各个阶段的实施工作，但是16.12%的林农不满意本次集体林权制度改革（图5）。

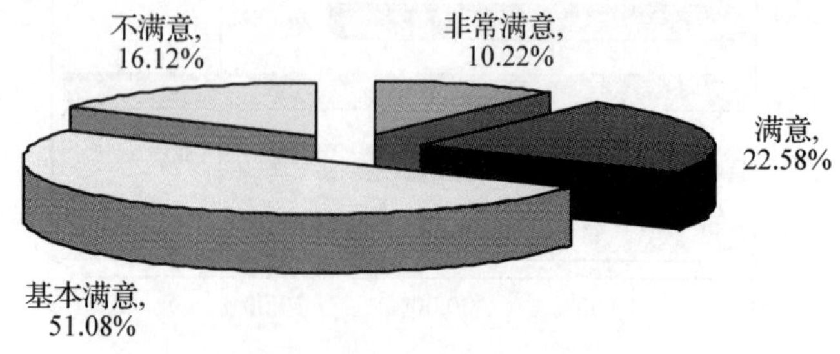

图5　集体林权制度改革各阶段工作满意度结构图

（六）集体林权制度改革林农获益效果认知

制度变革成功与否关键是否能使百姓获益。实施以明晰产权为主要内容的广西集体林权制度改革已经近 5 年，是否能从林改中获取利益成为林农支持集体林权制度改革以及相关配套改革的关键。从调查数据看出，42.93% 的林农认为他们从广西集体林权制度改革中获取了利益，39.67% 的林农仍然处在观望之中，12.50% 的林农认为集体林权制度改革没有给他们生活带来益处，4.90% 的林农认为集体林权制度改革损害了他们的利益，不支持这项制度变革（图 6）。

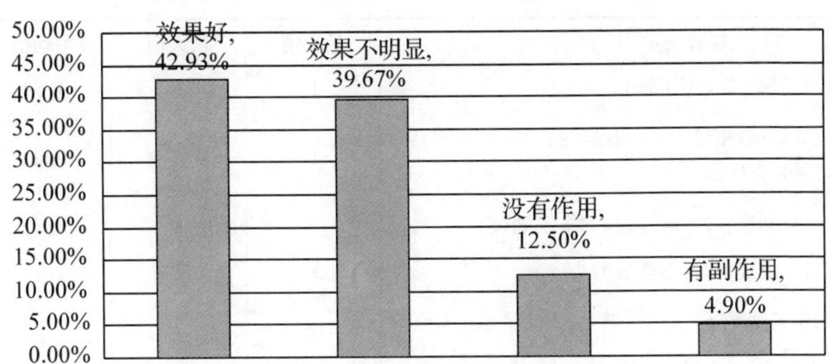

图 6　集体林权制度改革林农获益效果

四、集体林权制度改革执行的定量分析

以上内容从定性的角度分析了广西集体林权制度改革执行效果，如果林农从集体林权制度改革中取得收益较多，应该会从主观上判断林改给其带来较为理想的效果。但是，定性分析往往带有较强的个人色彩，为了避免主观判断偏离集体林权制度改革执行的客观实际，需要从定量的角度加以分析。反映集体林权制度改革执行效果的变量由林权改革知情度、林权改革赞成度、林权改革各阶段工作满意度组成。

（一）分析方法选择

由于研究中因变量是分类的变量，而且是二分类的变量，因此适宜采用 Logistic 回归分析建立回归模型。依据 Logistic 的基本回归模型，本文可以建立如下模型：[2]

$$\ln \frac{p_i}{1 - p_i} = \alpha + \sum_{i=1}^{n} \beta_i x_i + \varepsilon \tag{1}$$

其中，p_i 表示获益的概率，x_i 表示林权改革知情度、林改信息来源渠道、林改政策了解情况、林改赞成度、林改各阶段工作满意度等变量，β_i 表示林改知情度、林改信息来源渠道、林改政策了解情况、林改赞成度、林改各阶段工作满意度等变量的估计系数；α 表示常量；ε 表示随机误差项。

（二）集体林权制度改革执行的定量分析

结合调研数据，采用 spss13.0 软件进行二分类 Logistic 回归，依据模型拟合优度检验指标，回归分析结果表明，回归结果具有可行性和显著性的是产权的稳定性、产权是否能抵押、是否家庭经营、林地面积、林地是否能灌溉、户主受教育年限、能否在一周内借到伍佰元等变量。

1. 集体林权制度改革执行的描述性统计分析

本研究采用 spss13.0 软件，运用描述性统计分析法，将林权改革知情度、林改信息来源渠道、林改政策了解情况、林改赞成度、林改各阶段工作满意度等变量数据进行分析结果表明，林改政策了解、林改信息来源渠道、林权改革知情度、林权改革赞成度、林权改革各阶段工作满意度等变量的标准差均小于 1，说明各观测值变异小，则平均数对样本的代表性强（表 1）。

表 1　集体林权制度改革对林农获益影响的描述性统计

被解释变量	最小值	最大值	平均值	标准差
林改政策了解（1 = 了解；2 = 不了解）	1	2	1.59	0.063
林改信息来源渠道（1 = 看报纸 ；2 = 看电视；3 = 政府宣传；4 = 别人告诉我；5 = 开会传达	1	5	2.82	0.8213
林权改革知情度（1 = 知道；2 = 听说过；3 = 不知道）	1	3	1.82	0.0948
林权改革赞成度（1 = 赞成；2 = 不赞成）	1	2	1.25	0.0668
林权改革各阶段工作满意度（1 = 非常满意；2 = 满意；3 = 基本满意；4 = 不满意）	1	4	2.67	0.8176

2. 集体林权制度改革执行的 Logistic 回归分析

本研究采用 spss13.0 软件进行二分类 Logistic 回归，将林改政策了解、林改信息来源渠道、林权改革知情度、林权改革赞成度、林权改革各阶段工作满意度等变量等变量数据进行回归分析。计量检验结果见表 2。

表 2　集体林权制度改革执行效果的 Logistic 分析

变量	S. E.	Wald	df	Sig.
林权改革知情度	2.2864	4.4041	1	0.0359
林改信息来源渠道	0.9757	3.6273	1	0.0568
林改政策了解情况	2.1576	3.5855	1	0.0583
林改赞成度	2.0913	3.0634	1	0.0801
林改各阶段工作满意度	1.4498	0.4488	1	0.0529

根据上述模型的结果和检验，可以得出以下结论：①林权改革知情度、林改信息来源渠道、林改政策了解情况、林改赞成度对广西集体林权制度改革执行的效果具有显著性影响。②将显著性变量与自变量的关系解释后，得出的结论是：对于集体林权制度改革关注度越高、对林改政策了解政策越深，其对林改政策的效果评价越高，从林改中的效果越好。③自变量对被解释变量的影响程度不同；其中，林改政策的了解程度的影响概率在 95%，林权改革知情度、林改信息来源渠道、林改政策了解情况、林改赞成度的影响概率在 90%。

五、结论与讨论

公共政策环境是影响公共政策的所有外部因素的总和，对公共政策起着决定性作用。[3] 我国集体林权制度改革是国家公共政策的执行内容之一，集体林权制度改革政策出台的目的都是想要通过这一政策的执行，重新确定集体林地的生产关系，充分调动农民经营林业的积极性，进一步解放和发展林业生产力。通过对广西集体林权制度改革执行情况的分析评价，可以得出以下结论：广西集体林权制度改革需要政府引导，但更需要尊重老百姓的真实意愿。通过分析发现，集体林权制度改革给当地的居民带来了实惠，改善了农户的收入水平，农户积极参与集体林权制度改革，自觉熟悉林权改革模式的操作流程，在林业主管部门的技术指导下，随着速生桉生产技术水平不断提高，居民采育林木的积极性更高。但是，在对于农户对林地经营管理的意愿来看，似乎很多农户不习惯取联户经营或村集体共管，因此，林权改革之后，林业部门及其主管部门必须转换角色，逐步重视对集体林权制度改革的服务角色，以便于促进农户对林产资源经营积极性的提高。

参考文献：

［1］彭斌.2011年全区林改将开展“三个年”活动［J］. 广西林业，2011（2）：26.

［2］骆耀峰. 解构·行动·获益——集体林权制度改革基层实践逻辑研究［D］. 北京：北京林业大学，2011.

［3］贺东航，孔凡斌. 公共政策执行的中国经验［J］. 中国社会科学，2011（5）：61～79.

林业生态安全评价体系构建初探

——以广西为例

奉钦亮[1]　覃凡丁[1]　陈建成[2]

（1 桂林师范高等专科学校，桂林，541001；

2 北京林业大学经济管理学院，北京，100083）

摘要：本论文从林业基础资源、林业生态工程建设、林业资源发展潜力、林业生态投资、森林主要灾害等五个层面设置林业生态安全评价指标体系，从妥善解决国家重点公益林补偿、注重“兼用林”的建设与管理、科学处理公益林的采伐管理、完善对灌木林的管理、大力发展公益游憩林、建立森林可持续经营评价体系等方面提出了对林业生态安全进行评价时的影响。

关键词：林业生态安全；评价体系；构建

Research On Construction of Forestry Ecological Security Evaluation System：Take Guangxi as an Example

FENG qin-liang[1]　QIN fan-ding[1] CHEN jian-cheng[2]

（1. Guilin normal college，Guilin，541001

2. School of Economics and Management，Beijing Forestry University，Beijing，100083）

Abstract：Based on researched Forestry Ecological Security，It aided setted up forestry ecological security evaluation index system form the reform of collective forest right system from foundation of forestry resources，the construction of forestry ecological engineering of forestry resources，development potential，ecological forestry investment，forest disaster，from properly resolve the national emphasis commonweal forest compensation，payed attention to “a variety of uses forest ” construction and management，the scientific processing of commonweal forest harvesting management，improved the management of Bush，vigorously developed public recreational forest，constructed forest sustainable management evaluation system，it had putted forward to forestry ecological security evaluation of effects.

Key word：forestry ecological security；evaluation system；construction

正确评价林业生态安全将为生态环境和建设提供重要的依据，[1]但如何设置林业生态安全评价指标、如何选择科学的评价方法、如何评价林业生态安全的程度成为现阶段研究林业生态安全的重要课题，也是研究集体林权制度改革对林业生态安全影响的主要课题。

基金项目：

广西社科规划课题项目（11CJY028）和广西教育厅科研课题（201106LX697）。

作者简介：

第一作者：奉钦亮（1976～），男，广西富川人，博士，桂林师范高等专科学校副教授，林业经济研究所副所长，研究方向：林业经济。

通讯作者：覃凡丁（1983～），女，广西贺州人，硕士，桂林师范高等专科学校教师，研究方向：林业资源管理。

第三作者：陈建成（1963～），男，山西芮城人，博士，北京林业大学经济管理学院教授，博士生导师，院长，研究方向：林业经济、林业统计、农业经济、行政管理。

一、林业生态安全评价理论基础

林业生态安全是完整性的生态系统，生态安全理论基础涉及景观生态学、干扰生态学、保护生物学、恢复生态学、生态经济学、生态伦理学和复合生态系统理论等多个学科，[2]内容丰富且非常复杂，许多专家和学者运用可持续发展理论、生态承载力理论、生态服务功能论、时空论和系统工程论作为区域生态安全评价的理论基础。[3]还有学者试图运用其他的方法对林业生态安全进行评价，魏彬采用 P-S-R 模型，通过设置压力（台风威胁指数、干旱指数、森林受灾指数、社会压力人口密度、人口自然增长率、旅游人数、旅游开发面积、经济压力 GDP 、人均 GDP ）状态（状态林业资源森林覆盖率、林地利用水平、单位面积森林蓄积量、生态公益林比例指数、水土资源林地面积比例、水资源潜力指数、水土流失率、经济状态第三产业比例）和相应（响应林业投资额、人工造林面积、幼林抚育、封山育林面积、水土流失治理率）等三个层面设置了 22 个指标，运用主成分 - 模糊综合评价法等多种方法对林业生态安全进行了客观评价。而房用等[4]学者运用综合指数法和层次分析法（AHP 法）对山东省的林业生态安全进行了评价；还有的学者运用物元模型法、模拟神经网络法等方法评价了林业生态安全。这些方法的使用或有优缺点，但是，以上的学者的研究成果为研究和评价广西林业生态安全提供了理论基础。

二、林业生态安全评价指标体系设计应遵循的原则

林业生态安全评价是一个复杂的系统工程。因此，客观、科学的评价集体林权制度改革对广西林业生态安全产生的影响，必须要建立一套科学、合理的评价指标体系和系统评价方法，将会保证林业生态安全评价的有效性。近年来，尽管国内学术界对生态安全评价的指标体系进行了积极的探讨，不同研究由于其对生态安全的不同理解与研究的角度不同，选择了不同的评价指标体系，内容相差极大。但是，迄今为止，生态安全评价指标体系域方法研究仍是一个薄弱领域，需要做进一步深入研究，林业生态安全的研究更是如此，为了尽量避免过多的主观成分的作用，在确定林业生态安全评价指标体系时应遵循如下原则：

（1）系统性原则。系统性包括指标体系的完整性和结构的层次性。一方面要求体系能够系统地反映广西林业生态安全发展的综合水平；另一方面要求评价体系构成一个目标明确、层次分明、相互衔接的有机整体，体现林业生态安全评价的系统性。

（2）对象客观性原则。林业生态安全是林业发展综合实力的体现，又是反应林业生态环境变化的重要内容，它有自己的本质和外在表现。因此，对林业生态安全的评价指标的选择必须要分析它的本质和外在表现，用以体现林业林业生态安全评价的客观性。

（3）科学性与可行性原则。指标体系必须要建立在科学的基础上，指标名称规范、含义明确，尽可能选用经济、社会、生态等方面的国家或行业的评价、统计指标。林业生安全评价指标体系的数据必须有现实的、可达到的收集渠道，确保评价结果准确合理。

（4）重点和准确相结合原则。在构建林业生态安全评价指标时，林业生态安全评价指标的选择与设置必须抓住林业生态安全的本质特征以及林业生态的经济支持、林业生态可持续和林业生态安全威胁以及反映林业生态安全发展潜力，突出反映林业生态安全现状的主要指标，尽可能用少缺乏准确度的指标去评价林业生态安全。

三、林业生态安全评价指标体系构建

李双作等[5]认为林业生态安全体系建设是生态安全的主体构成和基础，只有建设好林业生态体系，环境体系才能在良好的状态下运行。在借鉴前人研究的基础上，本研究试图从林业基础资源、林业生态工程建设、林业资源发展潜力、林业生态投资、森林主要灾害等五个准则层设置林业生安全评价指标体系，用以客观、科学的评价林业生态安全产生的影响程度。具体见表1。

表1 林业生态安全评价指标体系

O层（总体层）	C层（准则层）	A层（方案层）
林业生态安全评价体系	1. 林业基础资源	林业用地面积
		森林面积
		人工林面积
		森林覆盖率
		活立木蓄积量
		森林蓄积量
	2. 林业生态工程建设	湿地资源面积
		自然保护区面积
		珠防工程面积
		海防工程面积
	3. 林业资源发展潜力	无林地和疏林地封育
		封山育林面积
		生态林面积
	4. 林业生态投资	地区林业固定资产投资
		地区林业营林固定资产投资
		林业专业技术人员
	5. 森林主要灾害	火灾受害森林面积
		虫灾受害森林面积
		病害受害森林面积

在评价林业生态安全程度时，本文采用了二十个影响因子，构成了比较严谨的、科学的、系统指标体系，在评价指标体系中，每一个影响因子涵盖的内容是不一样的，其在林业生态安全中产生的作用也是有差别的。

（1）林业用地面积。是指生长乔木、竹类、灌木、沿海红树林等林木的土地面积，包括有林地、灌木林、疏林地、未成林造林地、迹地、苗圃等。此指标反映林业用地面积越宽，林业生态安全的发展潜力就越大。

（2）森林面积。是指由乔木树种构成，郁闭度 0.2 以上（含 0.2）的林地或冠幅宽度 10 米以上的林带的面积，即有林地面积。森林面积包括天然起源和人工起源的针叶林面积、阔叶林面积、针阔混交林面积和竹林面积，不包括灌木林地面积和疏林地面积。森林是野生动植物的庇护所，也是防止水土流失的重要屏障，因此，森林面积越宽，对野生动植物的庇护作用以及防止水土流失的功能也越大，林业生态安全指数就越高，对地区生态安全的贡献也就越大。

（3）人工林面积。人工林指用人工种植的方法营造和培育而成的森林。是采用人工播种、栽植或扦插等方法和技术措施营造培育而成的森林。人工林均按一定的目的要求和人们需要的林种，集中营造在交通较为方便的地方，并普遍采取选育良种、适地适树、密度适中、抚育管理等集约经营措施进行营造和培育。尽管人工林主要作用是提供木材，维护国家木材安全，但是，在一定程度上人工林面积也会对林业生态安全产生影响，适当发展人工林面积会促进林业生态安全水平的提升。

（4）森林覆盖率亦称森林覆被率，是指一个国家或地区森林面积占土地面积的百分比，是反映一个国家或地区森林面积占有情况或森林资源丰富程度及实现绿化程度的指标，又是确定森林经营和开发利用方针的重要依据之一。森林覆盖率是林业生态安全的最直接的指标，一个区域森林覆盖率越高，说明这一地区的林业生态植被生长比较理想，林业可持续能力发展潜力比较大，也说明这一区域的林业生态安全程度就越高，对区域的生态安全的贡献也就越大。

（5）活立木蓄积量。是指一定范围内土地上全部树木蓄积的总量，包括森林蓄积、疏林蓄积、散生木蓄积和四旁树蓄积。单位面积活立木蓄积量越大，说明这一林区的森林质量水平越高，林区在林业生态安全中的作用也越强。这一指标不仅反映了木材安全程度，也是林业生态安全评价的重要指标。

（6）森林蓄积量。指一定森林面积上存在着的林木树干部分的总材积，是一定面积林地上现有树木的材积总量。它反映了一个国家或地区森林资源总规模和水平的基本指标之一，也是森林资源的丰富程度、衡量森林生态环境优劣的重要依据。

（7）湿地面积。湿地是人类最重要的环境资本之一，是地球上生物多样性丰富、生产力很高的生态系统。湿地不但具有丰富的资源，还具有巨大的环境调节功能和生态效益。它们在提供水资源、调节气候、涵养水源、均化洪水、促淤造陆、降解污染物、保护生物多样性和为人类提供生产、生活资源方面发挥了重要作用。林业用地面积包含一定数量的湿地面积。因此，湿地面积越大，其林业生态安全的贡献也就越大。

（8）自然保护区面积。自然保护区分为广义和狭义定义，本研究定义的是严格意义的自然保护区，是指以保护特殊生态系统进行科学研究为主要目的而划定的自然保护区。其主要功能是对有代表性的自然生态系统、珍稀濒危野生动植物物种等等予以特殊保护和管理的区域。此指标反映的是林业生态环境平衡程度，自然保护区面积越宽，受到保护的代表性的自然生态系统、珍稀濒危野生动植物物种等等就越多，维护国家生态平衡的贡献也就越大。

（9）珠防工程面积。珠江流域综合治理防护林体系建设工程（以下简称“珠防工程”）是我国 10 大重点林业生态工程之一。由于珠江流域森林植被大量减少，生态平衡失调，水土流失面积逐年增加，导致珠江流域生态环境恶化。珠防工程贯穿广西全境，广西珠防工程建设不仅改善珠江流域生态环境，也是对珠三角生态安全做出的重要贡献。因此，珠防工程面积越宽，珠防工程的质量越高，维护珠江流域生态安全的作用就更大。

（10）海防工程面积。沿海防护林，简称“海防林”，是指沿海以防护为主要目的的森林、林木和灌木林。沿海防护林在防灾抗灾、护岸固沙、维护生态、美化景观等方面发挥着极其重要的作用。集体林权制度改革牵涉到林农基础经济利益，如果对海防工程损伤越小，其对沿海林业生态安全的贡献就越大。

（11）无林地和疏林地封育面积。无林地和疏林地封育是指对宜林地、无立木林地、疏林地实施封禁并辅以人工促进手段，使其形成森林或灌草植被的一项技术措施。无林地和疏林地封育是生态环境保持平衡的重要途径之一，也是丰富生物多样性的重要渠道，因此，无林地和疏林地封育面积也是反映人类对林业生态安全保护程度的响应程度。

（12）封山育林面积。封山育林是利用森林更新能力，培育森林资源的一种重要营林方式。通过封山育林形成的林分植被种类增多，生物多样性增加，涵养水源、保持水土的能力增强，森林人为伤害减轻，林分质量提高，可以大大提高林业生态的安全性，是林业生态安全评价的重要指标。

（13）生态公益面积。生态公益林指生态区位极为重要，或生态状况极为脆弱，对国土生态安全、生物多样性保护和经济社会可持续发展具有重要作用，以提供森林生态和社会服务产品为主要经营目的的重点防护林和特种用途林。生态公益面积是衡量生态效益的重要指标，生态公益林面积越宽，它对区域的生态效益的贡献就越大。

（14）林业固定资产投资。林业固定资产投资额是反映地区对于林业投入的重视程度最为直接的一个指标，可以作为林业生态安全评价的一个指标。林业固定资产投资越大，维护林业生态安全的基础资金就越多，区域林业生态安全的发展潜力也就越大。

（15）林业系统营林固定资产投资。林业系统营林固定资产投资额是反映地区对于营造林业的林业投入的重视程度最为直接的一个指标，林业系统营林固定资产投资越大，营造或者保护林业用地面积就越大，林业可持续发展能力就越强，林业生态安全的潜力也就越大，因此，林业系统营林固定资产投资是评价林业生态安全发展潜力最重要的指标指标。

（16）林业专业技术人员。指拥有林业及相关专业技术（不论是否得到有关部门的认定），并以其专业技术从事林业专业工作专业技术人员。林区发展规划、林业发展质量保证等等事关林业生态安全保护的主要工作，均需要林业技术人员直接完成或参与完成，因此，林业技术人员在保持林业持续发展和实现林业生态安全的作用是很大的，林业专业技术人员越多，林业生态安全的技术支持就越大。

（17）森林火灾面积。是指失去人为控制或者因自然力作用，在林地内自由蔓延和扩展，对森林、森林生态系统和人类带来一定危害和损失的林火行为。森林火灾是一种突发性强、破坏性大、处置救助较为困难的自然灾害。林火发生后，按照对林木是否造成损失及过火面积的大小表述火灾等对于森林的影响程度。因为森林火灾是负影响指标，因此进行综合评价时，需对其进行评分后从总体中减除。

（18）虫灾受害森林面积。由于受到干旱、树龄老、密集和人工林的管理不善等问题影响，而导致森林大面积遭受林业害虫的侵袭。树木受到虫害影响将会失去大量活力和生产率，表述虫害等对于林业生态安全的影响程度。因为森林虫灾受害是负影响指标，因此进行综合评价时，需对其进行评分后从总体中减除。

（19）病害受害森林面积。森林病害是指病原生物或不良的气象等非生物因素使林木在生理、组织和形态上发生的病理变化。引起林木病害的生物主要有病毒、类菌原体、细菌、真菌和寄生性种子植物等。表述疫病等对于森林的影响程度。因为森林病害受害是负影响指标，因此进行综合评价时，需对其进行评分后从总体中减除。

四、在进行林业生态安全评价中需要考虑的问题

林业可持续发展是解决全球生态危机、应对气候变化、促进乡村发展、防止荒漠化、保护生物多样性、实现社会经济可持续发展的重要途径之一，而实现林业生态安全是林业可持续发展的核心内容之一。实现提升林业生态安全程度，下面的一些问题值得商榷。

（1）妥善解决国家重点公益林补偿。国家重点公益林是维护国家层面维护林业生态安全的重要内容，是任何公民不可破坏的林分。保护国家生态公益林，需要妥善解决国家重点公益林补偿。一是提高补偿标准。与经营商品林的效益相比，显然中央财政对国家重点公益林的补偿标准很不合理。建议国家根据财力状况逐年提高补偿标准。二是地方不要完全依赖于中央，应适当增加公益林财政支出预算。三是积极探索和建立多渠道筹集公益林补偿资金的机制。

（2）注重“兼用林”的建设与管理。兼用林是向生态林过渡的森林。随着经济的发展，兼用林将大部分向生态林过渡，少部分向商品林过渡。在充分发挥生态效益的同时，应积极发展兼顾生态效益的经济林，以获取一定的经济效益。对于兼用林建设，可采取政府投入、林农自筹和生态补偿相结合的办法。同时科学设计林种结构和树种组成，以充分发挥其生态效益。

（3）科学处理公益林的采伐管理。森林树木都有其寿命周期，有其价值实现的最佳年限。所以各级政府和林业管理部门应积极探索和出台相关政策，科学制定公益林采伐与管理的技术措施，在不影响公益林生态功能发挥的前提下，允许在林业部门的技术指导下，对公益林进行经营性采伐，以发挥森林的最佳综合效益。

（4）完善对灌木林的管理。灌木林在保持水土、防止水土流失等生态建设中发挥着不可忽视的作用。因此，对灌木林不能放任不管。要因地制宜制定灌木林管理办法，制定灌木林采伐技术规程，出台灌木林采伐管理措施，做到放而有序、活而不乱、管而不死。

（5）大力发展公益游憩林。随着人们生活水平的不断提高，人们外出旅游、走进大自然的意愿越来越强，森林生态旅游将成为热点。各地应根据当地实际情况，大力开发建设公益游憩林，在保证公益林生态效益发挥的同时，开展森林游憩活动，使公益林产生出经济效益，实现生态效益与经营者利益的统一，推进公益林可持续经营。

（6）建立森林可持续经营评价体系。为动态掌握森林生态效益发挥情况，保障林业生态安全，应建立森林生态效益监控监测体系，利用先进的森林资源调查和信息采集技术，适时监测森林资源数据，及时评价森林生态效益变化情况，为政府决策林业发展和保护林业生态环境建设提供科学依据。

参考文献：

[1] 孙晓娟．三峡库区森林生态系统健康评价与景观安全格局分析［D］．北京：中国林业科学研究院，2007.

[2] 袁河清．构筑瓷都森林生态安全体系［J］．江西林业科技，2005（6）：52～53.

[3] 施晓清．城市生态安全的内涵及其评价研究［J］．生态科学：创新与发展，2004：205.

[4] 房用，王淑军．生态安全评价指标体系的建立——以山东省森林生态系统为例［J］．东北林业大学学报，2007（11）：77～82.

[5] 李双作，于亚玲．林业生态安全评价初探［J］．交通节能与环保，2008（1）：83～86.

入世十年我国木材产品对外贸易与木材产业发展关系分析

程宝栋　陈　伟　田明华
（北京林业大学经济管理学院，北京，100083）

摘要：加入 WTO 十年间，我国木材产品对外贸易和木材产业实现了快速发展。为了研究入世十年来我国木材产品对外贸易与木材产业发展的关系，本文选取木材产业产值、木材产品进出口额，并构造了木材产品出口结构相似度指数，通过格兰杰因果关系检验，验证各变量之间的关系。实证结果表明，木材产品进口拉动了木材产业的发展，木材产业的发展促进了木材产品出口。结合实证分析，论文从对外贸易、国内市场以及产业发展等角度提出了相应的政策建议。

关键词：木材产品；对外贸易；木材产业；关系

The Relationship between China's Foreign Trade of Wood Products and the Development of Timber Industry in a Decade after Accession to the WTO

CHENG Bao-dong，CHEN Wei，TIAN Ming-hua
（School of Economics and Management，Beijing Forestry University，Beijing，100083）

Abstract：China has been the member of WTO for ten years. In this decade，China's foreign trade of wood products and timber industry achieved rapid development. Order to study the The relationship between China's foreign trade of wood products and the development of timber industry，the paper verifys each relationship between the variables witch are the output value of the timber industry，the import and export volume of wood products and the wood products export structure similarity index by the Granger causality test. The results show that imports of wood products stimulate the development of the timber industry and the development of the timber industry promotes the exports of timber products. Combining empirical analysis，the paper proposes policy recommendations from the perspective of foreign trade，the domestic market as well as industrial development.

Keywords：wood products；Foreign Trade；timber industry；relationship

2011 年是中国加入 WTO 十周年。十年间，中国对外贸易实现了稳步发展。尽管木材产品进出口总额在我国总贸易额中比重不大，但是对国内木材市场和消费倾向，以及对相关产业和市场的发展，特别是对林业本身的发展有着十分重要的影响（宋维明，2009）。入世十年来，我国林业产业发展迅速，年均增长 16. 2%，2010 年产业规模已达到 2. 28 万亿，同比

作者简介：

第一作者：程宝栋（1980～），男，山东泰安人，博士，北京林业大学经济管理学院副教授，硕士生导师，系主任，研究方向：林产品市场与贸易。

第二作者：陈伟（1986～），男，吉林敦化人，北京林业大学经济管理学院博士研究生，研究方向：林产品贸易、林业碳汇交易。

第三作者：田明华（1969～），男，山东桓台人，北京林业大学经济管理学院教授，博士生导师，副院长，研究方向：林产品市场与贸易。

增长30%以上（王满，2011）。十年间，木材产业占林业产业的比重逐步提高到53%，产值达到1.21万亿，木材产品贸易总额达到4464亿。林业“十二五”规划明确提出，林业产业总产值要在2015年要超过4万亿元，保证年均增长率15.3%。在这样的发展要求下，作为林业产业的重要支柱，木材产业的高速稳定的发展是完成既定目标的根本保证，而木材产品对外贸易又是木材产业发展的重要支撑。如图1所示，2001～2010年间，木材产品进出口总额与木材产业产值同时呈现上涨趋势。这就意味着研究木材产品贸易与木材产业发展之间的关系具有十分重要的现实意义。而本文着重探索我国加入世贸组织十年以来，我国木材产品贸易以及出口结构对于木材产业的影响。

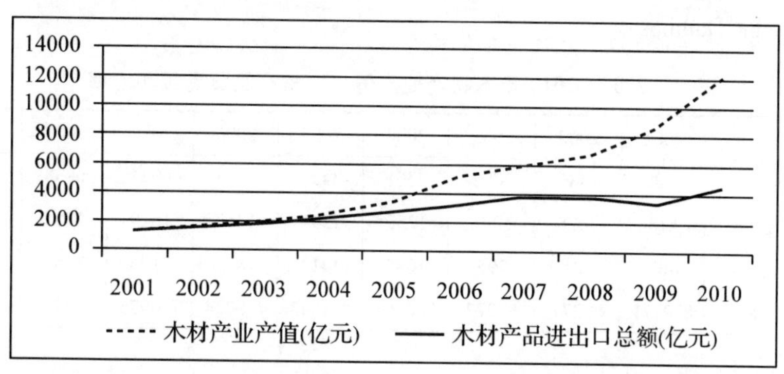

图1　2001～2010年中国木材产业产值与木材产品进出口总额趋势

对外贸易是经济增长的“发动机”，这一命题自英国学者罗伯特逊（D. H. Robertson）提出之后，对外贸易与经济发展之间的关系在经济学界便受到了广泛的关注，针对这一命题的研究也可以分为两个阶段。20世纪60年代以来，西方经济学家针对贸易与经济发展的关系进行了大量研究，并进一步验证了国际贸易的发展是许多国家经济增长的主要动力。一方面根据比较优势通过专业化分工，使资源得到更有效的配置，在正常发展的情况下提升社会总福利，获得直接的经济利益；一方面利用开展贸易的学习效应，促进国内并不具有比较优势的行业的发展，获得间接的经济利益。20世纪80年代后期，赫尔普曼与克鲁格曼提出产业内贸易能够促进产业发展，使研究的重心逐步转向贸易与产业发展之间的关系。进行对外贸易会产生动态利益，通过对外贸易的开展，弥补本国生产资料的不足，摆脱国内市场的局限，扩大市场范围，根据国际市场需求的状况，安排生产规模，配置生产要素，以获得规模经济利益；通过对外贸易，直接面向国际市场的剧烈竞争，迫使企业不断降低生产经营成本，提高经济效率，增强竞争能力。

我国学者针对贸易发展与产业发展的关系也进行过一些探索性的研究。王丽萍认为决定产业结构演进的本质变量主要有需求结构、相对成本和国际贸易。需求结构和相对成本是封闭条件下影响产业结构成长的本质变量，而国际贸易是在开放经济条件下来自外部的影响产业结构变动的因素。建立在生产要素禀赋差异基础上的国际贸易，能充分发挥一国的资源优势，带动整个产业结构的跨越式成长。杨全发采用线性回归模型对改革前后我国产业结构变化的对外贸易因素进行分析。蓝庆新等采用回归分析的方法，利用我国进出口贸易结构、产业结构数据与经济增长方式转型指标，指出三者之间存在互相促进的关系。

上述研究，为理解对外贸易与产业发展的关系提供了重要的理论支持和实证方法。但遗憾的是，大多研究主要着眼于宏观产业与视角，专门针对某一特定行业的研究非常欠缺，而针对木材产品贸易与木材产业发展之间关系的研究更是少见。为此，本文试图在这方面作出尝试性研究。

1 数据与变量说明

论文选取2001~2010年间的年度统计数据为样本，样本容量为10，表1中木材产业产值来自于2001~2010年《中国林业统计年鉴》，为模型的被解释变量。贸易额数据根据联合国贸易数据库 United Nations Commodity Trade Statistics Database 按照历年汇率折算整理得出。人民币汇率（年平均价）来自于 World Development Indicators & Global Development Finance，World Bank Database。

表1 2001~2010年木材产业产值、木材产品贸易额和汇率

年　份	2001	2002	2003	2004	2005	2006	2007	2008	2009	2010
木材产业产值（亿元）	1242	1486	2007	2561	3487	5198	6034	6838	8718	12084
进口总额（亿元）	818	929	1075	1259	1341	1430	1679	1734	1508	2059
出口总额（亿元）	467	601	795	1085	1412	1819	2106	1959	1872	2404
美元兑人民币汇率	8.2771	8.277	8.277	8.2768	8.1943	7.9734	7.6075	6.9487	6.8314	6.7703

研究主要分为两个部分，一部分验证木材产品进、出口额与木材产业之间的关系，一部分验证出口结构与木材产业之间的关系。为了测度林产加工业出口结构的变迁，在研究中引入了 Finger & Kreinin（1979）的相似结构指数。具体计算公式如下：

$$ESI_{tab} = \left[\min\left(\frac{v_{t1a}}{v_a}, \frac{v_{t1a}}{v_b}\right) + \min\left(\frac{v_{t2a}}{v_a}, \frac{v_{t2a}}{v_b}\right) + \cdots + \min\left(\frac{v_{tna}}{v_a}, \frac{v_{tna}}{v_b}\right)\right] \times 100$$

$$= \left[\sum_p \min\frac{v_{tpa}}{v_a}, \frac{v_{tpb}}{v_b}\right] \times 100$$

$$= \left[\sum_p \min S_{tpa}, S_{tpb}\right] \times 100$$

其中 b 为发达经济体，ESI_{tab} 为 t 时间 a，b 两经济体的出口结构相似度，即经济体 a 的出口结构，S_{tpa}，S_{tpb} 分别为 a，b 两经济体 p 系列产品出口占其总出口的比例，V_{tpa}，V_{tpb} 分别为 a，b 两经济体 p 系列产品值，V_a，V_b 分别为 a，b 两经济体出口总值。在本文实证分析中，借鉴唐海燕、张会清（2009）的方法，定义 V_a，V_b 分别为 a，b 两经济体木材产品的出口总值。根据 HS 分类方法，将木材产品分为四类，分别是 HS44，HS47，HS48 以及 HS94 项下所有的木质家具，即 HS940161，HS940169，HS940330，HS940340，HS940350，HS940360。Schott（2006）指出 b 经济体的出口结构越高，测度所得 a 经济体的出口结构值越准确，为此，研究中选用欧盟木材产品的出口结构作为高技术的参照标准。为了更明显地体现中国出口结构的动态变迁，笔者选用欧盟最近年份2010年的出口数据作为参照，计算结果如表2所示。

表2 2001~2010年中国木材产品出口结构变化（%）

年　份	2001	2002	2003	2004	2005	2006	2007	2008	2009	2010
相似度	65.04	62.38	62.86	60.48	61.67	62.55	64.70	66.46	66.58	65.96

本研究将重点检验木材产业与木材产品进、出口额之间的关系，以及木材产业与木材产品出口结构之间的关系。

2 木材产业与木材产品贸易关系模型分析

由于木材产业值和木材产品出口额、出口相似度都是时间序列数据，为了降低时间序列数据的波动性，对变量分别取自然对数，然后采用 *ADF* 单位根检验方法对各变量进行平稳性检验，不平稳的时间序列变量之间可能是不协整的。由于研究的时间序列较短，约翰森协整检验在 Eviews 中无法进行，所以采用基于单一方程回归残差单位根检验的 EG 两步法进行协整性检验，之后对相关变量进行格兰杰检验。

2.1 平稳性检验

将木材产业产值、木材产品出口额和出口相似度分别取自然对数后得到 Ln*FDP*，Ln*EX*，Ln*FES* 然后采用 *ADF* 单位根检验方法对各变量进行平稳性检验，在检验时，为了找到最合适的滞后期数，运用 Eviews 6，设定自动选取检验方程的 *AIC*（赤池信息量，越小说明模型越精确）和 *SC*（施瓦兹信息量，越小说明模型越精确）最小的检验方程，此时的检验结果见表 3，表中结果均由 Eviews 6 输出整理而得，*c* 代表截距，*t* 代表趋势项，$t=1$ 则含有趋势项，$t=0$ 则不含有趋势项，*k* 代表时滞。结论是根据临界值 10% 做出：

表 3 各变量 *ADF* 检验结果

变量	*ADF* 统计量	临界值 10%	检验形式（*c*，*t*，*k*）	结论
Ln*FDP*	-0.56681	-2.84182	(c, 0, 2)	不平稳
D（Ln*FDP*，1）	-2.89023	-2.84182	(c, 0, 1)	平稳
Ln*IM*	-7.43565	-2.84182	(c, 0, 2)	平稳
Ln*EX*	-1.48401	-2.84182	(c, 0, 2)	不平稳
D（Ln*EX*，1）	-3.27039	-2.84182	(c, 0, 1)	平稳
Ln*FES*	-2.87871	-2.89842	(c, 0, 3)	不平稳
D（Ln*FEs*，1）	-4.02995	-2.89842	(c, 0, 2)	平稳

从 *ADF* 检验结果看，Ln*IM* 的 *ADF* 统计量明显小于 10% 置信水平的临界值，是单整序列。Ln*FDP*，Ln*EX*，Ln*FES* 各项经过一阶差分后，*ADF* 统计量小于 10% 置信水平下的临界值，表明可以拒绝各变量的一阶差分序列存在单位根的假设，三个变量均为一阶单整序列，可以继续进行协整检验。

2.2 协整检验

分别将木材产业产值 Ln*FDP* 与木材产品出口额 Ln*EX*、出口相似度指数 Ln*FES* 运用最小二乘法进行回归，得到残差，之后将相应的残差进行平稳性检验，如果通过，就证明变量间存在协整关系。本文在残差平稳性的检验中，由于残差均值为零，则运用 *DF* 检验，即 *ADF* 检验模型中，无趋势，无截距，检验结果如表 4。

表 4 回归残差 *ADF* 检验结果

变量	ADF 统计量	临界值 10%	结论
e_{IM}	-2.889341	-1.600140	平稳
e_{EX}	-1.691545	-1.600140	平稳
e_{FES}	-2.456514	-1.600140	平稳

从表中可以看出，Ln*FDP* 与 Ln*IM* 的回归残差 e*IM*，Ln*FDP* 与 Ln*EX* 的回归残差 e*EX* 的和 Ln*FDP* 与 Ln*FES* 的回归残差 e*FES*，三者的 *ADF* 检验值均小于10%置信水平下的临界值，所以拒绝单位根存在的假设，即不存在单位根，变量 Ln*FDP* 与 Ln*IM*、变量 Ln*EX* 以及变量 Ln*FES* 间分别存在协整关系，即林业产业总产值与木材产品进出口额、木材产品出口相似指数存在协整关系。

2.3 格兰杰因果检验

既然林业产业总产值与木材产品进出口额、木材产品出口相似指数存在协整关系，那么对其进行 Granger 因果检验是有效的。木材产业产值与木材产品出口总额的格兰杰因果检验、木材产业产值与木材产品出口结构相似指数的格兰杰因果检验结果如表 5：

表 5 木材产业与各变量间的格兰杰检验结果

原假设：	变量个数	F 值	概率
Ln*IM* 不是 LN*FDP* 的格兰杰原因	8	4.1606	0.1364
Ln*FDP* 不是 Ln*IM* 的格兰杰原因	8	7.4889	0.0682
Ln*EX* 不是 LN*FDP* 的格兰杰原因	8	0.2665	0.7824
Ln*FDP* 不是 Ln*EX* 的格兰杰原因	8	3.4835	0.1651
Ln*FES* 不是 Ln*FDP* 的格兰杰原因	8	0.1741	0.8481
Ln*FDP* 不是 Ln*FES* 的格兰杰原因	8	1.9872	0.2821

4 格兰杰因果检验结论

通过格兰杰检验，结合产业与贸易相关的理论，可以就对外贸易与林业产业之间得出以下结论：

木材产业与木材产品进口方面，二者具有双向的格兰杰因果关系，也就是两个变量当期的数值分别受到相应前一期变量的影响，即木材产业前一期的数值影响木材产品进口数值，木材产品进口前一期数值影响木材产业当期的数值。主要原因可能在于我国木材产业所采用的原材料大部分依赖进口，从统计数据上看，我国原木、锯材、木浆、纸浆等原材料的比例占进口总额的81.61%，所以进口额在一定程度上影响我国木材产业的产值。反过来，当年木材产业产值的提升，从微观角度上看，会进一步刺激企业加大投资，扩大生产能力，进一步加大对木材产业原料的需求，由于国内林业原材料供给能力有限，所以造成林业原材料进口增加，导致整个木材产业的进口额增加。

木材产业与木材产品出口方面，根据表5格兰杰因果检验的结果，原假设——木材产品出口额不是木材产业产值的格兰杰原因——的概率为78.24%，而原假设——木材产业产值不是木材产品出口额的格兰杰原因——的概率为16.51%，因此，可以表明木材产业与木材产品出口额之间有单向的格兰杰因果关系，即前一期木材产业产值的可以影响当期的木材产品出口额，但是木材产品的出口额难以有效的影响到木材产业产值。首先，随着我国木材产业产值规模的扩大，木材产业产能提高，产品随之丰富，按照传统的比较优势理论，一定会引起出口规模的扩大。其次，木材产品出口额难以有效的影响木材产业产值这一结果从侧面表明我国目前木材产业产值的提升，绝大部分是依靠国内市场的增长。原因可能有三方面，其一，在加入世界贸易组织之后，我国木材产品市场开放程度更高，在一定程度上培养了更多的国内消费；其二，随着我国政府开始大力倡导循环经济，推行绿色消费理念，实施建材下乡工程，木材的环保功能被消费者逐步认可，同时随着房地产行业的发展，对于建材的刚性需求，进一步引致国内木材产品需求的增长；其三，国外近两年的金融危机以及欧盟和美国的贸易保护措施，导致国内企业逐渐重视国内市场的开发。

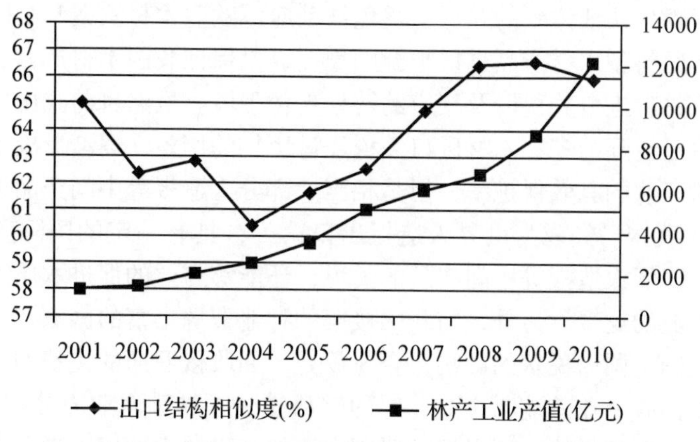

图2　木材产品出口结构变动趋势与木材产业产值变动趋势

木材产业产值与木材产品出口结构方面，原假设——木材产品出口结构变动不是木材产业产值的格兰杰原因——的概率为84.81%，不能拒绝；而原假设——木材产业产值不是木材产品出口结构变动的格兰杰原因——的概率为28.21%，严格来讲F统计值不显著，不能拒绝原假设，但至少可以表明，在数据上木材产业产值的变化还是可能会引起木材产品出口结构的变动。由图2可以看出，出口结构相似度的变化趋势可以分成三个阶段：2001～2004年呈下降趋势，2005～2008年呈现出直线上升的趋势，2009～2010年呈略有下降的趋势；而木材产业产值一直是稳步上升的趋势。二者趋势变化上不尽相同，虽然变量具有协整关系，但格兰杰因果关系并不明显。

5　政策建议

实证研究表明，我国木材产业与木材产品贸易之间存在一个链条，即木材产品进口拉动了木材产业的规模的扩大，木材产业的发展又推动了木材产品的出口，同时木材产业的发展，一定程度上影响了木材产品的出口结构。根据上述结论，结合我国木材产业未来的发展目标和要求，分三方面提出政策建议。

5.1　进口政策方面

根据前一部分的实证结论，既然木材产品进口拉动了木材产业的规模的扩大，同时木材产业的发展又推动了木材产品的出口，为了更好的发展林业产业，完成“十二五”规划的目标，使林业产业再得到更多的积累，政府相关部门应该制定积极的木材产品进口政策，鼓励原料型木材产品进口。

第一，加强林业对外投资的支持，在国外建立原料基地以及初级木材产品加工基地。目前，国际上主要原木出口国俄罗斯、加蓬以及东南亚等国均禁止原木出口，转而出口锯材等初级加工产品。建议利用现有双边关系，推动建设国有投资园区，为投资企业创建相对稳定的投资环境，以此加强我国林业企业对国外资源的有效利用，并相对降低企业经营风险，降低额外公关成本。

第二，积极参与全球应对气候变化的进程。目前，国际上对于防止森林退化和滥砍滥伐以减少温室气体排放的探讨趋于白热化，关于木材合法性认证的要求已经初成气候。我国作为负责任的大国，在木材进口政策上，应结合本国当前的形势，主动采取措施，加快中国森林认证体系与国际森林认证体系的互认，避免被动应诉欧盟木材法案和美国雷斯法案，保证木材产品，特别是原料型木材产品进口来源的稳定，以保证我国木材产业稳定发展。

第三，改进原材料进口关税以及相应的转移支付手段。虽然目前我国原木、锯材、纸浆等原材料进口关税已经降为零，木材进口关税经过历年的调整，逐渐形成了瀑布式的关税结构，提高了对木材产业的有效保护率，但是相当一部分人造板等中间产品进口关税较高，有些甚至高达10%。我国已经成为世界人造板出口第一，具有一定的国际竞争力，可以适当放开市场。同时，降低人造板等中间产品的关税，还能够有效的促进木质家具业的发展，符合发展高附加值产业的逻辑。另外，与我国接壤的林业资源丰富的国家，如俄罗斯，木材资源的利用较低，受制于国内税费的影响，企业放弃了回收俄罗斯的免费的林业三剩物。在政策上，适当地给予回收林业三剩物企业一定的转移支付，鼓励企业充分利用国际木材资源，不仅有利于原材料的稳定供给，还对提升我国在可持续发展上的国际形象大有好处。

5.2 国内市场培育方面

通过论文研究发现，木材产品出口对于木材产业的产值影响并不明显，相比国内市场消费而言，推动力不足，所以政府在制定木材产品贸易政策的时候，应着重倾向国内市场的建设，培育国内消费。

首先，通过制定绿色采购政策，加大对国内木材产品的消费。可以借鉴英国、日本等国家的绿色采购政策，逐步扩大国内市场。其次，进一步完善建材下乡等政策。通过建材下乡、建材进城的模式，给予消费者补贴，促使消费者更多的选择木材产品，提高消费需求。再次，政府通过适度调整出口退税政策，将部分退税补贴到木材产品国内销售渠道上，适当扶植具有一定品牌知名度的企业，可以扩大消费者对高质量的木材产品的消费。最后，通过媒体向消费者宣传木材消费是一种健康的生活理念，提高消费者绿色环保的意识，借助日本对“木文化”的宣传、推广的成功案例，从根本上转变消费者的消费理念，增加消费者对木材产品的消费。

5.3 出口结构方面

根据论文的实证结论，木材产品出口结构与木材产业之间的关系并不明显。但是根据传统的贸易理论，出口结构可以反映一国的产业结构。从我国的木材产品出口结构上看，虽然近些年家具的出口比重在增长，但人造板等中间产品比重较大，结构上依然属于典型的成长期纺锤形。从相似指数上观察，我国木材产品出口结构与欧盟木材产品出口结构相差较大，表明我国的木材产业处于一个相对欠发达的状态。在调整产业体系上，一方面通过调整出口退税政策，减少对低附加值产品的退税，相应提高家具行业的退税比例，引导产业结构向倒金字塔形过度。通过金融政策，通过构建差别贷款体系，给予高附加值的工业产成品行业更优惠的贷款政策，鼓励企业引进先进设备，自主研发设计，提高家具产品的附加值，增强木制家具的国际竞争力。

参考文献

[1] 宋维明．中国木材产业与贸易研究［M］．北京：中国林业出版社，2007.

[2] 侯方淼，宋维明．林产品对外贸易与林业产业发展的实证研究—— 以江苏省为例［J］．北京林业大学学报社科版，2009（3）.

[3] 高越．我国进出口对 GDP 及三个产业影响的实证分析［J］．国际经贸探索，2003，(04).

[4] 王丽萍．试析国际贸易对产业结构成长的影响［J］．扬州大学学报（人文社会科学版），2000（05）.

[5] 蓝庆新，田海峰．我国贸易结构变化与经济增长转型的实证分析及现状研究［J］．株洲工学院学报，2002，(02).

[6] 黄薇．黑龙江林产品对外贸易对产业发展影响的研究［D］．北京：北京林业大学：北京林业大学，2008.

[7] 叶宏伟，陈晓华．基于 VECM 模型的产业出口结构与加工贸易关系的实证分析——以化工业为例［J］．浙江社会科学，2010（10）.

[8] 陈伟，程宝栋．绥芬河市木材贸易现状问题及对策建议［J］．中国人造板 2011，(11).

[9] Grossman GM，Helpman E. Trade，Knowledge Spillovers，and Growth . European Economic Review，1991，35，35（2-3）：517 ~ 526.

[10] Pesaran M，Shin Y，Smith J. Bounds testing approaches to the analysis of level relationships . Journal of Applied Econometrics，2001，16，16（3）：289 ~ 326.

中国林业产业结构与就业结构变化实证分析

李永慧　李华晶

（北京林业大学经济管理学院，北京，100083）

摘要：林业是一个同时涉及第一、二、三产业的行业，也是我国国民经济的重要组成部分，在维护能源安全、生态安全，促进经济发展，增加社会就业等方面都发挥着重要作用。跨入新世纪以来，林业也在高速发展过程当中，并且其产值的增长速度甚至超越了国民经济的增长速度。文章基于对年鉴数据的整理分析，分析我国目前林业产业结构与就业结构的现状，以及两者间关系等问题，以期为我国林业产业的后续发展及促进林业就业提供有用的参考。

关键词：林业；产业结构；就业结构

The Empirical Analysis of China's Forestry Industry Structure and Employment Structure Change

LI Yong-hui　LI Hua-jing

(School of Economics and Management, Beijing Forestry University, Beijing, 100083)

Abstract: Forestry involves the first, second and third industry. It is an important part of the national economy. Forestry plays an important role in the maintenance of energy security, ecological safety, promoting economic development and increasing employment. Since stepping into the new century, forestry is developing at a high speed, and the rate of its output value growth even beyond the rate of the national economy growth. Based on the statistical data from the yearbook, this paper analyses the status quo of our forestry industry structure, employment structure and the relationship between them. Hope can provide useful reference for the future forestry development and promoting the forestry employment.

Key Words: forestry; industry structure; employment structure

一、引　言

产业结构与就业结构作为体现我国经济结构的两个重要方面，随着我国的经济增长，产业结构与就业结构都在发生着变化。同时，产业结构与就业结构间又有着十分密切的联系，也有许多经济学家研究了产业发展的规律以及劳动者在三次产业中的分布情况。对于产业结构、就业结构这两个被广泛使用的概念，经济学家们给予了很多不同的含义；而本文中对产业结构及就业结构所进行的分析主要是依托于国家统计局制定的“三次产业划分规定”，基

作者简介：

第一作者：李永慧（1990～），女，山东泰安人，北京林业大学经济管理学院研究生，从事绿色管理、创业与创新管理、林业产业研究。

第二作者：李华晶（1976～），女，江苏沛县人，博士，北京林业大学经济管理学院副教授，硕士生导师，工商管理系副主任，从事绿色管理、创业与创新管理、林业产业研究。

于发展经济学中部分相关理论，分析三次产业的发展情况、劳动力在三次产业中的分布情况以及二者间的相互关系等内容。

而林业作为一个同时涉及第一、第二、第三产业的行业，涵盖范围广、产业链条长且产品种类多样，是我国国民经济的重要组成部分，在维护木材安全、能源安全、生态安全，促进经济发展，增加社会就业等方面都发挥着重要的作用。我国经过长期的努力，在林业发展方面已取得了一定的成就，据资料显示，跨入新世纪以来，我国林业产业总值以高于国民经济6~8个百分点的速度快速增长，对我国劳动力就业也必然作出了一定的贡献。所以，本文想通过对相关数据的分析，看一下我国的林业领域目前的产业结构、就业结构处于怎样的发展状态，林业三次产业结构的变化又对就业结构产生着怎样的影响，并希望能为我国林业三次产业的发展及林业就业的促进提供有用的参考。

二、理论基础

（一）配第－克拉克定理

威廉·配第（William Petty）早在17世纪就已发现，随着经济的不断发展，产业中心将逐渐由有形财物的生产转向无形的服务性生产。1691年，威廉·配第根据当时英国的实际情况指出，工业往往比农业、商业往往比工业的利润多得多，因此劳动力必然由农转工，而后再由工转商。此后，英国经济学家科林·克拉克（Colin Clark）在威廉·配第的研究成果之上，通过计量和比较在不同收入水平下，就业人口在三次产业中分布结构的变动趋势，归纳得出该定理；定理认为，随着经济的发展，第一次产业国民收入和劳动力的相对比重逐渐下降，第二次产业国民收入和劳动力的相对比重上升，经济再进一步发展，第三次产业国民收入和劳动力的相对比重也开始上升。

（二）库兹涅茨法则

西蒙·库兹涅茨（Simon Kuznets）在克拉克研究的基础上，进一步收集和整理欧美主要国家的长期统计数据，从国民收入和劳动力分布两方面着手进行更进一步分析。他将整个国民经济划分为A农业部门、I工业部门、S服务部门这三大部门，在此基础上通过分析得出结论。结论认为随着现代经济增长，国民经济各产业不论是产值结构，还是劳动力结构都会发生变化，其变动的一般趋势是农业部门的产值份额和劳动力份额都趋于下降；而工业部门和服务业部门的产值份额和劳动力份额都趋于上升，但在这两个部门中，产值份额和劳动力份额的变化趋势略有区别，工业部门在产值份额持续上升的同时，劳动力份额处于大体不变或略有上升，服务业部门在产值份额处于大体不变或略有上升的同时，劳动力份额上升幅度较大。

（三）钱纳里－塞尔奎因就业结构转换滞后理论

钱纳里（H. B. Chenery）和塞尔奎因（M. Syrquin）研究了发展中国家和发达国家的发展趋势，认为在发达国家工业化过程中，农业产值和劳动力就业向工业的转换基本上是同步的，随着农业和工业产值份额的此消彼长，农业人口也相应地向工业转移；但在发展中国家，产值结构转换普遍先于就业结构转换，而产业结构与就业结构的不协调，主要反映在现代部门产值相对于传统农业部门非常的高，而就业人数又显得偏低。

三、数据分析

（一）变动趋势及结构偏离度分析

在1998～2010年间，随着国家对林业关注程度及支持力度的提高，中国林业呈现快速发展的态势。根据历年《中国林业统计年鉴》中的林业产业产值及林业系统从业人员数相关统计数据，结合我国“三次产业划分规定”，经整理计算得到了表1所示数据。根据表1中的数据，对我国林业产业结构及就业结构的变动趋势进行了简要分析；并借助于结构偏离度，进一步分析了林业产业结构与就业结构间的关系。而结构偏离度是用来反映就业结构与产业产值结构是否处于对称状态的一种指标，可以用（某产业计算期产值占总产值比重/当期该产业从业人员数占从业人员总数的比重）－1计算得到结构偏离系数；如果结构偏离系数等于零，意味着产业结构与就业结构处于均衡状态，偏离零越远意味着结构的偏差越大。

表1　1998～2010年中国林业产业结构、就业结构及结构偏离度

年份	林业产业结构			林业就业结构			结构偏离度		
	第一产业	第二产业	第三产业	第一产业	第二产业	第三产业	第一产业	第二产业	第三产业
1998	69.77%	26.26%	3.98%	70.48%	8.61%	20.91%	－0.01	2.05	－0.81
1999	66.97%	29.20%	3.83%	72.80%	7.51%	19.69%	－0.08	2.89	－0.81
2000	67.20%	29.10%	3.70%	73.91%	6.86%	19.22%	－0.09	3.24	－0.81
2001	66.10%	30.35%	3.55%	75.98%	6.33%	17.69%	－0.13	3.80	－0.80
2002	62.83%	32.06%	5.11%	76.92%	5.50%	17.58%	－0.18	4.83	－0.71
2003	60.03%	34.25%	5.71%	78.22%	4.79%	16.99%	－0.23	6.15	－0.66
2004	56.40%	37.16%	6.44%	79.40%	4.16%	16.44%	－0.29	7.92	－0.61
2005	51.49%	41.22%	7.29%	79.77%	3.93%	16.29%	－0.35	9.48	－0.55
2006	44.21%	48.80%	6.99%	79.15%	3.08%	17.77%	－0.44	14.85	－0.61
2007	44.25%	48.14%	7.61%	80.08%	2.50%	17.42%	－0.45	18.24	－0.56
2008	44.14%	47.47%	8.39%	80.25%	2.51%	17.25%	－0.45	17.94	－0.51
2009	41.30%	49.83%	8.86%	80.48%	2.25%	17.26%	－0.49	21.12	－0.49
2010	39.05%	52.14%	8.81%	81.10%	2.93%	15.98%	－0.52	16.80	－0.45

数据来源：根据《中国林业统计年鉴》数据整理计算所得

根据年鉴数据显示，1998～2010年间，中国林业产业总产值呈现出逐年增长的态势，而且一直保持着较高的增长率。林业产业总产值由1998年的2727.84亿元（按当年价格计算）增至2010年的22779.02亿元（按当年价格计算），增长20051.18亿元，增长了7.35倍。其中，林业第一产业产值从1998年的1903.09亿元增至2010年的8895.21亿元，增长6992.12亿元，增长了3.67倍；林业第二产业产值从1998年的716.23亿元增至2010年的11876.95亿元，增长11160.72亿元，增长了15.58倍，增幅及年均增长率均超过第一产业，且第二产业产值从2006年开始超过第一产业产值。林业第三产业产值从1998年的108.52亿元增至2010年的2006.86亿元，增长1898.34亿元，增长了17.49倍，增幅与年均增长率均超过第一、二产业。

随着林业三次产业产值的变化，林业三次产业产值在林业产业总产值中所占的比例也发生了变化。林业三次产业产值占林业产业总产值比例的变化如表1及图1所示。林业第一产业产值比例呈现逐年下降的趋势，而第二、三产业却呈现出上升的趋势，并且第二产业比例的增长幅度明显大于第三产业。而这种变动趋势与前面介绍的理论中所揭示出的规律也是相符的，并且产业结构还处在继续发展和调整过程中。

随着林业的发展，林业三次产业从业人员数占林业从业人员总数的比例也在发生着变化，变动情况如表1及图1所示。其中，林业第一产业在产值比例明显下降的情况下，从业人员的比例却略有增长；而林业第二产业在产值比例快速增长的同时，从业人员比例整体上却出现了略微下降的情况；林业第三产业在产值比例略有增长的同时，从业人员比例整体趋势则较为平稳。林业就业结构的这种变动趋势，与前面介绍的理论存在着不符之处，劳动力份额的变动并未像配第-克拉克定理及库兹涅茨法则所揭示出的规律变动，林业产业结构与就业结构间较为不协调。

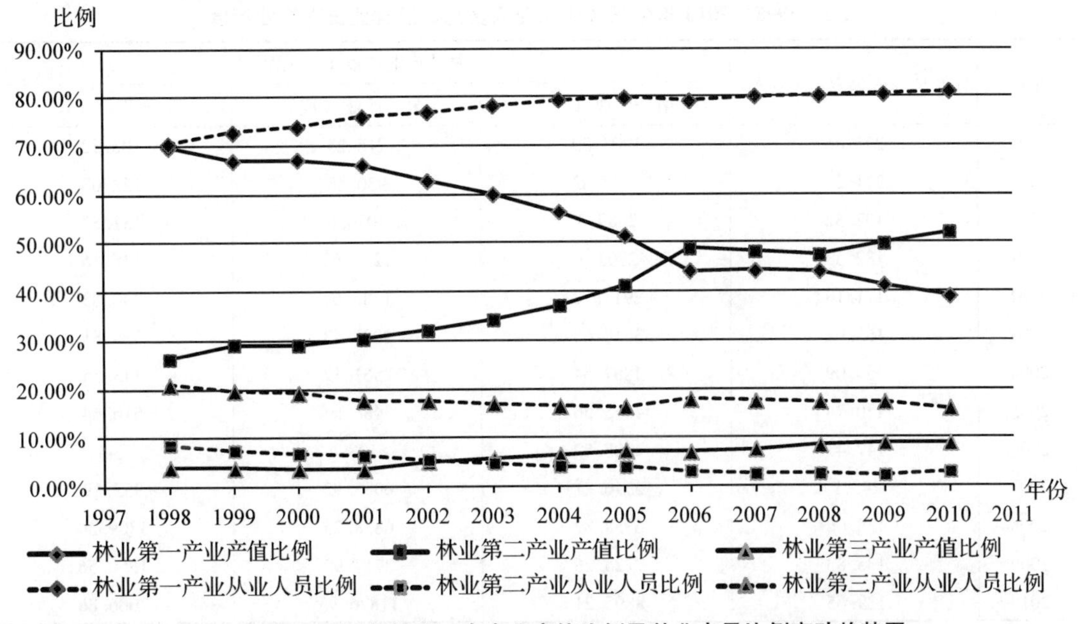

图1　1998～2010年林业三次产业产值比例及从业人员比例变动趋势图

根据计算得到的结构偏离度（表1），我们也可看出林业产业结构与就业结构间存在的不协调现象。林业第一产业的结构偏离度为负，并且其绝对值呈现出逐年增大的趋势，进而我们可以认为该产业中存在着剩余劳动力有待转移，并且劳动力转移的速度赶不上经济升级的速度，进而使该产业的结构偏离度的绝对值还在增大。林业第二产业的结构偏离度一直为正且数值较大，而且此数值整体上呈现出增大趋势，但在近几年又出现了一定的波动；对于此现象，我们可以认为第二产业的发展更多地依赖于资本、技术等因素的推动，虽然吸纳就业的空间较大，但对就业的吸纳能力却不强。林业第三产业的结构偏离度也是负的，但其绝对值是在趋向于零的，这说明产业结构与就业结构正在趋于一致；但是我们还需注意到结构偏离度为负值，说明第三产业无法吸纳更多就业，甚至可能会排斥劳动力就业，但根据库兹涅茨法则的说法，服务业部门在产值份额大体不变或略有上升的同时，劳动力份额上升幅度较大，因此第三产业是吸纳更多劳动力就业的一个很关键的部门，所以当前结构还必须进一步的发展。另外根据钱纳里－塞尔奎因的就业结构转换滞后理论，林业产业结构与就业结构的这种偏离现象，也是发展中国家产业结构转换先于就业结构转换的一个表现，只不过在林业领域的这一现象更加明显和严重。

（二）多元回归分析

通过上面分析，我们可以了解到林业产业结构发展趋势、就业结构发展趋势以及产业结构与就业结构之间的不协调现象等情况，下面希望借由多元回归分析这一工具，对我国林业产业发展对就业产生的作用进行实证分析，希望能为更好的发展我国林业产业并使其更好的促进就业提供参考。根据历年《中国林业统计年鉴》数据，我们可以得到1998～2010年我国林业从业人员总数及林业三次产业的产值数据（表2），使用表2中的数据，对林业从业人员总数与林业三次产业产值进行多元回归分析，看一下林业三次产业的发展如何影响着林业从业人员数的变化。

表2　1998～2010年中国林业从业人员总数及林业三次产业产值

年份	林业从业人员数 L（万人）	林业产业产值 Y（亿元）		
		第一产业（Y1）	第二产业（Y2）	第三产业（Y3）
1998	235.86	1903.09	716.23	108.52
1999	221.23	2134.82	930.88	122.03
2000	197.82	2389.3	1034.6	131.57
2001	182.33	2703.7	1241.62	145.16
2002	171.13	2911.72	1485.69	236.83
2003	162.02	3518.08	2007.43	334.81
2004	156.09	3887.54	2561.12	443.55
2005	150.74	4355.56	3486.54	616.64
2006	147.47	4708.82	5198.4	745
2007	143.9	5546.21	6033.92	953.29
2008	138.06	6358.82	6838.25	1209.34
2009	135.83	7225.26	8717.92	1550.56
2010	139.65	8895.21	11876.95	2006.86

数据来源：根据《中国林业统计年鉴》数据整理所得。

根据表2中的数据，运用SPSS13.0统计分析软件，对林业从业人员数与林业三次产业产值进行多元回归分析，得到多元线性回归方程；其R^2为0.968，拟合优度还不错，并且整个回归方程的F检验统计量值为44.562，通过了显著性水平1%下的显著性检验，整个多元线性回归方程具有显著性；还有部分回归结果见表3所示。

表3　Conefficients[a]

Model	Unstandardized Coefficients		Standardized Coefficients	t	Sig.
	B	Std. Error	Beta		
1　(Constant)	360.127	22.736		15.839	.000
林业第一产业产值	-0.081	0.011	-5.342	-7.406	0.000
林业第二产业产值	0.002	0.009	0.209	0.214	0.836
林业第三产业产值	0.233	0.062	4.355	3.758	0.004

a. Dependent Variable：林业从业人员数

从表3中可以看出，林业第一产业产值与第三产业产值的系数都通过了显著性水平1%下的显著性检验，与林业从业人员数显著相关；而林业第二产业产值对林业从业人员数没有显著贡献。林业第一产业产值的系数为 -0.081，林业第一产业产值与林业从业人员数呈现出负相关的关系；林业第三产业产值的系数为0.233，表明林业第三产业产值每增加一亿元，林业从业人员数就会增加2330人，对于促进林业就业起着十分重要的作用。

四、结论与讨论

林业第一产业作为整个林业发展的基础和依托，所以需要打牢林业第一产业的基础。但通过上述分析可以看出，林业第一产业的结构偏离度为负，并且绝对值有增大的趋势，说明在林业第一产业内已存在剩余劳动力，且劳动生产率较低。所以，我认为接下来应注重调整林业第一产业内部结构，注重提高劳动生产率，在保证夯实林业基础的同时，促进剩余劳动力的转移，并且这也是顺应发展规律的。另外，虽然从多元回归结果上来看，林业第二产业产值对林业就业的贡献不大；而且在前面的其他分析中对此也有所反映，可能是由于资本、技术等要素对产业产值的作用较明显，导致其吸收就业的能力很有限；但是否还可以考虑将第一产业与第二产业更多的联合起来，以便为社会提供更多就业机会同时提高劳动生产率。

对于林业第三产业，目前的产值比例还很低，对吸纳劳动力就业的能力也不够强，不过从多元回归结果中可以看出其对林业就业的正向贡献作用；而且根据理论基础及一些实践中的经验，相信林业第三产业在今后对吸纳林业就业将会起到非常关键的作用。所以必须重视和积极发展林业第三产业，如森林旅游休闲服务、林业生态管理服务、林业专业技术服务等内容，相信随着人民生活水平的继续提高、社会的进步、林业的发展，林业第三产业的发展空间是十分巨大的，相信其对于发掘林业就业潜力也会起到巨大的作用。

参考文献：

［1］桑玲玲．我国产业结构演进与就业结构变迁的实证分析［D］．武汉：武汉大学，2005.

［2］王满．林业产业发展现状分析与思考［J］．林业经济，2009（3）：3~5.

［3］卢岳一末．转型期我国三次产业结构变化与就业结构变化的关联效应研究［D］．武汉：武汉科技大学，2009.

［4］刘文超．产业结构演进的就业效应研究——基于陕西相关数据的实证分析［D］．西安：西北大学，2008.

［5］奉钦亮，陈建成，覃凡丁．我国国有林区劳动就业影响因素实证分析与政策建议［J］．农业现代化研究，2010，31（3）：304~307.

［6］王强．产业结构升级与劳动力就业效应的实证分析［D］．北京：中国政法大学，2010.

［7］曾佳．重庆产业结构演进的就业效应分析［D］．重庆：重庆大学，2008.

［8］王立磊，戴芳，胡慧敏．林业产业结构对其总产值的影响分析［J］．林业经济问题，2010，30（6）：497~506.

［9］王满．关于调整林业产业结构的对策性分析［J］．中国林业产业，2009（4）：14~17.

［10］覃凡丁，奉钦亮．我国木材产量与林业从业人员就业实证研究［J］．企业技术开发，2011（11）：176~177.

［11］李刚．产业就业弹性变动规律及就业促进政策研究［D］．重庆：重庆大学，2009.

1996 ~ 2007 新疆林业科技进步贡献率的测算与对策

吴成亮[1,2]　方少勇[1,2]　孙长霞[1]　张雨帆[1]

（1 北京林业大学经济管理学院，北京，100083；

2 北京林业大学社会林业研究中心，北京，100083）

摘要：经济增长中科技进步的贡献问题是现代林业经济理论与政策研究的核心问题之一。本文本文系统地阐述了科技进步对经济增长的涵义及其贡献率测算的数量经济原理，在此基础上对比、分析了几种主要的现代经济增长理论中科技进步测算研究的成果和研究方法。然后以《中国林业统计年鉴》等数据资料，运用索罗余值法，对 1996 ~ 2007 新疆林业科技进步贡献率进行了实证研究。结果显示，1996 ~ 2007 新疆林业科技进步贡献率为 37.75%。在结果分析的基础上，提出了如何提高“十二五”期间新疆林业科技进步贡献率的对策建议。

关键词：林业；索洛余值法；科技进步；贡献率；对策

Measurement of Contribution Ratio of Forestry Science and Technology Progress and Counter measures from 1996 to 2007 and the relevant counter measurement in Xinjiang

WU Cheng-liang[1,2], FANG Shao-yong[1,2], SUN Chang-xia[1], ZHANG Yu-fan[1]

(1 School of Economics and Management, Beijing Forestry University, Beijing, 100083;

2 Community Forestry Research Center, Beijing Forestry University, Beijing 100083)

Abstract: Contribution ratio of forestry science and technology progress is one of the key questions in forestry economics and policy. In this article, the economical and mathematic theory and meaning of science and technology in the economic development are analyzed. On the basis of statistic data in many yearbooks, contribution ratio of forestry science and technology progress, which is 37.75%, is measured and analyzed in Xinjiang from 1996 to 2007 by using method of Solow Equation. In the end, the counter measurements are proposed to improve management of forestry science and technology in the 12th Five-year Plan period.

Key words: Forestry; Solow Equation; contribution ratio; Science and Technology Progress; Countermeasure

---

基金项目：

北京林业大学人文社科振兴计划（BLRW200923）、北京林业大学人文社科振兴计划（RW2010-6）。

作者简介：

第一作者：吴成亮（1975 ~），男，安徽安庆人，博士，北京林业大学经济管理学院副教授，硕士生导师，林业经济系副主任，研究方向：林业经济、环境经济、技术经济

第二作者：方少勇（1967 ~），男，湖北武汉人，博士后，北京林业大学经济管理学院讲师，研究方向：林业经济、农业经济、林业金融

第三作者：孙长霞（1975 ~），女，天津人，博士，北京林业大学理学院实验师，研究方向：林业教育和科技推广、林产化工、分析化学

第四作者：张雨帆（1988 ~），女，宁夏人，本科，北京林业大学经济管理学院学生，研究方向：林业经济、农业经济

一、林业科技进步贡献率的含义和内容

科学技术是第一生产力，现代林业的实质是发达的科技型林业[1]。面对新世纪加入WTO、建设新农村、构建和谐社会等诸多历史挑战，科技进步已成为各地方林业生存和发展的重要制衡因子[2,3]。在知识经济发展强劲的今天，科技进步对于经济增长速度贡献的大小，已成为各个国家或地区科技进步与经济发展相对水平高低的重要指标。正确测算科技进步贡献率，有助于分析其经济增长方式，从整体上把握科技进步的水平和科技进步的潜力，促进产业向科技集约型方向转变，提高林产品的国际竞争力。为此，本文选用国际上通用的索洛增长速度方程式法对新疆林业科技进步贡献率进行测算，并加以分析，并提出相应建议为科技管理进行宏观决策服务。

林业科技进步的概念问题，理论界在一直进行探讨，目前还没有一定的结论。但公认程度较高的说法是，在林业经济增长中首先剔除劳力、土地和资本的投入增长所作的贡献，把剩余部分都视为科技进步的结果，即在各种林业生产要素投入量保持不变的条件下，林业产出在某时空林业科技进步是一个不断创造新知识、发明新技术并推广应用于生产实践，进而不断提高经济效益和生态效益的动态发展过程。林业科技进步有狭义和广义之分，狭义的林业科技进步是指林业自然科学技术进步，即林业硬科技进步。广义的林业科技进步除了包括狭义的林业科技进步的区布内容外，还包括林业管理水平、决策水平和智力水平等软科技的进步。对林业科技进步较为全面的理解和把握，应指广义的林业科技进步，这也就是通常所说的林业科技进步[4,5]。

二、几种常用的林业科技进步贡献率测算方法的分析

（一）柯布-道格拉斯生产函数（C－D生产函数）

柯布-道格拉斯生产函数也称C－D生产函数，它是美国芝加哥大学经济学教授道格拉斯与数学家柯布合作，在对美国制造业1899～1922年的历史资料进行深入分析的基础上得出的模型[5,6]。1942年，首届诺贝尔经济学奖获得者丁伯根对C－D生产函数作了重大改进。其公式是：

$$y = A_t \cdot K^{\alpha} \cdot L^{\beta} \tag{1}$$

公式中，A_t代表了某一时期的技术水平，y为产量，K为资本投入量，L为劳动投入量，α为物质费用弹性系数，β劳力的的弹性系数。

A_t写成指数形式：

$$At = A_0 e^{rt} \tag{2}$$

公式中，A_0是一个常数，代表厂商的技术水平。α，β是固定参数，且满足$0<\alpha$，$\beta<1$。

C－D生产函数的优点是将经济数学方法与模型引入生产活动分析，使得经济学家能从抽象的纯理论研究转向实证分析。只要有统计数据的满足，可以精确地计算出科技进步贡献率的大小。它的局限性主要体现在如下方面：①估计参数之和的值规定为1，但是在实际中α与β可能等于1，但也有大于1和小于1的情况存在；②由于各样本点是在林业生产的自然和社会经济迥异的条件下取得的平均值，因此，不能保证结果的无偏和一致估计。

（二）索洛余值法

索洛余值法也是建立在生产函数基础上的，但是它无需对生产函数的具体形式做出假

设[7]。其函数形式为：

$$Y=f\ (K,\ L,\ t) \tag{3}$$

y 为产量，K 为资本投入量，L 为劳动投入量，t 为时间。

两边同时对求 t 导数，然后进行近似代替，可得：

$$\frac{\Delta A}{A}=\frac{\Delta Y}{Y}-\alpha\frac{\Delta K}{K}-\beta\frac{\Delta L}{L} \tag{4}$$

$\triangle A/A$ 为科技进步贡献率，α 为物质费用的弹性系数，β 劳力的弹性系数。

利用（4）式，Y、K、L 可以根据历史统计资料计算得到，再用适当方法确定 α 和 β 后，技术进步速度 a 便可以作为余值计算得出。此方法对后来经济学研究和社会发展做出了突出贡献，索洛也因此获得 1987 年度诺贝尔经济学奖。

索洛余值法的优点在于，把复杂的经济问题高度概括并简化处理，使经济关系更加简单明确了，所需数据易于收集，易于推广和比较。另外，余值法计算出来的科技进步与广义的科技进步在内涵上非常吻合，包括提高装备技术水平、改革工艺、提高劳动者的素质、提高管理决策水平等，从而能为提高管理水平提供有用的依据。索洛余值法测度科技进步贡献率的局限主要是体现在需要有一定的假设：①各生产要素在任何时候都可以得到充分利用；②经济发展处于完全竞争条件下，并且可以完全度量出来，而这个在现实中还不能满足。

（三）连续替代弹性函数（CES 函数）

CES 生产函数是 1961 年阿罗与索洛·钱纳里、米汉斯等人合作，在假定人均产出（Y/L）与工资（W）满足如下条件：$W=A\ (Y/L)$，规模收益不变，且投入要素和产品处于完全竞争的市场之中，从而推导出投入量与产出之间关系的具有不变替代弹性的生产函数，简称 CES（Constant elasticity of substitution）生产函数[6]。其基本形式为：

$$Y=At\ (\alpha K^{-p}+\beta L^{-p})^{-\frac{m}{p}} \tag{5}$$

公式中，Y 为总产出，K 为资本投入，L 为劳动投入，A_t 为技术水平因子，α 为资本分配率，β 为劳动分配率，$\alpha+\beta=1$，ρ 为替代参数，其替代弹性 $\sigma=1/\ (1+\rho)$，m 为阶次参数，表示规模收益。

若把 A_t 写成指数形式，上式变为：

$$Y=A_0e^{rt}\ (\alpha K^{-p}+\beta L^{-p})^{-\frac{m}{p}} \tag{6}$$

公式中，r 为技术进步系数，t 为时间，上式是动态的 CES 生产函数。公式中有五个待估计的参数：A_0，r，ρ，m，α（$\beta=1-\alpha$），只要能通过适当的方法计算出各个参数，则技术进步系数 r 可知，技术水平 A_t 也可算出，技术进步的作用也相应能够分析得到。

CES 的优点是生产函数在数学形式更加完美，推理也更加严谨。而且也没有特别多假设条件的约束。其缺点是由于参数的估计方法都比较复杂，估计结果往往出现许多系统误差。而且这些系统误差不易调整。因此，CES 适用性还不强。

（四）增长因素分析法

丹尼森在《为什么增长率不同》、《1929～1969 年美国经济增长的核算》等书中对影响经济增长的因素进行定量分析。他把这些因素分为七项：就业人数及其年龄—性别构成；包括非全日工作的工人在内的工时数；就业人员的教育年限；资本存量的大小；资源配置，主要指低效率工作使用劳动力比重的减少；规模经济，以市场的扩大来衡量；知识进展。这七项中，前 4 项属于要素投入量，后三项属于每一单位投入量的生产率，其中有些项还进行了

细分。[6,8]

丹尼森的"知识进展"的概念与技术进步含义非常相似。这一更加细致的分类，为后人研究如何准确地测算科技进步对经济增长的作用，提出了又一种思路。而且这种方法还有一个优点，可以对科技进步的因素的贡献率也可以用同样的思路进行计算。其局限性主要是这种方法考虑因素较多，为实际测算带来诸多不便。其次，由于此种方法很多定量性的东西需要专家打分，因此，主观随意性较强，限制了它的运用。

（五）数据包络法（DEA 法）

数据包络分析法模型首先假设有 n 个决策单元，每个决策单元都有 m 种输入，s 种输出：

DMU_1 DMU_2 $\cdots$ DMU_n

$$\begin{array}{ccc} v_1 & 1 & \rightarrow \\ v_2 & 2 & \rightarrow \\ \vdots & \vdots & \rightarrow \\ v_m & m & \rightarrow \end{array} \boxed{\begin{array}{cccc} x_{11} & x_{12} & \cdots & x_{1n} \\ x_{21} & x_{22} & \cdots & x_{2n} \\ \vdots & \vdots & \vdots & \\ x_{m1} & x_{m2} & \cdots & x_{mn} \end{array}}$$

$$\boxed{\begin{array}{cccc} x_{11} & x_{12} & \cdots & x_{1n} \\ x_{21} & x_{22} & \cdots & x_{2n} \\ \vdots & \vdots & \vdots & \\ x_{m1} & x_{m2} & \cdots & x_{mn} \end{array}} \begin{array}{ccc} \rightarrow & u_1 & 1 \\ \rightarrow & u_2 & 2 \\ \rightarrow & \vdots & \vdots \\ \rightarrow & m & u_m \end{array}$$

其中 x_{ij}为 j 个 DMU 第 i 种输入的投入量，y_{ij}为第 j 个 DMU 第 r 种输出的产出量，v_i为 i 种输入的"权"，u_r为第 r 种输出的"权"，而且 $x_{ij}>0$，$y_{ij}>0$，$u_r\geqslant 0$，$v_i\geqslant 0$，$i=1$，2，…，m；$r=1$，2，…，s；$j=1$，2，…，n。

记 $Xj=(x_{1j}, x_{2j}, \cdots, x_{mj})^T$，$Yj=(y_{1j}, y_{2j}, \cdots, y_{sj})^T$，$j=1$，2，…，$n$。可用（$Xj$，$Yj$）表示第 j 个 DMU。

对应于"权"系数 $v=(v_1, v_2, \cdots, v_m)^T$，$u=(u_1, u_2, \cdots, u_m)^T$，每个 DMU 都有相应的效率评价指标：

$$h_j=\frac{u^T Y_j}{v^T X_j},\ j=1,\ 2,\ \cdots,\ n \tag{7}$$

总可以适当选择"权"系数 v 和 u，使其满足 $h_j\leqslant 1$，$j=1$，2，…，n。

对第 j_0个 DMU 进行评价，简记 DMU_{j0}为 DMU_0、（X_{j0}，Y_{j0}）为（X_0，Y_0），h_{j0}为 h_0，$1\leqslant j_0\leqslant n$，在各 DMU 的效率评价指标均不超过 1 的情况下选择"权"系数 u 及 v，使 h_0最大，于是构成如下的最优化模型：

$$(\overline{P}) = \left\{ \mathrm{Max} h_0 = \frac{u^T Y_0}{v^T X_0} \right.$$

$$s,\ t.\ h=\frac{u^T Y_j}{v^T X_j}\leqslant 1,\ j=1,\ 2,\ \cdots,\ n$$

$$v \geqslant 0,\ u \geqslant 0 \tag{8}$$

用数据包络分析计算林业技术进步贡献率的具体步骤为：

（1）利用数据包络分析（DEA）的 C^2GS^2 模型计算出各评价年份的相对有效性 θ_t。

（2）计算各年的科技进步贡献率。

$$E_{A_t} = \left(\frac{\Delta\theta}{\theta_{t-1}} \div \frac{\Delta y_t}{y_{t-1}}\right) \times 100\% \tag{9}$$

公式中：t 为评价年份，$t=1, 2, 3, \cdots, n$；E_{At}为第 t 年科技进步贡献率；$\theta_{t.}$ 第 t 年相对数率；$\Delta\theta_t$为第 t 年与上年相比相对效率增量；y_t为 t 年产出；Δy_t为第 t 年与上年相比产出增量。

（3）计算平均科技进步贡献率。根据各年科技进步贡献率计算出来的平均科技进步贡献率：

$$E_{A_t} = \frac{\sum_{t=1}^{n} E_{A_t} \cdot \Delta y_t}{\sum_{t=1}^{n} \Delta y_t} \times 100\% = \frac{\sum_{t=1}^{n} E_{A_t} \cdot \Delta y_t}{y_n - y_0} \times 100\% \tag{10}$$

DEA 方法的优点是作为一个统计方法，它不再从大量样本数据中分析出样本集合整体的一般情况，而是分析出样中处于相对最优情况的样本个体。此外，DEA 可以利用数学规划的手段估计有效生产前沿面，进一步拓展了多输入多输出情况下的“生产函数”的研究和应用。但是，数据包络分析法测算技术进步贡献率的计算量会更大一些，而且需要更多的数据解决很多线性规划问题，这个对统计资料的要求较高，因此目前在适用性上不足[6,9]。

三、模型选择和数据来源

（一）模型选择

索洛余值法由于具有操作简单、实用性强等优点，应用最为广泛。此外，此方法也被农业部科学技术与质量标准司颁布为全国统一的农业科技进步贡献率测算方法[10]。因此本论文采用索洛余值法测算全国林业科技进步贡献率。

（二）数据来源和样本选择

本研究中所用到的数据资料主要来源于《中国林业统计年鉴》、《中国农村经济年鉴》、《新疆统计年鉴》。林业生产中各生产项目资本量和用工量根据第一、二、三产业产值、第一、二、三产业产值资本量、劳动力和林业产值的同比换算。由于研究年份区间是 1996 ~ 2007 年。

（三）指标数据处理

（1）产值：以 1990 年不变价格将各年林业产值换算为可比值。

（2）物质消耗：目前采用较多是戈登 · 史密斯（ Gold Smith）在 1951 年开创的永续盘存法。由于中国尚无大规模的资产普查。因此，可采用物质消耗指标，这也是我国其他行业计算科技进步贡献率常采用的一种指标，同样以 1990 年不变价格将各年林业物质消耗换算为可比值。[11,12]

（3）劳力投入：理论上劳动投入量是指实际投入的劳动量，应该用有效劳动时间来反映，其不仅取决于劳动的投入数量，还与劳动的利用效率、劳动者质量有关。但由于目前还缺乏这方面的统计资料，因此采用历年社会劳动者人数作为劳动投入量指标。

（4）弹性系数：如何估计模型中的投入要素的弹性，是衡量科技进步对经济增长作用的关键问题之一，现在主要的方法有：经验法、比值法和回归法[6]。其中回归法能够从数量的角度更为准确地描述出变量之间的关系，并且还可以通过显著性检验和相关系数等方法来进行检验，因此本论文采用回归法。回归法就是采用生产函数模型，代入相应数值后，根据最小二乘法（OLS）进行回归估算出两个弹性系数。这也是目前采用越来越多的一种方法。

（5）相关指标数据计算结果：根据上述过程得到新疆林业总产值等相关指标数据如表 1 所示：

表 1　1996～2007 期间新疆林业总产值、林业物质费用和林业劳动力（亿元，万人）

年份	林业总产值	林业物质消耗	林业劳动力
1996	11.70	4.43	10.49
1997	12.10	4.61	9.22
1998	20.57	5.28	14.44
1999	28.63	5.66	21.48
2000	30.27	5.91	22.87
2001	15.42	6.82	13.18
2002	78.75	6.47	55.31
2003	101.62	9.67	57.20
2004	98.21	7.96	54.20
2005	151.42	12.31	67.83
2006	110.62	10.70	51.02
2007	112.75	11.07	42.51

四、函数估计和结果分析

（一）1996～2007 年间新疆林业科技进步贡献率函数估计

根据表 1 的数据，运用 Eviews3.0 回归分析可得到新疆 1996～2007 年林业科技进步贡献率测算的回归方程和相关系数，回归函数结果如下：

$$y = 0.055148 + 1.123807k - 0.232662t \qquad (11)$$

$$R^2 = 0.9833$$

从上式可以看出，$R^2 = 0.9833$，这说明模型对样本的拟合很好，具有统计意义。

（二）要素投入的产出弹性分析

从要素投入的产出弹性系数看，资本的弹性系数为 1.123807，劳力的产出弹性系数为 -0.232662，二者之和为小于 1，说明新疆的林业规模效益是递减的。主要原因是：由于新疆社会主义市场还处于不断完善中，广大林农还是处于小农生产阶段此外，林业在我国还属于具有公益性质的产业，其规模效益更难以通过完全通过市场。因此要积极通过“看不见的手”和“可的见的手”调整产业结构，发挥其规模效益。

（三）科技进步贡献率分析

首先计算 1996～2007 年间新疆林业产值的平均增长速度，其计算方法是建立如下模型：

$$y_t = y_0 \ (1+r)^t \cdot e_\mu \quad (12)$$

其中，y_0 是基期林业产值，y_t 是 t 年林业产值，r 是林业产值增长率，μ 为随即干扰项。两边取对数得：

$$\ln y_t = \ln y_0 + t\ln \ (1+r) \ + \mu \quad (13)$$

通过表 1 的数据回归可得：

$$r = 0.2338 = 23.38\%$$

根据回归方程（11）的结果，可知 1996～2007 新疆林业科技进步速度为 0.055148。因此，林业科技进步贡献率为：

$$E_A = 32.05\%$$

从结果可以看出，1996～2007 新疆林业科技进步贡献率为 32.05%，科技进步贡献率较低。

（四）1996～2007 年间新疆林业产业结构分析

通过对林业第一产业、第二产业、第三产业的考察可以看出，新疆林业产业结构数据如表 2 所示：

表 2　1996～2007 期间新疆林业产业结构（亿元）

年份	第一产业	第二产业	第三产业
1995	10.42	1.87	0.85
1996	11.60	1.65	0.84
1997	10.45	2.16	1.02
1998	19.16	2.44	0.76
1999	28.49	1.91	0.86
2000	31.98	0.92	1.42
2001	17.13	1.26	1.39
2002	84.93	0.82	2.50
2003	113.5	5.95	2.34
2004	114.12	1.21	3.17
2005	157.2	10.64	12.14
2006	122.5	3.48	3.98
2007	119.5	4368	7.21

从表 2 可以看出，新疆第一产业比重占林业总产值的主要方面，从历年的数据来看，新疆第二产业产值占林业总产值的比重有所下降。第三产业产值所占林业总产值的比重在三省中居高，但变化幅度很大。因此，应优化林业产业结构，提高林业科技水平。

五、提高"十二五"新疆林业科技进步贡献率的建议

（一）优化林业产业结构，转变林业增长方式

从上面分析可以看出，新疆的林业产出结构优化会极大地促进林业科技进步对经济的拉动作用。因此，在"十二五"期间，新疆应坚定不移地优化业产业结构，转变林业增长方式，加快农业产业化进程，加快林业机械的普及，提高农业的产出投入比。拓展林业的可持续发展空间，使新疆早日实现资本密集型、技术密集型、劳动和资源节约型的林业科技进步局面。

（二）积极推进林业产业化进程

通过有效的组织形式，大力发展适应市场经济要求的林业龙头企业，以多种形式加速林业的产业化进程，延长林业的产业链，使提高的产量和质量通过市场实现其价值，最终体现在林业总产值的增长上来。通过建立合理的风险和利益共担机制，将生产过程的产前、产中、产后服务企业单位联合起来，建立共同的营销组织，应用现代科学技术和管理手段，组织生产、加工、运销，提高生产的增值率。一方面，使林农科技发展成为一种可能，另一方面，提高林农学科技、用科技、靠科技的积极性。

（三）建立稳定的高素质的林业科技队伍

要发展现代化林业，同样需要掌握现代林业科技知识与实际技能的人才。建立一支稳定的高素质的林业科技队伍，必须扫除一切阻碍创新的因素，努力开创一个人才辈出、并能充分发挥各类人才的积极性和创造性的新局面，尽快形成拴心留人的环境，培养一个争相创新的氛围，使优秀的人才脱颖而出，发挥才干。

（四）构建宏观—微观双向驱动的科技创新动力机制

现代经济增长的理论表明，科技进步是促进经济增长的重要源泉，其贡献份额将占有越来越大的比重，而科技进步的核心是科技创新的形成，只有不断地生产科技创新才能促进科技进步贡献率的提高，进而促进经济增长。宏观—微观双向驱动的科技创新动力机制是指在微观主体内部需求和宏观主体外部调控两个方面的驱动力同时并存、协调一致下，科技创新行为产生的运行机制。实践中，科技创新动力不足是影响科技进步贡献率的关键所在。因此，必须通过制定经济发展战略、推广计划、科技政策等来实现经济与科技的协调发展；与此同时，通过微观利益诱导，调整企业与林农的微观生产经营行为，激励企业与林农对科技的有效需求，进而把企业与林农对科技的内部需求与科技部门的外部调控有机地结合起来，构建我国宏观—微观双向驱动的科技创新动力机制。

参考文献：

［1］江泽慧 等．中国现代林业［M］．北京：中国林业出版社，2000.

［2］World Bank. The World Development Report 2002，Oxford，UK：Oxford University Press，2002.

［3］黄鹤羽，王志明，等．中国林情［M］．北京：开明出版社．2000.

［4］顾焕章，王培志．农业技术进步贡献率测定极其方法研究［J］．江苏社会科学，1994（6）：7，11.

［5］朱希刚．我国农业科技进步贡献率测算方法［M］．北京：中国林业出版社，1997.

［6］黄鹤羽，李智勇，林泽攀，等．科技进步对林业经济增长作用分析与定量测算研究［M］．北京：科学技术文献出版社．1996.

[7] 蒋和平，苏基才. 1995 ~ 1999 年全国农业科技进步贡献率的测定与分析 [J]. 农业技术经济，2001，5：12 ~ 17.

[8] Battese G E，Coelli T J. A Model for Technical Inefficiency effects in a Stochastic Frontier Production Function for Panel Data. Empirical Economics，1995，20：325 ~ 332.

[9] 傅毓维，钟蔚扬. 科技进步贡献率测度新方法的研究 [J]. 技术经济，2000 (2)：25，27.

[10] 农业部科学技术与质量标准司. 关于规范农业科技进步贡献率测算方法的通知. 农（科综）[1997] 13 号.

[11] 吴成亮，高岚. 广东省林业科技进步贡献率的测算与分析 [J]. 华南农业大学学报（社会科学版），2007 (6)：41 ~45.

[12] 赵东喜，王力虎，黄晓昀. 广西十五时期农业科技进步贡献率测算与分析 [J]. 安徽农业科学，2010 (3)：1500 ~ 1502.

技术特征、农户特征对施肥技术采用意愿影响的实证分析

王 会[1] 王 奇[2]
（1. 北京林业大学经济管理学院，北京，100083；
2. 北京大学环境科学与工程学院，北京，100871）

摘要：基于离散因变量模型构建了分析技术特征项、农户特征对施肥技术采用意愿影响的计量分析模型，以技术特征组合构建了虚拟的施肥技术并采用选择实验法对农户进行问卷调研获得其采用意愿，并通过问卷调研进行实证分析。研究表明：化肥施肥量越小、产量越高、施肥次数越少、政府补贴越高的施肥技术农户更愿意采用；年龄较大的农户、女性、收入较高的农户更愿意选择施肥量大、施肥次数多的施肥技术；曾接受过农业技术培训的农户更愿意选择施肥量小、施肥次数少的农业生产技术，而且对政府补贴较为敏感；受教育程度、单位农业劳动力耕地面积对农户对技术特征的偏好影响不显著。应研发并推广施肥量小、施肥次数少的施肥技术，加强技术培训是提高农户技术了解并使其行为更符合经济理性的重要手段。

关键词：离散因变量模型；选择实验法；技术特征；农户特征；施肥技术；采用意愿

An Empirical Study on the Effects of Technology Characteristics, Farm Household Characteristics on the Willingness to Adopt Fertilizing Technologies

WANG Hui, WANG Qi
(1 School of Economics and Management, Beijing Forestry University, Beijing, 100083;
2 College of Environmental Science and Engineering, Beijing University, Beijing, 100871)

Abstract: Based on discrete dependent model, an econometric model was built to analysis the effects of technology characteristics, farm household characteristics on the willingness to adopt fertilizing technologies, and based on choice experiments the willingness to adopt of farmers was acquired by questionnaire, after which an empirical study was carried out. It was shown that: ① the fertilizing technologies with lower fertilizer, higher yields, less fertilizing times, higher subsidy were adopted with higher probability. ② the elder, the female, the richer preferred the fertilizing technologies with higher fertilizer, more fertilizing times; the trained preferred the fertilizing technologies with lower fertilizer, less fertilizing times, higher subsidy; education level and land per agricultural labor had insignificant effects on the willingness. It should be enhance the R&D and promotion of the technologies with lower fertilizer and less fertilizing times, and it would be an effective way to train farmers for him to understand technologies and act rationally.

Key words: discrete dependent variable model; choice experiment; technology characteristics; farm household characteristics; fertilizing technologies; willingness to adopt

---

作者简介：

第一作者：王会（1982～），男，河南林州人，博士，北京林业大学经济管理学院讲师，研究方向：林业经济学、环境与自然资源经济学。

第二作者：王奇（1971～），男，山东荣成人，博士，北京大学环境科学与工程学院副教授，研究方向：环境与可持续发展。

一、引　言

改革开放以来，我国农业生产特别是粮食生产取得了巨大成就，在人口数量持续增加、耕地面积不断减少的情况下，人均粮食占有量从1978年的319kg上升到2010年的409kg[1]。与此同时，农业生产中化肥的大量使用给我国水环境带来了严重的污染威胁。1978～2010年，化肥施用量从884万t急剧上升到5562万t[1]，年均增长5.92%。2007年我国种植业流失的总氮、总磷分别为159.78万t、10.87万t，分别占到农林牧渔业与生活氮磷排放总量的33.8%和25.7%[2]，已经成为当前湖库富营养化的重要原因。一般地，种植业生产中流失的氮磷不易收集，难以通过类似工业污染常采用的末端治理来进行无害化处理，因此推广和应用环境友好型生产技术、从种植业生产环节减少氮磷的流失是其防治的重要途径。在家庭联产承包责任制的基本农业经济制度下，农户是组织种植业生产活动的基本单元，其是否采用环境友好型生产技术直接决定着种植业氮磷流失控制的效果。因此，农户对环境友好型生产技术的采用意愿是研发与推广环境友好型生产技术、防治种植业氮磷流失的一个基础问题。

农户对生产技术的采用行为或者采用意愿，一方面与农户特征有关，另一方面与备选技术特征有关。不同的农户由于偏好、要素禀赋等不同而对具有不同特征的技术的采用行为不同。劳动力丰富而资本缺少的农户一般会采用节约资本的生产技术，而资本丰富、劳动力稀缺的农户则一般会采用节约劳动力的生产技术。根据林毅夫研究[3]，美国人少地多，其农业现代化道路主要以节约劳动力的机械化为主；相比之下，日本则人多地少，其农业现代化道路主要以增加耕地有效供给的化肥、良种、水利为主。同样的，为了更好地控制种植业生产过程中的氮磷流失，需要根据当地农户对生产技术的偏好来研发并推广相应的环境友好型技术。

农户对生产技术的采用行为或者采用意愿是农业经济研究中的一个重要问题，学术界已进行了大量研究。实证分析方面，多基于计量模型分析农户对某一特定技术采用与否的影响因素，例如杂交水稻技术[3]、绿色农药技术[4]、节水灌溉技术[5]等。其中所采用的主要计量模型包括普通最小二乘法、Probit二元回归模型、Logit二元回归模型等[6,7]。在这些实证分析中，所选择的影响因素主要为农户相关特征，而无法分析技术特征的影响，研究结果一般揭示了影响农户采用某一特定生产技术的影响因素。但是，对于氮磷流失控制而言，目前有多种环境友好型生产技术可以作为推广对象，甚至还可以进一步研发新的生产技术，选择哪种生产技术作为推广对象或者研发什么样的生产技术成为一个氮磷流失控制中的一个重要问题，因此有必要研究生产技术特征对其被采用的影响。

关于生产技术特征对其被采用的影响，需要结合多个技术在多个特征方面的差别及农户选择结果进行分析。当前一些研究分析农户在不同技术之间的采用行为或意愿，部分揭示了技术特征对技术采用行为的影响。宋军等运用Probit计量模型分别对农户的高产技术和节约劳动型技术选择行为进行分析，发现收入高的农户更多选择节约劳动型技术[8]；罗小锋运用Logit计量模型分别对节约耕地型技术（高产品种）和节约劳动型技术（机耕技术）选择行为进行了分析[9]。通过比较农户对不同技术的选择行为，某种程度上可以揭示技术特征对技术选择行为的影响。但是，这样的研究多仅能将生产技术分为两类，即研究某一特征对技术采用行为的影响，而无法分析多个特征对技术采用行为的影响。也就是说，当前研究多试图从某一技术得到其典型特征对技术采用行为的影响，例如试图从机耕技术得到劳动力特征对技术采用行为的影响。由于机耕技术同时具有资本等方面的特征，所以该方法得到的结果实际上仍然是多个特征的综合影响，而不仅仅是劳动力特征的影响。

已有研究较少针对生产技术特征对其被采用影响的原因是，现实中，农户在每个农艺环节可供选择的技术往往较少。鉴于此，本文借鉴环境价值评估领域的选择实验法，以技术特征组合构建多个虚拟的备选技术，通过对农户进行问卷调研获得其对若干虚拟技术的采用意愿，从而分析技术特征对技术采用的影响。进一步地，技术研发与推广需要了解“什么样的农户更愿意选择什么样的技术”，本文试图通过技术特征与农户特征对技术采用意愿的交互影响进行分析。本文的实证研究基于对山东省济宁市农户施肥技术采用意愿的调研数据。

二、模型与方法

(一) 计量模型构建

基于离散因变量模型构建研究技术特征、农户特征对技术选择行为或意愿的计量模型。离散因变量模型是研究微观个体离散选择行为的计量经济模型，其研究的基本问题是：给定 J 个备选项，每个选项有 M 项特征；给定 I 个决策者，每个决策者有 N 项特征；备选项特征、决策者特征如何影响决策者对备选项的选择。随机效用函数是离散因变量模型的基础，其表征了某决策者选择某备选项所获得的效用，包括确定性部分和随机性部分，一般形式为：

$$U_{ij} = V_{ij} + u_{ij} = \beta + \sum_{m=1}^{M} \varphi_m Z_{jm} + \sum_{m=1}^{M} \beta_{jn} X_{in} + u_{ij} \tag{1}$$

其中，U_{ij}表示决策者 i 选择备选项 j 获得的随机效用，V_{ij}为确定性部分，u_{ij}为随机性部分，Z_{jm}为第 j 个备选项的第 m 项特征，X_{in}为第 i 个决策者的第 n 项特征，β、φ_m、β 为待估系数。

当随机项 u_{ij}服从 I 型极值分布时，离散因变量模型即为 Logit 模型。这时，决策者 i 选择备选项 j 的概率可以表示为：

$$p_{ij} = \frac{\exp(V_{ij})}{\sum_{s=1}^{J} \exp(V_{is})} \tag{2}$$

根据决策者对备选项的选择结果，通过最大似然估计得到参数估计值。

离散因变量模型有两种简化形式，其一为 MNL 模型（Multi-Nominal Logit)，即自变量仅保留决策者特征变量和常数项；其二为 PCL 模型（Pure Conditional Logit)，即自变量仅保留选项特征变量和常数项。

关于本文计量模型的构建。首先，由于本文试图分析技术特征对技术采用的影响，故仅保留决策者特征变量的 MNL 模型不适合。其次，本文通过选择实验法构建虚拟技术来获得农户的技术采用意愿，得到的研究结果需要推广到同类生产技术，那么一般模型（1）也不适合，因为一般模型中决策者特征自变量的系数是与特定备选技术相联系的，所得到的系数仅对该备选技术有意义。因此，选择 PCL 模型作为本文实证分析的基础模型。PCL 模型保留了技术特征变量，技术特征自变量的系数可以推广到同类技术，然而，其缺点是没有包含决策者变量。这样，只能分析技术特征对技术选择行为的影响，却无法分析农户特征对技术选择行为的影响，也就无法回答“什么样的农户更愿意选择什么样的技术”。为了包含决策者变量，本文将PCL模型中备选项特征自变量的待估系数设为决策者特征变量的函数，这时决策者特征变量通过影响备选项特征的边际效用来影响随机效用水平，以公式表示如下：

$$U_{ij} = V_{ij} + u_{ij} = \beta + \sum_{m=1}^{M} f(X_{i1}, \cdots, X_{in}) Z_{jm} + u_{ij} \tag{3}$$

进一步地，假定函数f（.）为带截距项的线性函数，那么有：

$$U_{ij} = \beta + \sum_{m=1}^{M} (\varphi_m + \sum_{m=1}^{N} \beta_{mn} X_{in}) Z_{jm} + u_{ij} \tag{4}$$

这样，得到了本文用以分析技术特征、农户特征如何影响技术采用意愿的计量模型。

根据回归结果可以进行如下两方面分析。其一，通过分析参数β_m的符号，可以得到农户第n项特征对生产技术第m项特征边际效用影响的方向，从而得到什么样的农户偏好什么样的技术。其二，给定一个新的生产技术，将其特征水平值代入估计得到的方程可以得到某一农户采用该生产技术的随机效用，并通过与现状技术相比得到该农户采用该技术的概率；进一步结合某一群体农户特征的概率密度函数，可以得到该新技术被该群体采用的概率。这具有两方面政策含义，一方面可以比较多个备选技术的采用概率，从而选择采用概率最高的技术作为推广对象；另一方面，给定某一拟推广的技术，可以通过改变农户的某些特征来提高目标技术的采用概率。

（二）选择实验方法

基于选择实验法，获得农户对不同技术的选择意愿。如前所述，现实中同一农业生产环节可供选择的生产技术较少，所以一般无法分析技术特征对技术采用行为的影响。为此借鉴环境价值评估研究领域的选择实验法，构建虚拟的农业生产技术，并通过问卷调研获得农户的选择意愿。

选择实验法（choice experiments method）是一种基于离散因变量模型的环境价值评估方法，已经成为环境资源价值评估中的重要方法[10]。选择实验法，通过问卷的形式向决策者提供一系列选择集（choice set），每个选择集包含若干备选项，每个备选项由其特征的不同水平的组合来描述；决策者从每个选择集中选出自己最偏好的一个备选项；研究者根据选择集设计和决策者选择结果，运用计量经济学模型进行研究。选择集中包含一个现状选项（status quo），以免决策者被迫从给定的备选项中选择一个自己并不偏好的选择。

具体地，基于选择实验法，以技术特征水平的不同组合构建虚拟的农业生产技术，通过问卷调研获得农户对备选技术的采用意愿，从而进行计量分析。

三、实验设计与问卷调研

（一）选择实验设计

为了获得农户的技术采用意愿，需要识别施肥技术主要特征，通过技术特征水平值的组合构建虚拟技术，并构建选择集对农户进行问卷调研。

种植业生产中，作物、耕作制度与耕作方式一般不会变化，如何改进施肥技术是减少氮磷流失的重要措施。当前，关于化肥施用的新技术主要包括精准施肥技术、缓释肥技术、直接减少化肥施用量等。

1. 技术特征识别及其水平值设定

通过对种植业农户进行预调研、咨询施肥技术方面的专家等，从三个方面概括施肥技术的特征：直接经济成本、劳动力投入、产量效益。其一，直接经济成本。施肥技术的直接经济成本主要是购买化肥的成本，为了给农户一个直观的认识，选取施肥量变化作为表征直接经济成本的特征变量，即施肥量越多直接经济成本越高。缓释肥技术虽然并不是通过提高施肥量来提高成本，但是在对其采用概率进行定量分析时可以将其成本折算为化肥施用量的提高。其二，劳动力投入。不同施肥技术的劳动力成本不一样，同时不同的农户对同样的劳动力投入的价值评估也不一样，因此，将施肥技术的劳动力投入作为一个特征。为了给农户直观理解，以一季农作物所需施肥次数来表征施肥技术的劳动力成本。案例地一季作物施肥次数一般为两次，将一季农作物所需施肥次数这个特征变量设定为 2 次、3 次、4 次三个水平。其三，产量效益。对产量的影响也是施肥技术的一个重要特征，而且农户对产量的价值判断有时与市场价格不完全一致，因此将产量变化作为施肥技术的一个特征。此外，为了推广某些特定的施肥技术，政府会对农户进行补贴，因此将政府补贴作为技术的第四个特征。施肥技术各项特征及其状态水平值设定见表 1。

表 1　选择实验中施肥技术特征及其状态水平值

特征	状态水平	状态含义	水平值
施肥量变化	1	施肥量保持不变	0
	2	施肥量在现在的基础上减少 10%	-10
	3	施肥量在现在的基础上减少 20%	-20
产量变化	1	产量保持不变	0
	2	产量在现在的基础上增加 10%	+10
	3	产量在现在的基础上减少 20%	-20
一季农作物所需施肥次数	1	一季耕作中需要施肥 2 次	2
	2	一季耕作中需要施肥 3 次	3
	3	一季耕作中需要施肥 4 次	4
政府补贴	1	采用此选项补贴不变	0
	2	采用此选项补贴增加 150 元/亩	150
	3	采用此选项补贴增加 300 元/亩	300

2. 选择集设计

上述四个特征各三个状态水平，采用 L_9（3^4）正交表设计后得到 9 个实验选项，剔除与现实差距较远的选项后留下 6 个实验选项，其中一个选项为现状。除了现状选项之外的 5 个实验选项两两组合得到 10 组，再从中剔除优劣对比明显的 2 组，最后剩下 8 组，每组与现状选项构成一个选择集，这样共得到 8 个选择集，见表 2。

表 2　选择实验法调查问卷中的选择集

选择集	选项	化肥施肥量变化	产量变化	一季农作物所需施肥次数	政府补贴（元/亩）	您的选择
1	A	0	+10%	3	150	
	B	0	-20%	4	300	
	现状	0	0%	2	0	

（续）

选择集	选项	化肥施肥量变化	产量变化	一季农作物所需施肥次数	政府补贴（元/亩）	您的选择
	A	0	+10%	3	150	
2	B	-20%	0%	4	150	
	现状	0	0%	2	0	
	A	0	-20%	4	300	
3	B	-10%	+10%	4	0	
	现状	0	0%	2	0	
	A	0	-20%	4	300	
4	B	-10%	-20%	2	150	
	现状	0	0%	2	0	
	A	0	-20%	4	300	
5	B	-20%	0%	4	150	
	现状	0	0%	2	0	
	A	-10%	+10%	4	0	
6	B	-10%	-20%	2	150	
	现状	0	0%	2	0	
	A	-10%	+10%	4	0	
7	B	-20%	0%	4	150	
	现状	0	0%	2	0	
	A	-10%	-20%	2	150	
8	B	-20%	0%	4	150	
	现状	0	0%	2	0	

（二）农户相关特征变量选择

农户相关特征变量，一般包括调研对象特征、家庭经营特征、外部环境特征等变量。调研对象特征方面主要选择了如下变量：性别、年龄、受教育程度、是否接受过农业技术培训。关于年龄与技术采用，一般地，年龄较小的农户其劳动力机会成本较高，于是更愿意采用节约劳动力的施肥技术，相比之下年龄较大的农户则愿意采用节约资本的施肥技术。受教育程度与技术采用，一般地，受教育程度越高的农户，其越愿意采用新的生产技术，而且其劳动力机会成本较高也将使得其更愿意采用节约资本的生产技术。培训与技术采用，曾经接受过技术培训的农户一般愿意接受新的生产技术，但是难以判断其对节约劳动型技术或节约资本型技术的偏好。

农户经营特征方面主要选择了如下变量：单位农业劳动力耕地面积、家庭人均收入。单位农业劳动力耕地面积越大，其农业生产规模效益一般越好，这有利于新技术的应用，特别有利于节约劳动力技术的应用。家庭人均收入越高，其对生活质量要求也越高，一般不愿意采用劳动力密集的生产技术而采用节约资本的生产技术。

另外，由于调研地区农户外部环境特征基本一致，所以未选择外部环境特征变量。

（三）案例地的选择与问卷调研

选择山东省济宁市沿南四湖区域作为研究地区。南四湖地处南水北调东线工程过水区，2009 年其水质为Ⅳ类水，主要污染指标为石油类、总磷、总氮[11]，周边地区农业生产活动所产生的氮磷流失对南四湖水质形成较大影响。而南四湖周边地区农业生产技术的环境友好属性较差。以微山县为例，2007 年单位农作物播种面积的化肥施用量为 367kg/hm²[12]，高于同期全国平均水平的 332.8 kg/hm²[1]。因此，该地区迫切需要推广环境友好型施肥技术以降低种植业生产活动带来的氮磷流失。

对山东省济宁市微山县和鱼台县沿南四湖区域的 9 个行政村进行了实地调研，共收集问卷 92 份，其中有效问卷 85 份；共有 2040 个有效观测值。农户特征的统计摘要见表 3、4。

根据调研情况来看，调研对象平均年龄 50.56 岁，可见调研地区从事农业生产的主要是老年人，这也可以从调研过程进一步印证，根据实地调研得知年轻人都外出务工，只有老年人从事农业生产。调研对象的受教育程度以初中为主，比例为 60.0%。参加过相关农业技术培训的人比较少，仅有 21.2%。从家庭人均收入来看，调研对象的平均人均收入为 0.66 万元，调研地区农村经济发展水平相对较低。

表 3　农户特征统计摘要（一）

	单位	样本数	最小值	最大值	平均值	标准差
年龄		85	26	75	50.56	11.64
单位农业劳动力耕地面积	亩/人	85	0.60	10.00	2.68	1.59
家庭人均收入	万元/人	85	0.10	2.00	0.66	0.41

资料来源：根据本文农户调查数据整理所得。

表 4　农户特征统计摘要（二）

	类别	赋值	百分比
性别	女	0	25.9
	男	1	74.1
受教育程度	文盲	0	4.7
	小学	1	23.5
	初中	2	60.0
	高中	3	11.8
是否参加过农业技术培训	未参加过	0	78.8
	参加过	1	21.2

资料来源：根据本文农户调查数据整理所得。

四、结果与讨论

（一）计量结果分析

基于 SPSS18.0 软件对调研获得的数据进行二元 logit 回归分析。因变量是农户对技术的采用意愿，1 表示愿意采用，0 表示不愿意采用。自变量包括：其一，技术特征部分，主要包括化肥施肥量变化、产量变化、一季农作物所需施肥次数、补贴；其二，农户特征部分，主要包括年龄、性别、受教育程度、是否接受过农业技术培训、单位农业劳动力耕地面积、家庭人均收入；其三，定义变量 Asc 以区分选项是否为非现状选项，如果不是现状选项则

Asc 为 1，否则为 0。回归结果见表 5。

表 5　计量模型回归结果

变量		系数	Wald 统计量	Exp（B）
化肥施肥量变化	1	-0.081 *	3.323	0.922
	年龄	0.002 ***	7.335	1.002
	性别	-0.032 *	2.773	0.969
	受教育程度	-0.013	1.270	0.987
	是否接受培训	-0.036 *	3.646	0.965
	单位农业劳动力耕地面积	-0.005	1.128	0.995
	家庭人均收入	0.038 **	4.034	1.039
产量变化	1	0.068	2.472	1.071
	年龄	0.001	0.560	1.001
	性别	0.000	0.000	1.000
	受教育程度	-0.005	0.156	0.995
	是否接受培训	0.021	1.346	1.021
	单位农业劳动力耕地面积	-0.000	0.000	1.000
	家庭人均收入	-0.038 **	4.128	0.963
一季农作物所需施肥次数	1	-0.593 **	5.124	0.553
	年龄	0.009 **	4.646	1.009
	性别	-0.207 *	3.694	0.813
	受教育程度	-0.076	1.370	0.927
	是否接受培训	-0.242 **	4.849	0.785
	单位农业劳动力耕地面积	-0.006	0.055	0.994
	家庭人均收入	0.196 *	3.358	1.216
政府补贴	1	0.008	2.104	1.008
	年龄	-0.000	0.974	1.000
	性别	0.004	2.344	1.004
	受教育程度	0.001	0.444	1.001
	是否接受培训	0.005 **	4.406	1.005
	单位农业劳动力耕地面积	-0.000	0.001	1.000
	家庭人均收入	-0.005 **	4.163	0.995
	Asc	1.697	1.697 ***	5.457
	常数项	-1.372	-1.372 ***	0.254
	对数似然比		2217.401	
	显著性水平		0.000	
	Cox-Snell R^2		0.170	
	Nagelkerke R^2		0.236	
	样本总数		85	
	观测值数目		2040	

注：*，**，*** 分别表示在 10%、5%、1% 水平上显著。

1. 分析技术特征对技术采用意愿的影响

化肥施肥量变化、一季农作物所需施肥次数回归系数均为负，即化肥施肥量越少、一季农作物所需施肥次数越少，直接经济成本越少、劳动力投入越少，则该技术的采用意愿越高，这与预期相符。

产量变化、政府补贴两个变量回归系数均为正，但是均未通过显著性检验，二者的伴随概率分别为11.6%和14.7%。这在一定程度上说明，产量越多、政府补贴越多的生产技术，农户采用意愿越高，亦符合预期。

比较回归系数显著程度，农户更关注施肥技术的成本，即直接经济成本与劳动力投入，而对产量与政府补贴关注较少。这可能与农业生产受气候、天气等自然因素影响较大有关，这使得农户对生产中需要投入的资金和劳动力比较敏感，而粮食产量等由于不确定性较大而使得农户较为不敏感。

2. 分析农户相关特征与技术特征的交叉影响

其一，年龄变量。该变量与化肥施肥量变化、一季农作物所需施肥次数的交叉项回归系数显著为正，这表明年龄越大的农户越愿意接受施肥量较大、施肥次数较多的生产技术。某种程度上表明，年纪较大的农户不愿意减少化肥使用量，担心化肥使用量减少会影响产量（尽管在调研时已告知其化肥使用量与产量是相互独立的），同时，年纪较大的农户因其劳动力机会成本较低，愿意采用施肥次数较多的生产技术，这与预期相符。年龄变量与产量变化、政府补贴的交叉项不显著。

其二，性别变量。该变量与化肥施肥量变化、一季农作物所需施肥次数的交叉项回归系数显著为负，即与男性相比，女性更愿意接受施肥量较大、施肥次数较多的生产技术。某种程度上反映出女性农户因其劳动力机会成本较低而更愿意采用劳动力投入较多的生产技术。性别变量与产量变化、政府补贴的交叉项不显著。

其三，受教育程度。受教育程度与四个技术特征的交叉项的回归系数均不显著。这不符合预期，可能因为部分农户虽然具有较高的受教育程度但是长期从事农业生产，其受教育程度对其生产技术采用行为的影响已然很小。

其四，是否参加过培训变量。该变量与化肥施肥量变化、一季农作物所需施肥次数的交叉项系数显著为负，即参加过培训的农户更愿意采用施肥量小、施肥次数少的生产技术，这表明农业技术培训帮助农户进一步了解了农业生产技术，使其认识到大量施肥并不一定高产，也使得农户行为更符合经济理性假设，因此希望减少农业生产中的直接经济成本和劳动力投入。是否参加过培训变量与政府补贴的交叉项系数显著为正，表明参加过培训农户也对政府补贴更为敏感，这也进一步说明了此类农户更为理性。

其五，单位农业劳动力耕地面积变量。该变量与四个技术特征的交叉项的回归系数均不显著。这表明对调研地区农业劳动力来说，其耕地面积较小，劳均耕地面积的变化不会对其生产技术采用行为产生影响。此外，单位农业劳动力耕地面积与化肥施肥量变量交叉项回归系数为负，虽未通过显著性检验但伴随概率为28.8%，这在一定程度上表明经营规模较大的农户对化肥使用的直接经济成本更为敏感。

其六，家庭人均收入变量。该变量与化肥施肥量变化的交叉项系数显著为正，表明收入较高的农户更愿意采用施肥量较大的生产技术，即收入较高的农户较为偏好资本密集型技术，这与预期相符。家庭人均收入变量与一季农作物所需施肥次数的交叉项显著为正，即愿意采用劳动力投入较多的生产技术，这不符合预期。此外，家庭人均收入与产量变化、政府补贴的交叉项显著为负，这表明家庭收入高的农户对产量和政府补贴不敏感。

整体来看，化肥施用量越小、产量越高、一季农作物所需施肥次数越少、政府补贴越多的技术被农户采用概率较高。年龄较大的农户、女性、收入较高的农户更愿意采用施肥量大、施肥次数多的施肥技术；曾接受过农业技术培训的农户则更愿意采用施肥量小、施肥次数少的施肥技术，而且对政府补贴较为敏感；收入较高的农户对产量、政府补贴的回归系数为负，某种程度上说明其对产量、政府补贴较不敏感；受教育程度、单位农业劳动力耕地面积这两个变量对农户对技术特征的偏好影响则不显著。

（二）具体技术接受概率测算

基于回归得到的系数估计值，结合某一具体施肥技术的四项特征的水平值，可以得到其被某一特定农户采用概率。这里以测土配方施肥技术为例测算其被调研地区典型农户采用的概率。

测土配方施肥是近几年来国家农业部门推行的一项节肥增产施肥技术。首先分析测土配方施肥技术的各项特征。根据近年来测土配方施肥技术在核心示范区试验的结果，使用测土配方施肥技术小麦产量增幅为 9.68%，施用配方肥 1060 万 t，减少不合理施肥 240 万 t[13]，相当于化肥施用量减少 18.46%。同时测土配方肥的施用方式与传统施肥方式基本相同，即施肥次数仍然是两次。政府补贴方面，2007 年中央财政为 42666.7 千 hm^2测土配方施肥的耕地提供了 9 亿元的补贴[14]，折合每亩补贴 14.06 元。

为了考察测土配方施肥技术被调研地区典型农户接受的概率，需要基于典型农户的特征参数得到其采用某项生产技术的随机效用函数的确定性部分。根据调研样本，确定典型农户特征如下：年龄，50.56 岁；性别，男；受教育程度，初中；是否曾接受过培训，否；单位农业劳动力耕地面积，2.68 亩/人；家庭人均收入，0.66 万元/人。将该农户的特征水平值代入计量回归方程，其中仅保留了 10% 水平上显著的回归系数（技术特征变量系数虽未达到 10% 显著水平，但考虑到其重要性仍予保留），得到典型农户采用某项施肥技术的效用函数，函数各变量的系数见表 6。

表 6　典型农户效用函数中各技术特征变量的系数

变量	常数项	Asc	化肥施肥量变化	产量变化	一季农作物所需施肥次数	政府补贴
系数	-1.3720	1.6970	0.0125	0.0435	-0.2218	0.0048

进一步地，将测土配方施肥技术和现行施肥技术的特征水平值代入典型农户效用函数，并基于公式（2），得到：相对于现行施肥技术而言，调研地区典型农户采用测土配方施肥技术的概率为 0.88。这在一定程度上表明测土配方施肥技术易于在调研地区推广应用，这与调研过程中发现的测土配方施肥技术被广泛应用基本相符。当然，如果可以得到该地区农户特征变量的联合密度函数，则可以通过积分得到测土配方施肥技术在整个地区农户中的接受概率。

五、结　语

本文以离散因变量模型为基础模型，构建了包括技术特征项、技术特征与农户特征交叉项的计量分析模型，并基于选择实验法得到农户对某些技术的采用意愿，以进行实证分析。

主要研究结论包括：

研究方法方面。其一，计量模型中纳入技术特征与农户相关特征的交叉项，可以分析农户特征对技术特征边际效用的影响，从而较好回答“什么样的农户更愿意采用什么样的技术”的问题。其二，以技术特征的组合来构建虚拟的施肥技术并通过选择实验法获得农户的采用意愿，较好地克服了现实中农户可供选择的技术较少而难以对技术特征影响进行分析的困难，为分析技术特征对农户采用行为或意愿的影响提供了方法基础。

研究结果方面。关于技术特征对采用意愿的影响，化肥施肥量越小、产量越高、施肥次数越少、政府补贴越高的施肥技术农户更愿意采用，这与基于经济理性得到的预期相符。关于什么样的农户更愿意采用什么样的技术，年龄较大的农户、女性、收入较高的农户更愿意采用施肥量大、施肥次数多的施肥技术；曾接受过农业技术培训的农户则更愿意采用施肥量小、施肥次数少的施肥技术，而且对政府补贴较为敏感；收入较高的农户对产量、政府补贴的回归系数为负，某种程度上说明其对产量、政府补贴较不敏感；受教育程度、单位农业劳动力耕地面积这两个变量对农户对技术特征的偏好影响不显著。

关于研究结果的启示。其一，年龄较大的农户、女性更愿意采用施肥量大、施肥次数多的农业生产技术，而这些农户正是当前农业生产的主要从业者，其“施肥量大、施肥次数多”观念较深，因此，当前减少化肥施用量相关技术推广的难度较大。其二，收入较高的农户的技术采用行为较不符合经济理性。收入较高农户的非理性技术采用行为，反映了农业生产在其收入中比重较低而对农业生产技术采用较为随意的事实。随着农户收入水平的进一步提高，农业收入在其收入中的比重将进一步下降，农户对施肥技术甚至对农业生产的随意性可能会增强。从氮磷流失控制来看，一方面如果不采取相关的政策措施，那么大量使用化肥的生产技术仍将被继续采用，另一方面，如果采取相应控制措施，那么由于对农户收入影响较小而较易于实施。其三，提高农民受教育程度，并不会明显影响其对施肥技术的采用意愿，一个可能的原因是部分农户虽然具有较高的受教育程度但是长期从事农业生产，其受教育程度对其生产技术采用行为的影响已然很小。但是对农户进行相关农业技术培训，将显著影响其技术采用意愿，并且使其行为更加符合经济理性。这说明培训有利于增加农户对生产技术的了解，加强技术培训仍然是推广技术的有效手段。

参考文献：

［1］国家统计局．中国统计年鉴 2011［M］．北京：中国统计出版社，2011.

［2］中华人民共和国环境保护部，中华人民共和国国家统计局，中华人民共和国农业部．第一次全国污染源普查公报［EB/OL］．（2010-02-06）．［2011-07-31］．http：//cpsc. mep. gov. cn/gwgg/201002/W020100225545523639910. pdf.

［3］林毅夫．制度、技术与中国农业发展［M］．上海：上海人民出版社，上海三联书店，1992.

［4］张云华，马九杰，孔祥智，等．农户采用无公害和绿色农药行为的影响因素分析——对山西、陕西和山东 15 县（市）的实证分析［J］．中国农村经济，2004（1）．

［5］陆文聪，余安．浙江省农户采用节水灌溉技术意愿及其影响因素［J］．中国科技论坛，2011（11）．

［6］Feder G，Just R E，Zilberman D. Adoption of agricultural innovations in developing countries：a survey［J］. Economic Development and Cultural Change，1985，33（2）．

［7］Knowler D，Bradshaw B. Farmers' adoption of conservation agriculture：A review and synthesis of recent research [J] . Food Policy, 2007, 32 (1) .

[8] 宋军，胡瑞法，黄季焜 . 农民的农业技术选择行为分析 [J] . 农业技术经济，1998 (6) .

[9] 罗小锋 . 农户采用节约耕地型与节约劳动型技术的差异 [J] . 中国人口、资源与环境，2011 (4) .

[10] Birol E, Koundouri P. Choice experiments informing environmental policy: a European perspective. Cheltenham UK, Northampton MA, USA: Edward Elgar, 2008.

[11] 中华人民共和国环境保护部 . 2009 年中国环境状况公报 [EB/OL] . (2010-05-31) . [2011-07-31] . http://www.zhb.gov.cn/gkml/hbb/qt/201008/W020100827352346868492.pdf.

[12] 济宁市统计局 . 济宁统计年鉴 2008 [M] .

[13] 孙钊 . 测土配方施肥项目的发展现状与对策 [J] . 现代农业科技，2009 (15) .

[14] 中国农业年鉴编辑委员会 . 中国农业年鉴 2008 [M] . 北京：中国农业出版社，2008.

大兴安岭蓝莓产业竞争力评价指标体系研究

麻双双　马文学

（东北林业大学经济管理学院，哈尔滨，150040）

摘要：蓝莓产业是大兴安岭国有林区特色产业，同时也是实现国有林区经济转型的一条有效途径。本文通过构建蓝莓产业竞争力评价指标体系，分析影响蓝莓产业竞争力的各个因素，找出关键因素，科学评价大兴安岭地区蓝莓产业竞争力，为政府决策提供科学的依据。

关键词：蓝莓；产业竞争力；评价指标体系

The research on blueberry industry competitiveness evaluation index in Daxinganling

MA Shuang-shuang，MA Wen-xue2

（School of Economics and Management，Northeast Forestry University，Harbin，150040）

Abstract：Blueberry industry is the characteristic industry instate-owned forest region ，and it is also an efficient way in the realization state-owned forest region economic transformation. This paper constructs the blueberry industry competitiveness evaluation index system，analysis of the impact of blueberry industry competitiveness of the various factors，find out the key factors，the scientific evaluation of blueberry in the area of Daxinganling blueberry industry competition ability，and to provide the scientific basis for government decision-making.

Key words：blueberry；industry competitiveness；evaluation index system

蓝莓含有丰富的营养成分和特殊的生物活性物质，被国际粮农组织列为五大健康食品之一。目前，大兴安岭林区蓝莓产业已经形成了一定的产业规模，取得了一定的经济、社会和生态效益，发展前景广阔。然而，伴随着国际和国内市场一体化竞争的大框架的形成，大兴安岭蓝莓产业必将面临极大的市场考验，要在国内、国际市场的激烈竞争中取得主动权，最根本、最关键的措施是要提升其产业竞争力。

一、蓝莓产业概述

蓝莓产业是融经济效益、生态效益和社会效益于一体的绿色产业，更是国有林区最有发展潜力的新兴产业，其主要内容包括以育种为核心的种苗培育，生产、栽培，浆果采摘，蓝莓鲜果销售，以蓝莓为原料的深加工食品（包括冷冻果、乳制品、酒类制品、饮料制品、糖果类、保健品等）。同时蓝莓产业还是一个产业链较长、产品品种较多、涵盖范围较广的复合型产业，按其对

作者简介：

第一作者：麻双双（1988～），女，贵州省遵义县人，在读硕士，东北林业大学经济管理学院。主要研究方向：林业经济管理。

通讯作者：马文学（1965～），男，黑龙江省海伦市人，在读博士，东北林业大学经济管理学院，副教授。主要研究方向：林业经济管理，林业技术经济。

资源的利用方式可分为：种植业、采运业、加工业、蓝莓资源绿化业、蓝莓产品流通业。

关于蓝莓产业的研究一直以培育、选育优良品种，保证丰产、优质为中心，综合利用加工工艺等作为发展方向。近几年，国内外研究蓝莓的种质资源、生态适应性、栽培技术、营养保健功能和贮藏加工等内容的比较多，而对于蓝莓产业的竞争力研究却很少。李丽敏等人在《特色农业产业动力模型构建及我国蓝莓产业发展研究》一文中分析了我国蓝莓的竞争优势，为分析蓝莓产业竞争力做出了贡献[1]。

目前，国内外对产业竞争力做了多方面研究，取得了显著成果，但还没有涉及蓝莓产业领域的竞争力研究。国内对蓝莓产业竞争力的研究存在明显不足：①研究蓝莓产业的文献少，鲜有对其产业的研究，更缺乏对蓝莓产业竞争力的综合研究。②未从产业链、产业政策及产业组织结构进行研究，难以对产业竞争力水平做出准确、全面、客观的测算与评价。波特"钻石模型"为产业竞争力研究提供了一个较完整的分析框架，但在产业竞争力理论的具体研究中不存在能够完全适用到所有产业上的模型或指标体系。因此，在对蓝莓产业竞争力研究中必须进行具体分析，从而确定其竞争力性质、主要影响因素及评价模型。

二、蓝莓产业竞争力影响因素评价指标体系的构建

（一）构建蓝莓产业竞争力评价指标体系的原则

要客观、科学、准确地评价影响蓝莓产业竞争力的因素，在构建蓝莓产业竞争力影响因素评价指标体系时就必然要遵循一定的基本原则：①科学性原则；②系统性原则；③可行性原则；④动态性原则；⑤全面性和代表性相结合的原则。

（二）蓝莓产业竞争力评价思路

本文借助层次分析法和模糊数学的相关理论对蓝莓产业竞争力影响因素进行分析。层次分析法在应用时，要求将复杂问题分解为多个组成因素，并将这些因素按支配关系构成递阶层次结构，通过各个因素两两比较的方式确定同一层次中各因素的重要性，然后综合判断确定备选方案的相对重要性进行总排序[2]。

本文基于波特产业竞争力理论，结合蓝莓产业自身特点和实际情况，综合目前学术界关于产业竞争力评价的主流观点，分别从产业结构、企业行为、蓝莓产品和企业环境四方面拟定出影响蓝莓产业竞争力的22个主要指标，进行比较全面的分析（表1）。

表1　蓝莓产业竞争力影响因素评价指标体系

一级指标 A	二级指标 B	三级指标 C	指标说明
蓝莓产业竞争力	蓝莓产业结构 B_1	经济发展 C_1	经济发展水平
		消费者态度 C_2	消费者对蓝莓产品的认可程度和消费习惯
		市场竞争 C_3	市场竞争状况
		产业集群 C_4	蓝莓产业集群的发展现状
	蓝莓企业行为 B_2	企业性质 C_5	独资、合资和其他
		资产规模 C_6	企业资产数量
		产品销售领域 C_7	产品销售的地方（省内、国内或国外）
		设备与工艺 C_8	蓝莓企业生产设备的先进程度与工艺技术的合理性
		科研创新 C_9	蓝莓企业设计、研发新产品、新工艺等科研及创新能力

（续）

一级指标 A	二级指标 B	三级指标 C	指标说明
蓝莓产业竞争力	蓝莓企业行为 B_2	物流与库存 C_{10}	物流与库存管理能力
		市场适应力 C_{11}	企业应对各种突发事件的快速反应能力
	蓝莓产品 B_3	品质特性 C_{12}	蓝莓产品的品质独特性和不可仿制性
		品牌战略 C_{13}	蓝莓产品的品牌效应
		贮存加工 C_{14}	蓝莓产品的贮存、包装及加工条件
		使用便利 C_{15}	蓝莓产品的外观属性及使用便利性
	产业环境 B_4	季节性生产 C_{16}	由气候条件的影响导致的季节性生产
		供应商 C_{17}	供应商供应的原浆果质量及供货及时性等
		行业协会 C_{18}	蓝莓行业协会的服务水平和质量
		政府服务 C_{19}	政府对该产业的政策支持性服务
		人力资源 C_{20}	蓝莓行业从业人员的数量、分布、受教育程度、专业技术能力等
		相关行业 C_{21}	相关行业（物流、餐饮等）的生产力发展水平
		发展前景 C_{22}	蓝莓产业的未来发展趋势产业集群占中药

三、AHP 在蓝莓产业竞争力评价中的应用

本研究论文采用和积法。具体步骤是：①将判断矩阵每一列归一化：$\bar{b}_{ij} = b_{ij}/\sum_{k=1}^{n} b_{kj}(i = 1,2,\cdots,n)$ 对按列归一化的判断矩阵，再按行求和：$\bar{w}_i = \overline{W}/\sum_{j=1}^{n}\bar{b}_{ij}(i = 1,2,\cdots,n)$ 将向量 $\overline{W} = [\overline{W}_1, \overline{W}_2, \cdots, \overline{W}_n]^T$ 归一化：$\bar{w}_i = \overline{W}_1/\sum_{i=1}^{n}\bar{w}_i(i = 1,2,\cdots,n)$ 则 $\overline{W} = [\overline{W}_1, \overline{W}_2, \cdots, \overline{W}_n]^T$ 即为所求的特征向量。②计算最大特征根：$\lambda_{\max} = \sum_{i=1}^{n}\frac{(AW)_i}{nW_i}$，$(AW)_i$ 表示向量 AW 的第 i 个分量。③一致性检验 $CR = \frac{CI}{RI}$，$CI = \frac{\lambda_{\max} - n}{n-1}$。其中，$b_{ij}$表示对于 A_k 而言，元素 B_i对 B_j 的相对重要性程度的判断值。$\lambda_{\max}$为判断矩阵 A 的最大特征根，W 为对应于 $\lambda_{\max}$的正规化特征向量，W 的分量 W_i就是对应元素单排序的权重值。

（一）建立层次结构模型

本指标体系以蓝莓产业竞争力水平和发展趋势为目标，通过对各因素的分解，得到评价体系的目标层（一级指标）、准则层（二级指标）和变量层（三级指标），构建出蓝莓产业竞争力评价框架（表 1）。

（二）构建判断矩阵

对于目标层 A 可持续发展总能力而言，在准则层 B 中，请有关专家根据表 2 标度说明对产业结构（B_1）、企业行为（B_2）、蓝莓产品（B_3）和企业环境（B_4）的重要性作出判断，得到 B 对 A 的判断矩阵表 3。

表 2 判断矩阵标度及其含义

标度 a_{ij}	含义
1	表示两个因素相比，具有同样重要性
3	表示两个因素相比，一个因素比另一个因素稍微重要
5	表示两个因素相比，一个因素比另一个因素明显重要
7	表示两个因素相比，一个因素比另一个因素强烈重要
9	表示两个因素相比，一个因素比另一个因素极端重要
2，4，6，8	为上述相邻判断的中值
a_{ij}表示因素 i 与因素 j 比较的结果，因素 j 与因素 i 比较则为其倒数 $1/a_{ij}$	

（1）构造准则层 B 对目标层 A 的判断矩阵。

表 3 矩阵 *A-B*

A	B_1	B_2	B_3	B_4	权值 W
B_1	1	1	3	1/3	0. 217
B_2	1	1	1	1/5	0. 135
B_3	1/3	1	1	1/3	0. 123
B_4	3	5	3	1	0. 525

$\lambda max = 4.190$，$CI = 0.063$，$RI = 0.96$，$CR = 0.066 < 0.1$

同理，分别得到因素层 C 对于准则层 B 的判断矩阵如下：

（2）构造因素层对准则层的判断矩阵。

判断矩阵 B_1-C

B_1	C_1	C_2	C_3	C_4	权值 W
C_1	1	1	1/3	1/5	0. 120
C_2	1	1	1/2	1	0. 198
C_3	3	2	1	1	0. 341
C_4	5	1	1	1	0. 341

$\lambda max = 4.228$，$CI = 0.0760$，$RI = 0.96$，$CR = 0.079 < 0.1$

判断矩阵 B_2—C

B_2	C_5	C_6	C_7	C_8	C_9	C_{10}	C_{11}	权值 W
C_5	1	1	3	1	1	5	2	0. 198
C_6	1	1	5	1	1	3	1	0. 177
C_7	1/3	1/5	1	1/5	1/3	1	1/5	0. 045
C_8	1	1	5	1	1	5	1	0. 188
C_9	1	1	3	1	1	5	1	0. 176
C_{10}	1/5	1/3	1	1/5	1/5	1	1/5	0. 042
C_{11}	1/2	1	5	1	1	5	1	0. 174

$\lambda max = 7.135$，$CI = 0.023$，$RI = 1.32$，$CR = 0.017 < 0.1$

判断矩阵 B_3—C

B_3	C_{12}	C_{13}	C_{14}	C_{15}	C_{16}	权值 W
C_{12}	1	2	1/5	1/2	1/5	0. 089
C_{13}	1/2	1	1/3	1	1/5	0. 090
C_{14}	5	3	1	3	1	0. 345

（续）

B_3	C_{12}	C_{13}	C_{14}	C_{15}	C_{16}	权值 W
C_{15}	2	1	1/3	1	1	0.159
C_{16}	5	5	1	1	1	0.317

$\lambda max = 5.367$，$CI = 0.092$，$RI = 1.12$，$CR = 0.082 < 0.1$

判断矩阵 B_4—C

B_4	C_{17}	C_{18}	C_{19}	C_{20}	C_{21}	C_{22}	权值 W
C_{17}	1	1	3	3	1	3	0.249
C_{18}	1	1	1	3	1	3	0.213
C_{19}	1/3	1	1	1	1/3	3	0.125
C_{20}	1/3	1/3	1	1	1	3	0.126
C_{21}	1	1	3	1	1	5	0.233
C_{22}	1/3	1/3	1/3	1/3	1/5	1	0.054

$\lambda max = 6.342$，$CI = 0.068$，$RI = 1.24$，$CR = 0.055 < 0.1$

经过一致性检验，各判断矩阵均具有满意一致性。

（三）层次总排序

目标层	准则层 A－B 权重 W_b		因素层 B－C 权重 W_c	
A	B_1	0.217	C_1	0.120
			C_2	0.197
			C_3	0.341
			C_4	0.341
	B_2	0.135	C_5	0.198
			C_6	0.177
			C_7	0.045
			C_8	0.188
			C_9	0.176
			C_{10}	0.041
			C_{11}	0.174
	B_3	0.123	C_{12}	0.089
			C_{13}	0.090
			C_{14}	0.345
			C_{15}	0.159
			C_{16}	0.317
	B_4	0.525	C_{17}	0.249
			C_{18}	0.213
			C_{19}	0.125
			C_{20}	0.126
			C_{21}	0.232
			C_{22}	0.054

四、结　论

从总排序的结果来看，在影响大兴安岭蓝莓产业竞争力的评价指标中，产业环境指数（B_1）权重值最大，其次是产业结构（B_2），企业行为（B_3）次之，蓝莓产品（B_4）最小。说明影响大兴安岭蓝莓产业竞争力的关键因素是行业环境，政府对蓝莓产业的支持以及蓝莓产业结构的调整，而并非蓝莓产品自身的发展能力。层次分析的结果与大兴安岭蓝莓产业发展的实际情况基本一致，证明在评价大兴安岭地区蓝莓产业竞争力中运用层次分析法是正确可信的。

总之，对蓝莓产业竞争力影响因素的评价有利于揭示该产业的本质与运行规律，为关注大兴安岭蓝莓产业研究的理论工作者、从事蓝莓生产和经营的农户、企业提供理论依据和决策指导。但需要指出的是，我国对蓝莓产业竞争力的评价研究还处于探索阶段，国内外关于蓝莓的研究主要是定性研究，对该产业进行定量研究的文献少之又少，缺乏系统的指标体系。本文所构建的评价指标体系是否能够充分反映蓝莓产业的竞争力，尚待进一步的实证检验和改进。

参考文献：

［1］李丽敏，赵春雷，等．特色农业产业动力模型构建及我国蓝莓产业发展研究［J］．安徽农业科学，2010，38（33）：19161～19163

［2］单国旗，周小燕．药膳产业竞争力影响因素评价指标体系研究［J］．科技管理研究，2011：16，22

［3］陈继云．中国企业竞争力评价体系研究述评［J］．商业时代，2007，09

林业合作组织经营模式、运行机制及评价研究
——基于江西、浙江两省的经验

孔凡斌[1]　吴雄平[1]　廖文梅[1,2,]　雷　瑶[1]

（1. 江西财经大学鄱阳湖生态经济研究院，南昌，330032；
2. 江西农业大学经济管理学院，南昌，330045）

摘要：文章研究了江西、浙江两省的林业合作组织经营模式及其运行机制，实证性地分析了各种林业经营模式的特点，并指出了各自的利与弊，便于林业经营者对林业合作组织形式有更深的认识，并因地制宜地选择适当的林业经营模式，以获得最大的经济效益。

关键字：林业合作组织；经营模式；运行机制；经济效益

The Management Model，Operation Mechanism and Evaluation research of Forestry Cooperative Organizations：Based on the experience of Jiangxi，Zhejiang，Fujian provinces

KONG Fan-bin[1]，　WU Xiong-ping[1]，　LIAO Wen-mei[1,2]，　LEI Yao[1]

（1. School of Economics and Management of Jiangxi Agriculture University，Nanchang，330045；
2. Institute of Poyang Lake Eco-economics of Jiangxi University of Finance and Economics，Nanchang，330013）

Abstract：This paper studied the management model，operation mechanism of forestry cooperative organizations in Jiangxi，Zhejiang provinces，made empirical analysis of the characteristics of various modes of forestry management，and pointed out the advantages and disadvantages respectively. Let the forestry operators have a deeper understanding on forestry cooperative organizations，and choose the appropriate modes of forestry management to obtain the maximum economic efficiency.

Key words：forestry cooperative organizations；management model；operation mechanism；economic efficiency.

基金项目

本研究得到2010年教育部“新世纪优秀人才支持计划”项目（编号：NCET-10-0182）、国家自然科学基金项目（编号：71103076，71173095）、中国博士后科学基金面上项目（编号：2012M510971）和江西省博士后研究人员科研择优资助项目的资金联合资助。

作者简介：

第一作者：孔凡斌（1967～），男，江西九江人，博士，江西财经大学鄱阳湖生态经济研究院教授，博士生导师，院长，研究方向：林业经济政策与理论，生态经济政策与理论。

第二作者：吴雄平（1988～），男，江西永丰人，硕士，江西财经大学鄱阳湖生态经济研究院在读研究生，研究方向：农林经济管理。

通讯作者：廖文梅（1978～），女，江西万安人，博士，江西农业大学经管学院副教授、江西财经大学在博士后，硕士生导师，研究方向：林业经济政策与理论，生态经济政策与理论。

第四作者：雷瑶（1986～），女，江西丰城人，硕士，江西财经大学鄱阳湖生态经济研究院研究生，研究方向：林业经济理论与政策。

引　言

林业合作组织作为新一轮林改后蓬勃发展起来的适应市场需求的主体，既满足了林农对林业社会化服务的需求，又增加了林农收入、提高林业经营效益，更增强了林农社会凝聚力的经济社会功能[1,25]。林业合作组织的形成得到了社会的广泛认可。对于林业合作组织，许许多多的研究者进行了大量的研究，主要侧重于林业合作组织的必然性、作用、类型、存在问题、运行机制和内部管理及需坚持的基本原则、发展建议等方面。刘燕等[2]从制度变迁的角度分析了林业专业合作组织产生的必然性。认为林农家庭经营本身所具有的封闭性，使自我的小生产与大市场之间的矛盾日益凸显，生产经营风险越来越大，农户进入市场的交易成本与日俱增，使得农民认识到提高自身组织化程度的必要性，出于对经济利益的追求，加上政府的因势利导，迫致农民进行经济组织创新。对于林业专业合作组织的作用，孔凡斌[3]认为主要体现在以下方面：①实现自愿合作经营，降低风险；②促进经济结构优化，提升整体竞争力；③促进林业科技推广普及；④丰富适度规模经营方式；⑤促进农村信贷的发展。孔祥智等[1,24]认识到林业合作组织与农村基本经营制度的关系，指出它的发展能够有效实现现有制度框架内的农经效率帕累托改进，而改进后的结果又会反过来促进农村基本经营制度的稳定、完善和创新，同时强化各类主体的意愿与行为。李智勇[4]和冯彩云[5]高度认可了合作组织发展弱势产业和扶持弱势产业的功能，认为合作组织能够有效解决弱势产业的发展问题以及劳动就业问题。关于林业合作组织存在的问题，普遍认为主要有：①规模较小，服务能力较弱；②发展不匀，产业结构不突出；③业务范围局限性较大；④资金实力不足，综合能力不强；⑤农民参与热情不高；⑥行政色彩较浓，缺乏自主性等（唐陆法[6]；王厚俊、孙小燕[7]；孔祥智等[8]）。关于运行机制和内部管理存在的问题，大多数学者都认为是功能不全、运行不规范、内部人控制问题、财务制度虚设、管理机构形式化和产权不明晰等。朱云杰[9]等提出了发展林业专业合作组织必须遵守的五项原则。为此，许多研究者提出了一系列有利于林业合作组织健康发展的建议，并且在实践中获得了良好的效果。

许许多多研究者仅从理论性上对林业合作组织模式进行了深入的探究，而缺乏更多实证性的研究[10]。文章实证性地研究探讨了江西、浙江两省的林业合作组织发展情况，着重分析了不同省份的林业合作组织经营模式的各自特征特点、利与弊以及林业合作组织的运行机制等，利于人们对林业合作组织多样化的经营模式有更深入的认识，丰富林业组织经营模式，也利于地方政府部门积极地采取相应的措施促进林业合作组织健康快速的发展。

一、林业合作组织经营模式

（一）林业合作组织发展的现状

林农合作模式从初期的“互助组”到“三防协会”模式，进而从简单的森林资源保护合作向经营方式合作发展，出现了民营林业造林公司、民营林场、林业专业合作社等多种形式[11]。而江西省省林业专业合作社发展时间比较集中，大部分是在“十五”规划中后期发展起来，且主要分布在集体林权制度改革较早的地区以及林业产业发展相对较好的地方。据资料统计，截至2010年7月，江西省组建的林业经济合作社组织多达1.4万家。

江西省林业专业合作组织主要分为五大类：一是以管护为主要内容的“三防”协会1.1万个，涉及面积452万hm^2，参加农户198.42万户；二是以营林为主的民营林场1244个，经营面积47.47万hm^2，累计投入社会资金23.75亿元。三是以专业造林为主的民营造林公司305个，累计造林面积14.41万hm^2；四是以毛竹、油茶、药材等特色经营的林业专业合作社952个，参加农户12.42万户，经营林地面积23.56万hm^2；五是以加工为主的木竹协会507个（见表1）。

表1 江西省林业专业合作组织各类型分布

合作组织类型	合作组织个数		涉及林地面积		参加人员户数		累计投入资金（亿元）
	数量（个）	比例（%）	数量（万hm^2）	比例（%）	数量（万户）	比例（%）	
“三防”协会	11004	78.53	452.00	84.10	198.42	94.1	-
民营林场	1244	8.88	47.47	8.83	-	-	23.75
民营造林公司	305	2.18	14.41	2.68	-	-	-
林业专业合作社	952	6.79	23.56	4.38	12.42	5.9	-
木竹加工协会	507	3.62	-	-	-	-	-
合计	14012	100	537.44	100	210.84	100	23.75

数据来源：江西省林业厅，截至2009年。其中标注“-”为资料缺失。

由表中数据可见，江西省林业专业合作组织以服务性行业协会为主，共计11004个，占了江西省林业专业合作组织的85.3%；民营林场占8.88%和以毛竹、油茶、药材等特色经营的林业专业合作社占了6.79%；民营造林公司和木竹加工协会则比较少，只占了5.78%。在江西林业发展中，合作组织的覆盖范围很广，合作组织涉及林地面积较大，达537.44万hm^2，约占江西省林业用地面积50%。

据资料统计，至2010年，浙江省林业专业合作社达1512个，社员数为13.45万，带动农户69.03万户，带动基地27.00万hm^2，极大地促进了林业增效、林农增收。从经营范围看，浙江省林业合作社涉及花卉、苗木、竹类制品、特色林产品等产业，林业专业合作社的培育与区域特色主导产业的发展紧密结合。浙江省的木业、笋竹产业、山核桃、香榧、木制玩具工艺品等多个林业产业享誉全国，如诸暨的香榧、临安的山核桃、安吉的竹笋等。各地林业部门把区域主导产业的发展与专业合作社的培育相结合，形成了极具特色的专业合作社。如诸暨市冠军香榧专业合作社、建德市凤凰香榧专业合作社、德清县山伢儿早园笋专业合作社、临安市深宝山核桃专业合作社等。总体看来，浙江省林业专业合作社的发展呈现以下特点：一是发展速度较快。二是各地林业专业合作社涉及的范围越来越广。三是服务的领域不断拓宽，从生产、流通方面领域向加工、品牌建设领域拓展。四是合作社内部的利益联结机制更为紧密。

（二）林业合作组织的运行模式

不同省份因地方林业产业发展特点和条件、林业合作组织发展程度不同，其林业合作组织的特点、运行模式也存在一定的差异。本文总结了江西、浙江的林业合作组织运行模式及其相应的特点和功能，如下：

1. 江西省林业合组织的运行模式

（1）以管护为主的“三防”协会。“三防协会”，即以提供防火、防虫、防乱砍滥伐的管理服务性工作为主。在江西省，这种类型的合作组织最多。这类协会为非营利性质组织，政府补贴较少，主要依靠会费支撑运作，因而在资金上存在着一定的困难。如江西靖安县“三防协会”被国家林业局授予“全国森林资源管理先进单位”，其性质上属于群众自发性组织、自由参与的非官方组织，由会员大会民主投票产生协会理事会，设理事长一名、副理事长若干名，理事长由理事会选出，负责协会的全面工作。该协会形成较为完善，制定了相关的章程和制度，定期召开理事会，从而使得协会有权理事，有人管事，有钱办事，并设立护林巡防队，由护林员巡视山林，协调纠纷，采用互助的方式实现规模化经营。这些措施在一定程度上有利于实现林业产业的规模化经营，减轻了农户的负担，获得林农的一致好评。根据调查资料显示，2006 年以后加入该协会的会员占到了目前会员总数的 74%，“三防协会”数量年均增长率超过 50%，并且随着越来越多的农户加入到“三防协会”，协会的地位和作用也得到了一定的完善和提高。

（2）以营林为主的民营林场。这类合作组织以股份合作林场或家庭合作林场为主，专门提供林业经营方面的服务，即进行森林培育经营、采伐运输、信息咨询等。合作林场属于正规的经济组织，其又可以分为家庭合作林场、股份合作林场两类。其中家庭合作林场是指林农以家庭为单位，以地域为界，将林改中所分得的林地折价入股，并筹集部分股金而组成的家庭式林业联合经营实体。根据经营方式不同，家庭合作林场又可细分为集体化经营的和股份化经营的家庭合作林场。集体化经营的家庭合作林场户数多、户均林地面积小，一般是林业社的延续，具有集体化经营的特征。股份化经营的家庭合作林场参与户数少、户均林地面积大、林场总体规模大，其经营管理方式类似于股份合作林场，即林农以亲情、友情为纽带，将其通过购并所获得的林木、林地，折价入股，并按所出资的比例承担责任和分配收益。

在江西省，这一类合作组织占 8.88%。如吉安市吉州区思倍得林木专业合作社，注册资金规模为 30 万元，拥有组织成员 82 户，截止 2010 年 7 月，其经营的林场面积达到了 1333.33 hm^2，为组织成员提供了包括林业信息、技术、指导、咨询服务，为成员开展造林、抚育间伐、成材林销售、经济林建设等一系列服务。在三年时间内，吉州区思倍得林木专业合作社投入 2800 万元进行林区的基础设施建设，进行了万亩井冈密柚道路、灌溉设施及其他辅助设施建设。根据调查资料显示，组织成员有近 87% 对合作组织的工作表示满意，其中有 60% 的成员认为通过合作组织，提高了家庭收入。

从江西的情况看，股份合作林场的特点是：一是“经济能人”带头，即牵头人，要在村组里说话算数，本身经济条件较好的人来组织，或由村民小组长来召集，股份合作林场给予牵头人一定的误工补贴。二是以山入股。以一定区域的山地，按林改分户后个人经营山地面积来折成股份，以股份多少来分摊造林、抚育等费用，即以股投资、签订协议，而后期抚育及其他管护等费用再按面积出资。股权可以转让，可以依法继承，但股权转让必须通过股东大会投票表决通过方可实施，在同等条件下，股东内部有优先购买权。三是专业造林。为提高造林成效，避免造林质量参差不齐，专门雇请经林业部门培训的有资质的造林专业队施工，确保造林质量。四是建章立制。按照“资金共投、风险共担、利益共享”的原则，林业部门协助林农组建股份合作林场，制定章程，选举林场场长和管理人员，议定林场管理的若干规定。

（3）以专业造林造林为主的民营公司。民营造林公司表现为农民自愿联合起来兴办专业协会或合作社，再由若干成长起来的、效益较好的协会或合作社联合起来组建“龙头”企业或公司，形成“协会＋公司”或“合作社＋公司”的“一社两制”的专业合作模式。这类组织通常是公司召集个体农户为其进行造林、管护、销售，出于管理的便利，策动农户组建的合作组织。该模式仍然是在双方自愿的前提下，以合约加以规定的实体性组织。

以专业造林为主的民营造林公司，实际上就是专业协会或专业合作社（包括股份合作社）分别与公司治理模式相混合的农民经济组织。其制度特征主要表现为：在农民专业合作中产生了公司或企业的管理模式。无论从组织内部的财产联结紧密度上说、还是从组织的治理规范上，与协会和合作社相比较而言，都产生了质的飞跃。但就整个农民专业合作经济组织体系而言，因为在整个合作组织系统的局部出现了非合作产权结构特征的公司治理形式，因此这只是一种局部的质变，或称为准企业模式。

由于公司的介入，这一类合作组织通常都组织形式稳固，管理严密，组织化程度在各类合作组织中是最高的。如上高县林业经济合作组织，该组织在工商部门注册，有合法的营业执照，其主要业务范围是木材种植及培育，总资产规模达 1200 多万。上高县林业经济合作社于 2007 年 5 月成立，现有社员 317 户，旗下的上高县绿原造林有限公司和上高绿原股份林场是其下属企业。到目前为止，该社以“合作社 + 农户 + 基地”等方式实施山上造林 406.67 hm^2，“一大四小”平原造林 800 hm^2，建设育苗基地 32 hm^2，共涉及 108 个村民小组，参股及收益农户 2730 户，解决就业 132 人，其中大专学历 8 人。合作社与多个村签立合同书，村内农户以租赁形式将林地租赁给合作社，在租赁期间，合作社享有林地的经营使用权，林木收益按 7：3 分配利润。在江西，这类合作组织所占的数量只占 2.18%，涉及的面积有 14.41 万 hm^2。

（4）以毛竹、油茶、药材等特色经营的林业专业合作社。指以某种产品也核心，围绕这种核心产品，将该类产品的经营大户或者所有该产品经营者组织在一起，对该产品的产前、产中、产后的生产服务，以家庭为单位进行生产，为社员统一采购生产资料、产品储藏和运输等有偿或无偿服务，实行一人一票制的管理方式。对外从事经营业务，以合作社为单位，采取统一品牌、统一销售的经营方式。合作社以稍高于市场价的价格向社员收购林产品，部分有条件的合作社对林产品进行初级加工后再对外销售，大多数合作社建立了利润返还机制，社员可按其与合作社的交易额获得返还利润。既包括技术服务型、销售服务型等业务单一的专业合作经济组织，同时也包括集产、供、销、服务为一体的综合性合作经济组织。

江西省这一类的合作组织有 952 个，占全省合作组织总数的 6.79%。如新建县绿源井冈油茶专业合作社，以油茶种植，销售为主，注册资金达 500 万，参与农户 211 户，经营面积达 440 hm^2，其中油茶林苗繁育 3.33 hm^2、油茶林示范基地 166.67 hm^2。油茶种植农户通过合作社，统一获取种苗，免费获得种植技术，并通过合作社统一进行销售。调查显示，78% 的农户认为加入合作社后产量得到了提高，84% 的农户认为通过统一销售，销售收入得到了较大的提高。

（5）以加工为主的木竹协会。以加工为主的木竹协会，主要提供加工等增值服务，通过对木材竹材的后期加工，提高林产品的附加值，进而提高农民的收入。江西省这一类合作组织还比较少，只有 507 户。如婺源县的赋春镇雷竹种植加工合作社，该合作社以雷竹的种植加工为主要业务，注册资金为 135 万，拥有竹材加工设备 5 台，价值 500 万元，参与合作社农户 22 户。合作社将组织成员的雷竹以高于市场价收购，进行深加工再对外销售。合作社能够通过农户的合作保证稳定高质量的原材料来源，而农户可以通过合作社提供的先进技术提高产品质量和产量，并统一回收产品，保证了销量和销售收入。

2. *浙江省林业合作组织的运行模式*

（1）股份合作模式。该模式以农户承包经营的林地、林木评估作价入股成立合作社，林地、林木由合作社统一经营管理，在保障每年保底收入的基础上，年底按可分配收入享有分红，即“股份运作，企业经营，整体规划，统一产销，按股分红”。如成立于2009年2月安吉尚林竹林股份制合作社，以“入社自愿、退社自由”为原则，社员推选合作社中的能人，对竹林进行统一管理、统一经营、统一销售，利益共享、风险共担。对合作社来讲，可以扩大生产规模，增加科技等现代林业要素投入，发展高效生态的现代林业。对加入合作社的林农来说，不仅可以获得股权分红，同时还可以兼顾其他二三产业，获取更多的收益。

（2）统一销售模式。这种模式属于松散型，目前大多数林业合作社都采取这种合作模式。专业合作社对产品统一进行包装与销售，并通过森林食品标志申报，商标注册以及市场营销，树立品牌，进而实现产业化经营的目的。在“入退自由、平等互利”的前提下，由社员共同出资建立联合实体，收购的产品不仅局限于社员。其表现方式有“合作社+基地+农户”、“合作社+社员”、“合作社+农户”等。如成立于2004年6月的临安市岛石湖山核桃专业合作社，以“民办、民管、民得益”为宗旨，至今带动农户500余户，连结社员与农户共建成666.67 hm^2无公害农产品生产基地，共举办大型培训班14期，接受培训人员15000余人，发放山核桃资料10000份，宣传资料近万份，并且为社员统一注册商标，制定种植、生产、加工、包装的统一标准。2008年销售955万元，利润52万元，二次返利36.3万元。

（3）统一技术模式。这种模式属于紧密型，近年来发展较多。专业合作社为社员和农户提供种植管理技术，并统一执行技术标准，全程跟踪种植各环节以及提供技术服务，而且产品由专业合作社按约定的保底价回收。合作社坚持“四统一分”原则，即合作社统一生产资料、统一生产标准、统一品牌、统一销售，生产一分到户，自己负责。其表现方式主要有“合作社+社员”、“合作社+农户”等。如成立于2004年3月的仙居县田园杨梅专业合作社，根据绩效分配制度，每年把利润60%返还给社员。合作社对订单农户免费赠送水果苗木、农机具、科技资料等。到2008年年底，合作社注册社员从创建时的5人发展到了109人，另有380户农户成为合作社的订单农户，年销售额从初期的几十万元增至2008年的850万元。2008年，合作社创利40多万元，合作社社员户均收入2万多元。

（4）合同订单模式。该模式属于半紧密型，以工业原料林为主要经营方向的合作社大多属于该模式。该模式在整个林业产业化经营过程中，也叫“订单林业”模式。是指合作社（或龙头企业）为保证原料的稳定供给，产前与农户签订供货合同。合同内容中既有数量、质量要求，也有价格规定等条款。如丽水能福营造林合作社，由344户1245名林农，以7563.67 hm^2森林资源为股资，公司出资100万元登记成立，形成“公司+合作社+基地+农户”的经营模式。建立专业合作组织后，农民从单户生产走向合作经营，提高了林业集约化、规模化经营程度。通过集体购销等交易环节上的联合，避免无序竞争，降低单位购销成本，扩大产品市场份额，提高产品销售价格。通过参与产后的加工、营销等经营活动，拉长农产品产业链条，使成员获得更多的农副产品增值利润。

（5）提供担保模式。这种模式属于松散型，目前还比较少。为应对林农林业发展资金少、融资难等问题，农户以林地折价或现金方式合作成立专业合作社，不统一组织产品的生产、销售，只为社员提供融资担保。如创建于2008年9月的庆元县竹林农林权抵押贷款提供担保服务，同时也向社员提供技术、生产资料采购、产品销售等服务。合作社积极鼓励并吸收其他社员以竹林资产折价入股，已从组建时9户70万元资金，发展为目前的25户

205.4 万元。目前，该社已为社员林权抵押担保贷款 170 万元，收取担保费 2 万多元，减轻社员负担 2 万余元。

二、林业专业合作组织运行机制分析

随着林权改革的进程，林业规模化经营程度的不断提高，农村林业专业合作组织不断发展壮大，但目前仍处于初级阶段，虽然在提高农户收入和产业化经营水平上发挥了重要作用，但还不够规范，自身发展能力不足，这很大程度是由运行机制造成的[12]。因此，有必要对我国农村林业专业合作组织的运行机制做出深入分析，并对其做出准确评价。

（一）成立机制

根据创办者身份不同，可以将林业专业合作组织分为三种：一是由大户或者能人牵头，农户自愿参加，就某一产业或某一服务组成的专业合作组织；二是由上级政府部门倡议，由农民自愿联合，依靠政府的扶持而组成的专业合作组织；三是由林业公司或者龙头企业牵头成立的林业专业合作组织。其中按照成立过程中的不同地位和作为，又可以分为以农民自身为主导的内生型组织和非农民主导的外生型组织（图 1）。

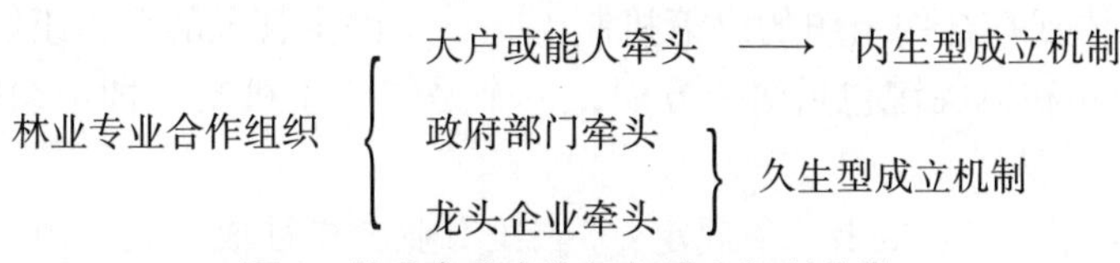

图 1　林业专业合作组织成立机制分类

以江西为例，该省林业合作组织按照成立机制划分，内生型合作组织占 10.68%，而外生型合作组织占了 89.32%。

所谓内生型成立机制，是指在林业专业合作组织的组建过程中，农民是主要发起人和创办者。这里的农民主要是指农村能人，即乡村干部、技术能手或专业大户等。这类合作组织主要是这些农村能人依靠多年积累的专业技术、销售经验等资源，组织农民将所拥有的生产资料集合在一起，进行运作。江西、浙江等省内生型的林业专业合作组织所占的比例比较少，究其原因是内生型的合作组织存在以下三个缺点：一是由于是由某个或某几个农民自身牵头组织起来的，一般规模都较小，只是在牵头人个人的威望下，集合的少数相熟的农户，而且一般组织机构也不是很完善，有的甚至连章程也没有。二是牵头人的自由资金和组织的资金不能很好地区分开来，牵头人投入的时间、精力和金钱很难得到合理的回报，其他的组织成员较多依靠牵头人的个人能力，整个组织内成员之间的成本付出不公平，存在严重“搭便车”现象。三是这类合作组织对牵头人的素质要求很高。首先他必须具有较强的合作精神，能够将组织内成员较好的聚合在一起，以民主互利为原则推进合作；其次他要有很强的奉献精神，甘愿为组织奉献个人的能力时间甚至是金钱。所以，符合条件的牵头人就少之甚少。这类组织存在的情况，一般是某个农户由于具有上述的基本能力，并且有继续扩大经营的意愿，联合少数一些关系好或者有血缘关系的亲属一起联合起来进行林业生产经营。

所谓外生型成立机制，指的是在林业专业合作组织的组建过程中，农民扮演的是配角，是依托其他非农民个人的部门或组织发起和创建的。外生型的合作组织的特点是：①行政色彩较浓厚，合作组织的领导人物大都来自政府部门或村干部；②合作组织组建比较迅速，能得到较好的发展，并且一般比较规范；③有一定的机构和物质基础，组织结构比较稳定；

④合作组织的运行较容易受到政府部门干预，民主性较弱；⑤该类合作组织的主要投入者是政府部门或者企业，易造成产权不清等问题。

从“民办、民管、民受益”的原则来看，林业专业合作组织最好的成立机制应该是由农民主导成立的内生型合作组织。然而就江西的情况来看，外生型合作组织在林业专业合作组织中占有80%以上的比重。原因是经济能力还相对较弱，农民的能力有限，如果不通过政府或相关单位的引导扶持，单靠个别大户或者能人很难维持合作组织的运行和发展。

在现阶段，依靠外部力量的外生型合作组织还是林业合作组织的主要类型。政府或者相关部门需要给予一定的扶持而又要尽量保证合作组织内部管理的民主性，牵头单位不应该过多地参与到组织内部运行中。总体来说，提高农民的素质，并且为我国农民专业合作组织提供良好的外部发展环境，是真正促进以农民为主导的专业合作组织成立和发展的关键。

（二）决策机制

合作社诞生以来，民主管理就是其代表性制度。为实现合作组织的服务宗旨，林业专业合作组织在决策机制上必须实现其民主性，以保障组织成员的地位和经济利益。林业专业合作组织的宗旨是“民办、民管、民受益”，要真正实现“民受益”就要先解决好前两步的问题。“民管”主要体现在合作组织的决策机制上，一个民主管理的合作组织，一定有一个合理的决策机制。决策机制关键包括两个方面，一个是“举手机制”即组织的选举表决制度，二是日常管理的控制权。

我国《合作社法》在第二十二条规定：“农民专业合作社成员大会由全体成员组成，是本社的权力机构”，组织的领导人选举、重大经营决策、盈余分配、组织的合并、解散等事宜，都需要通过成员（代表）大会进行讨论、表决。

一般的表决实行“一人一票”制，但为了对资金给予更大的权利的发展趋势，以及基于我国农村资金是最缺乏的生产资料的现实，《合作社法》在第二款对出资较大或在其他方面对合作社贡献较大的成员给予了一定的保障，即“出资额或者本社交易量（额）较大的成员按照章程规定，可以享有附加表决权。”

因而在现实中，以江西省为例，林业专业合作组织决策机制存在一人一票制，一股一票制和一人多票制这三种情况。其中以一人一票制为主，占38.5%；一股一票制为辅，占48.9%；有少数一人多票制，占12.6%。

理论上讲，“一人一票”应该是林业专业合作组织的表决方式，这是合作组织实现民主决策、民主管理的保证，但我国目前资源稀缺国情使得一人一票制在实际中往往让位于一股一票制，合作组织也以为成员服务为宗旨逐渐向成员收益最大化为宗旨的方向转变。

（三）日常控制权

理事会成员由选举产生，依照章程的规定行使职权。理事会拥有职权范围内的日常控制权。除了事关组织发展的重大决策原则上须有成员（代表）大会表决外，合作组织的日常经营、投资活动通常由理事会负责。而一些规模较小，成员数较少的合作组织内，通常也在几个主要的股东之间进行职权的分工，各自享有职权范围内的日常控制权。

但是，在外生型合作组织中，由于政府或相关部门或公司的介入，理事会成员往往由政府或相关部门职员或公司职员担任，这些人在农民利益和相关部门或公司利益发生冲突的时候，很可能做出背离组织成员利益的决策。而且某些合作组织中，多数普通成员的民主管理意识薄弱，参与日常决策的积极性不强，使日常控制权落在的少数人手中，不利于管理的民主。

在内生型合作组织中，一般由大户或者能人担任理事长，出于对能人的信任或能人权威的畏惧，普通成员往往放心交给能人一人决策。由于决策人自身实践知识有限或者存在私心，则可能做出有违组织成员利益的决策，致使林业经营经济利益分配不均或者遭受重大损失。

三、结　论

林业合作组织已成为林业经济市场的主体，极大地促进了小林农与大市场的有效对接，为林业的良好发展提供了新的途径。不仅繁荣了林业经济市场，增加了林农收益，也对农村基本经营制度的稳定起了重要作用。目前，林业合作组织的形成发展较为迅速，为了让其更快更好地发展，一方面，政府应该对林业合作组织提供法律保障，赋予农民合作组织独立的合作社法人的法人地位；在项目、资金、技术、政策上对林业合作组织给予足够的支持；对林业合作组织要进行有效的约束与监督，保证民主性，让组织内的林农有充分表达自我需求意愿的权利。另一方面，林业专业合作组织内部要制定章程，规范运作方法和管理模式，使组织工作公开、透明、规范、高效；组织内的林农应该提高参与组织工作的积极性，为林业的发展献计献策。此外，政府应该大力鼓励引导林农参与林业合作组织中来，而林业合作组织也要积极宣传，吸引林农参与进来，共同实现林业更快更好地发展。

参考文献：

[1] 孔祥智，郑力文，何安华．农民林业合作组织建设与农村基本经营制度稳定［J］．林业经济，2011（8）：24～30.

[2] 刘燕，李智勇．关于中国南方竹产区微观经济组织变革研究［J］．林业经济问题，2006，26（3）：229～233.

[3] 孔凡斌，雷瑶．江西省林业专业合作组织建设问题研究［C］．江西财经大学，2010：20～23.

[4] 李智勇，闫振．世界私有林概览［M］．北京：中国林业出版社，2001：16～19.

[5] 冯彩云．国外私有林现状及发展趋势［J］．世界林业研究，2005（2）：6～11.

[6] 唐陆法，等，淳安县农村林业专业合作经济组织现状与发展对策研究［J］．林业经济．2007（5）：48～51.

[7] 王厚俊，孙小燕．我国农民专业合作经济组织发展过程中的问题及对策研究：结合安徽省霍山县案例的分析［J］．农业经济问题，2006（7）：27～30.

[8] 孔祥智，史冰清．当前农民专业合作组织的运行机制、基本作用及影响因素分析［J］．农村经济，2009（1）：3～9.

[9] 朱云杰，大力培育林业专业合作组织促进林业生产力发展［J］．浙江林业，2008（19）增1：32～33.

[10] 雷瑶，孔凡斌．林业专业合作组织研究进展［J］．世界林业研究，2010（10）：69～72.

[11] 王登举，李维长，郭广荣．我国林业合作组织发展现状与对策［J］．林业经济，2006（5）：65～68.

[12] 孙浩杰，王征兵，王蕴慧．农民专业合作经济组织运行机制探析［J］．林业经济，2011（8）：42～45.

农户加入林业经济合作组织意愿的影响因素分析

焦　隆　吴红梅
（北京林业大学经济管理学院，北京，100083）

摘要： 沙棘协会是在晋陕蒙沙棘种植区成立的林业经济合作组织，本文在对内蒙古、陕西五个县（旗）农户进行实地调查的基础上，运用 Binary Logistic 回归模型，从农户家庭特征、土地特征、村庄特征方面，对农户加入沙棘协会的意愿进行了实证研究，并得出相应的对策建议。

关键词： 林业经济合作组织；意愿；影响因素

Research on Farmers' willingness to Join the Seabuckthorn Association: A Case of Five Counties from Inner Mongolia and Shanxi

JIAO Long , WU Hong-mei
(School of Economics and Management, Beijing Forestry University, Beijing, 100083)

Abstract: This paper gives a brief introduction to the status quo of establishing and developing the farmer seabuckthorn association as well as domestic scholars' progress on researching the forestry cooperative organizations. Based on the techniques of statistics and econometrics, this paper analyzes the survey data of Inner 5 counties in Mongolia and Shanxi province. With the method of data processing, it finally adopts the Binary Logistic regression model to accomplish an empirical research on farmers' willingness to join in the seabuckthorn association as well as its influencing factors. This paper also provides proposals to make this approach flourish.

Key words: the Farmer Seabuckthorn Associations; desire; logistic regression

一、引　言

随着我国集体林权制度改革的深化，各地农村已经出现了多种多样的新型林业经济合作组织。到2010年12月，全国已有林业专业合作组织6.4万个，加入合作组织的农户1846万户，合作经营林地面积3亿多亩[1]。

关于我国林业合作组织的研究，黄祖辉[2]，肖水清[3]，刘燕[4]，冯彩云[5]和李智勇[6]分别从市场竞争、制度沿革以及林业和林农弱势地位的角度分析了林业专业合作组织产生的

基金项目：

本研究得到“中央高校基本科研业务费专项资金（RW2010-5）、北京林业大学科技创新计划“集体林权制度改革背景下林业合作组织绩效研究（RW2011-10）”和“集体林权制度改革背景下林业合作组织发展的理论与实证研究（BLRW200924）”资助。

作者简介：

第一作者：焦隆（1988～），男，辽宁大连人，北京林业大学经济管理学院硕士研究生，从事国际经济与贸易研究。

通讯作者：吴红梅（1972～），女，内蒙古锡林郭勒人，博士，北京林业大学经济管理学院副教授，从事林业经济、国际经济与贸易研究。

必然性。唐陆法[7]和王厚俊[8]认为我国林业专业合作组织存在规模较小，服务能力较弱等问题。许向阳[9]认为，政府部门应该为林业专业合作组织提供推动力量。凌鹤[10]、孔祥智[11]、王登举[12]对加快发展新型林业专业合作经济组织提出了建立健全法律政策环境的建议。

可以看出，学者们的研究大多集中在林业合作组织的产生、发展以及存在问题上，而对于林业合作组织的主体——农户的参与意愿方面的研究相对较少。李华[13]对江西省农户参与林业合作组织的意愿及其影响因素进行了分析，认为户主年龄、家庭劳动力中从事林业的人数、是否了解林业组织、是否富裕户是影响江西省农户参与林业合作组织的重要因素。

本文以内蒙古、陕西5个县（旗）问卷调查数据为基础，分析了沙棘协会这一在晋陕蒙沙棘种植区广泛成立的林业经济合作组织，对农户加入沙棘协会意愿与其影响因素进行了实证研究，并在研究的基础上提出相应的对策建议。

二、研究区域与样本选择

本文的研究区域为晋陕蒙砒砂岩区沙棘生态工程区，范围包括晋陕蒙3个省区的11个（县）旗，总面积3.2万km^2。1998年晋陕蒙砒砂岩区沙棘生态工程项目实施以来，该区域的生态环境得到改善。与此同时，在“国家先期投入，产业后期拉动”政策下形成了沙棘产业链，保障了生态工程建设的可持续性，提高了农民的生产生活条件。在这一过程中，该区域的林业合作组织——沙棘协会也应运而生，对促进农民参与沙棘生态工程的实施起到了积极作用。

在该区域当中，我们选择了规模比较大的5个沙棘协会，分别是陕西榆林市的沙棘协会、内蒙古东胜区的沙棘协会、内蒙古伊金霍洛旗的沙棘协会、内蒙古达拉特旗的沙棘协会以及内蒙古准格尔旗的沙棘协会为调查对象。与此相对应，在实施问卷调查过程中，样本县涵盖了内蒙古鄂尔多斯市的东胜区、达拉特旗、伊金霍洛旗和准格尔旗以及陕西省榆林市的府谷县，共5个县（旗）。每个县（旗）分别选择了5个村，共对113户农户进行了问卷调查（见表1），调查范围涉及项目区沙棘种植户的60%，具有较强的代表性。

表1　调查样本总体分布情况

城市	旗（区、县）	农户个数（户）
内蒙古自治区鄂尔多斯市	东胜区	20
内蒙古自治区鄂尔多斯市	达拉特旗	26
内蒙古自治区鄂尔多斯市	伊金霍洛旗	20
内蒙古自治区鄂尔多斯市	准格尔旗	25
陕西省榆林市	府谷县	22
总计		113

三、调查结果的初步分析

在被访的农户中，66%的农户表示知道当地的沙棘协会，32%的农户参加了沙棘协会。参加沙棘协会的农户中，57.1%的农户表示自己是积极主动参加沙棘协会的，31.4%的农户表示自己是由于别人或政府动员才参加协会的（如图1）。可见，认知度是制约沙棘协会发展的重要因素，而政府的大力宣传与倡导会有助于更多的农户加入到协会中。

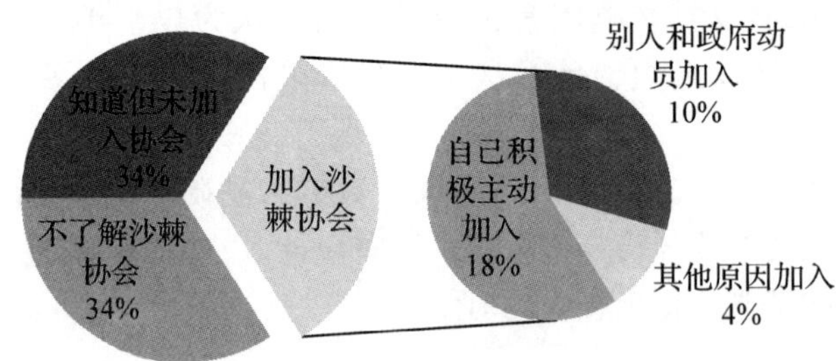

图1　农户加入沙棘协会情况

在关于农户参加沙棘协会目的的调查中，75%的农户是为了获得沙棘协会提供的免费技术支持；58.3%的农户是为了获得沙棘协会提供的相关信息；41.7%的农户是希望能够得到沙棘苗木；30.6%的农户想通过协会这个桥梁实现规模化经营（见表2）。由此看来，获得技术从而使得沙棘增产增效是农户加入沙棘协会的最大动力。

表2　农民参加沙棘协会的目的

参加协会目的	获得技术	获得信息	获得苗木	规模化经营	方便贷款	方便销售	其他
调查结果	75.0%	58.3%	41.7%	30.6%	22.2%	11.1%	8.3%

注：每个农户可选多个目的。

在被问及沙棘协会存在的问题时，35%的农户表示自有资金不足是制约协会发展的主要因素，26%的农户表示群众对沙棘协会认知度不够是协会面临的主要问题，认为目前协会发展没有问题的农户比例为18%（如图2）。由此看来，资金不足是制约沙棘协会发展的首要问题。

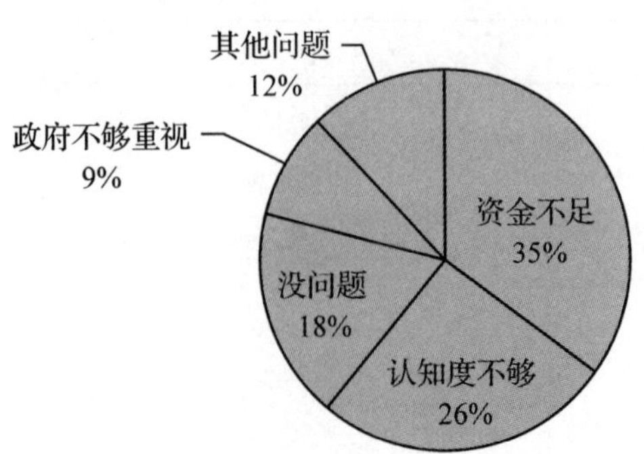

图2　沙棘协会存在的问题

四、调查结果的深入分析

（一）计量模型与变量说明

农户参与沙棘协会的意愿受到农户自身和外在的多因素的共同影响，这些影响因素主要包括农户家庭特征、土地特征、村庄特征等。为了分析农户加入沙棘协会的意愿与其影响因素之间的关系，深入研究各项因素对农户加入沙棘协会的影响方向及其程度，本文使用Logistic 模型对农户参与沙棘协会意愿的影响因素进行分析，以农户是否愿意参与沙棘协会作为被解释变量，具体而言，将农户“不愿意参与沙棘协会”定义为“$Y=0$”，将农户“愿意参与沙棘协会”定义为“$Y=1$”，将农户家庭特征、土地特征、村庄特征等方面的影响因素作为自变量。Logistic 模型的一般形式如下：

农户加入协会的意愿的结果值是个两分变量，即愿意与不愿意。由于因变量是个虚拟的两分变量，本文选择 Binary Logistic 回归模型进行研究。

以因变量为 y_i，自变量为 x_i，建立农户入会意愿与其影响因素之间的 Logistic 模型：

$$p\left(\frac{y_1=1}{x_i}\right)=\frac{1}{1+\mathrm{e}^{-z+Bx_i}}$$

在回归分析时，通常进行对数单位转换（Logit 变换），得到概率的函数与自变量之间的回归线性模型：

$$\operatorname{logit} p=\ln\left(\frac{p_i}{1-p_i}\right)=\ (\alpha+\beta x_i)\ \ =b_0+b_1x_2+b_2x_2+\cdots+b_nx_n$$

上述模型中因变量代表农户入会的意愿，若农户判断入会后所带来的预期利益大于其入会前的，则愿意入会，因变量取值为1；若入会的预期利益小于其入会前，则不愿意入会，因变量取值为0。

模型中自变量代表影响农户入会意愿的各种因素，影响农户入会意愿的因素可分为三类：农户家庭特征、土地特征、村庄特征。其中，农户家庭特征包括家庭年人均总收入、家庭沙棘收入比重、户主受教育程度、户主年龄、沙棘培训次数、种植沙棘年数；土地特征包括沙棘种植面积比重、沙棘种植面积、次年成活率、是否采摘沙棘果；地区特征包括地区人均纯收入、地区沙棘种植面积比重、地区对沙棘工程满意情况（见表3）。

表3　变量分类、名称及其含义

	变量名称	变量含义
1. 家庭特征	家庭年人均总收入	家庭年总收入/家庭总人口（万元/人）
	家庭沙棘收入比重	家庭沙棘收入占总收入的比重（%）
	户主受教育程度	1＝小学及以下；2＝初中；3＝高中、中专；4＝大专；5＝本科及以上
	户主年龄	户主登记的实际年龄（岁）
	沙棘培训次数	家庭总共参加沙棘培训次数（次）
	种植沙棘年数	农户种植沙棘的年数（年）

（续）

	变量名称	变量含义
2. 土地特征	沙棘种植面积比重	沙棘种植面积占生产用地总面积（%）
	沙棘种植面积	沙棘种植总面积（亩）
	次年成活率	成活沙棘占播种沙棘的比重（%）
	是否采摘沙棘果	1 是、2 否
3. 地区特征	地区人均纯收入	地区年人均纯收入/地区总人口数（万元/人）
	地区沙棘种植面积比重	地区沙棘种植面积/地区生产用地总面积（%）
	地区对沙棘工程满意情况	1 很满意 2 较满意 3 一般 4 不太满意 5 不满意

回归分析中运用 Wald 概率统计法，向后逐步法筛选变量。该方法是先将变量一次性放入模型，作 Wald 概率统计法，进行沃尔德检验，然后逐个剔除不显著的变量，剔除的原则是根据其偏回归平方和的大小决定去留。如果偏回归平方和很大则保留，反之则剔除。沃尔德检验的优点是只需估计无约束模型，特别是当约束模型很难估计时，该方法尤其适用，但也存在未考虑各因素间综合作用的缺点。而向后逐步法的优点是所有变量一次性进入模型进行检验，所有显著性低的变量都将会被“淘汰”，避免了顺序对回归结果的影响。

（二）模型运行情况

运用 PASW Statistics 18 分析软件对 113 户样本农户数据进行 Logistic 回归处理[13]。在处理过程中，采用了 Wald 概率统计法，向后逐步筛选自变量的方法（Backward：Wald）。通过运算，得出模型计量结果。

表 4　模型整体检验结果

步骤	-2 对数似然值	Cox & Snell R^2	Nagelkerke R^2
1	68.038	0.445	0.619
2	68.175	0.444	0.617
3	68.268	0.443	0.617
4	68.353	0.443	0.616
5	68.847	0.440	0.612
6	69.727	0.435	0.605
7	70.491	0.431	0.599
8	72.170	0.421	0.586
9	73.510	0.413	0.575

上述模型的整体检验基本可行，估计结果比较稳定。-2 对数似然值越小意味着回归方程的似然值越大，模型的拟合程度越高。模型的 -2 对数似然值都不是太高（见表 4），说明模型的拟合程度较好。同时各模型的有效性经卡方检验，其卡方值都较大，表明模型服从卡方分布，自变量对因变量的解释贡献较高（显著性水平 Sig. =0.000），说明模型整体检验比较显著。模型总体上的预测准确率为 82.0%，可以认为预测程度较好。

模型采用的 Backward：Wald 变量筛选方法，由初始选择的 13 个自变量，作 Wald 概率统计法，通过向后逐步筛选，最后选出显著水平最高、解释能力最好的 5 个变量。

从筛选过程来看，第一步至第九步的 -2 对数似然值之间差额较小，且每一步间的卡方值也相差较小，说明剔除变量对因变量的影响作用不大，筛选过程基本合理。限于篇幅，本文只列出第一步和最后一步的变量情况（见表5）。

表5 方程中的变量

		B	S. E,	Wals	df	Sig.	Exp (*B*)
步骤 1	家庭年人均总收入	0. 034	0. 033	1. 035	1	0. 309	1. 035
	家庭沙棘收入比重	0. 051	0. 029	3. 018	1	0. 082	1. 052
	户主受教育程度	0. 168	0. 453	0. 137	1	0. 711	1. 183
	户主年龄	0. 019	0. 039	0. 242	1	0. 623	1. 019
	沙棘培训次数	0. 195	0. 069	7. 933	1	0. 005	1. 215
	种植沙棘年数	-. 058	0. 151	0. 150	1	0. 699	0. 943
	沙棘种植面积比重	-. 014	0. 016	0. 772	1	0. 380	0. 986
	沙棘种植面积	0. 001	0. 001	4. 767	1	0. 029	1. 001
	次年成活率	0. 027	0. 015	3. 333	1	0. 068	1. 027
	是否采摘沙棘果	-. 587	0. 765	0. 588	1	0. 443	0. 556
	地区人均纯收入	0. 285	0. 225	1. 608	1	0. 205	1. 329
	地区沙棘种植面积比重	-. 035	0. 017	4. 246	1	0. 039	0. 966
	地区对沙棘工程满意度	2. 137	2. 102	1. 034	1	0. 309	8. 471
	常量	-6. 014	4. 157	2. 093	1	0. 148	0. 002
步骤 9	家庭沙棘收入比重	0. 064	0. 027	5. 697	1	0. 017	1. 066
	沙棘培训次数	0. 144	0. 050	8. 392	1	0. 004	1. 155
	沙棘种植面积	0. 001	0. 000	5. 737	1	0. 017	1. 001
	次年成活率	0. 022	0. 013	2. 948	1	0. 086	1. 022
	地区沙棘种植面积比重	-. 031	0. 013	5. 591	1	0. 018	0. 969
	常量	-2. 323	1. 193	3. 794	1	0. 051	0. 098

（三）模型回归结果分析

根据模型参考估计结果，可以将影响农户加入沙棘协会意愿的主要因素及其影响程度归纳如下：

（1）在农户的家庭特征中，家庭成员参加有关沙棘的培训次数对农户加入沙棘协会的意愿具有十分显著的推动作用（Sig. =0. 004），说明农户家庭成员参加有关沙棘的培训次数越多，加入沙棘协会的意愿越强烈；同样在农户家庭特征中，沙棘收入占家庭总收入比重对农户加入沙棘协会具有较显著的正向影响（Sig. =0. 017），这说明沙棘收入占家庭总收入比重越大，农户加入协会的意愿就越大，这符合农民想通过沙棘协会的帮助追求收益最大化的最终想法；农户家庭特征中，家庭年人均总收入、户主受教育程度、户主年龄及种植沙棘年数三个因素的显著性水平较低，也就是说家庭收入的高低，户主受教育程度的高低，年龄的大小以及种植沙棘年数的长短对农户是否加入沙棘协会的决策影响有限。

（2）在农户的土地特征中，沙棘种植面积的大小对农户是否加入沙棘协会的选择有较大的影响（Sig. =0. 017），而沙棘种植面积比重大小对农户是否加入沙棘协会的影响不大，这表明农户不会因为沙棘种植面积的相对大小而决定是否加入沙棘协会，而是通过考虑自己种植沙棘的绝对大小来做出决策；在农户的土地特征中，沙棘成活率对农户加入沙棘协会有一定的影响（Sig. =0.086），且成正向作用关系（B=0.022），这说明越是种植沙棘成活率高的农户加入沙棘协会的意愿越强烈，这可能是由于他们对种植沙棘更有信心而且想从协会那得到高产、销售等方面的技术和信息；是否采摘沙棘果对农户加入沙棘协会没有影响，这一结果在调查过程中得到了体现，因为农户对沙棘果的用途不甚了解，自然对其潜在的价值就没有足够的认识，所以普遍很少采集。

（3）在地区特征中，地区沙棘种植面积比重对农户加入沙棘协会的决策影响较大（Sig. =0.018），但是成反向作用关系（B= −0.031），这与我们预期相反。结合调查时对于农户进行的访谈，我们发现一些种植沙棘比例较高的村镇，农户们掌握了一定的种植技术和经验，他们之间会相互交流，相互指导，从而产生正的外部性，这就使得他们对于来自沙棘协会的帮助需求不大。但是，通过调查我们发现农户在这个问题上其实是有误区的，因为沙棘协会不仅可以提供技术支持，而且可以提供销售甚至贷款方面的支持，这对于他们打开销路和实现规模化经营有很大的帮助。同样在地区特征中，地区人均纯收入和地区对沙棘工程满意程度两因素的显著水平都不高，这反映出两因素对于农户是否加入沙棘协会基本上没什么影响。这也进一步说明了，在这一问题上农户更关心合作组织对自己的绝对价值，而对于地区的普遍因素考虑的不多。

五、对策建议

根据针对农户加入沙棘协会的影响因素调查结果的深入分析，对于沙棘生态工程建设给予以下建议：

（一）加大对沙棘协会的宣传力度，将宣传做细做深

从初步分析中我们发现，加入沙棘协会的、知道但未加入的以及不了解沙棘协会的农户基本上各占三分之一，这说明沙棘协会的总体认知度（66%）还不够高，而知道沙棘协会的农户认识还不够深入，因为他们当中只有约一半人（32%）加入沙棘协会。这就要求我们在继续加大对沙棘协会的宣传力度，扩大群众认知度的同时，要将宣传做细做深，让农民真切体会到加入沙棘协会的好处。

（二）加强政府的推动作用，政府倡导与群众力量相结合

政府的大力倡导与农户间的相互动员是农户加入沙棘协会的推动力。因为，在加入沙棘协会的农户中有近三分之一（31.4%）的人是由于政府或别人动员才加入的。同时，我们发现由于免费会员制，资金不足（35%）制约着协会发展，需要政府财政上的支持，机制上的运作，农户行动上的配合，使合作组织进入良性循环。这就要求政府在做好农民专业合作组织推动力量的同时，重视起群众的力量，只有服务好群众，只有依靠群众，沙棘协会才能够在坚实的群众基础之上遍地开花。

（三）加大普及沙棘培训力度，帮助农民增产增收

在调查结果的深入分析中，我们发现沙棘培训对农户加入沙棘协会有很大的推动左右（Sig. =0.004），沙棘收入占家庭总收入比重对农户加入沙棘协会的影响也较显著（Sig. =0.017），而家庭年人均总收入、户主受教育程度、户主年龄及种植沙棘年数对农户加入沙棘协会的意愿影响不大。这充分说明了沙棘培训的重要性，也就是说，只要能够通过培训或者专业合作组织的帮助使农户在相应的领域增收，无论农户的绝对收入的大小、户主学历的

高低、年龄的大小以及种植年数的长短都会让农民自愿积极地加入到合作组织中来。

（四）保持种植大户的积极性，加强对中小农户的关注力度

在农户的土地特征中，沙棘种植面积和成活率对农户入会意愿都有较大的正向影响，这在充分说明规模越大越愿合作、技术越好越愿交流、信心越大积极性越高这一普遍规律的同时，提醒我们在发展农民专业合作组织时，加大对中小农户的关注，也许他们才是迫切需要脱贫致富的帮扶对象。

（五）加快农民的思想转变，切实做到农民增产增收

在地区特征中，地区沙棘种植面积比重对农户加入沙棘协会的意愿有一定的反向作用（Sig. =0.018，$B=-0.031$），这在出乎我们意料的同时，也让我们进行更深入的思考与研究。调查中发现，一些种植密集地区的农户因为短期内对技术信息无需求而对加入合作组织无动力，而他们忽视了专业合作组织更重要的意义在于促进销售，但是很少的农户意识到这一点（11.1%）。同时发现的沙棘果采集率不高（51.4%）的问题，更进一步说了这一情况。这就需要我们加快对农民思想的转变，要让他们从单纯的“种得好”向既“种得好”又“卖得好”转变，快速地打开销路，卖出好价钱，是实现农民增收的重中之重。

参考文献：

[1] 安宝利，郭敏．农民沙棘协会的作用及其发展［J］．国际沙棘研究与开发，2008（02）：9~11.

[2] 黄祖辉．中国农民合作组织发展的若干理论与实践问题［J］．中国农村经济，2008，11（3）：4~7.

[3] 肖水清，李红珍，曾正泉，等．林改后林业专业合作组织的形成与发展探索［J］．江西林业科技，2009（增刊）：36~37.

[4] 刘燕，李智勇．关于中国南方竹产区微观经济组织变革研究［J］．林业经济问题，2006，26（3）：229~233.

[5] 冯彩云．国外私有林现状及发展趋势［J］．世界林业研究，2005，18（1）：6~11.

[6] 李智勇，闫振．世界私有林概览［M］．北京：中国林业出版社，2001：16~19.

[7] 唐陆法，刘瑛，王雅娟，等．淳安县农村林业专业合作经济组织现状与发展对策研究［J］．中国林业经济，2007，9（5）：48~51.

[8] 王厚俊，孙小燕．我国农民专业合作经济组织发展过程中的问题及对策研究：结合安徽省霍山县案例的分析［J］．农业经济问题，2006，7（7）：27~30.

[9] 许向阳，聂影，张建华．政府在林业合作组织发展中角色定位的研究［J］．林业经济，2007（2）：52~55.

[10] 凌鹤．大力发展农民林业专业合作组织加快林业产业化进程［J］．云南林业，2008，29（6）：22~23.

[11] 孔祥智，周琳琅．当前农民专业合作经济组织发展中的问题和对策［J］．台州学院学报，2004（4）：93~96.

[12] 王登举，李维长，郭广荣．我国林业合作组织发展现状与对策［J］．林业经济，2006（5）：65~68.

[13] 李华，李风绮，陈飞平，曹建华．江西省农户参与林业合作组织的意愿及其影响因素分析．林业经济问题，2011（5）：392~396.

我国国有森工企业的贫困测度研究

陈文汇
（北京林业大学经济管理学院，北京，100083）

摘要：国有森工企业的贫困问题一直困扰着林业系统的决策层，如何判定森工企业是否贫困，以及衡量各个林场的贫困程度，进而决定国家相应的财政补偿措施成为当前研究国有林业企业的焦点问题。为了解决这一问题，需要建立一套科学、合理的贫困指标体系。逐步回归的结果说明国有森工企业的职工人数、资源和福利可以很好的预测该企业的收入水平，由此可以从不同的角度分析森工企业贫困的原因。聚类分析把木材企业分为7类，每类企业具有自己的特点，决策者可以通过企业的分类状况因地制宜地解决不同企业的问题，降低国有森工企业扶贫的难度。因子分析压缩了统计指标的数量，再经过旋转因子和综合得分分析我们得到了森工企业的贫困程度的排序，政府部门可以根据国有森工企业贫困程度的不同有重点地帮助、扶持相关企业。

关键词：国有森工企业；贫困测度；指标体系；回归；聚类；因子分析

The Poverty Measurement Study about the State-owned Forest Industry Enterprises in China

CHEN Wen-hui
（School of Economics and Management, Beijing Forestry University, BeiJing, 100083）

Abstract: The poverty problem of state-owned logging enterprises has been disturbing forestry regulators for decades. How to decide whether a logging company is in poverty or not and measure the poverty level of every logging company in order to determine appropriate fiscal compensation implement become the focus of this paper. To solve this problem, a scientific and reasonable poverty index system is in need. The result of stepwise regression shows that logging enterprise work force, resources and welfare are able to predict per capita income in every logging company very well, so that we could analyze the reasons of poor logging companies from various perspectives. Cluster method classifies logging companies into 7 clusters. Every type of logging companies has its own trait and regulators may take actions that suit the traits so that lower the difficulty of poverty alleviation of state-owned logging enterprises. Principle component analysis and factor analysis compress the number of indexes. Then factor scoring method and integrated score analysis give us the sequence of poverty level of 135 forest industry enterprises. State Administration of Forestry may help state-owned logging enterprises according to their poverty level.

Key words: state-owned forest industry enterprises; poverty measurement; index system; regression; cluster analysis; factor analysis

---

基金项目：

北京林业大学中央高校基本科研业务费专项资金资助（HJ2010-2）。

作者简介：

第一作者：陈文汇（1977～），男，湖北竹溪人，管理学博士，副教授，研究方向：资源管理与统计，林业经济统计。

一、引 言

贫困是一种综合性的社会经济现象[1]，必须构建一整套科学的指标体系来综合描述和评价。由于贫困是一种"综合症"，不仅仅是指资源匮乏，还包括环境的恶劣、基础设施的落后、文化生活的匮乏以及身心健康不良等状况[2]，考察一个林区贫困与否，不仅要看收入水平的高低，更要看生存环境和生活质量的好差，必须从更为广泛的社会、文化、环境范围内考察贫困问题。因此，一套完整的、科学的指标体系要能够综合地反映贫困状况的各个方面。

国有森工企业，就其存在性质来说，首先是一个企业，所以，我们要从一个企业为什么贫困，怎样才能帮助企业脱贫的思路上着手分析，我们可以从资产负债比重、企业盈利能力、经营业务等方面去分析。同时，国有森工企业还是国家所有的，其国有性质决定了国有森工企业要为国家的政策服务，要以国家的利益为最高利益，因而，国有森工企业不可避免的会牺牲一部分经济利益，为国家政策服务。目前，很多地区的林业局都有木材采伐指标，森工企业要依据采伐指标来进行采伐工作，如果没有采伐指标，那么木材采运企业就没有经营收入。而且，国有森工企业的厂址往往选择在森林附近，正所谓"靠山吃山、靠水吃水"，一个可持续开采的林区要好于一个森林资源匮乏的林区。所以林区的生态资源状况也是考察木材采运企业贫困水平的重要参考。所以，我们可以从人员规模、经济效益以及生态资源三方面来着手构建贫困指标体系。

二、数据来源

根据资料来源——《中国林业统计年鉴》[3]，选择全国的国有林区的典型样本——135 个森工企业。这些企业位于林区附近，既进行着涉及第一、第二、第三产业的林产品生产经营活动，也进行营林生产活动。从初始数据[3]中筛选指标，得到如下表的贫困指标体系：

表 2-1 从初始数据构建国有森工企业贫困指标体系表

序号	指标名称	指标代表符号	指标分类	指标解释[4]
1	在岗职工人数	wopop	人员指标	表明企业的规模大小。
2	在岗职工年均收入	avsal	人员指标	表明职工的经济状况。在国家级别的贫困标准设计中，基本上是根据居民的收入来进行划分的——低于某一收入数值即为贫困。
3	下岗待安置职工人数	lopop	人员指标	企业辞退员工是企业经营困难的明显表现。
4	养老保险投保率	isra	人员指标	关注职工的福利待遇问题
5	人均造林面积	avfor	营林生产指标	造林说明木材采运企业在保护森林资源上的行动，不造林或者少造林的企业是资源匮乏的企业
6	人均森林管护面积	aformg	营林生产指标	森林管护是一个硬性指标，倘若人均森林管护面积过大，则说明企业职工的工作量很大，需要国家给予补偿。

（续）

序号	指标名称	指标代表符号	指标分类	指标解释[4]
7	林龄结构比例	wara	营林生产指标	反映资源发展潜力。均为幼龄林或均为成过熟林反映企业发展的问题——幼龄林比例过大说明伐木过多、资源匮乏；成过熟林比例过大说明造林很少、没有充分利用资源。
8	人均总产值	avgdp	经济指标	反映企业的生产能力，是重要的经济指标
9	增加值率	incra	经济指标	反映降低中间消耗的经济效益，工业增加值率越高，企业的附加值越高、盈利水平越高，投入产出的效果越佳。
10	资产负债率	alra	经济指标	衡量公司利用债权人资金进行经营活动能力的指标，也反映债权人发放贷款的安全程度。这个比率对于债权人来说越低越好。我国一般的资产负债率为40%。当资产负债率大于100%，表明公司已经资不抵债，对于债权人来说风险非常大。
11	流动资产周转率	cato	经济指标	企业一定时期内主营业务收入净额同平均流动资产总额的比率，是评价企业资产利用率的一个重要指标。该指标越高，表明企业流动资产周转速度越快，利用越好。
12	集团序号		序号指标	内蒙古、吉林、龙江集团、大兴安岭、四川、云南、陕西、甘肃、青海、新疆共10个集团
13	局序号		序号指标	内蒙古集团林管局、内蒙古林业厅营林局、吉林集团林管局、延边林管局、吉林省林业厅营林局、牡丹江林业管理局、合江林业管理局、伊春林业管理局等共20个林业局
14	企业序号	no	序号指标	共135个森工企业

说明：（1）除在岗职工人数以外的其他指标，均采用人均的形式，防止由于关联到企业的人员规模而影响统计分析。

（2）没有直接的林龄结构比例的数据，只能使用幼林抚育面积和成林抚育来进行近似计算。

（3）《中国林业统计年鉴》[3]中的企业分别属于10个林业集团，以及集团下属的20个林业局。按照地理区位划分的集团具有相近的特性、是天然的聚类结果。

（4）缺失值处理[5]：在分析的时候也发现，数据中的缺失值影响了分析的结果。所以，把下岗待安置职工人数变量中的缺失值用1来替换，把流动资产周转率用1来替换（去掉离群值之后的均值）。把在岗职工人数、在岗职工年均收入、养老保险投保率、人均造林面积、人均森林管护面积、林龄结构比例、人均总产值、增加值率、资产负债率这9个变量中的缺失值用平均值来替换。

三、模型选择及测度结果

（一）各指标的相关分析

国有森工企业的贫困问题来自经济利益与环境保护之间的冲突，来自于人员冗余与企业减员增效之间的矛盾。所以，不在于各类指标内部的相关性，而是各类指标之间的关系是研究国有森工企业贫困问题的重点。研究的开始，对三类指标（人员指标、营林生产指标和经济指标）分别进行研究，发现在各自的类别内部，指标之间的相关系数较低。

三类指标的相关分析结果不好可能是因为数据本身的原因：三类指标是按照其实际意义把11个指标划分为三类的，这种分类可能不符合统计意义上的数据分类要求。因此，组内的相关系数不高或组内指标不相关可能是由于分类本身的原因造成的，如果考虑了各类指标之间的相关关系，可能会取得更好的结果[5]。所以，可以对全部指标进行回归分析来检验这种判断。

（二）进行全部指标的逐步回归分析

为了研究人员指标、营林指标以及经济指标与在岗职工人均收入之间的关系，做出了如下的回归，使用逐步回归法剔除不显著的指标，发现人均收入与林场人员规模（*wopop*）、人均森林管护面积（*aformg*）、养老保险投保率（*isra*）、人均造林面积（*avfor*）有关。具体得到的多元回归分析方程为；

$$avsal = 10459.2 - 0.413wopop + 6.866aformg + 519isra - 131.5avfor \quad (3\text{-}1)$$

$$\text{Adj } R^2 = 0.4539$$

模型中各变量检验均显著。具体回归模型解释如下：①企业人员规模（用 *wopop* 表示）与职工收入（*avsal*）呈现负相关，企业规模越大，职工收入越少。②人均森林管护面积与职工收入正相关，人均森林管护面积越大，职工收入越多。③养老保险投保率与职工收入正相关，养老保险投保率越高，职工收入越高。④人均造林面积与职工收入负相关，人均造林面积越大，职工收入越低。

逐步回归的结果说明国有木材采运企业的职工人数、资源和福利可以很好的预测该企业的收入水平。这对我们从不同的角度分析森工企业贫困的原因具有重要的影响和作用。

对上述模型进行计量检验，针对遗漏变量检验结果为 $F(3, 127) = 0.49$ 大于临界值的概率，则遗漏变量检验结果表明应当拒绝同方差的假设。进行异方差检验表明其概率也大于临界值的概率，因此没有足够证据表明回归的标准误差和建设检验是无效的。

下面主要进行残差分析。残差对拟合值的标绘图（图 3-1）显示出残差围绕在 0 周围对称的分布（对称意味着与正态误差假定相一致），并且没有结果表明存在特异值或曲线关系。附加变量标绘图（图 3-2）发现对回归模型具有不等比例影响的观测案例[5]。图 3-2 表明除了个别的离群值外，绝大部分观测值的分布都很集中。

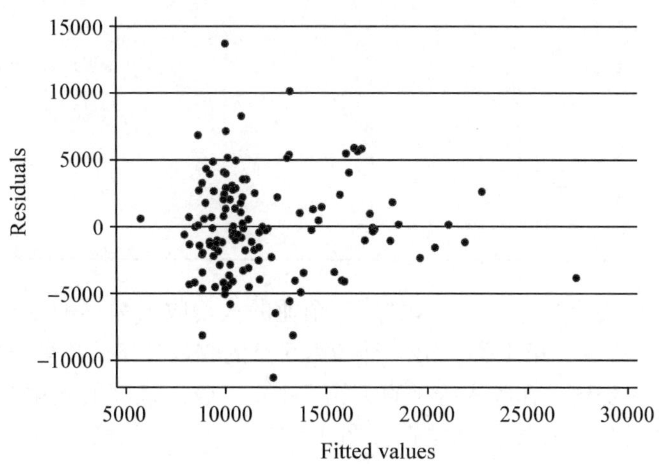

图 3-1 残差对预测值的标绘图

（三）聚类分析——加权平均联结法[5]

利用加权平均联结法计算可得聚类结果，如表 3-1，把 135 个国有森工企业分成了 7 类。其中，第 1 类包含的企业数量最多，其次是第 2 类和第 5 类。第 3 类和第 7 类只有一个企

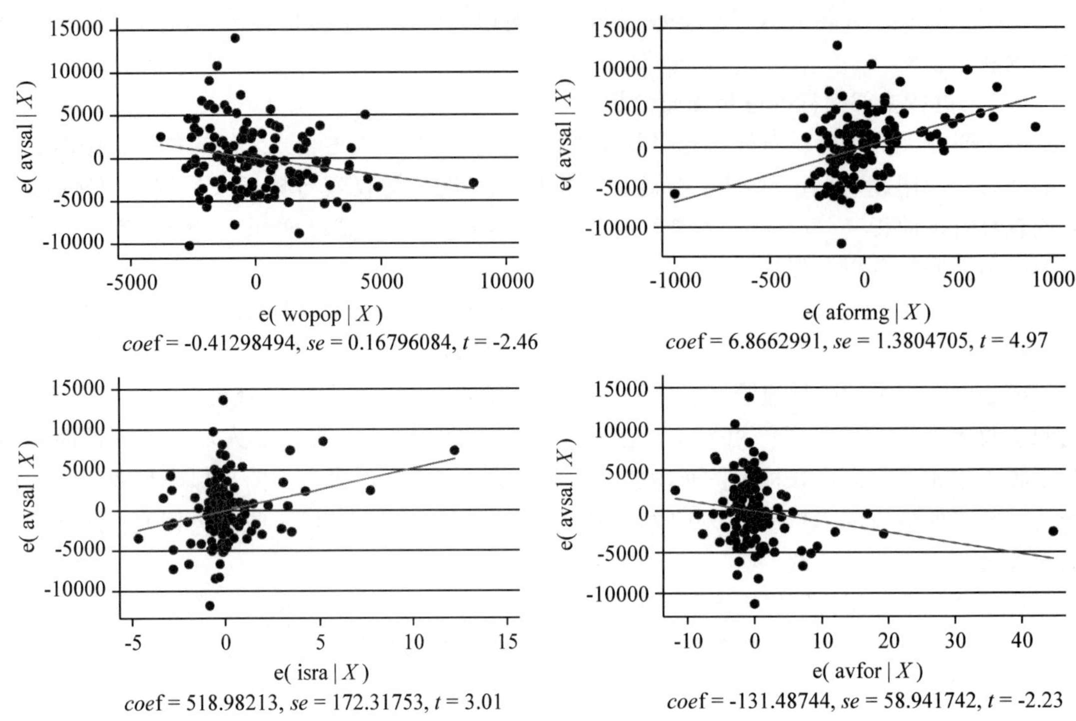

图 3-2 附加变量标绘图

业，说明两类不具有代表性。因此，重点分析第 1 类、第 2 类和第 5 类的情况。

表 3-1 各类包含的企业数量

聚类类别	企业数量
1	62
2	32
3	1
4	5
5	32
6	2
7	1

就分类结果进行统计描述，7 类木材采运企业的人均收入数据的分布如图 3-3 所示，第 4 类和第 5 类的收入较高；第 1 类、第 2 类和第 5 类的收入分布的离散程度最大。

进一步分析收入变化，在收入分类直方图 3-4 中，收入最高的是第 5 类，第 1 类和第 2 类的收入较低。在岗职工人数的分类直方图 3-5 中，第 1 类和第 2 类的人数较多、分布较广。人数最少、分布最集中的是第 5 类。

养老保险投保率的分类直方图 3-6 中，养老保险投保率最高的是第 5 类，而且第 5 类企业的投保率分布较广。第 1 类和第 2 类的分布相似。

人均森林管护面积的分类直方图 3-7 中，面积最大、分布最广的是第 5 类，第 1 类和第 2 类的分布图形很相似，第 2 类的管护面积较第 1 类少一些。

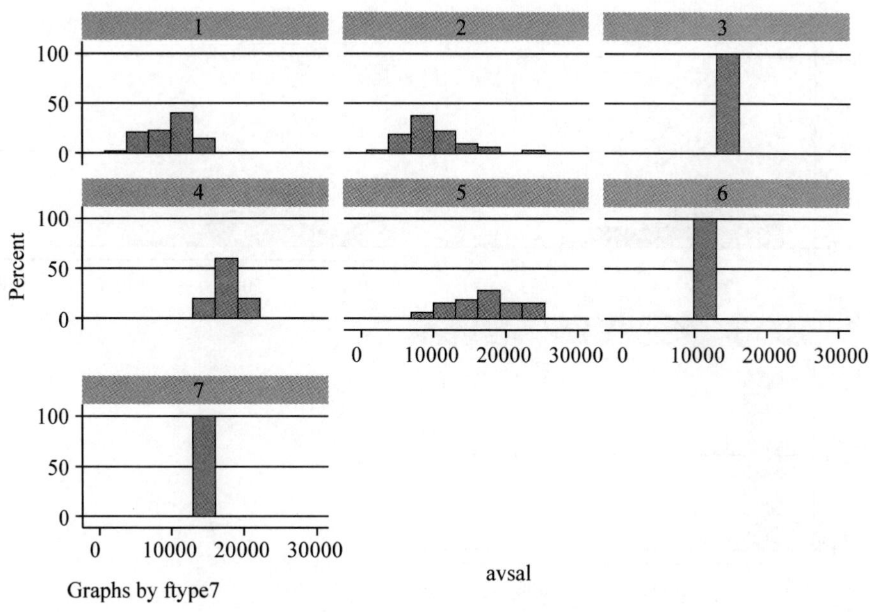

图 3-3　收入的分类直方图

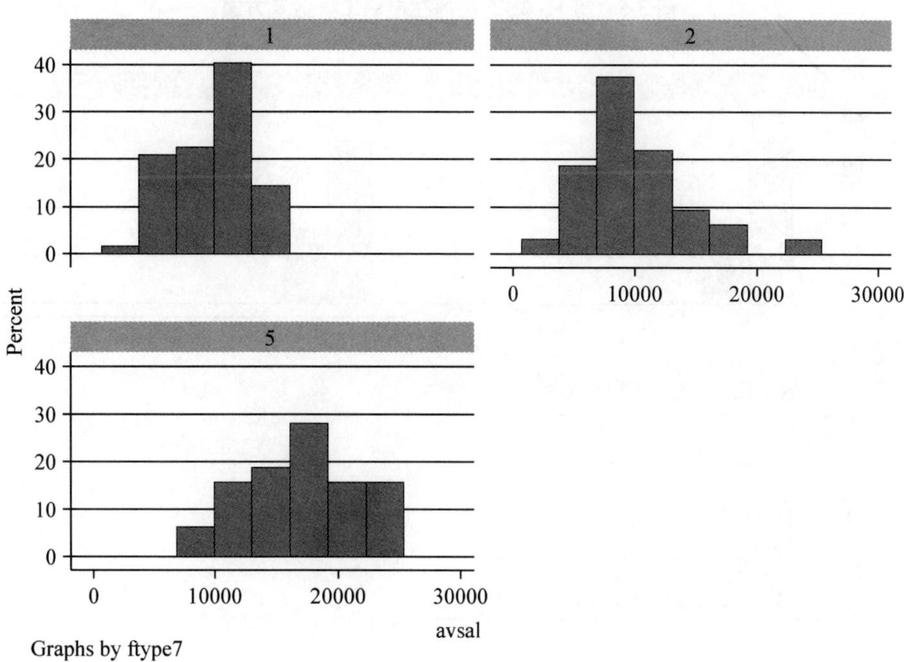

图 3-4　第 1、2、5 类的收入直方图

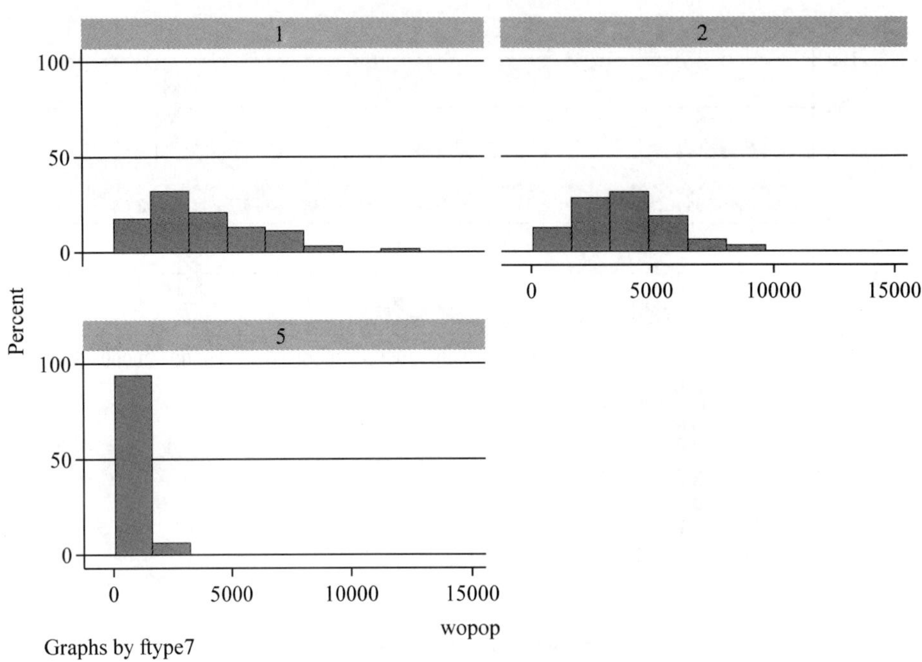

图 3-5　第 1、2、5 类的在岗职工人数直方图

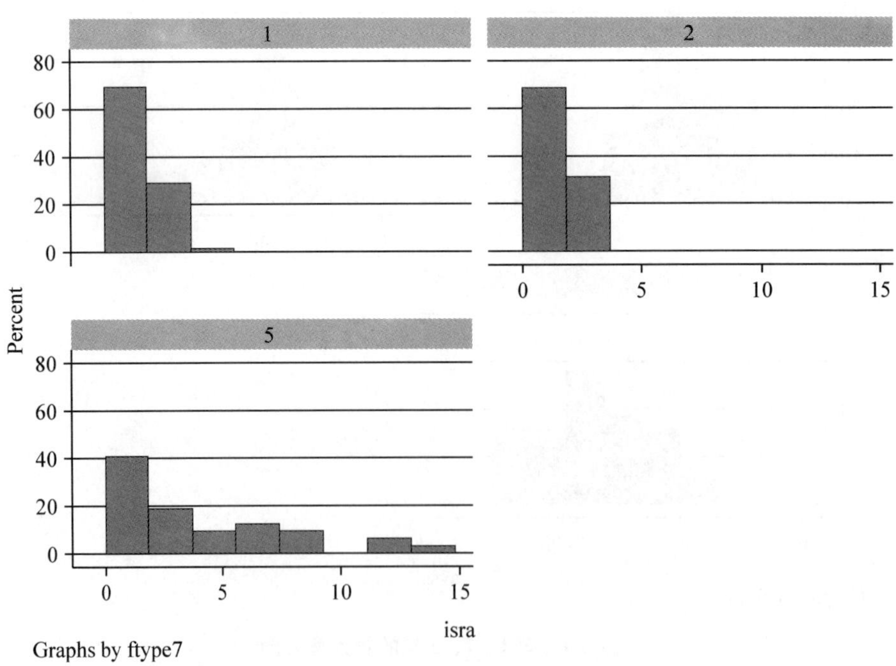

图 3-6　第 1、2、5 类的养老保险投保率直方图

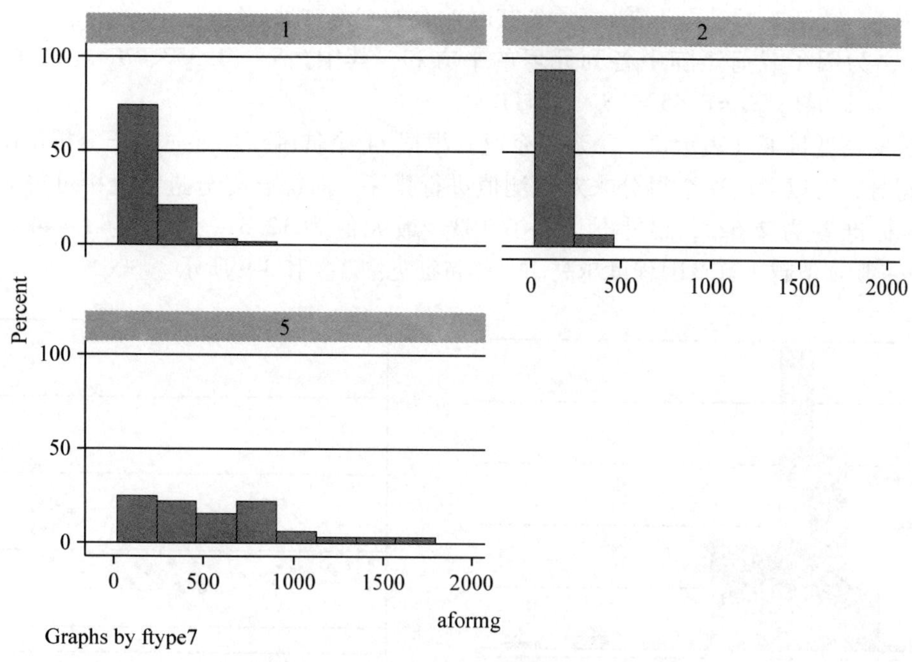

图 3-7　第 1、2、5 类的人均森林管护面积直方图

因此，综合收入、在岗职工人数、养老保险投保率以及人均森林管护面积的分类直方图，可以看出在第 1 类、第 2 类和第 5 类这三类中，第 5 类最不贫困，第 1 类和第 2 类的贫困状况相似，第 2 类的情况较第 1 类要差一些。

（四）主要影响因素提取分析

为进一步分析到底哪些因素影响国有森工企业的贫困，下面利用因子分析法进一步提炼影响因素，并进行量化分析。当保留 7 个因子，累积贡献率达到 83.24%。使用的具体方法为最大似然因子法进行提取。这主要是因为最大似然因子法提供了正规的假设检验，该检验有助于确定合适的因子数目[5]。经过检验，我们把合适的因子数目调整为 6 个，此时的累积贡献率达到 1。经过卡方检验表明六个因子可以提供一个恰当的模型。

因子得分分析，生成新变量 f_1，f_2，f_3，f_4，f_5，f_6，描述新变量（表 3-2）：

表 3-2　因子的统计描述

Variable	Obs	Mean	Std. Dev.	Min	Max
f1	135	0	1	-0.803	8.106
f2	135	0	1	-2.668	2.653
f3	135	0	1	-1.966	4.381
f4	135	0	1	-0.201	11.515
f5	135	0	0.7164	-1.826	3.401
f6	135	0	0.5738	-2.986	1.816

进一步计算得分变量 W，使得 $W = [S_1, S_2, S_3, S_4, S_5, S_6] \times [F_1, F_2, F_3, F_4, F_5, F_6]^T$

其中，S_j（$j=1, 2, \cdots, 7$）表示公共因子 F_j的方差贡献；

S_j定义为因子载荷矩阵中各列元素的平方和，其中，$S_1=1.357$，$S_2=1.516$，，$S_3=1.236$，$S_4=1.041$，$S_5=0.453$，$S_6=0.411$

生成的新变量 W（表示每一个森工企业）根据 11 个贫困指标通过因子分析得出来的综合贫困得分，可以通过这个得分来对观测值进行排序。对综合得分进行分析可得，W 的均值为0，标准差为 2.622，最小值为 -6.103，最大值为 12.31，偏度为 1.444，峰度为 7.276。一般 w 值越小其贫困程度越高。具体特征见图 3-8 和 3-9 所示。

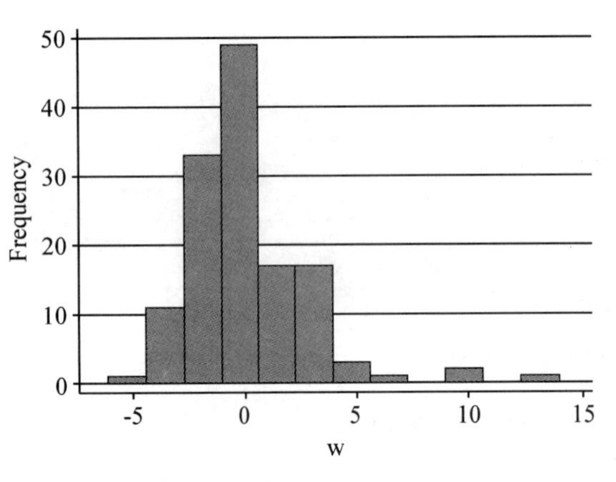

图 3-8 W 的频率直方图

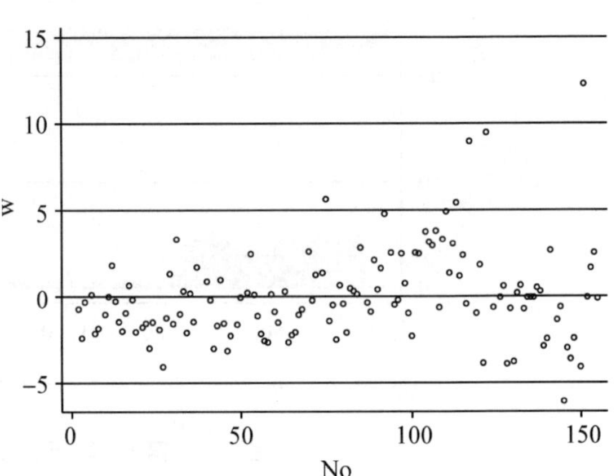

图 3-9 W 值与木材企业序号 No 之间的散点图

四、结 论

通过上述研究得到如下结论：

一是通过上述模型分析表明，利用相关分析、逐步回归、聚类分析、因子分析能够更加有效测度国有森工企业的贫困程度，并且能够给出具体哪些因素影响了贫困程度的变化。这表明上述模型和方法能够较好的进行国有森工企业的贫困问题研究与分析。

二是进一步分析发现，数据缺失情况影响了评价的效果。在本研究选定的 11 个评价指标中，有五个指标无法通过检验，没有成为最后进行评价的指标，但是从理论分析角度而言，这五个指标应当是进行贫困测度的重要指标之一，之所以未能通过检验，目前分析认为主要是相关数据的缺失造成的。下岗待安置人数、林龄结构比例、人均总产值、增加值率以及流动资产周转率缺失值个数很多，其中下岗待安置职工人数有 113 个缺失值，林龄结构有 63 个缺失值，流动资产周转率有 29 个缺失值。我们认为可能是样本中上述指标缺失值个数较多，造成了这些指标无法通过检验，影响了最后的评价效果。

三是模型分析表明，在岗职工人数、在岗职工年均收入、养老保险投保率、人均造林面积、人均森林管护面积以及资产负债率这 6 个指标在模型分析中有良好的表现，具有较大的代表性。

四是分析发现，选用的指标体系具有的统计上的适用性。逐步回归的结果说明森工企业的职工人数、资源和福利可以很好的预测该企业的收入水平，由此可以从不同的角度分析企业贫困的原因。聚类分析把木材企业分为 7 类，每类企业具有自己的特点，决策者可以通过企业的分类状况因地制宜地解决不同企业的问题，降低国有森工企业扶贫的难度。因子分析压缩了统计指标的数量，再经过旋转因子和综合得分分析我们得到了135个森工企业的贫困程度的排序，有利于政府部门根据国有森工企业贫困程度大小有针对性地提出相应的扶贫政策。

参考文献:

[1] 蒲鲁东. 贫困的哲学 [M]. 北京：商务印书馆，2000：D95-D654.

[2] 森·阿马蒂亚. 贫困与饥荒 论权利与剥夺 [M]. 北京：商务印书馆，2001：113～119.

[3] 祝列克. 中国林业统计年鉴 [M]. 北京：中国林业出版社，2010.

[4] 国家林业局. 中国林业统计指标解释 [M]. 北京：中国林业出版社，2001

[5] 劳伦斯·汉密尔顿. 应用STATA做统计分析 [M]. 郭志刚，等，译. 重庆：重庆大学出版社，2011

[6] 李茹. 国有企业过度负债问题的对策研究 [D]. 北京：中央财经大学，1997：275.

[7] 李培林，张翼. 国有企业社会成本分析 [M]. 北京：社会科学文献出版社，2000：F241-F279.

[8] 刘东生，高岚，陆珺. 国有林区森林资源监督体制与机制现状分析——以东北内蒙古为例 [J]. 林业经济，2009 (10)：53～58.

[9] 赵晓光，高艳华. 中国林业统计调查体系问题分析 [J]. 林业经济问题，2009，29 (2)：120～124，148.

赣南中央苏区集中连片林区贫困的现状及对策分析

廖　冰[1]　廖文梅[1,2]　金志农[1]

（1 江西农业大学经济管理学院，南昌，330045；

2 江西财经大学鄱阳湖生态经济研究院，南昌，330032）

摘要：近年来，林区贫困已经成为影响林业基础产业的一个迫在眉睫的问题。本文以赣南中央苏区为主体，基于振兴发展赣南等中央苏区规划上升为国家战略，首先通过阐述对贫困、林区贫困和反贫困的研究、目前研究现状以及综合述评，指出了林区贫困的具体表现形式，然后深入分析了影响林区贫困的五个主要因素，即人口因素、基础设施因素、经济因素、劳动力因素和教育因素，根据影响因素完善贫困林区反贫困的策略，旨在为赣南苏区林区的发展提供一定的指导意义，最后以结论的形式总结全文，概括主旨。

关键词：赣南中央苏区；苏区林区；林区贫困；影响因素；对策分析

The Poor Factors and Strategies Analysis of Influencing the Concentrated Shall Poor Foresty in the Central Soviet Area of Jiangxi South

Liao Bing[1], Liao Wen-mei[1,2], Jin Zhin-ong[1]

(1College of Economy Management, Jiangxi Agriculture University, Nanchang, 330045;

2 Institute of Poyang Lake Eco-economics of Jiangxi University of Finance and Economics, Nanchang, 330013)

Abstract: In recent years, forest poverty has become an imminent problem which influences the basic forestry industry. Firstly, the article puts the Central Soviet area of Jiangxi south as the main body and based on that the development plan of the Central Soviet area of south of Jiangxi etc rised a national strategy it pointed out the specific express forms of forest poverty by detailing the research of poverty, forest poverty, anti-poverty, the recent research situation and comprehensive reviews. Secondly, it further analyzes the main five factors of influencing the forest poverty, namely population factor, infrastructure factor, economic factor, labour factor and education factor. It improves the strategy of refusing forest poverty in poor forest according to the influence factors and aims to provide the guiding siginificance of the forest in the Central Soviet area of Jiangxi south. Finally it summarizes the full article in the form of the conclusion and summarizes the gist of the article.

Key words: the Central Soviet area of Jiangxi south; forest in the Central Soviet area of JiangXi south; forest poverty; influence factors; the strategy analyse

一、引　言

中央革命根据地，亦称中央苏维埃区域，简称中央苏区，是在 1929～1934 年土地革命战

作者简介：

第一作者：廖冰（1989～），男，江西省高安市人，江西农业大学研究生，研究方向：生态产品、生态产业。

第二作者：廖文梅（1978～），女，江西省万安县人，博士学位，江西农业大学副教授、硕士生导师、江西财经大学博士后，研究方向：农林经济理论与政策、生态经济理论与政策。

通讯作者：金志农（1963～），江西浮梁人，农学硕士和公共政策硕士，江西农业大学经济管理学院研究员，主要研究方向：生态经济理论与政策。

争时期全国最大的革命根据地，是全国苏维埃运动的中心区域，主要包括赣西、赣南、闽西、粤北等地，1931 年 11 月，中华苏维埃第一次全国代表大会在瑞金召开，宣告中华苏维埃共和国临时中央政府成立，从而使中央革命根据地成为全国苏维埃运动的中心区域[1]。赣南中央苏区是中央苏区的主体，是中华人民共和国的摇篮，是毛泽东思想的形成地，是苏区精神的发源地，为革命事业作出了重大牺牲和巨大贡献[2]。改革开放以来，赣南中央苏区发生了巨大变化，但由于战争创伤、自然条件等因素，经济社会发展与全国相比依然滞后，且拉开了巨大差距。党中央、国务院充分考虑赣南中央苏区的特殊地位、特殊贡献和特殊困难，从国家战略层面考虑，从区域经济发展考虑，于 2012 年 6 月 28 日出台了《关于支持赣南等原中央苏区振兴发展的若干意见》，给予赣南等原中央苏区政策、项目、资金等特殊扶持[5]。

（一）中央苏区、赣南中央苏区县、赣南中央苏区林区的界定

中央苏区是当时全国最大的革命根据地，区域覆盖范围包括：福建省 20 个县、江西省 13 个县、广东省 1 个县。福建省 20 个中央苏区县包括：建宁、泰宁、宁化、清流、明溪、龙岩、长汀、连城、上杭、永定、武平、漳平、平和、将乐、沙县、邵武、诏安、武夷山、光泽县、建阳；江西省 13 个中央苏区县包括：瑞金、兴国、宁都、于都、石城、会昌、寻乌、信丰、安远、广昌、黎川、上犹、崇义；广东省 1 个中央苏区县是大埔县[3]。

赣南中央苏区是中央苏区的主体，本文界定，以土地革命时期划分的中央苏区为样本，则赣南中央苏区县包括：信丰县、崇义县、瑞金市、黎川县、兴国县、广昌县、于都县、石城县、会昌县、安远县、寻乌县、宁都县、上犹县 13 个县[5]。

赣南中央苏区林区界定：由以上 13 个县可知，这 13 个县都是国家重点林业县，所以这 13 个县的农村都属于赣南苏区林区的范围。

（二）文献综述

1. 贫困的概念

贫困是经济、社会、文化落后的总称，是由低收入造成的基本物质、基本服务相对缺乏或绝对缺乏以及缺少发展机会和手段的一种状况。贫困可分为：绝对贫困和相对贫困。绝对贫困是基本生活还没有保证，温饱还没有解决，劳动力简单再生产不能维持和维持困难的状态；相对贫困是泛指温饱得以解决，可进行劳动力简单再生产，但仍低于社会公认的基本生活标准，基本没有扩大再生产能力的状态[4]。

2. 赣南苏区县的贫困

根据《中国农村贫困监测报告》和《中国八七扶贫攻坚计划》来确定我国重点贫困县，列入《国家八七扶贫攻坚计划》的国家重点扶持的贫困县共有 592 个，分布在 27 个省、自治区、直辖市，江西省共有 21 个贫困县，赣南苏区包括的 13 个县中 8 个县达到农村贫困标准，占比 61.54%，处于贫困状态，它们是兴国县、宁都县、于都县、寻乌县、会昌县、安远县、上犹县、广昌县；另一方面，江西省共有 99 个县，省重点林业县 25 个，占总数的 25.25%，省重点林业县中有 21 个是贫困县，占比 84%；苏区县人均年收入为 3583 元，比全省人均收入 5787 元要低 2204 元；苏区县总共有人口 6476000 人，占江西省总人数（44622500 人）的 14.51%；苏区土地面积 4733.7 万亩，占全省土地面积（25035 万亩）的 18.91%。如表 1 中，苏区每个县的贫困人口已列出，据调查，2010 年赣南苏区县总人口为 6476000 人，贫困人口总数量为 184392 人，其贫困人口占的比率为 2.85%。

表1　2010年赣南苏区县的人均纯收入和贫困人口

苏区县名	信丰	上犹	崇义	安远	宁都	于都	兴国	会昌	寻乌	石城	瑞金	黎川	广昌	合计
人均年纯收入（元）	4959	3183	4155	3159	3143	3142	3199	3130	3186	2796	4077	5718	2735	46582
贫困人口（人）	818	13072	308	14318	28433	29890	32060	20671	13725	6596	9967	1419	13115	184392

资料来源：《江西省统计年鉴》。

3. 林区贫困的定义

贫困不仅有收入贫困、社会贫困、人类贫困、能力贫困和福利贫困，还存在林区贫困，对于以往的研究，人们只是界定了贫困的定义而并没有界定林区贫困的定义。

邓含珠（2010）对林区贫困的定义作以下界定：指以生长、培育、保护和经营林业生产为主地区的农民或者职工人均收入较其他部门或地区明显低下，生活水平达不到社会可接受的最低标准，所在地区经济发展落后，缺乏必要的生活资料和服务，生存状况困苦[6]。

张晓静（2008）认为所谓林区贫困指的就是：在以森林为主要资源的地区的居民（职工或农民）人均收入较其他部门或地区明显低下，社会经济发展水平较低，生存环境较差的状况。林区贫困包含两个层面的意思：一是林区职工或居民收入水平相对于林业发展过程以及与其他部门或地区的比较水平较低；二是林区职工或居民拥有的森林资源和社会资源的水平较低[7]。

4. 对林区贫困现状的研究

林区贫困必然表现一些特定的现状，一些学者认为林区贫困表现出以下特征。

（1）贫困林区职工收入方面。张晓静（2008）认为林业系统职工收入、国有林区职工收入、集体林区职工收入、天保工程区人均收入均低于全国平均水平；邓含珠（2010）经过调查发现全国林业在岗职工的年平均工资一直远远低于全国城镇在岗职工年平均工资的水平。事实上，调查显示，其职工年平均工资不仅低于全国城镇职工年平均工资，甚至低于林业在岗职工年工资全国平均水平；刘丽萍（2008）也认为贫困林区职工表现为工资收入偏低等现象。

（2）林区员工技术方面。王丽（2010）指出贫困林区技术人员比较稀缺，人才过于集中，主要集中在行政事业单位，人才整体素质偏低，人才布局严重落后，人才流动不合理等，但是这种只是偏向于人力资源方面的研究，没有扩散到其他方面；冯月琦（2007）指出林区贫困等于是地区贫困，林区职工文化思想观念落后，导致长时间无法摆脱贫困的阴影，可采森林资源约束，导致林业职工工资减少，林产品利润率低，职工收入增长困难，历史形成的政企不分的管理体制，增加了林区的贫困，林区职工缺乏自主创业精神和创业意识，林产品的附加值小，林区文化教育落后等。

综上所述，贫困林区主要有以下几方面现状：①贫困林区职工收入水平相对于其他行业甚至全国平均水平较低；②贫困林区的职工不仅收入较低，而且相关的科技技术水平也明显较低。

5. 对林区贫困影响因素的研究

林区有着丰富的自然资源，但是近年来，林区社会经济落后以及林农的贫困成为我国现阶段较为显著的现象，同时也成为影响林业发展以及整个社会发展的一个迫在眉睫的问题，林区贫困影响因素问题引起了学者的极大关注。现有以下几类研究：

（1）林区贫困与林区职工自身有关。井月（2011）运用单因素方差分析和 Probit 回归模型，对其贫困影响因素进行了分析。结果表明：劳动力数量、劳动力平均受教育年限、代表资本的银行存款对林区贫困造成了显著影响。王丽则分析了职工自身方面的原因，一是自然地理历史条件，是造成人才总量不足、人才流失的本质原因，二是经济落后，产业链条延生慢，就业岗位少，造成大量技术人员相对闲置，三是对高技术人才、高新拔尖人才的培育孵化机制尚未健全，最后提出了建议：深化行政事业人事制度改革，建立现代企业管理制度，建立长效的就业导向机制，注重对乡土人才的开发和培训。

（2）林区的贫困与客观条件有关。刘丽红、曹玉坤（2009）等人则是运用层次分析法（AHP）对国有林区职工生存状况影响因素进行分析，在此基础上找出职工生存状况的关键影响因素，为改善国有林区职工生存状况、构建国有林区职工生存与发展激励体系提供决策依据。它分三层对国有林区的生存状况影响进行评价，第一层为 A，第二层为 B，第三层为 C 等，因共享国有林区贫困的因素排序为：就业与再就业安置政策，职工家庭、人口经济状况，廉租房与经济适用房制度，养老、医疗、失业、工伤保险制度，最低生活保障等；易爱军，张勇（2008）结合构建的国有林场贫困指标体系，搜集了 50 家国有林场的相关资料，运用因子分析法对我国国有林场贫困的主要影响因素进行研究。结果表明，职工培训工作严重滞后和森林资源支撑乏力是当前我国国有林场贫困的主要影响因子。

（3）林区贫困与林区的基础设施有关。冯菁（2008）认为林区贫困与一定的林区基础设施建设有关，林区由于基础设施建设不完全导致贫困；彭红碧（2005）写了中国农村贫困问题比较严重，其实指的是三农问题，与“三农”相对应的是“三林”问题也确实相当严重，影响农林发展问题的因素有基础设施不完全，文化体制不健全，社会观念落后等等，她还提出了二元城乡结构的概念，要解决农林贫困问题，必须加强农林可持续发展战略[8]。

6. 对林区反贫困对策的研究

林区反贫困引来了无数的反贫困理论研究。结合国内外文献，林区反贫困的途径包括以下四种模式：

（1）自主扶贫模式，持这一观点的代表人物是张越，他认为从本质上讲，物质的贫穷首先是精神的贫困，经济的落后根源在于教育的落后，同时张越还认为制约林区经济发展的最主要的因素之一是劳动生产率低下，林区居民的劳动力没有找到转化的有效途径，其原因虽然十分复杂，但根本原因之一是教育的落后，教育脱贫无疑就是解决贫困问题的根本出路（张越，2004）。

（2）移民搬迁模式，国内这一观点的代表人物是张建国，他认为林区内是不适合容纳过多人口，人多必然造成对自然资源的破坏目前世界各国的林业经营，多数林业发达的国家只将一些小的森林经营点设置在林区内，林区人数很少，居民则住在城镇，而采伐者，只有在取得承包采伐权后才组织人、物进山作业，待作业结束后全部撤离（张建国，2000）。

（3）针对林区的特殊地理环境使用的扶贫模式，从贫困人口的基本权利出发，依靠贫困人口赖以生存的森林为依托，开发利用森林资源，从森林中获取收益，几或是在生态重建中获得利益，实现减缓贫困的目标。

（4）曹迎春（2000）把林业可持续经营分为四个目标：一是社会目标，即持续不断地为社会提供林产品，满足人类对森林生态系统中与衣食住行密切相关的多种产品的需求；二是经济目标，即使森林经营者获得持续经济效益，促进和保障水利旅游渔业、运输畜牧业等一批产业的发展，带动林产工业发展，提高国家、区域等不同尺度空间防灾减灾的经济目标；三是生态环境目标，即为满足人的多方面需求，提供良好的生态景观及其环境服务；四是可持续经营的森林目标，健康的森林目标是上述三大目标得以实现的基础和前提。

（三）研究意义

2012 年，国务院下发了《关于支持赣南等原中央苏区振兴发展的若干意见》的文件，可见，国家对赣南苏区林区的发展十分关注，也具有划时代的意义[5]。本文在简述赣南中央苏区林区贫困状况的基础上，分析影响苏区连片林区贫困的主要因素，在此基础上有针对性地提出苏区贫困林区反贫困的对策，通过对此课题的研究，一方面可以建立林区贫困影响因素理论，另一方面通过深入分析赣南林区贫困的影响因素，找出消除林区贫困的途径，为解决当前中国林区贫困问题提供有效的政策建议。因此，开展本课题研究在理论上具有创新意义，在实践上也具有重要的参考价值，还为赣南苏区林区反贫困、减弱赣南林区与赣州城镇之间形成的城乡二元结构差距提供现实性的意义和参考，为赣南苏区林区贫困的振兴发展和赣南原中央苏区的振兴发展提供指导性的建议和措施。

二、赣南中央苏区林区贫困现状

随着“三农”问题（农业、农村、农民）的日益严重化，与之相对应的“三林问题”（林业、林农、林区）也随之而来：林业生产力低、林区发展落后、林农收入低是其具体表现[9,10]。林区落后关键是经济发展落后，作为事关国家经济可持续发展的基础产业，现状不容乐观，林区发展落后导致林区越来越贫困，达不到小康水平，以下是赣南苏区林区贫困的具体现状。

（一）赣南苏区人均 GDP 低

GDP 是按市场价格计算的国内生产总值的简称，它是一个国家（地区）所有常住单位在一定时期内生产活动的最终成果。GDP 是国民经济核算的核心指标，也是衡量一个国家或地区经济状况和发展水平的重要指标；人均 GDP = = GDP 总额/ 总人口，常作为发展经济学中衡量经济发展状况的指标。如下表所示的是江西省和苏区的人均 GDP 比较。GDP 和人均 GDP 的发展水平都可以用来衡量一个国家或地区的经济发展水平、社会发展实力。

表 2　2007 ~ 2010 年江西省和苏区 GDP 比较

	江西省			苏区			苏区总 GDP/省总 GDP	苏区人均 GDP/省人均 GDP
	总 GDP（亿元）	人均 GDP（元/人）	人均 GDP 增长率	总 GDP（万元）	人均 GDP（元/人）	人均 GDP 增长率		
2007 年	5500. 25	12591	—	3416578	5109. 8	—	0. 006‰	40. 58%
2008 年	6480. 33	15900	26. 28%	4738269	7486. 6	46. 52%	0. 007‰	47. 09%
2009 年	7655. 18	17335	9. 03%	5323110	8336. 9	11. 35%	0. 007‰	48. 09%
2010 年	9451. 26	21253	22. 60%	6450875	9961. 2	19. 48%	0. 006‰	46. 87%

资料来源：《江西省统计年鉴》。

根据《江西省统计年鉴》，苏区和江西省的 GDP 和人均 GDP 如下表所示。如表 2 中的数据显示，苏区总 GDP 低于江西省总 GDP，占的比率最大为 0. 007‰，都不超过 0. 01‰，根据常识，小区域的 GDP 必小于大区域 GDP；苏区人均 GDP 也都低于江西省人均 GDP，

2007 年苏区人均 GDP 占江西省人均 GDP 的 40.58%，2008 年占 47.09%，2008 年占 48.09%，2010 年占 46.87%，都没有超过 50%，可见苏区人均 GDP 确实比较低；反观其增长率，虽然都随着年份在增长，但是增长的幅度不大，有些年份还要低于江西省人均 GDP 增长的平均水平。以 2010 年为例，苏区总 GDP 为 6450875 元，全省总 GDP 为 9451.26 亿元，占全省的 0.006‰；苏区人均 GDP 为 9961.2 元，全省人均 GDP 为 21253 元，占比为 46.87%；人均 GDP 增长 19.48%。

（二）赣南苏区系统职工工资低于全国平均水平

根据《2010 江西省年统计年鉴》、《2011 年江西省统计年鉴》报告和《中国统计年鉴》报告并计算得知，2010 年赣南苏区林区在岗职工年平均工资为 21491 元，比全国城镇单位在岗职工年平均工资 37417 元要低，仅为其 57.85%。再看林区职工工资的增长率，虽然 2010 年苏区林区在岗职工平均工资增长率 13.68% 比 2010 年全国城镇单位在岗职工年平均工资增长率要高，但是仅高出 0.21%，如表 3。可见，林区职工工资普遍低于全国平均水平。

表 3　2010 年赣南苏区林区在岗职工工资状况表

指标	2009 年	2010 年
苏区林区在岗职工总人数（人）	228170	232189
苏区林区在岗职工工资总额（元）	431340	488988
苏区林区在岗职工平均工资（元/人）	18904	21491
苏区林区在岗职工平均工资增长率	—	13.68%
全国在岗职工平均工资（元/人）	32736	37147
全国在岗职工平均工资增长率	—	13.47%
苏区在岗职工平均工资/全国在岗职工平均工资	—	57.85%

资料来源：《2011 年江西省统计年鉴》、《2010 年江西省统计年鉴》、《中国统计年鉴》.

三、影响赣南林区集中连片贫困的因素

赣南苏区林区贫困的表现是多方面，其致贫因素也十分复杂。准确地分析苏区林区的致贫因素是林区反贫困的关键[11]。

（一）人口因素——林区乡村人口多、增长快、城镇化比率低

表 4　2008～2010 年赣南苏区县和江西省人口变化比较

	江西省		赣南苏区县	
	农村人口比例	城镇人口比例	农村人口比例	城镇人口比例
2008	58.64%	41.36%	82.27%	17.73%
2009	56.82%	43.18%	82.36%	17.64%
2010	55.90%	44.10%	82.55%	17.45%

资料来源：《江西省统计年鉴》。

由表4可以看出，赣南苏区县的农村人口比率不仅仅高于江西省农村人口比率，而且还高于赣南苏区城镇人口比率，并且逐年增大，说明赣南苏区农村人口覆盖率居多并且有持续增长的趋势；赣南苏区的城镇人口比率低于江西省城镇人口比率，说明赣南苏区城镇人口覆盖率较少。在苏区林区的资源是一定的情况下，随着农村人口的加大，人均资源占有量就会减少，林业资源短缺与林农日常需要之间就会形成压力，短缺的资源不能满足林农日益增长的物质文化的需要，最终对苏区森林资源不合理地利用，滥砍滥伐，过度索取等，形成了贫穷的局面。

（二）基础设施因素——赣南苏区林区基础设施不完善

基础设施建设是国有林场扶贫资金项目扶贫的重要内容，也是赣南苏区林区当前所面临的最大困难，林区贫困表现基础设施跟不上江西省乃至全国的平均水平，经济建设落后，设施不足以开发林业产业。

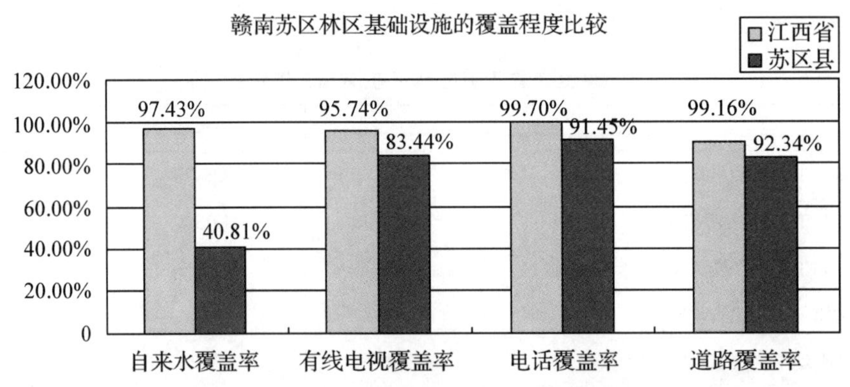

图1 赣南苏区林区基础设施的覆盖程度比较

从图1中可以看出，赣南苏区自来水覆盖率为40.81%，有线电视覆盖率为83.44%，电话覆盖率为91.43%，道路覆盖率为82.34%；相比之下，江西省基础设施的平均水平，自来水覆盖率为97.43%，有线电视覆盖率为95.74%，电话覆盖率为99.70%，道路覆盖率为90.16%。由此可见，苏区林区的基础设施覆盖率相对落后，都低于江西省平均水平。基础设施是保证人民生活的关键所在，根据马斯洛的需要层次理论，人的需求分为：生理需要、安全需要、归属需要、尊重需要和自我实现的需要，只有满足了最基本的需要，人才会往高一级的需要发展和追求。基础设施是保证衣食住行的关键性所在，苏区林区的基础设施的落后，导致了最基本的需求都满足不了，就会导致林区经济发展落后，落后就将致贫。

（三）经济因素——林区农民人均收入偏低且增长过慢

农民收入与农民的工资有着直接的影响，一般情况下，在支出一定的情况下，工资越高，收入相应地会高。苏区林区资源除了在保护环境、维护生态平衡中起到了其他任何东西无法替代的作用外，在林农经济收入中，也具有举足轻重的地位。苏区林区的林农的主要经济收入来源于林业，虽然近年来林农收入在不断地上涨，但是其与江西省平均水平相比，还更逊一筹，下表是苏区和江西省农村居民收入的变化情况比较。

表5 2007～2010年赣南苏区农村居民人均收入的变化情况表

	江西省		赣南苏区	
	农民人均收入（元）	农民人均收入增长率（%）	农民人均收入（元）	农民人均收入增长率（%）
2007	4097.82	—	2562.30	—
2008	4697.19	14.62	2895.07	13.00
2009	5075.01	8.43	3139.23	8.05
2010	5788.56	14.14	3583.23	14.07

资料来源：《2011年江西省统计年鉴》。

由表5可以看出，从2008～2010年间，赣南苏区农民人均收入不仅低于江西省农民人均收入水平，而且增长率也低于江西省农民人均收入的增长率，在支出固定的情况下，农民收入的缓慢增长不足以应付必需的各项支出，造成入不敷出，造成农民贫困。所以，林区农民收入偏低是林区致贫的一个重要因素。

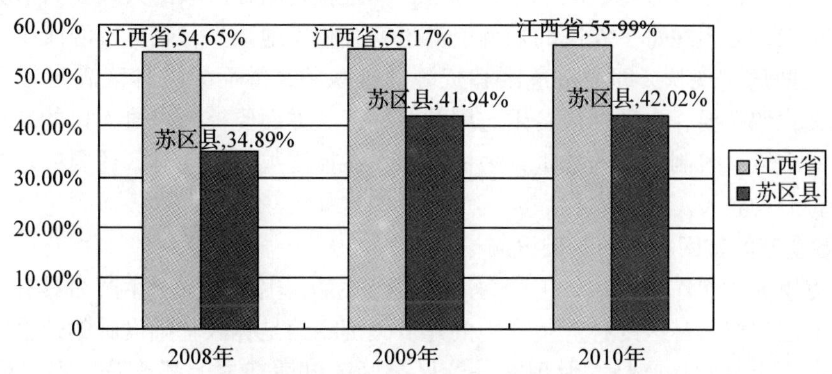

图2 赣南苏区2008～2010年就业率比较

（四）劳动力因素——农民就业率水平低

从图2中可以看出，虽然江西省农民就业率和赣南苏区农民就业率逐年上升，意味着江西省和苏区的农民就业量增加，但是从2008年至2010年中，农民的就业率水平永远低于江西省的平均就业率水平，就业率影响着农村劳动人口数目和失业结构，影响农村劳动力和苏区的生产发展水平，林农的生产发展水平提高不上去，生产关系就会阻碍生产力的发展，林区就会变得贫困。

（五）教育因素——赣南苏区林区受教育程度偏低，自我发展能力弱

表6 2010年赣南苏区林区受教育普及率比较

	赣南苏区林区所占比率	江西省平均程度
小学生普及率	10.64%	29.97%
普通中学生普及率	6.07%	50.05%
高中生普及率	5.03%	23.57%
大学生普及率	1.45%	11.27%

资料来源：《2011年江西省统计年鉴》。

“知识改变命运”在贫困林区同样发挥着作用，生活贫困的林农由于其自身条件和周边环境的局限，缺乏让自己和后代接受良好教育的条件。越是贫困的林区，其当地林农通过自我发展来改变自己贫困状况的能力就越弱，通过知识来脱贫致富的希望也就显得渺茫。赣南苏区林区教育普及程度远不及于江西省平均水平，小学普及程度不及江西省平均普及程度的40%，中学普及程度还不及江西省平均水平的15%，高中普及程度仅有5.03%，大学普及程度仅有1.45%，也就是大学教育严重缺乏，大学生的综合素质高于高中、初中、小学生，自我发展能力落后，创新能力低。可见，苏区教育普遍较低（表6）。

四、赣南苏区林区反贫困对策

林区反贫困，即林区脱贫。针对影响林区贫困的因素探索，一对一地提出反贫困策略，借以对林业发展有指导性的意义[12]。

（一）控制林区农村人口增长，提高人口的城镇化速率

在表4中可以看出，无论是苏区还是整个江西省乃至全国，农村人口所占的比率要比城镇人口占的比率大，苏区农村就属于苏区林区，林区就要面临严峻的人口压力形势，而现有的森林资源有限，分担在每个农民的森林资源也就会相应地减少，森林资源减少，就会出现所谓的林业“两危”现状，即经济危困和资源危机现象，继而导致林区满足不了农民日益增长的物质文化的需要，出现林区贫困。因此，林区一方面要控制农村人口的增长，通过实施计划生育的政策，限制人口的数量，另一方面，在控制数量的同时，还要在提高城镇化速率上下工夫，鼓励农民工走出农村[13]。

（二）健全苏区贫困林区的基础设施

根据马克思的自然作用规律，生产力决定生产关系，生产关系对生产力具有反作用，经济基础决定上层建筑。林区的林业生产力的建设关键靠的是林区基础设施的建设，没有好的设施，也就产不出好的林产品。像现在的苏区林区，电话基本上都普及，但是研究发现电话、有网络电视以及有自来水等设施的比率还很低，所以，有关政府应该加大对赣南林区的基础设施的投入。对于林区，要考虑林区的保护设施是否妥当，林区的安全设施是否齐全等[15,17]。

（三）建立健全的国家财政政策，促进农民增收

从宏观上讲，国家经济政策包括财政政策和货币政策，在现有货币政策一定的条件下，要想促使贫困林区脱贫，就要采取适当的财政政策来增加农民收入。①强化林产品税收政策，建立健全的林产品税收明细制度；②对林木采取间伐的措施，间伐就是一边采伐一边抚育，实现循环利用，可持续发展；③发展多种林下经济，提高森林资源的利用价值，如种植特种林下植物、实行以放牧为主的林区管理化系统[14,18]。

（四）帮助农民充分就业

就业不仅正相关于经济增长速度，而且与经济结构关系密切。研究表明：第二产业的GDP每增长一个百分点，就业仅增长0.2个百分点；第三产业的GDP每增长一个百分点，就业仅增长0.7个百分点。鼓励科学技术的进步，必然会促进生产的扩张，大大增加对原料、能料的需求，相关部门的生产也会带动起来。大力发展第三产业，也会帮助农民就业，第三产业发展起来了，向农民提供的岗位数也就越来越多了，就业率也就提高了；大力提高劳动技能，解决有活干不了的问题，农村居民劳动技能普遍偏低，这是造成失业的一大原

因，严重影响经济的发展，要实行人力资源开发战略，提高劳动技能，帮助就业[16]。

（五）优先发展教育事业，实施科教兴林战略

教育机会的缺乏导致贫困，严重制约林农素质的提高和收入增加。因此，要大力发展贫困林区教育事业，科学技术是第一生产力，教育是科学技术的前提保障。①要加强基础教育，农村小学入学率和巩固率均达到100%，初中入学率和巩固率均达到98%；②要发展农村科技教育，积极推广远程教育和技能培训。积极鼓励、正确引导、合理支持、依法管理各类民办教育；③增加教育特别是农村教育投入，加大农村中小学校危房改造和农村寄宿制学校建设力度，努力以教育的全面快速发展，为全县经济发展和社会进步提供更多的人才保障；④要着眼于经济与各项社会事业的长远发展和人才的总体需求，加强人力资源能力建设[6]。

五、结 论

林区贫困是一个客观存在的现实问题，不同的地区、不同的林区可能存在的贫困问题不大一样，但是只要找到相应的对策，就可以为贫困林区反贫困提出参考性的建议。本文可得出以下结论：①在人口方面，林区存在着林区农村人口比率大，城镇化比率低的问题，应该实行计划生育政策控制农村人口的增长，同时，提高城镇化比率；②在经济因素方面，国家应从宏观角度制定财政政策，促进农民增加收入；③在基础设施方面，林区存在着基础设施薄弱等问题，政府应该在林业设备、林场设施等方面加大资金投入；④在劳动力方面，大力发展第三产业，但还要兼顾第一、第二产业的发展；实行人力资源开发战略，提高劳动者技能，促进就业；⑤在教育方面，优先发展教育事业，实施科教兴林战略，把教育放在第一位。当然，苏区林区存在的问题远远不及于此，诸多问题如“三林”问题还有待于各位学者的后续研究。

参考文献

［1］龙观华．近二十年中央苏区史若干问题研究综述［J］．赣南师范学院学报，2003，01：74～77.

［2］邹常军．在促进江西区域发展中发挥更大作用——关于推进赣南苏区振兴发展的思考［J］．赣鄱策论，2012，07：16～17.

［3］农工党中央．关于支持赣南中央苏区发展振兴的建议［J］．前进论坛，2012，06：30～31.

［4］刘丽萍，许俊杰，杜江．东北林区“两危”的现状分析及对策选择［J］．学术交流，2008，176（11）：132～135.

［5］国发（2012）21号．国务院关于支持赣南等原中央苏区振兴发展的若干意见［OL］．中国政府门户网站：http：//www. gov. cn/zwgk/2012-07/02/content_ 2174947. htm. 2012-07-02.

［6］邓含珠，许向阳．中国林区贫困人口脱贫问题研究［D］．南京：南京林业大学，2010.

［7］张晓静，刘小强．天然林资源保护工程对林区贫困影响的综述［J］．郑州：中州大学学报，2009，26（05）：18～22.

［8］冯菁，夏自谦．丰裕中的贫困［D］．北京：北京林业大学，2007.

［9］赣南林业［OL］．http：//www. gnly. gov. cn/bencandy. php? fid＝82&id＝773.

［10］赣南林业［OL］．http：//www. gnly. gov. cn/bencandy. php? fid＝82&id＝772.

［11］冯菁，夏自谦．中国林区贫困现状及解决对策研究综述［J］．北京：北京林业大学学报，2007，06（03）：63～67.

［12］江西省档案馆，中共江西省委党校党史教研室．中央革命根据地史料选编：下册［M］．南昌：

江西人民出版社，1983.

［13］井月，朱洪革．黑龙江省森工林区职工贫困影响因素研究［J］．林业经济问题，2011，31（05）：411～415.

［14］易爱军，张颖．我国国有林场贫困的主要影响因素研究［J］．安徽农业科技，2012，40（03）：1840～1842.

［15］彭红碧．中国农村贫困现状及影响因素［J］．安徽农业科学，2010，38（01）：399～401，405.

［16］冯月琦．关于黑龙江省森工林区职工贫困成因的研究［J］．林业科技情报，2006，38（04）：14～15.

［17］吕小明．必须加大对贫困国有林场的扶持力度——对山西黑茶山林区贫困林场经营现状的调查［J］．山西林业，2005，03：11～12.

［18］刘丽萍．黑龙江国有林区贫困的现状、原因及其对策［J］．科技与管理，2008，10（06）：10～12.

［19］张晓静，张新伟，王立群．中国天然林资源保护工程对林区贫困的影响探究［D］．北京：北京林业大学，2008.

［20］宾朋，吴铁雄．林业生态工程对国有林区贫困的影响评价［D］．北京：北京林业大学，2010.

国有林场森林资源产权制度研究

李华晶　李永慧

（北京林业大学经济管理学院，北京，100083）

摘要：国有林场是我国林业发展的重要组成部分和中坚力量。本研究以“国有林场森林资源产权基本理论→国有林场森林资源产权制度现状→当前存在的矛盾和问题→完善国有林场森林资源产权制度的总体思路和政策建议”为研究主线，综合运用规范和实证研究方法，对我国国有林场森林资源产权问题进行研究，以期对完善国有林场森林资源产权制度、推动国有林场森林资源管理体制改革有所借鉴。

关键词：国有林场；产权制度；森林资源

Research on Property Right of Stated-owned Forest Farm' Forest Resources

LI Hua-jing；LI Yong-hui

（School of Economics and Management，Beijing Forestry University，Beijing，100083）

Abstract：The state-owned forest farms are the important constituent and the skeleton of our country's forest development. The paper based on “basic theory of stated-owned forest farm' forest resources property right→present situation of stated-owned forest farm' forest resources property right→the existence question→put forward some suggestions” . In order to improve our country Property right system of stated-owned forest farm' forest resources.

Key words：state-owned forest farms；property right；forest resources

国有林场是我国林业发展的重要组成部分和中坚力量。新中国成立以来，国有林场由少到多，由弱到强，逐步发展壮大，在培育森林资源，改善生态环境，兴办绿色产业，发展林业经济，加强自身建设方面取得了巨大的成就，充分发挥了骨干示范和辐射作用。特别是改革开放以来，国有林场步入了较为快速的发展时期，森林资源快速增长，经济实力明显增强。目前，全国4507家国有林场经营管理的森林资源，已成为我国主要的后备森林资源基地和重要的生态屏障，为加快荒山造林绿化，缓解木材供需矛盾，推进林业科技进步，带动林区经济发展做出了积极贡献。

但也要看到，长期以来，国有林场改革相对滞后，国有林场森林资源产权制度不健全，森林资源管理制度不完善，不但严重威胁着国有林场森林资源保护，也从根本上制约了国有林场的改革发展。毫无疑问，随着社会主义市场经济体制的逐步完善，国有林场的发展将越来越融入社会主义市场经济体制运行之中，其所依赖的森林资源产权及其制度安排的重要作用将日益显现。如果说森林资源是国有林场的发展之基，森林资源产权则是国有林场的立场

作者简介：

第一作者：李华晶（1976～），女，江苏沛县人，博士，北京林业大学经济管理学院副教授，硕士生导师，工商管理系副主任，从事绿色管理、创业与创新管理、林业产业研究。

第二作者：李永慧（1990～），女，山东泰安人，北京林业大学经济管理学院研究生，从事绿色管理、创业与创新管理、林业产业研究。

之本。因此，在推进国有林场改革的过程中，如何完善国有林场森林资源产权保护体系、健全国有林场森林资源管理体制，已经成为从根本上加强国有林场森林资源管理、保证国有林场长远发展、提升国有林场发展后劲的重要前提，也是事关全国林业科学发展和国家生态文明建设的关键一环。

本着这一背景和基本判断，本研究以“国有林场森林资源产权基本理论→国有林场森林资源产权制度现状→当前存在的矛盾和问题→完善国有林场森林资源产权制度的总体思路和政策建议”为研究主线，按照“现实背景与情况分析→核心因素提炼→理论分析与实证研究→结论分析与政策建议”的思路，综合运用规范和实证研究方法，对我国国有林场森林资源产权问题进行研究，以期对完善国有林场森林资源产权制度、推动国有林场森林资源管理体制改革有所借鉴。

一、国有林场森林资源产权制度的理论分析

（一）国有林场森林资源的经济社会属性

国有林场森林资源是国有林场接受国家授权、以资源使用者身份经营管理的森林资源。依照《中华人民共和国森林法》，森林资源包括森林、林木、林地以及依托森林、林木、林地生存的野生动物、植物和微生物。可见，国有林场森林资源既有林、也有地，具有不动产性、不可替代性、再生性、多效益性、增值性等特点。

从国有林场森林资源的经济属性看，国有林场的森林资源分为经营性森林资源和非经营性森林资源。经营性森林资源指的是具有经营价值，即投入人力、财力、物力后，可获得经济产出的森林资源。国有林场的发展实力与后劲，与经营性森林资源的数量和质量有着密切的关系；非经营性森林资源指的是那些不具备经营价值或者暂不具备经营条件、但对生态建设同样具有重要作用的森林资源，对这类资源，只能进行非盈利性的管理养护，是国有林场作为事业单位的主要经营对象。

从国有林场森林资源的社会属性看，其除了具备木材提供等经济功能外，还具有生态保护的社会功能，在经济社会发展中发挥着重要的生态公益作用。从本质上看，这种生态功能具有公共产品性质。由此引申，国有林场森林资源还具有非排他性，所有者不能将任何人排除在对国有森林资源生态功能的享用之外。同时，公共产品的外部性同样适用于国有林场森林资源，表现为国有林场经营管理成本与社会成本、国有林场个体利益与社会公众利益的不尽一致。比如，如果国有林场自身经营管理的森林资源被破坏损毁，不仅是国有林场作为使用者权益受损、国家作为所有者权益受损，还会造成生态环境恶化，导致公众利益受损。当然，反过来看，国有林场森林资源的高效管理和养护，不但对国家、国有林场有利，也会给社会公众带来优良的生产生活环境，产生外部正效应。

把握国有林场森林资源的这些经济社会属性，是明确产权安排的基本原则和落脚点，是研究设计国有林场森林资源产权制度的先决条件。

（二）国有林场森林资源产权的基本内涵和特点

产权主要指财产权或财产权利。国有林场森林资源产权的实质是国有林场经营管理范畴内的财产权属关系。根据现行林业规范性法律文件和相关政策规定，国有林场森林资源产权权利主体是国家及其代理人（在少数进行了股份制改造的国有林场，还包括集体、自然人或其他法人），客体即森林资源产权所指的对象，包括森林、林木和林地所有权，森林、林

木和林地使用权和林地承包经营权三种财产性权利，核心是森林、林木和林地的占有权、使用权、收益权和处分权。

国有林场森林资源产权具有产权的共性，又有其个性，表现为：首先，国有林场森林资源产权是一束复合型权利，既是一个整体的归属，又是多项权能的组合，其内容非常丰富，并且随着社会、经济、科技和人类生态意识的发展，将更加广泛；其次，由于森林资源本身的结构组成的生态统一性，国有林场森林资源产权具有整体关联性和紧密联系性；再者，由于森林资源作为一种特殊的公共资源，具有政府约束性，其所有权人不能任意处置，而且因其公共性又使其具有外部性，国有林场森林资源产权本身的排他效力必然有所限制。

（三）国有林场森林资源产权制度

产权制度是关于产权界定、运营、保护等的体制安排和法律规定的总称。国有林场森林资源产权制度是关于国有林场所经营管理的森林资源的产权界定、运营、保护等的体制安排和法律规定的总称，它整个国有林场森林资源管理的体制基础，是市场经济条件下保障国有林场生存发展的根本性制度安排。从历史上看，我国国有林场产生于产权理念缺失的计划经济体制之下，是建国初期国家为加快森林资源培育，保护和改善生态，在国有宜林荒山荒地集中连片的无林少林、生态脆弱地区，专门从事营造林和森林管护的林业单位。可以说，国有林场森林资源的产权初始配置、权利与责任、保护法律法规、交易流转，自始就缺乏基本的规范，也就没有稳定完善的产权制度安排。虽然改革开放以来国有林场管理体制多次变革，一些地区的国有森林资源产权初始配置制度几经更迭，强制性制度变迁与诱致性制度变迁交替作用，但现代市场经济意义上的国有森林资源产权制度始终没有形成，这已与我国建立完善的社会主义市场经济体制不相适应，与其他领域市场化改革的进展相脱节。加快完善适合我国国情、符合市场经济要求、有利于森林资源保护和生态建设的国有林场森林资源产权制度，必然成为国有林场体制改革的关键和重点。

（四）国有林场森林资源产权制度的基本特征

我国国有林场森林资源产权安排具有以下几个基本特征：

从产权总量看，体量不小，地位重要。国有林场成为林业产业建设的坚强阵地和重要依托。国有林场森林资源与国家重点防护林工程融为一体，构筑了我国重要的生态屏障。我国主要江河流域的森林是以国有林场为主体的，长江流域占30%，黄河流域占65%，辽河流域占38%，海河流域占26%，珠江流域占11%。国有林场已成为生态建设的核心和骨架，在保护和改善生态环境中发挥了很大的作用。

从所有权看，国家所有，分级管理。目前既有省级政府直接管理的林场，也有市县政府直接管理的林场，形成了一个多级管理和垂直管理错综复杂的领导体制。

从使用权看，林场经营，形式多样。国有林场森林资源由国有林场占有使用，国有林场对森林资源采取国有独资、股份制、承包经营等多种方式经营，经营管理模式也因森林资源性质的不同而各有侧重，比如采取生态公益型和商品经营型的管理模式。

从收益权看，收益不高，勉强生存。随着国家对生态文件建设的日益重视，国有林场经营重点由木材经营转向生态建设和保护，而与此同时，体现生态公益性的公共财政体制和税收优惠体系尚未建立，国家对国有林场的支持政策尚不健全，主要依赖木材经营的国有林场经营日益困难，基础设施条件较为落后，职工收入较低，多数国有林场处于勉强生存的边缘。

二、国有林场对森林资源的权责利分析

对于国有林场而言，所谓对森林资源的权，就是对森林资源的占有使用收益和处置的权利；所谓对森林资源的责，就是接受政府部门监督管理，实现国有森林资源保值增值的职责；所谓对森林资源的利，就是通过经营管理，实现国有林场事业发展，维护全体干部职工的权益。国有林场对森林资源的权责利，直接决定了国有林场发展的基础性条件好坏，直接关系到国有林场干部职工的利益，直接影响着国有林场配置生产生活资料的能力和范围，进而决定了国有林场的发展活力和后劲。而现实情况是，国有林场对其占有经营的森林资源“责权利”不完整、不对等，使国有林场陷入“体制困境”，制约了国有林场的科学发展。

（一）国有林场的森林资源使用权尚未得到有效保障

根据法律规定，国家是国有林场的所有者，实行省地县三级政府分管，拥有终极剩余索取权，国有林场受国家授权，负责经营管护和开发利用国有森林资源，对森林资源享有占有、使用、收益、处分的权利。但由于法律对森林资源产权内容只是笼统概括，没有对不同级别政府之间、政府林业行政管理部门与林场之间如何行使权利做出明确的界定，其结果就是造成所有者虚化、产权主体不明确，一些政府和部门认为自己可以代表国家，有权管理、处置国有林场的森林资源资产。一些国有林场的林木、土地等资产不时被政府部门无偿平调、占用，甚至转让出卖，使国有森林资源蒙受重大损失。对于这些行为，国有林场作为政府管属的单位，取法有效的手段和能力进行抵制。另外，由于森林资源产权主体不明确，对国有林场培育、经营和保护管理森林资源所必需的资金、基础设施建设和需要解决的困难、问题等，又无具体部门承担义务和责任。还有，长期以来，国有林场分类改革的政策并未真正落实，国有林场森林资源究竟是按照公益性事业单位管理，还是按照商品经营型企业经营，政府并未给出明确的办法，国有林场对森林资源的管理养护究竟有多大自主权，也没有明确说法，在这种情况下，国有林场对森林资源的使用权被不同程度的分解和滥用，国有森林资源被掠夺性的开发和利用，国有林场的森林资源使用权并没有得到有效保障。

（二）国有林场森林资源产权存在不合规流转

国有林场使用权设计及配套政策的设置与运行存在缺陷，对权利的内容、可流转性和收益性等重要方面都缺乏明确的规定，虽然我国《森林法》有所涉及，但受政策、交易体系、交易平台、资产评估等等多方因素制约，国有森林资源的流转政策不明晰、不配套，致使各地不规范流转国有林场森林资源的现象时有发生，严重侵犯了国有林场的合法权益。据2010年调查统计，2000年以来，各地国有林场流转林地总面积1079.2万亩，涉及723个国有林场，流转方式包括出租、入股、抵押、经营权转让等，流转期限从3年到70年不等。其中违法流转林地面积12.32万亩，涉及17个国有林场，主要是林地流转未进行森林资源资产评估和有关部门审批，造成租金过低，期限过长。

（三）国有林场对森林资源的收益权不完整

国有林场森林资源归国家所有，但按照规定，国有林场拥有森林资源收益权，目前的实际情况是，各种隐性和显性的政策，直接损害了国有林场经营收益权。比如，税费过重使经营者利益所剩无几，严重影响了经营者的生产积极性。生态效益价值补偿偏低，补偿标准过低（对于生态公益林，目前的补偿标准是5元/亩/年，远低于集体林中生态公益林的补偿标准），基本的管护费都不够。由于生态公益林禁止商业性采伐，只能体现其生态价值而不能

体现其经济价值，如果产权不能带来经济收益，就难以激发人们的管护经营积极性，因为投入和产出应当是相对应的，没有收益权，其他任何权利也就失去了意义。

（四）国有林场对森林资源享有有限处置权

森林、林木的转让、拍卖、采伐利用权等处分权都是森林资源产权权利人的权利。国有林场的处置权主要包括采伐权、森林资源的转让权与继承权、赠与权等等，其中关键的是采伐权，也是实现国有林场经济收益的最主要途径。但是，国有林场森林资源具有外部性，其处置权必然受到法律法规的严格限定，采伐权必须受到采伐限额制度的约束，砍伐、销售和运输环节都必须通过政府部门审批，以获得政府的许可证和达到相应指标。这种有限的资源处置权，是具有公共产品性质的资源产权特点，对保证国家公共生态服务的实现、促进国有林场长远发展，是十分必要的。

三、完善国有林场森林资源产权制度的建议

（一）总体思路

目前，以江西、湖南等为代表的全国国有林场改革试点已在全国启动，七个试点省正在编制改革试点方案，全国国有林场面上改革方案也在研究制定过程中。我们认为，应该抓住这一契机，将国有林场森林资源产权制度改革作为改革试点的重要任务，稳步推进。总体思路是，按照《中共中央 国务院关于加快林业发展的决定》（中发〔2006〕9号）精神要求，坚持严格保护、积极发展、科学经营、持续利用森林资源的基本原则，区分不同林场经营类型，以建立权责利相统一，管资产和管人、管事相结合的森林资源管理体制为核心，以清晰产权归属、明确责任权利、加强产权保护和规范产权流转为重点，合理配置权责利关系，促进不同利益主体激励相容，因地制宜、分步实施，逐步建立起促进国有林场事业发展和生态保护的森林资源产权管理新制度。

（二）国有林场资源产权管理制度的基本框架

国有林场是国有资源的重要组成部分，促进经济发展和国有资产的保值增值是衡量改革成功与否的重要标准。在国有林场森林资源产权管理框架的设计上，核心问题就是要实现不同利益主体的激励相容，实现国有森林资源生态公益、林场职工权利、国有资产保值增值的有机统一。这涉及三个制度设计：

一是国有林场森林资源的所有权由哪一级政府代表行使更有效率，更有利于保护森林资源；

二是政府部门之间在如何配置国有林场森林资源管理权限，才能更有利于国有森林资源的保值增值，有利于国有林场的发展稳定；

三是森林资源管理部门与国有林场之间责权利如何配置，才能更好地实现国家意志和公众意愿。

通过前面的分析，对于这三个问题，我们认为：

1. 国有林场森林资源产权应该由省级政府代表国家作为所有者进行统一管理

关于第一个问题，无论是从国有林场发展的历史经验看，还是从目前不同地区不同管理体制下的国有林场发展实践看，基本结论是，省级管理比市级管理好，市级管理比县级管理好。代表国家行使所有者权利的行政级别越高，越能够在更大范围内统筹调动更多的资源支持国有林场发展，越便于促进国有林场与所在地方的协调发展，这符合当前我国经济社会发

展阶段特点，符合未来国有森林资源的重要地位和作用需要，符合解决国有森林资源所有者“虚置”的基本导向。因此，建议结合国有林场改革试点（湖南省作为国家发展改革委、国家林业局批准开展的全国国有林场改革试点，就把理顺重点国有林场领导体制作为试点的重要内容，提出要对现有以地方为主的领导体制进行改革，实行“森林资源统一管理、行业分类指导、业务分级归口管理、人事下管一级”的管人、管事、管资产相结合的新型国有林场领导体制），从重点到一般，从试点到全面，逐步调整国有林场的领导体制，由省级人民政府代表国家，对辖区内的国有林场统一行使所有者权利省级林业行政主管部门代表各省政府行使所有权权益。各省级林业行政主管部门要专门设立国有林场管理机构，专门负责对国有林场进行统筹规划和业务指导。

2. 国有林场森林资源应该由林业行政管理部门代表本级政府履行所有者职责

关于第二个问题，对于生态公益型林场的森林资源而言，其主要功能是实现生态保护，为国家和公众提供生态公益服务，并不以增值为主要管理目标，其自身并不具备资产特性。无论是从便于森林资源的统一规划、管理和保护的角度出发，还是从强化责任与权利对等的角度出发，都应该由林业行政管理部门代表国家进行直接管理更为有利；对于商品经营型林场的森林资源而言，其在发挥生态功能的同时，还具有资产经营增值特性，属于国有经营性资产，从理论上讲，应该按照国家关于国有经营性资产统一管理的改革取向，逐步探索由国有资产管理部门代表国家进行管理。但是，商品经营型的国有森林资源除具备一般经营性资产特点外，还具有公共品特点和外部性，还不能当作纯粹的一般资产经营管理。从目前部分地方探索实践看，当前一段时期，由林业行政管理部门下设的国有林场专门管理机构代表国家履行出资人职责更为有利。

3. 林业行政管理部门应该赋予国有林场完整的法人财产权利

关于第三个问题，应该在明确国有森林资源管理主体的基础上，因地制宜地界定国有林场行政管理部门与国有林场经营者的责权利的关系。国有林场行政管理部门要加快职能转变，创新管理方式，减少对林场的微观管理，强化制订政策法规、行业规划、标准规范和监督指导等职责，进一步落实林场的法人自主权，还要建立科学合理的绩效评估体系和评估机制，发挥绩效评估对推动林场科学发展的导向和激励作用。同时，要结合建立公共财政体系和调整支出结构，加大对国有林场的投入力度，改革和完善财政支持方式，按照国家相关政策和以事定费的原则，对不同类型的国有林场实施不同的财政支持办法，合理制订标准，实施动态调整，健全监管制度，充分发挥财政资金的效用。对布局不合理、设置过于分散的国有林场，应当积极推进整合。国有林场要以保护和培育森林资源为主要任务，切实加强对森林资源的保护建设，在保护和培育森林资源、发挥生态和社会效益的同时，实行灵活多样的经营形式，积极发展多种经营，最大限度地挖掘生产经营潜力，增强发展活力。

（三）建立适应生态公益性要求的森林资源产权运营机制

在前文中我们曾论述过，国有林场分类改革思路悬而未决，影响了国有林场对森林资源的责权利配置。随着国家生态建设的推进，今后国有林场主要以提供生态公共物品为主，其产权为国家所有，不以经营营利为目的。因此，对其资源产权改革主要是要在明晰所有者的基础上，强化所有者的经营管理权。即由省级林业行政主管部门下设的国有林场专门管理部门，受省林业行政主管部门的委托，行使国有资产所有者职能和政府行政管理职能，对国有林场按事业单位管理的方式经营，同时，按照《中共中央 国务院关于分类推进事业单位改革的指导意见》（中发〔2011〕5号）精神，从严核定事业编制并分类设岗，将管理和技术人员纳入事业编制，实行公开招聘、竞争上岗、按岗聘用、合同管理。生态公益型实行收支两条线管理，收入上缴同级财政，所需经费由同级财政部门核拨，各项基本建设纳入同级经济社会发展规划。生态公益型林场的造林、抚育、采伐、木材销售以及其他生产经营性活动应引入市场机制，采取社会化方式对外承包或公开招标。

参考文献：

［1］田明华，王自力，李红勋．试论我国国有林场体制改革［J］．北京林业大学学报（社会科学版），2008（04）．

［2］王继文．公共产品的法律调整模式选择及其制度构建［D］．湘潭大学，2010.

［3］程世斌．陕西现代国有林场建设与发展研究［D］．西北农林科技大学，2010.

［4］黄宗华．“十二五”时期广西国有林场改革与发展战略思考［J］．林业经济，2011（04）．

［5］肖国兴．论中国自然资源产权制度的历史变迁［J］．郑州大学学报（哲学社会科学版），1997（06）．

［6］胡嘉滨．论中国森林资源产权法律制度［D］．哈尔滨：东北林业大学，2003.

基于因子分析和聚类分析的地区综合消费水平评价

孙艳琦　张彩虹

（北京林业大学经济管理学院，北京，100083）

摘要：近几年来，随着中国城镇居民收入不断增高，消费水平和结构也随之变化，居民消费水平是衡量人民生活水平的重要方面，而消费结构的变化反映了居民消费观念、消费文化和消费模式的改变。本文利用《中国统计年鉴 2010》的相关数据，利用因子分析主成分法和聚类分析对地区综合消费水平进行评价。

关键词：主成分分析；因子分析；聚类分析；消费水平

The Evaluation of Regional Integrate Consumption Level Based on Factor Analysis And Cluster Analysis

SUN Yan-qi，ZHANG Cai-hong

（School of Economics and Management，Beijing Forestry University，Beijing，100083）

Abstract：With the constant increase in the income of Chinese urban residents，the consumption level and structure changes in recent years. As is the important measure of people's living standards，the changes of consumption structure reflect that the consumption concept，culture and patterns may change. Based on the data from the China Statistical Annual 2010，I evaluate the regional consumption levels by factor analysis，principal component analysis and cluster analysis.

Key words：factor analysis；component analysis；cluster analysis；consumption level

最终消费支出、资本形成总额及货物和服务净出口作为拉动经济发展的“三驾马车”，各自发挥着重要的作用。其中，消费是经济增长的最终需求，是推动经济稳定增长的根本动力。城镇居民的消费问题作为其重要组成部分，近年来受到广泛关注。合理的研究和分析城镇居民的消费水平变化和消费结构，对于充分挖掘产业结构调整、扩大内需以及带来经济持续健康增长具有重要意义。

分析居民消费行为时，恩格尔系数是一个国际通用的主要分析指标，即食品支出占消费者支出的比重。但是单纯从一个指标进行分析比较片面，本文利用多元统计中的聚类分析法和因子分析法，在不同区域中综合考虑食品支出（food）、衣着支出（cloth）、居住支出（residence）、家庭设备与服务支出（household）、医疗保健支出（medical）、交通和通信支出（transport）、教育文化娱乐支出（educate）和其他支出（other）这 8 项指标进行分析，

作者简介：

第一作者：孙艳琦（1986～），男，河北承德人，北京林业大学经济管理学院统计学硕士研究生，研究方向：林业投资与风险管理。

通讯作者：张彩虹（1965～），女，河南杞县人，博士，北京林业大学经济管理学院教授，博士生导师，统计学科负责人，研究方向：林业经济、林业统计、林业投资与风险管理林木生物质能源产业化。

使得分析更加全面。

一、不同地域间的消费行为分析

聚类分析是统计学中研究“物以类聚”问题的一种方法，可以将样本数据（或变量）依照一定的距离关系，按照性质上的亲疏远近进行分类，其特点主要是直观，结构形式简明。通过把原来的对象集合分成相似的组或群，来获得某种内在的数据关系或规律。

以 2009 年全国不同地域间城市居民生活消费的 8 项支出原始数据为基础，考虑到各地区在区域、人口等方面的先天差异，使数据的分析结果更加合理，这里的指标均采用各地区城镇居民平均每人全年消费性支出作为研究对象。在此基础上，采用 stata 软件的系统聚类分析方法进行分析。

采用系统聚类前，为了剔除不同变量数量级的影响，对变量的数据首先进行 Z-scores 标准化。然后采用 WARD 最小方差法以欧式平方测度距离作为距离标准进行聚类。所得的聚类结果如图 1 所示。

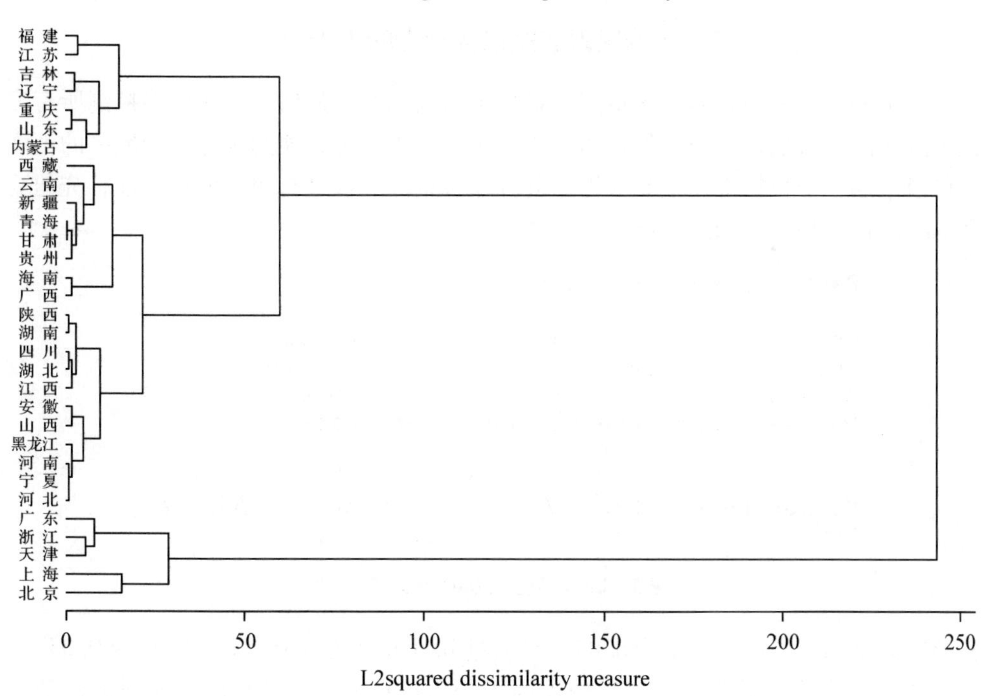

图 1　聚类结果

从图 1 看出若聚类聚为 3 类的话，北京，上海，天津，浙江，广东聚为一类，福建，江苏，吉林，辽宁，重庆，山东，内蒙古为一类，其他聚为一类。为了叙述方面，不妨把包含北京那一组称为 A 组，把包含江苏那一组称为 B 组，剩下的称为 C 组。

对于 A 组而言，其基本特点为该区域居民全年消费水平位于中国总体消费水平的最前列，恩格尔指数均小于 0.4，按照联合国粮农组织的标准划分均属于富裕地区，用于吃、穿、住三项的基本消费比重均小于 56%。而医疗保健支出和教育文化娱乐支出除了天津比重为25%外，其他地区比重均达到了30%。说明了该区域居民习惯把更多的钱花在医疗保健以及教育支出方面，这表明经济水平的提高带来了消费热点的转移，渐渐的由物质消费转向精神方面的消费以及服务方面的消费。

对于B组而言，其基本特征是该区域居民全年消费水平位于中国总体消费水平的中间区域，恩格尔指数也均小于0.4，按标准也属于富裕地区，但其用于吃、穿、住的消费比重在55%～59%之间。而其医疗保健和教育文化娱乐支出保持在20%～26%之间，说明这一区域的人相对A组人来说，其用于生活基本消费的比例略高，而用于精神以及服务方面的消费的比重则稍低一些，发展仍然具有很大潜力。

对于C组而言，该区域居民全年消费水平位于三组中的最末，恩格尔指数的取值跨度范围很大，从0.32～0.50均有分布，只从恩格尔指数方面来讲，C组大部分地区处于小康状态。其用于吃、穿、住的消费比重在57%～70%之间。而用于医疗保健和教育文化娱乐方面的支出保持在22%左右，可以看出来，C组区域居民尽管总体消费水平低于以上两组，但在医疗保健和教育文化娱乐方面的支出比例虽然低于A组，但与B组相比也毫不逊色，反映出全国城镇居民对于医疗和教育文化产业的日益重视，消费结构日趋合理。

二、影响城镇居民消费行为的因子分析

因子分析的基本思想是通过变量相关系数矩阵内部结构的研究，找出能控制所有变量的少数几个潜在因子去描述多个变量之间的相关关系。为了更方便的区分不同地区的消费行为差异，可以采用因子分析把以上8项指标进行综合整理。在进行因子分析之前，先进行kmo检验和barlett球度检验，如图2所示。

```
Bartlett test of sphericity

Chi-square            =           241.900
Degrees of freedom    =                28
p-value               =             0.000
H0: variables are not intercorrelated


Kaiser-Meyer-Olkin Measure of Sampling Adequacy
KMO                   =     0.827
```

图2 kmo检验和barlett球度检验

检验结果表明，kmo统计量为0.83，且通过baelett球度检验（$p=0.000<0.05$），说明原来8项指标间存在重叠信息，可以使用因子分析进行处理。把相应的8项指标带入stata计算，剔除特征值小于1的因素。为了看出潜在因子对那些原指标的影响较大，我们选用最大正交旋转的方式将初始潜在因子转换为一组新的潜在因子，使新的潜在因子对每一个原指标的因子载荷的绝对值趋向于0或1。经过正交变换后如图3所示。

其中前两个因子的方差贡献率之和达到85%，说明提取两个公因子就可以代表原始指标的绝大部分信息。旋转后的因子载荷越大的指标受潜在因子的影响越大，因此选择潜在因子支配的指标中因子载荷较大的指标作为潜在因子的代表。旋转后的因子载荷如图4所示。

```
Factor analysis/correlation                     Number of obs    =     31
    Method: principal-component factors         Retained factors =      2
    Rotation: orthogonal varimax (Kaiser on)    Number of params =     15
```

Factor	Variance	Difference	Proportion	Cumulative
Factor1	4.50394	2.21313	0.5630	0.5630
Factor2	2.29082	.	0.2864	0.8493

```
LR test: independent vs. saturated:  chi2(28) =  251.03 Prob>chi2 = 0.0000
```

图 3　正交变换

```
Rotated factor loadings (pattern matrix) and unique variances
```

Variable	Factor1	Factor2	Uniqueness
food	0.9568	0.0315	0.0836
cloth	0.2046	0.9012	0.1460
residence	0.7676	0.3940	0.2556
household	0.8011	0.3763	0.2166
medical	0.2660	0.8789	0.1567
transport	0.9219	0.2052	0.1080
educate	0.8782	0.3933	0.0741
other	0.7899	0.4598	0.1646

图 4　旋转后的因子载荷

最终确定因子 1（记为 F_1）代表指标为食品支出（food）、居住支出（residence）、家庭设备与服务支出（household）、交通和通信支出（transport）、教育文化娱乐支出（educate）和其他支出（other）。因子 2（记为 F_2）代表指标为衣着支出（cloth）和医疗保健支出（medical）。因子 1 代表了日常支出因子，因子 2 代表了形象健康支出因子。根据各因子得分与方差贡献率可以求出综合得分，即

$$综合得分 = \frac{56.30}{84.93} \times F1 + \frac{28.63}{84.93} \times F2$$

整理得到综合得分的排名如表 1 所示。

表 1　综合得分的排名

地区	f_1	f_2	综合得分	地区	f_1	f_2	综合得分
上海	3.342309	0.447508	2.366468688	湖北	−0.35759	−0.34187	−0.35229
北京	1.328585	2.064749	1.576746621	广西	0.263719	−1.57038	−0.35456
广东	2.239406	−0.75061	1.231470133	安徽	−0.2703	−0.52057	−0.35467
浙江	1.354392	0.588461	1.096195894	河北	−0.83399	0.501084	−0.38394
天津	0.691895	1.059336	0.815759729	河南	−0.85801	0.457429	−0.41457
福建	1.133447	−0.98121	0.420594011	黑龙江	−1.14366	0.971726	−0.43056
江苏	0.591678	−0.05948	0.372171987	江西	−0.20079	−0.97623	−0.46219
内蒙古	−0.46181	1.928551	0.343983083	山西	−0.74067	0.059368	−0.47098
辽宁	−0.02806	0.616539	0.189234967	海南	0.305018	−2.13671	−0.51809

（续）

地区	f_1	f_2	综合得分	地区	f_1	f_2	综合得分
重庆	-0.19444	0.885205	0.169510966	新疆	-0.87562	0.119771	-0.54007
山东	-0.17779	0.840065	0.165329938	云南	-0.46411	-0.83464	-0.58902
吉林	-0.76897	1.286755	-0.075983047	甘肃	-0.94937	-0.11912	-0.66949
湖南	-0.1223	-0.26647	-0.17089972	贵州	-0.51407	-1.10581	-0.71355
陕西	-0.36945	0.135341	-0.199285013	青海	-0.8198	-0.57356	-0.7368
宁夏	-0.60544	0.490153	-0.236116462	西藏	-0.43976	-1.58349	-0.82531
四川	-0.05444	-0.63189	-0.249100375				

从表1中可以看出来，上海、北京、广东、浙江和天津的综合得分依然大大领先于全国其他地区。处于第一集团。福建、江苏、内蒙古、辽宁、重庆和山东的综合得分值均大于0，可以分到第二集团。剩下的为第三集团。

三、结 论

根据本文所研究的全国31个省份的居民家庭平均每人全年消费性支出的实证分析结果，可以看出无论按照因子分析的分析方法还是系统聚类的分析方法对全国31个省份城镇居民消费水平的划分基本一致。这也体现了这两种方法的科学性。我国总体城镇居民几乎都进入了小康阶段，由于各地区经济条件、政策、风俗习惯等因素的影响，导致其消费习惯和消费观念的迥然不同。于是形成了迥然不同的消费结构。因此，今后在采用政策增加居民收入的同时，还要注意地域差异的因素，根据各地区实际的发展状况，采取有针对性的措施，全面推动经济的持续稳定的增长。

参考文献：

[1] 何晓群. 多元统计分析（第二版）[M]. 北京：人民大学出版社，2008.

[2] 陈峰. 现代医学统计方法与Stata的应用（第二版）[M]. 北京：中国统计出版社，2006.

[3] 庞浩. 计量经济学（第二版）[M]. 北京：科学出版社，2010.

[4] 王芳. 王景东. 我国城镇消费结构的因子分析 [J]. 商业研究，2004.

[5] 2010年统计年鉴编委会. 中国统计年鉴（2010）[M]. 北京：中国统计出版社，2010.

[6] Lawrence C Hamilton statistics with stata Duxbury Resource Center，2005.

浙江省城镇居民消费结构分析

王加其　高德建　张彩虹
（北京林业大学经济管理学院，北京，100083）

摘要：二十一世纪以来，随着城镇居民生活水平的提高，居民消费结构也发生了很大的变化。本文针对浙江省 2000～2010 年城镇居民消费状况的数据，首先用描述统计的方法对恩格尔系数、居住、交通等项目做了一个简要的分析，然后应用因子分析方法分析了浙江省城镇居民消费结构的变化状况，分析其原因并提出了相应的建议。

关键词：消费结构；浙江；描述统计；因子分析

Zhejiang analysis of the consumption structure of urban residents

WANG Jia-qi，　GAO De-jian，　ZHANG Cai-hay
（College of Economics and Business administration，Beijing Forestry University，100083）

Abstract：Since the twenty-first century，with the standard of living of urban residents improving，people's consumption structure has changed a lot. In this paper，urban residents in Zhejiang Province，2000-2010 consumption data，first of all describe the statistical methods used for the Engel's coefficient，accommodation，transportation and other projects has made a brief analysis of the application of factor analysis and then an analysis of the consumption structure of urban residents in Zhejiang Province changes in the situation，analyze its causes and the corresponding proposed

Key word：consumption composition；Zhejiang；descriptive statistics；factor analysis

一、绪　论

消费结构不仅是消费领域的重要问题 ，而且也关系到整个国民经济的发展。因为合理的消费结构及消费结构的升级和优化不仅反映了消费层次和消费质量的提高，而且也为建立合理的产业结构和产品结构提供了重要的依据，同时对促进整个国民经济的稳定协调发展具有重要的作用。改革开放以来，城镇居民消费结构发生了巨大变化。面对居民消费结构的升级，许多学者都作了很多的研究，但多从全国的角度和国内外比较的角度进行分析，针对某省城镇居民消费结构的研究并不多。为了更好得将这项研究应用于实际，给广大人民带来实实在在好处，研究某省城镇居民消费及消费结构的现状，及时把握该省城镇居民消费结构的

作者简介：

第一作者：王加其（1988～），男，浙江嘉兴人，北京林业大学经济管理学院硕士生，统计学专业，研究方向：投资经济与风险管理。

第二作者：高德健（1986～），男，山东龙口人，北京林业大学经济管理学院博士生，林业经济管理专业，研究方向：林木生物质能源产业发展。

第三作者：张彩虹（1965～），女，河南杞县人，博士，北京林业大学经济管理学院教授，博士生导师，统计学科负责人，研究方向：林业经济、林业统计、林业投资与风险管理林木生物质能源产业化。

趋势就显得格外重要。

（一）消费结构的定义

人们的消费总要以一定的消费资料（包括劳务）为对象，在尹世杰的《消费经济学》中，认为“在一定的社会经济条件下，人们在消费过程中所消费的各种不同类型的消费资料的比例关系就是消费结构”。在田晖《消费经济学》中的定义是“从理论上讲，消费结构是指一定时期消费者所消费的各种消费资料包括物质资料和劳务之间的比例关系。譬如，居民家庭总消费额中，食品、服装、住房、水电、燃料、交通、教育及文化娱乐等各项支出所占份额而构成的比例状态，就是家庭消费结构”。厉以宁在他的《消费经济学》中，认为消费结构是指各类消费支出在总消费支出中的比重。他们的定义在本质上是一致的，在本文中主要采用的是厉以宁的定义。

（二）消费结构的分类

（1）实物消费结构和价值消费结构。前者由一系列消费资料和消费服务的实物名称和数量来表示，后者则通过人们收入中各项货币支出的数量和比例来表示。在中国，当前实际消费的实物结构中还包括一定量的自给性实物消费，这部分一般不通过价值结构表现。

（2）宏观消费结构与微观消费结构。前者指整个社会的消费结构，表明总体的消费数量和比例关系，从总体上反映一个国家或一个地区的消费结构状况。后者指某一家庭或个人的消费结构，它从一个消费单元上反映消费结构状况，并成为宏观消费结构的基础。前者与国民经济状况及国民收入水平相适应，后者与消费者收入及消费对象的价格变化相适应。

（3）不同社会集团的消费结构。例如农民家庭的消费结构和城市职工家庭的消费结构等。

本文中对浙江省城镇居民消费结构的划分，是依据《浙江省统计年鉴》中的统计项目进行的，八项支出分别是食品、衣着、家庭设备用品及服务、医疗保健、交通通讯、娱乐教育文化、居住和杂项商品与服务。

二、城镇居民消费结构的描述性分析

根据附表一做得图1：

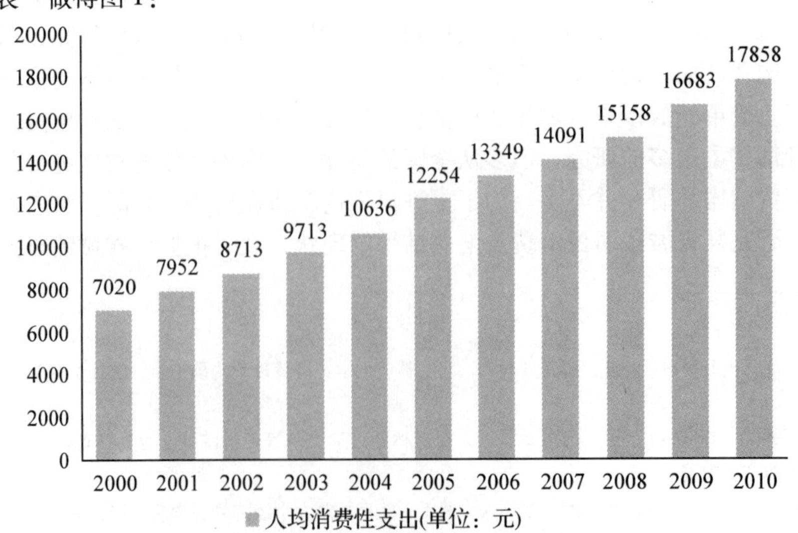

图1　2000～2010浙江省城镇居民人均消费性支出变化

总的说来，21 世纪以来，浙江省城镇居民消费结构发生了巨大的变化，各项消费支出都有显著的提高。城镇居民消费性支出从 2000 年的 7020 元增长到 2010 年的 17858 元，增长了一倍多。其中，医疗保健支出由 2000 年的人均 541 元上升到 2010 年的 1034 元；居住支出由 2000 年的人均 600 元上升到 2010 年的 1418 元，增幅也较大。2000 ~ 2006 年交通通讯支出逐年上升，七年间上升了近 4 倍，然而到 2007、2008 年，交通通讯支出稍减，到 2009 年又迅速反弹，达到 3291 元。其他五项支出也都有不同程度的增长。

用统计描述的方法分析 2000 ~ 2010 年浙江省城镇居民消费结构的变化（表 1）。

表 1　2000 ~ 2010 年浙江城镇居民人均消费支出构成表　单位：%

年份	2000	2001	2002	2003	2004	2005
食品	39.2	36.3	39.9	36.6	36.2	33.8
衣着	8.1	8.4	8.5	8.5	8.9	10.3
家庭设备用品及服务	9.4	11.7	6.0	6.1	5.6	5.0
医疗保健	7.7	6.7	7.7	7.6	7.8	6.8
交通和通讯	8.9	8.7	10.3	12.6	13.3	17.1
娱乐、教育、文化	13.1	13.4	16.1	15.3	15.8	15.1
居住	8.5	9.1	8.5	9.8	9.1	8.6
杂项商品和服务	5.0	5.7	3.0	3.4	3.3	3.3
消费性支出	100	100	100	100	100	100
年份	2006	2007	2008	2009	2010	
食品	32.9	34.7	36.4	33.6	34.3	
衣着	10.4	10.0	10.2	9.7	10.1	
家庭设备用品及服务	4.6	4.7	4.7	5.0	5.1	
医疗保健	6.4	6.1	6.2	5.9	5.8	
交通和通讯	18.7	17.6	15.8	19.7	19.2	
娱乐、教育、文化	14.6	15.3	14.5	13.8	14.5	
居住	9.2	8.3	8.8	8.9	7.9	
杂项商品和服务	3.3	3.3	3.4	3.5	3.1	
消费性支出	100	100	100	100	100	

注：根据附表 1 计算得到。

浙江省城镇居民消费结构有以下几大变化：

（一）恩格尔系数的变化

由图 2 可以看出，2000 ~ 2010 年（除 2002、2008 年外）浙江省城镇居民食品支出比重下降，即恩格尔系数逐年走低。恩格尔系数所反映的就是食品支出占家庭或个人消费总支出的比例，所以恩格尔系数在国际上常常用来衡量一个国家或地区人民生活水平的状况，同时也成为反映该国或该地区居民消费结构变化的重要标志。联合国粮农组织提出的用恩格尔系数判定生活发展阶段的一般标准：60% 以上为贫困，50% ~ 60% 为温饱，40% ~ 50% 为小康，40 % 以下为富裕。表 1 显示近年来浙江省城镇居民的恩格尔系数逐年下降，2000 年为 39.2%，2001 年下降到 36.3%，显示浙江省城镇居民的生活处于富裕水平，2002 年有所回转，徘徊在 40% 的边缘。之后几年，浙江省城镇居民的恩格尔系数进一步下降，富裕程度越来越高。

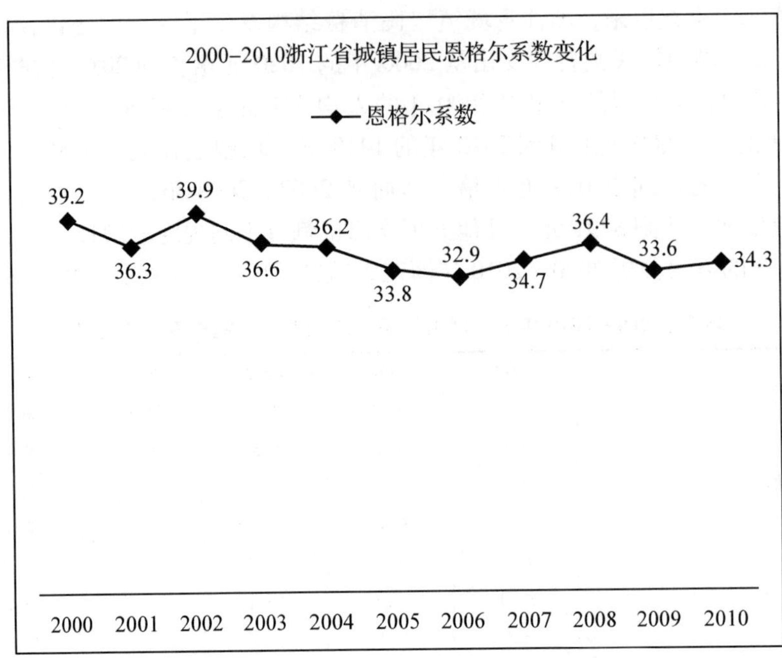

图 2 2000~2010 浙江省城镇居民恩格尔系数变化

(二) 交通通讯支出比重的变化

交通通讯支出比重总体呈上升趋势。从各个国家的发展经验来看，当一个国家或地区人均 GDP 达到 3000~10000 美元的时候将进入汽车消费快速发展的时期。2004 年浙江省人均 GDP 超过了 24000 元，而 2010 年人均 GDP 已达 51171 元，可见，浙江省城镇居民汽车消费已经进入较快增长时期。从交通通讯支出所占的比重也可以看出，从 2000 年的 8.9% 增长到了 2010 年的 19.2%，增长了一倍多。从表 2 家用汽车拥有量来看，汽车正在快速进入浙江省城镇的普通家庭，开始取代家电成为新一代的领航消费品。

表 2 浙江省城镇居民家庭平均每百户年末家用汽车拥有量

指标	2002	2003	2004	2005	2006	2007	2008	2009	2010
家用汽车（辆）	0.24	0.6	0.84	1.92	2.16	1.96	19.61	23.62	26.43

注：数据来自于《浙江省统计年鉴》(2011 年)。

(三) 居住支出比重的变化

居住支出的比重总体呈上升趋势。从住房需求来看，越来越多的城市居民有能力购买商品房和经济适用房。如表 3 所示。随着人们对物质生活、居住环境要求的提高，住房消费在今后的一段时间内仍然会是消费的重点和增长点。

表 3 浙江省城镇居民住房面积拥有情况 单位：平方米

指标	1995	2000	2005	2010
人均建筑面积	21.69	25.54	28.76	38.77
人均使用面积	16.30	19.20	21.69	35.29

注：数据来自于《浙江省统计年鉴》(2011 年)。

（四）其他几项消费支出比重的变化

衣着支出所占比重的变动较为平稳，但内部形式发生了变化，居民越来越重视服装的质量及款式，进入高档化时期。医疗保健支出的比重较为稳定，变动幅度不大。家庭用品及服务的比重总体呈下降趋势。教育娱乐支出的比重总体呈上升趋势。

三、居民消费结构的因子分析

以往研究居民消费结构时，使用较多的方法是恩格尔系数和线性支出系统，在进行消费结构变动分析时，由于指标多，其指标之间彼此存在着一定的相关性，因而使得统计数据在一定程度上反映的信息有所重叠。而因子分析法可以舍去重叠，找出几个综合因素来代表原来众多指标。

（一）模型的介绍

因子模型为：$X = AF + \varepsilon$，其中，设有 p 个指标 x_1，x_2，…，x_p，m 个因子 f_1，f_2，…，f_m。$X =$（x_1，x_2，…，x_p）是可实测的 p 个指标所构成的 p 维随机向量。f_1，f_2，…，f_m 叫做公共因子（或称为主因子），它们是在各个原观测变量的表达式中都共同出现的因子，是相互独立不可观测的理论变量。矩阵 $A =$（a_{ij}）称为因子载荷矩阵，其中元素的绝对值越大表明 x_i 与 f_j 相依程度越大。$\varepsilon =$（ε_1，ε_2，∴，ε_p）称为特殊因子，在模型中起着残差的作用。为了使 x_i 与 f_j 相关关系更醒目、突出，可进一步进行因子旋转，达到 x_i 与 f_j 中某些因子相关关系更强，而与 f_j 中其他因子相关关系更弱。可以给各因子赋予综合的经济意义，还可根据需要计算因子得分系数阵和主因子的得分。

（二）因子分析过程

2. 数据处理

为了消除不同变量在量级或量纲上的影响，使各指标具有可比性，并有利于综合因子的解释，可以对样本数据进行标准化。其标准化的公式为：$x_{ij}^{\varphi}(x_{ij} - \bar{x}_i)/\sqrt{s_1^2}$（$i = 1, 2, \cdots, p$；$j = 1, 2, \cdots, n$），其中 $\bar{x}_i$ 表示样本变量 x_{ij} 的均值，s_i^2 表示样本变量 x_{ij} 的样本方差。运用 *SPSS* 统计软件可以直接将原始数据标准化，然后用标准化后的数据进行因子分析。

2. 相关性分析

本文将城镇居民人均消费支出分为食品、衣着、家庭设备用品及服务、医疗保健、交通通讯、娱乐教育文化、居住和杂项商品与服务八个部分，其在人均消费总支出中所占的比重分别记为 x_1、x_2、x_3、x_4、x_5、x_6、x_7、x_8，标准化后的指标分别记为 zx_1、zx_2、zx_3、zx_4、zx_5、zx_6、zx_7、zx_8。先将数据标准化，然后计算相关系数矩阵（表 4）。SPSS 计算得到的 KMO 值大于 0.6，因此比较适合做因子分析。由表 4 可以看出，这 8 项指标之间存在较强的相关性，说明这 8 项指标反映的经济信息有很大的重叠，适合做因子分析。

表 4　指标间的相关系数矩阵

	zx_1	zx_2	zx_3	zx_4	zx_5	zx_6	zx_7	zx_8
zx_1	1.000	-0.875	0.453	0.753	-0.854	-0.041	-0.195	0.252
zx_2	-0.875	1.000	-0.700	-0.740	0.960	0.264	-0.178	-0.524
zx_3	0.453	-0.700	1.000	0.175	-0.821	-0.778	0.058	0.961
zx_4	0.753	-0.740	0.175	1.000	-0.643	0.176	0.216	-0.015

（续）

	zx_1	zx_2	zx_3	zx_4	zx_5	zx_6	zx_7	zx_8
zx_5	-0.854	0.960	-0.821	-0.643	1.000	0.385	-0.049	-0.653
zx_6	-0.041	0.264	-0.778	0.176	0.385	1.000	0.012	-0.904
zx_7	-0.195	-0.178	0.058	0.216	-0.049	0.012	1.000	0.017
zx_8	0.252	-0.524	0.961	-0.015	-0.653	-0.904	0.017	1.000

3. 主因子个数的选取

本文根据特征值大于 1 的原则选择 m 个主因子代替全部指标，综合描述被评价对象，以实现浓缩数据的目的。由 SPSS 得到的图 3－碎石图可以很直观地看到三个主因子已经能很好地解释各个变量。表 5 显示，应取三个主因子，因为这三个主因子的特征值都大于 1，并且三个主因子的累计方差贡献率达到了 95.547%，几乎涵盖了 8 个因子的所有信息。

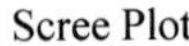

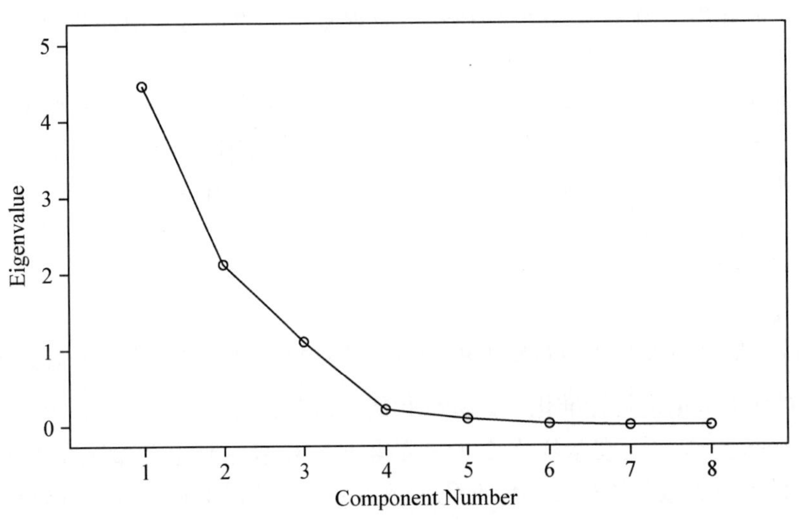

图 3 碎石图

表 5 总方差解释表

因子	初始特征值			因子提取			因子旋转		
	方差贡献（特征值）	方差贡献率（%）	累计方差贡献率（%）	方差贡献（特征值）	方差贡献率（%）	累计方差贡献率（%）	方差贡献（特征值）	方差贡献率（%）	累计方差贡献率（%）
1	4.462	55.775	55.775	4.462	55.775	55.775	3.442	43.024	43.024
2	2.115	26.435	82.210	2.115	26.435	82.210	3.126	39.071	82.095
3	1.106	13.820	96.030	1.106	13.820	96.030	1.115	13.935	96.030

本文运用 SPSS 软件直接计算出因子载荷矩阵（如表 6）。

表 6　因子载荷矩阵及共同度

	zx_1	zx_2	zx_3	zx_4	zx_5	zx_6	zx_7	zx_8
f_1	0.949	-0.905	0.396	0.901	-0.847	0.079	0.037	0.172
f_2	-0.105	0.374	-0.903	0.182	0.515	0.948	-0.014	-0.981
f_3	-0.246	-0.134	0.029	0.21	-0.006	0.016	0.996	0.002
共同度	0.901	0.959	0.972	0.812	0.983	0.899	0.992	0.962

表 6 每一列因子载荷的平方和即为各变量的共同度，衡量的是全部主因子对各变量的方差所做的贡献。从表 6 中可知共同度都在 80% 以上，所以可以并且有必要进行因子分析，提取公共因子。

表 7　因子得分系数矩阵

	f1	f2	f3
x1	0.313	0.082	-0.256
x2	-0.251	0.026	-0.09
x3	0.019	-0.282	0.02
x4	0.316	0.176	0.154
x5	-0.219	0.083	0.022
x6	0.143	0.357	0.003
x7	-0.027	-0.01	0.896
x8	-0.064	-0.338	0.005

4. 因子分析模型

得出因子载荷矩阵后便可以构建主因子的因子模型了，通过计算，还可得到因子得分函数。

（1）主因子的因子模型：

$zx_1 = 0.949f_1 - 0.105f_2 - 0.246f_3$

$zx_2 = -0.905f_1 + 0.374f_2 - 0.134f_3$

$zx_3 = 0.396f_1 - 0.903f_2 + 0.029f_3$

$zx_4 = 0.901f_1 + 0.182f_2 + 0.182f_3$

$zx_5 = -0.847f_1 + 0.515f_2 - 0.006f_3$

$zx_6 = 0.079f_1 + 0.948f_2 + 0.016f_3$

$zx_7 = 0.037f_1 - 0.014f_2 + 0.996f_3$

$zx_8 = 0.172\, f_1 - 0.981f_2 + 0.002f_3$

（2）因子得分模型：

$f_1 = 0.313^{zx_1} - 0.251^{zx_2} + 0.019^{zx_3} + 0.316^{zx_4} + -0.219^{zx_5} + 0.143^{zx_6} - 0.027^{zx_7} - 0.064^{zx_8}$

$f_2 = 0.082^{zx_1} + 0.026^{zx_2} - 0.282^{zx_3} + 0.176^{zx_4} + 0.083^{zx_5} + 0.357^{zx_6} - 0.01^{zx_7} - 0.338^{zx_8}$

$f_3 = -0.256^{zx_1} - 0.09^{zx_2} + 0.02^{zx_3} + 0.154^{zx_4} + 0.022^{zx_5} + 0.003^{zx_6} + 0.896^{zx_7} + 0.005^{zx_8}$

$f_{综} = 0.4302^{f_1} + 0.3907^{f_2} + 0.1394^{f_3}$

根据因子得分模型，计算出各年的因子得分：

表 8　各年份因子得分

因子	2000	2001	2002	2003	2004	2005
f1	-0. 266	1. 203	-0. 526	2. 189	1. 435	-0. 992
f2	-1. 614	0. 424	-0. 802	4. 588	3. 276	-1. 342
f3	-4. 115	1. 439	-2. 492	8. 436	5. 518	-2. 24
因子	2006	2007	2008	2009	2010	
f1	-0. 613	-2. 431	-2. 249	-0. 067	-1. 885	
f2	-0. 427	-4. 102	-2. 777	-1. 452	-2. 127	
f3	0. 181	-6. 725	-3. 631	-0. 537	-5. 443	

（三）结果分析

从表 7 可以看出，第一个主因子在 X_1（食品），X_2（衣着），X_4（医疗保健），X_5（交通通讯）四个方面有较大载荷，这几项指标主要反映居民为了生存必须要消费支出的变化情况，因此命名为生存型消费因子；第二个主因子在 X_3（家庭设备用品及服务）、X_6（娱乐教育文化）和 X_8（杂项商品与服务）三方面有较大载荷，这三项指标主要反映居民为了改善生活，提高生活效率的消费支出变化情况，因此命名为享受型消费因子。第三个主因子在 X_7（居住）方面有较大载荷，由于住房在我国的特殊性，因此不将它列入生存型或者享受型消费之列，单分一类型。具体分类情况如表 9 所示：

表 9　因子分析

	高载荷指标	因子命名
1	食品　衣着　医疗保健　交通通讯	生存型因子
2	家庭设备用品及服务　娱乐教育文化　杂项商品与服务	享受型因子
3	居住	其他因子

结合表 1，根据分类将各年数据相加，得生存型消费因子与享受型消费因子在 2001 年～2010 年这 11 年中所占比重，如表 10 所示：

表 10　各年份各因子所占比重　%

	2000	2001	2002	2003	2004	2005
生存型因子	63. 9	60. 1	66. 4	65. 3	66. 2	68
享受型因子	27. 6	30. 8	25. 1	24. 9	24. 7	23. 4
其他因子	8. 5	9. 1	8. 5	9. 8	9. 1	8. 6
	2006	2007	2008	2009	2010	
生存型因子	68. 4	68. 4	66. 3	65. 2	66. 5	
享受型因子	22. 4	23. 3	23. 5	24. 3	23. 4	
其他因子	9. 2	8. 3	10. 2	10. 5	10. 1	

由表 10 可知，这 11 年来，生存型消费因子所占比重基本为 60% 以上，享受型消费因子所占比重为 25% 左右，各自的变化幅度不大。虽然从表面上看，生存型因子所占比重有所增长，但是考虑到物价的上涨、医疗花费和汽车等交通工具和各种通讯工具的普及等因素

的影响，这些上涨完全情有可原。而再看享受型因子方面，尽管享受型因子所占比重有略微的下降，但是因为整体消费支出的增加，实际享受型因子的消费则有所增长。而居住之所以作为特殊的一项单列出来，是考虑到我国住房的特殊情况。我国的住房花费应该说在居民的消费中占有很大的比例。在很多大城市，一般的白领阶层也对高昂的房价无可奈何。所以本应该作为生存型因子的居住被单列出来。居住所占的比例基本维持在8%—10%之间，由于受到当年房价等其他因素的影响，有不同程度的变动。

四、总　结

从以上描述性分析和因子分析可看出，浙江城镇居民在收入增加，消费支出增多的同时，消费结构也在加速演进，不仅物质生活质量不断提高，而且更加注重精神文化生活方面的消费，在保证生存型消费的基础上，更注重发展型和享受型消费，消费结构趋向合理化。而且，由于因子分析模型可以将多个指标的变动通过少数几个因子来反映，这对于今后政府在制定宏观经济政策、引导居民消费结构向更加健康、合理的方向演进提供了一定的借鉴和帮助。本文只是简单地分析了一下各因子综合的变动情况，而利用因子分析得分情况，还可以分析各种因子的变动和发展，从而对消费结构的走势有一个很清楚地了解，对于针对不合理的消费结构的控制提供合理的依据，以及消费结构的发展做出合理地预测。相信随着改革的深入和人民生活水平的提高，浙江省城镇居民的消费结构也会趋于更加的合理，人民生活也会更加美满。

参考文献：

[1] 王学民. 应用多元分析 [M]. 第二版. 上海：上海财经大学出版社，2004：262~300.

[2] 孙彩虹. 我国城镇居民消费结构变动的因子分析 [J]，重庆工商大学学报，2007 (2)：103~105

[3] 郝黎仁，樊元，郝哲欧，等. SPSS 实用统计分析 [M]. 北京：中国水利水电出版社，2003.

[4] 赵卫亚. 我国城镇居民消费结构的演变及影响 [J]. 数量经济技术经济研究，1999 (7)：33~36

[5] 浙江省统计局，国家统计局浙江调查总队，浙江省统计年鉴（2001-2011 年）[M]. 北京：中国统计出版社，2001-2011.

附表 1

项　目	2000	2001	2002	2003	2004	2005
消费性支出	7020	7952	8713	9713	10636	12254
食品	2752	2888	3474	3558	3851	4140
衣着	570	669	744	830	942	1264
家庭设备用品及服务	662	927	522	593	597	609
医疗保健	541	533	668	738	829	832
交通和通讯	623	689	899	1224	1419	2097
娱乐、教育、文化	917	1065	1407	1487	1681	1850
居住	600	724	739	953	971	1059
杂项商品和服务	354	457	261	330	346	402

（续）

项目	2006	2007	2008	2009	2010	
消费性支出	13349	14091	15158	16683	17858	
食品	4393	4893	5523	5605	6118	
衣着	1384	1406	1546	1615	1802	
家庭设备用品及服务	615	666	713	829	916	
医疗保健	852	859	933	985	1034	
交通和通讯	2492	2473	2393	3291	3437	
娱乐、教育、文化	1946	2158	2196	2295	2586	
居住	1229	1168	1334	1486	1418	
杂项商品和服务	436	468	521	579	546	

来源：《浙江省统计年鉴》（2011）

Faustmann 模型：起源、拓展与应用

曾　程　沈月琴　冯娜娜

（浙江农林大学经济管理学院，临安，311300）

摘要：Faustmann 模型是德国的林业经济学家佛斯特曼（M. Faustmann）发表于 1849 年的论文《Calculation of The Value Which Forest Land and Immaturein Stands Possess For Forestry》中的关于林地期望值，即林地的土地价值计算的公式，在世界林业经济史上地位举足轻重。本文对 Faustmann 模型进行推导和说明，然后对 Faustmann 模型的改进进行梳理，并分析其局限性。

关键词：Faustmann 模型；林地期望值

Faustmann Model：Origin Development and Application

ZENG Cheng，SHEN Yue-qin，FENG Na-na

（College of economics and management，ZhejiangAgriculture and Forestry University，Lin'an，311300）

Abstract：Faustmann model is the formulation of forest land expectation value，called land value of forest，which published in the《Calculation of The Value Which Forest Land and Immaturein Stands Possess For Forestry》by Forestry economists M. Faustmann at 1849，and play a decisive role In the the status of world forestry economy history. This study give an sample describution of Faustmann model，then carding improvement of the Faustmann model，and analyzing its deficiencies.

Key words：Faustmann model；forest land expectation value

Faustmann 模型中文译为浮士德曼模型，或者佛斯特曼模型，是德国 M. Faustmann 在 1849 的论文《Calculation of The Value Which Forest Land and Immaturein Stands Possess For Forestry》中推导的关于计算林地期望值的计算公式，目前不管是国内还是国外，学术还是实践，都非常的流行。国内的林业经济学研究者用其计算木材供给，林地售价等，国外的研究者用其衍生的 Hatman 模型计算碳汇经济效益，国内部分学者也有进行尝试。在实践中，诸如美国的惠好公司，国内的金光集团，嘉汉集团均用该公式计算其经营的效益，Faustmann 模型的火爆程度可见一斑。

气候变化是国际社会普遍关注的全球性环境问题，它影响着水资源、粮食生产力、健康、土地利用以及环境，并进而威胁到人类的基本生活。2001 年通过的《波恩政治协议》

作者简介：

第一作者：曾程（1988～），男，四川龙泉驿区人，浙江农林大学经济管理学院硕士，研究方向：林业经济理论与政策。

通讯作者：沈月琴（1964～），女，浙江湖州人，博士，浙江农林大学经济管理学院教授，研究方向：林业经济理论与政策。

第三作者；冯娜娜（1989～），女，安徽临泉人，浙江农林大学经济管理学院硕士，研究方向：林业经济理论与政策。

及其后的《马拉喀什协定》同意将造林再造林作为第一承诺期（2008～2012 年）合格的清洁发展机制（CDM）项目，意味着发达国家可以通过在发展中国家实施林业碳汇项目抵消其部分温室排放量，这是一个对林业发展具有重要意义的事件，标志着林业的生态功能在经济上得到了全社会承认，标志着林业的生态功能进入了可以通过贸易获取回报的时代的到来[4]。在此我们重提 Faustmann 模型，因为 Faustmann 模型中最优轮伐期的延长意味着更多的碳汇，不管从经济上还是生态上都是“经济的”。其衍生的 Hatman 模型被国内外学者广泛地应用在碳汇经济效益的研究中。因此，需要对 Faustmann 模型和其改进模型进行阐述。

一、基本模型

Faustmann 模型是最早仅考虑以木材收入计算林地期望值，分析经济意义。因为原文是用德文写的，并没有广泛传播。后来瑞典的经济学家奥林（Ohlin）独立的研究了这个问题并进一步发展[1]。在 1976 年突然变成热点，Gaffney 和 Samuelson 全面阐述了 Faustmann 模型，并指出利率和工资等对轮伐期的影响。基础 Faustmann 模型如下：

Maximize　$LEV(T)$

$=PQ(T)(1+r)^{-T}-C+[PQ(T)(1+r)^{-T}-C](1+r)^{-T}+[PQ(T)(1+r)^{-T}-C](1+r)^{-T}.+\cdots$

$=[PQ(T)(1+r)^{-T}-C][1+(1+r)^{-T}+(1+r)^{-2T}+\cdots]$

$=[PQ(T)(1+r)^{-T}-C]/1-(1+r)^{-T}$

其中 LEV（T）是轮伐期为 T 年的林地期望值，T 是轮伐期，C 是造林成本，P 是木材价格，$Q(T)$ 是时间为 T 年时的木材收获蓄积，r 是贴现率。Faustmann 模型是考虑在其他情况都已知，由轮伐期 T 决定的最大林地期望值。

通过将森林经营区分为间断性经营和永续经营两种情况，再分别考虑无林地和有林地，对林地及林分价值进行了推导，并得出了计算公式。其推导结果表明，不管是采取间断性经营还是永续经营，不管林木蓄积是否正常，也不管是独立经营的区域还是另一区域的组成部分，土地的林业生产价值都维持不变[5]。

（一）无林地

首先通过估算得出林地每年净收入，然后简单的未来收益贴现得出土地价格。Faustmann 在原文中通过两种不同的方法计算，但是得到相同的结果。

（1）假设未来所有轮伐期中发生的收益和成本都相同，将第一个轮伐期内的所有收益和成本都转化为年金，并用前者减去后者，就得到林地年租金。

定义：主伐收入为 E，间伐收入在轮伐期末终值为 rD，轮伐期期初造林费用为 C，年均保护、管理费用为 A，利率百分比 P，轮伐期 U，年租金 R。

轮伐期末，要转换为年金的净收益价值为：$E+rD-C(1.0p)^{u}$，设年租金为 X，为简化计算，假设租金都在期末支付，即轮伐期中第一次支付在第一年末，最后一次要支付在最后一年末，可得：$X(1.0P)^{U-1}+X(1.0P)^{U-2}+\cdots+X=E+rD-C(1.0P)^{U}$

$$X=\frac{0.0P}{(1.0P)^{U-1}}[E+rD-C(1.0P)^{U}]$$

之后再从年租金 X 中扣除管理费用等 A，得到林地年租 R 的公式为：

$$R=\frac{0.0P}{(1.0P)^{U-1}}[E+rD-C(1.0P)^{U}]-A \tag{1}$$

（注意：此时为考虑一个轮伐期内，因为假设每个轮伐期内发生的收益和费用相等，因此，只需要第一个轮伐期的林地年租 R，因为之后每个轮伐期内的林地年租都只是第一个轮伐期的简单再重复。）

（2）若将未来收益和费用都折现为现值，在计算净值，可得到与（1）相同的公式。

主伐和间伐收入（$E+rD$）每 U 年重复一次，其现值为：

$$V_1=\frac{E+rD}{(1.0P)^U}+\frac{E+rD}{(1.0P)^{2U}}+\frac{E+rD}{(1.0P)^{3U}}+\cdots+\frac{E+rD}{(1.0P)^{\infty}}=\frac{E+rD}{(1.0P)^U-1}$$

造林费用发生在期初，每 U 年重复一次，其现值为：

$$V_2=\frac{C\ (1.0P)^U}{(1.0P)^U-1}$$

管理费用在每年年末发生，一直重复等量出现，现值为：

$$V_3=\frac{A}{0.0P}$$

因此，期初的净现值为：

$$V=V_1-V_2-V_3=\frac{E+rD}{(1.0P)^U-1}-\frac{C\ (1.0P)^U}{(1.0P)^U-1}-\frac{A}{0.0P}$$

V 即是简单资本化后的推导出的无林地土地价值，可年租金 R 为：

$$R=V\times\ (0.0P)\ =\frac{0.0P}{(1.0P)^{U-1}}\ [E+rD-C\ (1.0P)^U]\ -A \tag{2}$$

（二）有林地

有林地即是说目前承载林分的土地。如果此时林地要转让，那么林地所有者必须以当前的木材市价出售其林木，那么买主不仅要支付地价，更要支付林地所有者不得不以当前市场价格出售的林木的损失。在林木未成熟之前，应该被当做土地上未成熟的产品，其采伐将引起林地所有者的损失并可获得补偿，就如农民拥有的未成熟小麦一样。原文用 3 种方法推导林木价值公示，并验证其正确性。

（1）林地所有者在转让土地时要求得到比造林成本、地租、管理费用之和更多的土地转让金。土地所有者本来可以将与林地价值相等的资本用于资本市场，而不是用于林业生产，那么他将以资本利得的形式获取收益，并节省了造林成本和管理费用。因此在土地转让时，土地所有这有权要求获得对投入林业生产而损失的资本利得的补偿。因此，n 年时的林木价值（H）由 n 年末的各项资本价值所得：

年地租（R）：每年年末产生地租，重复等量出现 n 年，其资本价值为：

$$V_1=R+R\ (1.0P)\ +\cdots+R\ (1.0P)^{n-1}=\frac{R\ (1.0P-1)}{0.0P}$$

年管理费用（A），发生时间与地租相同，资本价值为：

$$V_2=\frac{A\ (1.0P-1)}{0.0P}$$

造林成本（C）：造林费用发生在轮伐期开始的第一年年初，所以：

$$V_3=C\times\ (1.0P)^n$$

所以又 n 年时的林木价值（H）必须等于 $V_1+V_2+V_3$，所以：

$$H=\frac{A\ (1.0P-1)}{0.0P}+\frac{R\ (1.0P-1)}{0.0P}+C\times\ (1.0P)^n$$

用之前得到的 R 的计算公式带入 H 之中，得到：

$$H=(E+rD)\frac{(1.0P)^{n}-1}{(1.0P)^{u}-1}+C\frac{(1.0P)^{u}-(1.0P)^{n}}{(1.0P)^{u}-1} \tag{3}$$

（2）假设一个轮伐期内（U）内所有收益和成本都转换年租金，那么林地所有者可以用以下的方式决定其行为：①n 年生的林分应该有 n 年的租金补偿，在费用（负地租）已经付出后，必须按照费用的净现值形式获得补偿，②造林费用已经在轮伐期初发生，所以林地所有者必须得到与造林费用对应的剩余租金（U-n）的补偿。设 n 年中与收入对应的年租金为 x，与费用对应的年租金有 y，有：

$$x=(E+rD)\frac{0.0P}{(0.0P)^{u}-1}$$

$$y=C(1.0P)^{u}\frac{0.0P}{(0.0P)^{u}-1}$$

在 n 年年末，由收入对应年租金在 n 年时的资本价值为 K_1，由费用对应的年租金在 n 年时的资本价值为 K_2，可以得：

$$=x(1.0P)^{n-1}+x(1.0P)^{n-2}+\cdots+x(1.0P)+x+\frac{y}{1.0P}+\frac{y}{(1.0P)^{2}}+\cdots+\frac{y}{(1.0P)^{u-n}}$$

$$K_n=K1+K2=\frac{x[(1.0P)^{n}-1]}{0.0P}+\frac{y[(1.0P)^{u}-(1.0P)^{n}]}{(1.0P)^{u}*0.0P}$$

$$=(E+rD)\left[\frac{(1.0P)^{n}-1}{(1.0P)^{u}-1}\right]+\frac{C[(1.0P)^{u}-(1.0P)^{n}]}{(1.0P)^{u}-1} \tag{4}$$

（3）林分未来收益与成本之差就是林分价值（W），它是由林地价值（B）与林木价值（H）构成，即 $H=W$-B。林地价值 B 已知，要计算林木价值，只需要计算林分价值（W）。首先把未来收益和成本都贴现到第一个轮伐期末，然后再贴现到 n 年。

第一个轮伐期内剩余剩余年份的收益在轮伐期末（u-n 年后）的资本价值为 $E+rD$，在费用方面，只剩下 u-n 年的管理费用，其在 u-n 年后的资本价值为：

$$V=A(1.0P)^{u-n-1}+A(1.0P)^{u-n-2}+\cdots+A(1.0P)+A=\frac{A[(1.0P)^{u}-(1.0P)^{n}]}{(1.0P)^{u}*0.0P}$$

在 u-n 年后，林木经过轮伐，林地又变为无林地，利用前面的式子可知，此时的林地价格（B）：

$$B=\frac{E+rD}{(1.0P)^{U}-1}-\frac{C(1.0P)^{U}}{(1.0P)^{U}-1}-\frac{A}{0.0P}$$

所以林分所有收益与成本到轮伐期末（$u-n$）年后的价值为：

$$V_t=E+rD-\frac{A[(1.0P)^{u}-(1.0P)^{n}]}{(1.0P)^{u}*0.0P}+\frac{E+rD}{(1.0P)^{U}-1}-\frac{C(1.0P)^{U}}{(1.0P)^{U}}-\frac{A}{0.0P}$$

将其贴现至 n 年（即向前贴现 $u-n$ 期），的 n 年的林分价值（W）：

$$W=\frac{V_t}{(1.0P)^{u-n}}=\frac{E+rD(1.0P)^{n}-C(1.0P)^{n}}{(1.0P)^{u}-1}-\frac{A}{0.0P}$$

将 B 值代入，$H=W-B$，

$$H=(E+rD)\left[\frac{(1.0P)^{n}-1}{(1.0P)^{u}-1}\right]+\frac{C[(1.0P)^{u}-(1.0P)^{n}]}{(1.0P)^{u}-1}$$

综上所述，不管林地上是否承载树木，林地价格均相等。更进一步论证可得：无论林地上是否附生林木，不管林分的年龄大小，也无论林木蓄积量是否正常，林地的价值是一样的；林分价值的差别完全归因于林木价值的不同[3]。

二、Faustmann 模型的应用与实质

通过以上的论证，这里从经典的 Faustmann 模型出发，对该模型进行进一步说明。

$$\text{MAXIMIZE } LEV(T)=\frac{[PQ(T)(1+r)^{-T}-C]}{1-(1+r)^{-T}}$$

模型中所有的量都已经贴现为轮伐期初的现值，因此计算 LEV 时的综合收益率为 $1-(1+r)^{-T}$，目前的研究文献中，还有另一种表达 $LEV(T)=\frac{PQ(T)-C(1+r)^{T}}{(1+r)^{T}-1}$，此时所有的量均为轮伐期末时的终值，此时的综合收益率为 $(1+r)^{T}-1$，两者为 faustmann 模型的不同时间点表达。

随着经济数学的发展，人们将 n 年期复利 $(1+r)^{t}$ 通过无限的思想发展为更符合科学计量方法的连续复利形式，即 $(1+r)^{t}=e^{rt}$。推导如下：

当一年的利率以等长度的 n 个时间段计量时，此时真实利率为：$\left(1+\frac{r}{n}\right)^{nt}$

连续复利即当 n 取正无穷时，可得 $\lim\limits_{n\to+\infty}\left(1+\frac{r}{n}\right)^{nt}=e^{rt}$

所以现在 Faustmann 模型可表示为 Maximize $LEV(T)=\frac{PQ(T)e^{-rT}-C}{1-e^{-rT}}$

Faustmann 模型主要用于计算最大林地期望值，此时可通过求得最优的轮伐期得到最大土地期望值。方法如下：

对 LEV 的 T 求导数，

$$\frac{d(LEV)}{dT}=\frac{[PQ(T)e^{-rT}-C]re^{-rT}-\left[P\frac{dQ(T)}{dT}e^{-rt}-PQ(T)re^{-rT}\right](1-e^{-rT})}{[1-e^{-rT}]^{2}}=0$$

$$P\frac{dQ(T)}{dT}=\frac{rPQ(T)-rC}{1-e^{-rT}}$$

其中，P 为木材价格，而$\frac{dQ(T)}{dT}$为木材的增长量，等式左边即为当前轮伐期推迟收获的收益。r 为利率，$Q(T)$ 为木材蓄积，$rPQ(T)$ 为当前木材出售后可通过资本获得收益，rC 为成本可获得收益，等式右边综合为推迟当前轮伐期收获的成本，当等式左右相等，即推迟收获成本等于收益时，此时的林地期望值最大，此时的轮伐期为决定林地期望值最大的最优轮伐期。这一公式被命名为“Faustmann 定理”。

此方程为关于 T 的隐函数，在实际操作过程中，可通过数学软件求解 T，再求得最大林地期望值，也可以枚举法，枚举出最大林地期望值时的整数值 T。

上文已经对利用 Faustmann 模型对林地期望值的计算有了介绍，在此，引入农地价格的概念，对 Faustmann 模型的实质进行阐述。

农地价格 $P=\frac{R}{i}$或 $P=\frac{V}{i}$，R 为单位面积农地租金，V 为单位面积农地年净收入，即一

年内单位面积内农产品总收入减去总成本，i 为还原率，利率的一种形式，P 为农地价格。此时农地价格为未来永久恒定收入贴现值的总和，即按照当前的价格，农地应该为农地所有者带来每年为 R 的收入，此价格即为理论上农民愿意出售或转化农地为其他非农地的边界价格。

当我们不考虑政策和法律法规的影响，当农地价格等于林地期望值时，此时农地和林地可相互转化。

比较$\frac{PQ(T)-C(1-r)^{T}}{(1+r)^{T}-1}$和$P=\frac{V}{i}$，发现两者都有许多相似的地方。农地价格决定模型横线上方 V 是一年内的农作物净收入，而 Faustmann 模型横线上方 $PQ(T)(1+r)^{-T}$则是一个轮伐期内的净收入；农地价格模型横线下方为还原率，而 Faustmann 模型横线下方为 $(1+r)^{T}-1$。为此我们不免对二者之间的联系产生想法。为了给一个简单的理解，当我们将 Faustmann 模型的最优轮伐期假定为 1 年，此时，faustmann 模型变为 $LEV=\frac{PQ(1)-C(1+r)}{r}$，我们发现此时横线下方也变为了利率。因此可以说 Faustmann 模型的横下下方是轮伐期内的综合收益率。

综上，Faustmann 模型是对林地价格决定的一个针对林地生产特殊性的扩展，其根本原理仍然是资产的价格等于未来收益/收益率。此时的收益扩展到整个轮伐期，而收益率也变为整个轮伐期长度内的综合收益率。

三、Faustmann 模型的改进

Faustmann 模型只是一个引子，后来的学者根据不同的情况对 Faustmann 模型进行的不同的改进，使其在计算时更符合实际。

（一）劳动力供给

$$\text{Maximize } LEV(T,E)=\frac{PQ(T,E)\,e^{-rT}-C(E)}{1-e^{-rT}}$$

此模型中加入了劳动力因素 E 对木材蓄积 Q 的影响，此时木材蓄积不仅受轮伐期 T 的影响，也受在轮伐期中投入的劳动力因素 E 的影响。因为在造林活动中，如果投入的劳动力更多，管理更科学精细，木材蓄积肯定会比一般情况下高，所以此时的蓄积 Q 变为受轮伐期 T 和劳动力投入 E 影响的函数。此时成本 C 也变为两部分，一部分是原来的固定成本，另一部分则是劳动力成本，C 变为 E 的函数。

此时最大林地期望值和最优轮伐期的决定变为 LEV 分别对轮伐期 T 和劳动力投入 E 求偏导并等于 0。

$$LEV'_{E}(T,E)=\frac{PQ'(T,E)\,e^{-rT}-C'(E)}{1-e^{-rT}}=0$$

$$LEV'_{T}(T,E)=\frac{e^{-rT}[-rPQ(T,E)+rC(E)+PQ_{T}(T,E)(1-e^{-rT}]}{(1-e^{-rT})^{2}}=0$$

（二）非木质林产品和服务

$$\text{Maximize } LEV(T)=\frac{PQ(T)e^{-rT}-C+\int_{0}^{T}e^{-rT}A(t)dt}{1-e^{-rT}}$$

此模型由 Hartman 于 1976 年提出，也被称为 Hartman 模型。森林在木材蓄积的生长过

程中不仅有木材的产出，还对生态环境的维持和改善有巨大的作用。因此在模型中加入了对森林在非木质林产品和服务价值的度量，可以包含水土保持、生物多样性、调节小气候和吸收空气中二氧化碳。$A(t)$ 是来自蓄积 $Q(t)$ 时的非木质林产品和服务的价值，可用一个平均的转化因子 β 得到，$A(t)=\beta Q(t)$。

此时 $LEV(T)$ 对 T 求一阶导数并等于 0 得到最优轮伐期 T。

$$LEV'_T = \frac{e^{-rT}\left\{r[-PQ(T)+C]+[PQ'_T(T)+A(T)](1-e^{-rT})-r\int_0^T e^{-rT}A(t)dt\right\}}{(1-e^{-rT})^2}=0$$

四、Faustmann 模型的局限性

Faustmann 模型是一个静态的林地价值计算模型。首先，在土地转化的过程中没有考虑动态变化过程，也没有反映林地所有者的主观意愿，既他们的非经济考虑因素。其次，在林地与其他土地用途相互转化的过程中，没有考虑到一个地区的土地总量是有限的，之间有相互的影响。当将土地从林地转化为其他用途时，如农地，林地面积相对减少，而农地面积相对增加。随之可能产生的结果是林产品价格上涨，而农产品价格下跌。这时如果再将林用地转向农地时，其转化成本将会提高。并且由于市场的作用，将很可能会发生逆向转化情况，即由农地转向林地。模型中没有考虑土地在林地与其他用途之间相互转化的这种动态的复杂关系，所以计算得到的结果有减小土地家孩子的趋势。最后，模型没有考虑到林地社会保障功能的价值。林地本身所具有的养育功能、承载功能、蓄积和增殖资产功能可以转化为林农的养老保障、就业保障、医疗保障和生活福利的可靠手段。林地的社会保障功能源自于林地固有的自然和社会经济特性，是林地基本功能衍生出来的一种功能。

参考文献：

[1] Wang Feng, Xu Jinhong. New Development in Study of the Faustmann Optimal Forest Harvesting. Chinese Journal of Population, Resources and Environment, 2010.

[2] M Faustmann. Calculation of The Value Which Forest Land and Immaturein Stands Possess For Forestry, 1849.

[3] Hartman R. 1976. The harvesting decision when a standing forest has value. Economics Inquiry, 14 (1): 52 ~ 58.

[4] 李怒云．中国林业碳汇［M］．北京：中国林业出版社，2007.

[5] 沈月琴，张耀启．林业经济学［M］．北京：中国林业出版社，2011.

[6] 杨馥宁，公培臣，等，译．土地收益的期望价值估算研究——无林地及未成熟林分的价值估算［J］．林业经济，2007（6）.

[7] 王枫．浙江省森林碳汇供给潜力研究［D］．临安：浙江农林大学，2011.

[8] 陈志刚，周建春，黄贤金．产权价值区域征收农地价格评估模型及应用［J］．农业工程学报，2008，24（12）：191 ~ 195.

[9] 常瑞英，唐海萍．碳贸易中碳价格计算的土地机会成本模型评述及实例分析［J］．资源科学，2007（5）.

[10] 王枫，沈月琴，朱臻，等．杉木碳汇的经济学分析：基于浙江省的调查［J］．浙江农林大学学报，2012（5）：762 ~ 767.

[11] 张晓燕，沈月琴，吴伟光，等．浙江省竹子科技园区经济效益评价［J］．北京林业大学学报（社科版），2009，8（2）：75 ~ 79.